何 群/著

我看俄罗斯
一位女人类学者的亲历与思考

My view of Russia the experience and reflection
of a female
Chinese anthropologist

社会科学文献出版社
SOCIAL SCIENCES ACADEMIC PRESS (CHINA)

前　言

何　群

一

本书是笔者 2011 年 10 月至 2012 年 10 月在俄罗斯莫斯科大学（历史系民族学教研室）访问学习期间主要科研工作经历记录及研究成果。

在俄期间，笔者围绕俄罗斯社会与民族状况、环境与小民族生存中俄比较研究访学论题，吸收、借鉴俄罗斯同行研究成果，并通过比较广泛、深入的社会实践，对上述领域展开探索。在俄期间，在合作导师——莫斯科大学历史系教授、民族学教研室主任、俄罗斯著名民族学家 A. A. 尼基申科夫指导之下，笔者主要进行了以下工作。

（1）利用中国驻俄罗斯大使馆有关部门安排笔者为在俄中国留学生做关于"俄罗斯民族状况及研究"学术报告的机会，系统梳理、归纳有关资料并结合笔者在俄实地调查，形成研究报告《俄罗斯民族状况及新时期的善治——结合在图瓦地区的田野工作实践》。

（2）经合作导师 A. A. 尼基申科夫教授引荐，应图瓦国立大学阿列娜·瓦列里耶夫娜·阿伊真教授邀请，到访位于中西伯利亚的俄罗斯图瓦共和国首都克孜勒市及图瓦国立大学，并随阿列娜·瓦列里耶夫娜·阿伊真教授课题组赴图瓦共和国东部托金斯克区（托志）城镇、乡村进行了为期两周的考察和田野工作。

（3）翻译并组织翻译了俄罗斯著名民族学家 A. A. 尼基申科夫教授以及俄罗斯同行的有关论文三篇。

（4）在围绕访学论题展开学术工作同时，利用一切机会，走访了俄罗斯北极萨米人故土摩尔曼斯克、俄罗斯文豪托尔斯泰故乡图拉及"明亮的林中空地"等城市、农村、胜地，希望尽可能多地接触和了解俄罗斯社会的各个方面，体会和迎接来自俄罗斯的八面来风、思想风暴。笔者有意借助全球化趋势中跨国人口流动、人类共性与文化差异及共生等分析工具，希望对在俄罗斯－莫斯科中国商人、学生等的物质和精神生活状况有一些了解。为此，除日常生活中对此留意、留心外，还利用一切机会到莫斯科留布里诺市场、萨达沃市场等华人商贩比较集中的贸易、批发市场进行考察，参与观察莫斯科华人基督教会活动，以及此教会所组织在俄中国学生"秋令营"活动，并及时将上述活动过程进行记录及分析研究。以上内容，结合关注要点和重要田野点，及时搜集、采集民族学实物、图片及照片。本书还收录笔者在莫大期间合作导师 A. A. 尼基申科夫教授之前应中国中央民族大学民族学与社会学学院院长杨圣敏教授邀请所做学术报告一篇，及另一学者颇具影响力的俄罗斯图瓦地区民族社会学研究论文一篇。作为资料铺垫及感兴趣的读者接续性思考可能需要的知识储备，本书还精选、收录了笔者所搜集的有关俄罗斯图瓦共和国历史、地理、文化等有关文献资料。

凡上述，共同构成比较系统的、大致从人类学/民族角度观察当代俄罗斯社会、民族风貌的专著。本书是来自笔者实地的观察和调查，是"在现场"，是人类学学者火热的田野的观察与思考。在此，就作为高级动物的人类的基本分类——性别，体现在社会分工、职业以及可能与社会性别不无关系的"女性人类学者"也是饶有兴味、摇曳飘忽的问题点，由奇妙的生理性别和社会性别左右，如女性更有可能和方便进入田野社会生活家庭、情感、家长里短等人类生活的细枝末节甚或由此接近生活最核心的部分。无论如何，女性人类学学者可能具有的直觉、体验和视角，也可能使这种观察和思考在问题—线索发现、资料—素材打捞等方面具有一定特色和优势。

本书设上、下两篇。"上篇：观察和思考"包括三部分，即"在俄罗斯学习、生活笔记（2011 年 10 月 20 日～2012 年 10 月 21 日）""在俄罗斯图瓦共和国考察、调查笔记（2012 年 7 月 29 日～8 月 12 日）""俄罗斯民族状况及新时期的善治 ——结合在图瓦地区的田野工作实践"。"下篇：文献资料与研究"包括六部分，大致可划为三块。一为围绕当代多民族俄罗斯联邦国家民族文化状况、民族国家认同形态或俄罗斯国家共同体意识状况议题，呈现在视角、作者民族身份等方面较具有代表性的三篇译文，包括笔者在俄期间翻译的俄罗斯著名民族学家 A. A. 尼基申科夫教授的论文《现代文明背景中俄罗斯国家和民族认同形态》，以及《布里亚特精神传统中的"东—西"对话典范——多尔吉·邦扎罗夫学术及社会活动》（〔俄〕A. A. 尼基申科夫文，周红梅译）、《图瓦人与自然相关的仪式和风俗》（〔俄〕阿列娜·瓦列里耶夫娜·阿伊真文，臧颖译）；二为 2010 年 A. A. 尼基申科夫教授应邀访问中央民族大学民族学与社会学学院所做学术报告《俄罗斯民族学发展历程》；三为建立在文章作者实地调查基础上、对 20 世纪 90 年代苏联解体前后图瓦共和国社会形势，图瓦族社会、民族国家认同研究颇具影响力的论文《苏联解体后图瓦共和国内的民族关系》①，以及笔者在俄留学期间搜集的俄罗斯图瓦历史、社会、文化研究有关文献资料 8 篇。

　　上述内容，结合关注要点和重要田野点，及时搜集、采集以民族学实物、图片及照片，在本书中配合内容并作为内容不可替代的补充和佐证以随文图形式采用近 190 幅。

　　人类学者希望读者接受其所写的即为真实。对此，有研究提出令人感兴趣的发现："人类学著作很少解释其是如何从独特的私人的经验中获得他们认可的科学知识，及其与文本实践的关系。这些专著回避讨论作者是如何建立自己的田野、如何访谈对象、如何确立自己的民族志权威、以及如何获得成果。"②"人类学是一门科学。人类学上的'田野'可以是任何

---

①　斯蒂凡·苏利万著，刘能译，马戎校，天津人民出版社，1997。

②　马力罗（Roberto Malighetti）：《实地调研，如何做田野笔记》，"意大利米兰比可卡大学人类学教授、中央民族大学客座教授马力罗应邀来校做学术讲座"，中央民族大学网，2016 年 5 月 16 日。

地方。因此主体的对象并不是独立的，离开'我们的'观察将会一无所有。理论与实践是不能分开的，民族志（描述性的笔记）本身就是人类学（理论上的）产物。"① 本书文字——成果的本质，或本书内容、知识结构的形成过程，除尽可能的文献利用、二手资料的广泛搜集、吸收之外，主要建立在作者田野调查基础上的观察和思考，甚至某种程度上，这些观察和思考，"……并不是因为要为理论研究提供客观数据"②，也注意"……不能强行加入自己的观点，也不能只是复制当地人所说的话"③，致力于通过田野调查，发现真实的客观世界，形成自己的认识。

接续上述思路，本书"上篇"实地观察和思考留下的痕迹，主要依托田野工作记录，即笔记和日记的形式。有社会学家曾就这种形式的科研"成果"之学术品质加以推敲，"好的田野日记虽然也是记调查者的所见所闻所感，但因为作者选择材料之时有社会学的眼光和视角，能将有社会学价值和意义的访谈内容和自己对村庄的观察写进日记，进一步地，还可以包容他自己对村庄情况考察的感悟，这样新进入者通过阅读会有如临其镜的感觉，这对他们迅速融进被访人所在的社区的'地方性文化'会非常有用"④。那么，就人类学而言，田野工作笔记与人类学知识生产的关系如何？或者说，田野工作笔记是研究成果吗？就此，著名人类学家、人类学经典《三个原始部落的性别与气质》《萨摩亚人的成年——为西方文明所作的原始人类的青年心理研究》的作者玛格丽特·米德在谈论自己一本书

---

① 马力罗（Roberto Malighetti）：《实地调研，如何做田野笔记》，"意大利米兰比可卡大学人类学教授、中央民族大学客座教授马力罗应邀来校做学术讲座"，中央民族大学网，2016年5月16日。

② 马力罗（Roberto Malighetti）：《实地调研，如何做田野笔记》，"意大利米兰比可卡大学人类学教授、中央民族大学客座教授马力罗应邀来校做学术讲座"，中央民族大学网，2016年5月16日。

③ 马力罗（Roberto Malighetti）：《实地调研，如何做田野笔记》，"意大利米兰比可卡大学人类学教授、中央民族大学客座教授马力罗应邀来校做学术讲座"，中央民族大学网，2016年5月16日。

④ 杨善华：《田野调查中被访人叙述的意义诠释之前提》，《社会科学》2010年第1期，第64~70页。

再版时曾间接给出回答："这本书是我 23 岁的时候第一次田野旅行的记录，迄今为止已近 50 年了。自 1926 年我驶离帕果－帕果港回到西方世界并写下我所了解的一切，到 1971 年 11 月我在电视摄像机的灯光下步出飞机，这个世界已经发生了翻天覆地的变化。……自此书 1928 年的首次出版以来，这是我第四次为这本书的再版撰写序言。……一些年轻的批评家甚至问过我，什么时候我将修订这本书？……它必须原封不动，就像所有的人类学著作一样原封不动，因为它非常准确地记录了我在萨摩亚所看到的一切，记录了我能够表达出的我所见到的一切；就 1920 年代中期我们对人类行为的了解状态来说，它是真实的；它也真实地反映了我们对世界未来的希望和恐惧。"① "它必须原封不动"，因为这本书"是我 23 岁的时候第一次田野旅行的记录……它非常准确地记录了我在萨摩亚所看到的一切，记录了我能够表达出的我所见到的一切……"。本书核心部分是作者沉浸异国他乡观察、思考形成的科研成果——田野工作笔记、研究报告，所采集的大量来自田野的历史遗存、遗迹，现实中人们的生活景象，被利用或人类尚未染指的旷野。如同辛勤的拾荒者，拼命地发现、捡拾宝藏……

那么，本书还能带给读者、带给这个世界一些什么？

二

当代俄罗斯民族国家认同状况及政府政策调整，是本书核心内容之一。尽管苏联解体已经过去二十多年，然而包括中国在内的多民族国家对其解体原因，特别是对民族因素在其解体中扮演角色的探究方兴未艾，有众多研究成果。笔者在本书《俄罗斯民族状况及新时期的善治——结合在图瓦地区的田野工作实践》研究报告中对此进行了梳理，并结合在俄罗斯的实地感受和调查，形成一些基本认识。

---

① 〔美〕玛格丽特·米德：《萨摩亚人的成年——为西方文明所作的原始人类的青年心理研究》，周晓虹等译，商务印书馆，2010。作者"1973 年版序言"，纽约美国历史博物馆，1972 年 6 月 26 日。

众所周知，新中国成立初期，在民族理论和处理民族事务制度、政策上，对苏联多有借鉴。1989 年中国改革开放，1992 年苏联解体，我国的民族研究在注意吸收西方经验的同时，也十分注意反思苏联经验教训。这种研究最终多将目光投向目前俄罗斯联邦对待民族问题的理念、政策取向以及民族关系发展目标。对此我们已经积累众多研究成果。

苏联解体之后俄罗斯社会民族国家认同，以及俄罗斯政府处理民族问题的思路与调整，俄罗斯民族田野社会的脉动以及这种脉动对政府提出的挑战与政策"合适度"的检验，是我在俄罗斯期间一直怀有的兴趣之一。很希望通过俄罗斯个案，就"何为民族"、"民族的本质"以及外部——政府如何实现较为有效的管理问题进行探索。

本书就当前影响俄罗斯各个民族－族群国家认同、社会团结的因素，梳理、借鉴、参考有关研究和信息，并结合笔者在俄罗斯极为有限的田野经验，以两大线索呈现：一是，苏联针对民族关系、民族工作"实用主义的'仓促设计'为日后的苏联解体埋下了伏笔"，而这种"伏笔"在苏联解体后相当一段时期，并对当前国家凝聚——民族国家认同产生的消极影响依然存在，一定程度上沉淀为民族意识中的活跃成分，是权力、利益诉求的潜在动力；二是，现代化推进中国际、国内地区间流动的加快，网络、媒体的发达，比较空间的大大扩展，使整个国家经济、社会发展水平状况，以及这种状况，尤其是社会经济等方面的发展落后在边疆、少数民族地区尤其严重，一定程度存在的边疆多民族地区与主流发达地区的结构性发展差异，广为各个民族群体所知，并在全球化背景下更加明显。一个可能新的、日渐成熟中的、尚未引起重视的社会事实是，或许目前，以至于未来，随着苏联解体以及经历二十多年调整，大的民族、民族关系问题能量的释放、消解①，从笔者在俄罗斯的实地观察、体会，特别是在图瓦共和国城乡实地调查所了解到的实际看，俄罗斯联邦各个民族，或占绝大多数的民族群体，已经无意从俄罗斯独立出去，他们的"民族诉求"，有

---

① 《俄罗斯联邦民族事务署代表团来校访问》，中央民族大学网，2016 年 10 月 13 日。

可能更多是对本民族、本地区发展状况的不满。或者说，一定程度存在的民族之间、地区之间的结构性差异，以及政府如何致力于减弱、消除这种差异，是当下俄罗斯需要给予进一步高度重视的。而如何总结处理民族关系历史经验，客观地把脉并做出积极调整，无疑构成对俄罗斯执政党和政府善治智慧和能力的考验。

当今世界的国家，90% 以上是多民族国家。现代国家对各民族的利益负有调节和平衡的功能。如何认识和处理民族问题，是所有多民族国家都在探索的课题，"其中一个重要的理论共识是对民族认同和差异这种的承认；但在如何落实这一共识的问题上，世界各国的做法侧不尽相同……。争议的焦点是什么，问题又发生在哪里？答案是：民族认同和差异这种的度数怎么掌握……。对这个问题，我们需要进行理论创新研究"，"就是要根据民族政治的现实和时代发展，提出合情合理的新认知"。① 20 世纪 90 年代以来，俄联邦政府积极反思历史，探寻适合当前实际和利于国家可持续发展的民族理念、政策。总的来看，核心在于重新认识民族及国内民族实际，强调国家凝聚力，民族国家认同。为此，倡导多元文化共荣、共存，并注重各个民族及所在地区经济社会与主流社会同步发展。

书中笔者在莫斯科大学留学期间合作导师、俄罗斯著名民族学家 A. A. 尼基申科夫教授的论文：《现代文明背景中俄罗斯国家和民族认同形态》，就俄罗斯历史理论遗产、建立完整的俄罗斯和俄罗斯民族国家认同形态问题进行梳理、归纳和探索。首先，以解析影响多民族国家凝聚力、民族国家认同为核心，推断苏联解体深层原因，"如果看看俄罗斯民族国家认同形态的演变——帝国时期、苏联和后苏联时期历史，那么可以发现这个形态所呈现的非一体化趋势。这个过程糅合了内部和外部的因素。外部（西方）神话的力量，失败的'世界警察'神话，压迫爱好和平的欧洲人民（尤其是 1848 年之后发生的镇压波兰起义）和本国非俄罗斯民族

① 参见朱伦《民族共治——民族政治学的新命题》，中国社会科学出版社，2012，第 9 ~ 10 页。

（特别是高加索战争期间）……在俄罗斯内部，形成了一个社会主义激进派神话——'俄罗斯——人民的监狱'神话……，苏联'社会主义'神话，使联邦及自治共和国（如果没有民族精英建立国家）获得了'自决直到完全分离'的权利，鼓舞了少数民族追求现实政治中民族地区干部地方化目标"①。其次，倡导俄罗斯欧亚文化融合理念，鼓励、赞成确立俄罗斯团结、统一、不可分离性历史观念。"革命的悲惨教训，被赋予新的含义——一个伟大国家内部演化出敌对阵营后的衰变，在此过程中，包括民族、民族主义者很明显的离心倾向，提出了俄罗斯国家体制与其成员国的历史关系问题。对此，И. А. 伊利娜的观点具有代表性。她写道：'国家，作为一个人们紧密结合、行为和文化统一的国家，不是同属于一个统一的教堂，而是包括不同宗教信仰的人，不同教派和不同的教堂。'"② А. А. 尼基申科夫教授指出："无论如何，广大俄罗斯人民长期交流、合作，使不同民族、种族、宗教信仰的人同属于一个人们共同体，客观上形成在生活方式、价值观念、稳定的组织关系和人际网络的联系、不可分离性。……换句话说，俄罗斯人感到自己的一致性、共同性，但不打算轻易确信本国在这方面不存在问题。目前，许多政治家承认，这是接近现实的重要课题。现代俄罗斯联邦政治上的决心和目标是加强多民族国家的统一。俗话说，扔石头、颐指气使的时代已经结束，收石头、着手应对、寻求结论的时代到来了。"③ 这些真知灼见，对于启发人们洞察、比较俄罗斯等多民族国家民族关系实际无疑堪称宝贵。А. А. 尼基申科夫教授的另两篇文章：《布里亚特精神传统中的"东—西"对话典范——多尔吉·邦扎

---

① 〔德〕阿列克谢·阿列克谢耶维奇·尼基申科夫：《现代文明背景中俄罗斯国家和民族认同形态》，何群译。

② 〔德〕阿列克谢·阿列克谢耶维奇·尼基申科夫：《现代文明背景中俄罗斯国家和民族认同形态》，何群译。〔德〕伊万·亚历山德罗维奇·伊利娜：《我们的任务：俄罗斯民族主义危险性及课题》，《俄罗斯的历史命运和未来——1948 年至 1954 年论文集》，莫斯科，1992，第 288 页。

③ 〔德〕阿列克谢·阿列克谢耶维奇·尼基申科夫：《现代文明背景中俄罗斯国家和民族认同形态》，何群译。

罗夫学术及社会活动》（周红梅①译）及《俄罗斯民族学发展历程》，作为
其《现代文明背景中俄罗斯国家和民族认同形态》问题意识、研究提议的
背景、铺垫和个案，共同构成理解、认识其思想的体系。

三

　　本书内容另一重头戏，是笔者以深入图瓦地区实地观察、调查所获得
的认识为依托，对作为俄罗斯边疆少数地区的图瓦族、图瓦社会经济、社
会状况、民族国家认同等给予的关注和反思。

　　"我怎么去了图瓦"——去图瓦的来龙去脉。2012 年春季，曾在莫斯
科大学攻读博士学位的图瓦国立大学阿列娜·瓦列里耶夫娜·阿伊真教授
回母校办事，她在历史系大办公室停留时，恰巧我在合作导师、时任民族
学教研室主任 A. A. 尼基申科夫教授办公室。尼教授遂兴致勃勃地说引荐
我认识一个人。就这样，我认识了图瓦国立大学图瓦族学者阿列娜·瓦列
里耶夫娜·阿伊真教授，并促成了我 2012 年 7 月底至 8 月中旬的图瓦之
行。除在图瓦首都克孜勒市进行考察，体会城市风貌、百姓衣食住行，参
观寺庙、图瓦国家博物馆，我有幸随阿列娜·瓦列里耶夫娜·阿伊真教授
的课题组赴图瓦东部使用驯鹿的图瓦人村落。A. A. 尼基申科夫教授对我
能够前往图瓦考察、调查，显示出很大满意和兴致，在我从图瓦回来向尼
老师汇报我在图瓦的经历、考察收获时，他表现出很大欣慰和赞赏。1992
年苏联解体莫斯科大学民族学研究方向也一定程度进行调整，当时，尼老
师曾带领团队赴少数民族地区进行实地调查研究。收入本书的他的论文
《现代文明背景中俄罗斯国家和民族认同形态》《布里亚特精神传统中的
"东—西"对话典范——多尔吉·邦扎罗夫学术及社会活动》，以及应邀在
中央民族大学民族学与社会学学院所做学术报告《俄罗斯民族学发展历
程》议题表现出他对俄罗斯民族关系状况、民族国家认同问题的深切

---

　　①　西北民族大学外国语学院俄语专业教研室主任，俄语教学论硕士，副教授，俄罗斯州立
　　　　大学访问学者。

关注。

在俄罗斯能够有幸到访该国少数民族地区，首先应该感谢命运或幸运——能够得到俄罗斯著名的历史学、民族学家尼老师引荐，他的学术思想、为人为学的启发和感召，还有就是意外和荣幸地得到阿列娜·瓦列里耶夫娜·阿伊真教授的诚挚邀请——作为同是蒙古人种或更在于图瓦同中国、同蒙古族历史上的关系，应该承认，这些的确带给我们一些难以言说的自然亲切；此行也是自己孕育已久的学术愿望的实现。十几年之前笔者在北京大学社会学人类学研究所学习时，我国著名社会学家马戎教授在"民族社会学"课程课堂上曾介绍过俄罗斯图瓦社会，最早引发了我对图瓦的兴趣。终于在俄罗斯有到访图瓦的机会了，我欣然前往，完全没有顾及安全、交通、气候等诸多困难。这成为我在俄罗斯留学的宝贵学术经历。

图瓦田野之行，在比较中，笔者对以下三方面问题的认识有所深入，即各个民族、地区之间结构性差异消除是国家稳定基础；民族国家认同形态的复杂性；发展之路：自然资源开发与可持续发展。

在图瓦，不难感觉到民族精英、有识之士对自己家乡交通、城市建设等方面发展不快的不满，其中很大一块是对俄罗斯中央的不满，对其扶持、支持不够的不满。如何促进整个国家各个地区、各个民族地方的现代化进程，的确是目前俄罗斯政府的首要任务。国际地位的提高，有赖于国富民安；民安的首要条件是温饱之上的小康，生活质量的提高。

在图瓦，笔者另有一番新体会、新认识，即"何为'民族'"？人们无法割断历史—民族历史记忆，人们无法不在现实中生存——民族、文化适应。"民族"是受国家、社会多种外部和内在因素影响的变化、变动中的人民共同体。在图瓦，笔者突然感到：作为联邦主体——少数民族、民族地方政府，以及作为俄罗斯政府，都需要面对现实，持一种历史、现实、理性、客观的态度。就中央而言，在充分尊重各种类型联邦主体宪法规定权限、以此处理与中央的隶属关系前提之下，最为关键的，是紧密围绕"发展是硬道理"这一关键，提升国际地位，以此凝聚国家社会；而作为民族地方、联邦主体而言，在业已形成的局面之下，要认识到，本地本族的命运已经与俄罗斯国家共荣共亡。在分析本民族、本地区发展前途时，有必要反复认清一个事实，即离开了国家整体的发展和支持，任何一个联邦地方在经济、资源、人才方面都做不到自给式发展。

　　总体而论，在这个无论是作为俄罗斯地理的边缘，还是人文的边缘——图瓦，回望莫斯科，回望俄罗斯，回望中央、核心，在图瓦感受俄罗斯民族国家认同，把脉俄罗斯社会凝聚状况，初步认为：图瓦族传统文化功能依然发挥核心作用，同时大量吸收了俄罗斯文化及现代文化要素；"图瓦族"——"我们是图瓦人"的民族意识、民族情感、民族认同意识尚很浓厚，同时俄罗斯国家认同明确，并迫切希望本族、本地区获得高速发展。

　　除笔者在实地获得的认识，本书收入牛津大学圣·安东尼学院俄国和西伯利亚事务研究院斯蒂凡·苏利万的论文《苏联解体后图瓦共和国内的民族关系》。这是一篇难得的了解图瓦近二十多年政治、经济、社会状况的研究报告，该文作者在 1992 年曾在图瓦进行实地调查。"图瓦是前苏联最年轻的自治共和国，坐落在叶尼塞河上游的两大山脉——北面是萨彦斯克山，南面是唐努乌拉山——之间，正好是亚洲大陆版图的地理中心。这个偏远的共和国很少有人造访：公路条件很差，没有铁路交通线……"[①]"苏维埃时期遗留下来的使目前民族关系日益恶化的主要问题在于俄罗斯人在经济发展中获得不断增多的特权，而开发自然资源得到的财富，图瓦人却只能分配到其中较小的份额。其它问题仅仅是由不发达和农村青年的异化所带来的。最后，农村人口中较高的生育率——主要归功于医疗保健的提高——加剧了农村地区的失业问题，同时也增加了向城市的移民，从而造成社会紧张的加剧和首都克孜勒地区的住房紧缺。这反过来又导致了近年来相当程度的犯罪、青年帮伙、酗酒以及吸毒现象的增多。"[②] 作为研

---

① 〔德〕斯蒂凡·苏利万：《苏联解体后图瓦共和国内的民族关系》，刘能译，马戎编《西方民族社会学的理论和方法》，天津人民出版社，1997，第 455 页。

② 〔德〕斯蒂凡·苏利万：《苏联解体后图瓦共和国内的民族关系》，刘能译，马戎编《西方民族社会学的理论和方法》，天津人民出版社，1997，第 463 页。

究苏联解体前后民族关系、地区发展状况个案，图瓦具有重大意义；该文所描述、分析的图瓦经济、基础设施状况，以及失业、封闭等社会问题，一定程度印证、回应了笔者的实地观察："如何在一个多民族国家内实现各民族的平等、互利，培养国家认同感，是个值得研究的问题，苏联的教训值得借鉴。"①

作为图瓦族人、怀有深厚民族情感，热情、才华横溢并严谨、勤奋的民族历史学家，作为本书重要部分——阿列娜·瓦列里耶夫娜·阿伊真教授的论文《图瓦人与自然相关的仪式和风俗》（臧颖②译），对帮助外人认识图瓦文化具有不可替代的权威性。同样作为来自图瓦世界的真实声音，当地电视台采访、制作的图瓦东部、萨彦岭南麓及延伸地带托志地区传统驯鹿图瓦人，也是笔者2012年8月随图瓦国立大学阿列娜课题组在当地认识的图瓦朋友斯特维兰娜及使用驯鹿图瓦人生活记录片，书中整理、呈现文字——该纪录片主角驯鹿人斯特维兰娜的旁白，生动反映了当代驯鹿业遭受的冲击，以及驯鹿者和政府为复兴传统驯鹿业所做出的努力。冻土、苔藓、森林、驯鹿，这无疑会构成与我国大兴安岭西北坡使鹿鄂温克社会文化变迁形态的比较。或许"变化"并非坏事，更在于"变化"不等于文化中断。"传统"这一概念本身就是在现代人类学研究中提出的，它更强调人类学研究中的文化归属感，而非真正起源意义上的"传统"③ 如此理解"传统"，堪称准确。此一"传统"内涵的重新界定、定位，内含承认某种文化已经或正在变迁、变化的现实与实际，即当代谈论的"传统"或"传统文化"，是指"文化归属感"，而"非真正起源意义上的'传统'"。④"他们意识到文化的重要性，在传统根基和工业化世界之间一边挣扎，一

① 左凤荣：《苏联解体的"民族推手"》，《南风窗》2009年第19期。

② 民族学博士，俄罗斯莫斯科大学访问学者，翻译著作包括《学术与人生——俄罗斯民族学家访谈录》（〔俄〕B.A.季什科夫著，中央民族大学出版社，2013）等。

③ 《迈克尔·赫茨菲尔德：在田野中发现真正的学术问题》，《中国社会科学报》2013年8月28日。

④ 《迈克尔·赫茨菲尔德：在田野中发现真正的学术问题》，《中国社会科学报》2013年8月28日。

边寻找平衡支点。"① 事实上，文化变迁、变化的实际也表明，民族心理、民族意识，或文化归属感，这种归属感引起的对现代化冲击的多种不适，有可能是引发现实民族关系问题更实在的因素。在此，动态的"传统"——归属感意识，与动态的"现代化"，形成时空互动。图瓦具有小民族文化特质——至少分布于图瓦东部托志地区从事传统狩猎、驯鹿业图瓦人如此。2013 年 7 月下旬，世界驯鹿养殖者协会在我国敖鲁古雅鄂温克民族乡举办，来自芬兰、挪威、瑞典、俄罗斯等传统驯鹿族群会集一起，交流、商讨当代传统驯鹿文化状况及繁荣出路。笔者在这里与来自俄罗斯图瓦泰加森林里的驯鹿人斯特维兰娜再次相见，彼此深感无比愉快和欣慰。

图瓦共和国为俄罗斯木材、矿藏、河运富集之地。在图瓦西部狩猎、驯鹿业地区，在托金斯克区（托志），在叶尼塞河两岸，笔者确实领略到了想象中的自然的神奇造化，包括几人合抱粗细的松树，千万年的朽木，清澈欢腾的河水，鹅黄、嫩绿的铺天盖地的驯鹿喜欢吃的苔藓……总结众多经验，随着俄罗斯联邦政府对开发、建设西伯利亚力度加大，自然资源开发与生态环境保护、与图瓦地区可持续发展问题也使作者自然而然地平添几分忧虑。"8 月 21 日，第七届欧洲环境史学会大会在德国举行，由慕尼黑大学雷切尔·卡森环境与社会研究中心组织召开。会议主题为'循环性：水—食物—能源'，旨在通过分析人与自然环境的辩证关系，追溯环境史，探讨气候变化、能源、自然灾害、环境保护主义的历史等议题。"② 如上所言，流连于萨彦岭南麓、叶尼塞河及支流两岸繁茂的自然植被，原始森林——图瓦大地保留尚好的自然景象令人感叹和欣慰；与此同时，与交通不便、封闭、人民经济文化生活相对于俄罗斯欧洲部分之落后形成的反差也不由得使人扼腕。"发展"是硬道理，问题是采取哪种发展理念，

---

① 《2017 回望：即便语言消失，智慧依然存在，古老知识永存》，《他者》（Others）2018 年 1 月 6 日。

② 张哲：《欧洲环境史学界关注自然循环》，中国社会科学网，2013 年 8 月 24 日。

是牺牲自然环境谋求基础设施等现代化程度提高，还是考虑保护自然环境，甚至从维护和捍卫某种传统文化样式出发从而暂缓发展，甚至错失某种传统文化发展良机？这是图瓦带给我的另一份沉重的思考。问题常常是当事者估计不到开发、工业化带来的隐患，或即便有所预见，也难以抵挡眼下利益的驱动。

四

　　俄罗斯位于欧亚大陆北部，领土包括欧洲的东半部和亚洲的西部，国土面积位居世界第一，为1706万平方公里，占苏联面积的76%（苏联国土面积2240万平方公里），疆界长达6万里，与14个国家接壤；人口14800万，地多人少，土地资源十分丰富。俄罗斯是多民族国家，共有142个民族，由于民族众多，各民族间发展不平衡，俄罗斯也是民族问题最为复杂的国家。目前依然可以强烈感觉到的多民族—文化现实，如笔者在莫斯科大学附近一家最大的超市所看到的清洁工多为非俄罗斯人，在莫斯科最大贸易市场留布里诺的中国人、越南人、中亚人众多的非俄罗斯族商贩，在阿尔巴特的一家民族商品店卖俄罗斯披肩的鞑靼族妇女，位于图瓦首都克孜勒市西北部的哈卡斯共和国首都阿巴坎市——阿巴坎飞机场候机厅内民族工艺品店卖货的哈卡斯族女店员以及她让笔者有几分吃惊的敏感的"我是哈卡斯族"意识，在摩尔曼斯克市自然博物馆女馆员谈到自己的父亲是来自山东的汉族……

　　一千多年波澜壮阔的俄罗斯国家历史，带给人类万千气象。对多姿多彩、多样性的敏感，仿佛是人类学的本性。而海外人类学或因某种机缘身心落在相对于国内更像是"异文化"境地，这种冲击会来得更猛，回应更强烈，收获也更丰硕。本书中有相当内容呈现这种"冲击""回应""收获"。大致笼罩于人类学以及一定的社会学、民俗学兴味，落脚于星星点点的"田野"，体会当下俄罗斯社会、风俗、文化，笔者在俄期间在莫斯科及其他地区的考察、体会、感受，经历2012年春"梅普组合"盛典，莫斯科红场卫国战争胜利纪念，在细雪霏霏中品尝谢肉节薄饼……而对莫斯科华人社会的接触，特别是对莫斯科华人基督教会一定程度的参与观察，我无力评价其人类学、社会学意义在哪里，但是可以区分出、感受到其特殊魅力，如它所证实的文化交流作为时代潮流，从传统社会向地域社会的急速转变，各民族之间的地理界限和封闭状态已不复存在。

Preface

He qun

I

This book is the author's record of major research work and research results from October 2011 to October 2012 at the Moscow University (ethnology teaching and research office of history department).

During her stay in Russia, the author focused on the study of Russian social and ethnic conditions, the environment and the survival of small ethnic groups in China and Russia, absorbed and borrowed the results of Russian peer research, and explored the above fields through extensive and in - depth social practice. During the period of Russia, under the guidance of Prof. A. A. Nikshinkov, my co - director, who is professor of history at the university of Moscow and director of the teaching and research office of ethnology, Russian national famous historian. the following work was mainly carried out:

(1) Using the opportunity that the relevant departments of the Chinese Embassy in Russia arrange me to make an academic report on the "Russian National Status and Research" for Chinese students in Russia, systematically sort out and summarize relevant information and combine the author's personal field investiga-

tion in Russia, and form the research report "Russian national conditions and good governance in the new era – combined with reflections on the field work in the Tuva area".

(2) At the invitation of Prof. A. A. Nikshinkov and Prof. Alena Valeryevna Ayizhen of the National University of Tuva, I visited Tuva State University, which is located in Kizils, the capital of the Russian Republic of Tuva in Central Siberia, and went to the towns and villages of Tokinsk (Tokyo) in the eastern part of the Republic of Tuva for a two – week study with the research team of Professor Alena Valeryevna Ayizhen.

(3) Translating and organizing the translation of three famous papers by Professor A. A. Nikitshenkov and Russian counterparts.

(4) While conducting academic work on the topic of visiting the school, using the opportunity, the author visited the cities of the Russian Arctic Sami native Murmansk, the Russian writer Tolstoy's hometown Tula and the "bright forest hollow". Rural areas and resorts hope to reach out to and understand all aspects of Russian society as much as possible, and experience and meet the storms and thoughts from Russia. It also intends to use the analytical tools of transnational population mobility, human commonality and cultural differences and symbiosis in the globalization trend, and hopes to have some understanding of the material and spiritual living conditions of Russian and Chinese businessmen and students in Russia – Moscow. To this end, in addition to paying attention to and paying attention to daily life, we also use all opportunities to visit the trade and wholesale markets of Chinese merchants such as Moscow Rebino Market and Sadavo Market, and participate in the observation of Moscow Chinese Christian Church activities. And the "Autumn Camp" activities organized by the church in Russia and China, and timely record and analyze the above activities. The above content, combined with the focus of attention and important field points, timely collection, collection of ethnological objects, pictures and photos. Another: This book is in-

cluded in the academic report of the author, Professor A. A. Nikitenkov, who was invited by the cooperation tutor during the period of the University of China, and invited by Professor Yang Shengmin, the dean of the School of Ethnology and Sociology of the Central University for Nationalities, and another scholar. An article on the study of national sociology in the Tuva region of Russia. As a resource for information and interested readers, there may be a need for knowledge storage. The book also selects and incorporates relevant literature on the history, geography and culture of the Russian Republic of Tuva.

All of the above, together constitute a relatively systematic monograph that observes contemporary Russian society and ethnic style from an anthropological/ethnic perspective. Perhaps the most commendable point of the book is that it is from the author's field observations and investigations. It is "on the spot" and is an anthropological scholar's observation and reflection from the fiery field. Here, the basic classification of human beings as high – level animals—gender, embodied in social division of labor, occupation, and "female anthropologists" who may not be related to gender, is also a matter of interest, swaying and erratic. Physiological gender and gender, such as women are more likely and convenient to enter the field of social life, family, emotions, male love, short parents and other human life, or even close to the core of life. In any case, the intuition, experience, and perspectives that female anthropologists may have may also have such characteristics and advantages in problem – cue discovery, data – material salvage, and so on.

The book is set up with two articles. "Part I: Observation and Thinking" consists of three parts, namely, "Learning and Living Notes in Russia (from October 20, 2011 to October 21, 2012)", "Investigation and Investigation Notes in the Republic of Tuva, Russia (2012) July 29 – August 12)", "Russian national conditions and good governance in the new era – combined with field practice in the Tuva area"; "Next: Literature and Research" consists of six parts,

roughly rout able for three pieces. One is to present three representative transla-
tions, such as perspectives and authors' national identity, around the issue of the
national cultural status of the multi – ethnic Russian Federation, the national i-
dentity pattern, or the consciousness of the Russian national community, inclu-
ding the Russian translation of the author during the Russian period. The famous
ethnology professor A. A. Nikshinkov's paper "Russian national and national iden-
tity in the context of modern civilization" and "the 'East – West' dialogue model
in the Buryat spiritual tradition – Dorgi Bangzharov academic and social activi-
ties" ([Russia] A. A. Nikshinkov, translated by Zhou Hongmei), "Tuva and
nature – related rituals and customs" ([Russia] Alena. Valeryevna. Ayi Zhenw-
en, translated by Yan Ying); Second, in 2010, Professor A. A. Nikshinkov was
invited to visit the academic report of the School of Ethnology and Sociology of the
Central University for Nationalities. On the basis of the field investigation of the
author of the article, and on the social situation of the Republic of Tuva before
and after the collapse of the Soviet Union in the 1990s, the study of Tuwa society
and national identity is quite influential. The paper: "National Relations in the
Republic of Tuva after the Disintegration of the Soviet Union"[1], and 8 articles on
the history, social and cultural studies of Russian Tuva collected by the author
during his study abroad in Russia.

The above content, combined with the focus of attention and important field
points, timely collection, collection of ethnological objects, pictures and photos,
in this book with content and as an irreplaceable supplement and evidence of the
content in the form of text using nearly 190.

Anthropologists want readers to accept what they write is true. In this regard,
research has produced interesting findings. "Anthropological writings rarely ex-

---

[1] Stefan Sullivan, translated by Liu Neng, Ma Wei School, Tianjin People's Publishing House,
1997.

plain how they derive their recognized scientific knowledge from unique and private experiences and their relationship to textual practice. These monographs evade discussion of authors. How to build your own field, how to interview, how to establish your own ethnographic authority, and how to achieve results. "[1] "Anthropology is a science. The anthropological 'field' can be anywhere. So the subject of the subject Not independent, leaving 'our' observations will have nothing. Theory and practice cannot be separated, and ethnography (descriptive notes) is itself a product of anthropology (theoretic). "[2] The essence, or the content of the book, the formation of the knowledge structure, in addition to the use of the literature as much as possible, the extensive collection and absorption of second – hand materials, mainly based on the observation and reflection of the author's fieldwork, and even to some extent, these Observing and thinking, "... not because of providing objective data for theoretical research"[3], but also for "... not Line to join their point of view, you can not just copy the locals saying, "[4] committed by field investigation and found that the real objective world,

①   Roberto Malighetti: "Field research, how to make field notes", Source: "Professor of Anthropology, University of Milan, Baccarat, and Visiting Professor of Central University for Nationalities, Marillo, invited to come to the school for academic lectures", Central People University Network, May 16, 2016.

②   Roberto Malighetti: "Field research, how to make field notes", Source: "Professor of Anthropology at the University of Milan, Bicocca, and Visiting Professor Ma Liluo of the Central University for Nationalities, invited to come to the school for academic lectures", Central People University Network, May 16, 2016.

③   Roberto Malighetti: "Field research, how to make field notes", Source: "Professor of Anthropology, University of Milan, Baccarat, and Visiting Professor of Central University for Nationalities, Marillo, invited to come to the school for academic lectures", Central People University Network, May 16, 2016.

④   Roberto Malighetti: "Field research, how to make field notes", Source: "Professor of Anthropology, University of Milan, Baccarat, and Visiting Professor of Central University for Nationalities, Marillo, invited to come to the school for academic lectures", Central People University Network, May 16, 2016.

form their own understanding.

Following the above ideas, the "separation" of the book on the ground to observe and reflect the traces left, mainly relying on the field work records, that is, the form of notes and diaries. Some sociologists have scrutinized the academic quality of this form of scientific research "results" . "A good field diary is also a reflection of what the investigators have seen and heard, but because the author has a sociological vision when selecting materials. From the perspective of the interview, the content of the interview with sociological value and meaning and the observation of the village can be written into the diary. Further, he can also accommodate his own understanding of the village situation, so that the new entrant will have its own vision through reading. It feels that this will be very useful for them to quickly integrate into the local culture´of the community in which the respondent is located. "① So, in terms of anthropology, what is the relationship between field work notes and anthropological knowledge production? Or is the field work note a research result? In this regard, Margaret Mead, the famous anthropologist, the anthropological classic "The Sex and Temperament of the Three Primitive Tribes" , and "The Samoan Adults – A Study of the Psychology of Primitive Humans for Western Civilizations" I talked indirectly when I talked about a book reprint. " This book is the first time I traveled to the field when I was 23 years old. It has been nearly 50 years since I left. Since 1926, I have been away from Pago Papa. Goa returned to the Western world and wrote everything I knew. By November 1971, I stepped out of the plane under the light of a television camera. The world has changed dramatically. . . Since its first publication in 1928 Since then, this is my fourth preface for the reprint of this book. . . Some young critics even asked me, when will I revise this book? . . . It must be intact,

---

① Yang Shanhua: "Before the Interpretation of the Interpretation of the Respondents in the Field Survey", Source: Social Science, No. 1, 2010, pp. 64 – 70.

like all The anthropological work is as intact as it records very accurately what I saw in Samoa, documenting everything I can express, and what we have learned about human behavior in the mid – 1920s. In fact, it is real; it also truly reflects our hopes and fears about the future of the world."[1] "It must be intact," because this book "is the first time in my field trip when I was 23 years old. , ... It records very accurately what I saw in Samoa, and recorded everything I could say that I saw..." . The core part of the book is the research results of the author's observation and thinking in the foreign countries. The field work notes and research reports, the historical relics and relics collected from the fields, the life scenes of people in the real world, the use of human beings or the human beings have not yet been involved. Wilderness. Like the hard – working scavengers, the treasures that are desperately discovered and picked up...

So, what else can the book bring to the reader and bring to the world?

II

The status of contemporary Russian national identity and the adjustment of government policies are one of the core contents of this book. Although the Soviet Union has been in disintegration for more than two decades, the multi – ethnic countries, including China, are in the ascendant about the reasons for their disintegration, especially the role of national factors in their disintegration. There are many research results. The author combs this in the study report "The State of Russia and the Good Governance in the New Period – Combining Field Practices in the Tuva Region", and combines the field experience and investigations in Russia to form some basic understandings.

---

[1] [United States] Margaret Mead: "The Age of Samoans – A Study of the Psychology of Primitive Humans for Western Civilizations", Zhou Xiaohong and other translators, The Commercial Press, 2010. Author "Preface to the 1973 Edition", New York Museum of American History, June 26, 1972.

As is known to all, in the early days of the founding of the People's Republic of China, there were many references to the Soviet Union in terms of national theories and dealing with national affairs systems and policies. In 1989, China reformed and opened up. In 1992, the Soviet Union was disintegrated. At the same time, China's national studies paid attention to the experience of the Soviet Union. This kind of research will eventually turn its attention to the current Russian Federation´s philosophy, policy orientation and national relations development goals. Many research results have been accumulated in this regard.

After the disintegration of the Soviet Union, the national identity of the Russian society and the Russian government's thinking and adjustments to deal with ethnic issues, the pulse of the Russian national field society, and the test of the pulsation of the government's challenge and policy "fitness" during my stay in Russia One of the interests that have always been cherished. I hope that through the Russian case, we will explore how "who is a nation", "the nature of the nation" and how the external government can achieve more effective management issues.

On the current factors affecting the national identity and social solidarity of various ethnic groups in Russia, combing, drawing on and referring to relevant research and information, and combining the author's extremely limited field experience in Russia, I initially feel that the following two major clues are mainly presented: First, The former Soviet Union's "pragmatic design of pragmatism" for ethnic relations and national work laid the groundwork for the disintegration of the Soviet Union in the future. This "the foreshadowing" was quite a period after the disintegration of the Soviet Union and was negative for the current national cohesion – nation national identity. The influence still exists, to a certain extent, it is an active component of national consciousness, and it is the potential power of power and interest appeal. Second, the modernization promotes the acceleration of international and domestic flows, the development of networks and media, and the comparative space. Expansion, so that the state of the country's economic and social development level, as well as this situation, especially the development of some aspects of the social economy, lags behind in the border areas, ethnic minority areas, especially in social divisions, and to a certain extent, the frontier multi – ethnic areas and mainstream development Regional structural development differences, widely Ethnic groups known, and this experience has become more profound in the context of globalization. A social phenomenon that may be new and mature, and which has not yet received attention is, perhaps, in the future, with the disintegration of the Soviet Union and the adjustment of more than 20 years, the release and resolution of the energy of the great national and ethnic relations, [①]From the author's field observations and experiences in Russia, especially in the actual situation of the urban and rural field investigations in the Republic of Tuva, the various ethnic groups of the Russian Federation, or the majority of ethnic groups, have no intention of going out independently from Russia. Their " " National narration" may be more dissatisfaction with the development of the nation and the region. In other words, the structural differences between ethnic groups and regions that exist to a certain extent, and how the government is committed to weakening and eliminating such differences is the need for Russia to give further attention to it. How to sum up and handle the historical experience of ethnic relations and objectively adjust the pulse and make positive adjustments will undoubtedly constitute a test of the wisdom and ability of the Russian ruling party and the government to treat the good.

More than 90% of the countries in the world today are multi – ethnic countries. The modern state has the function of regulating and balancing the interests of all ethnic groups. How to recognize and deal with ethnic issues is a topic that

---

① "The delegation of the Ministry of Ethnic Affairs of the Russian Federation visited the university", Central University for Nationalities Network, 2016 – 10 – 13.

all multi – ethnic countries are exploring. "One of the important theoretical consensuses is the recognition of ethnic identity and differences. But on how to implement this consensus, the countries of the world The side of the practice is not the same. . . What is the focus of the dispute and where does the problem occur? The answer is: how to master the degree of national identity and difference. . . For this problem, we need to carry out theoretical innovation research",① "is to propose a new and reasonable understanding based on the reality of national politics and the development of the times. "② Since the 1990s, the Russian federal government has actively reflected on history and explored the national concept that is suitable for the current reality and for the sustainable development of the country, policy. In general, the core lies in re – recognizing the reality of the nation and the nationalities, emphasizing national cohesion and national identity. To this end, we advocate multiculturalism, coexistence and coexistence, and pay attention to the simultaneous development of economic and social and mainstream society in all ethnic groups and regions.

In the book, the author's co – instructor during the study abroad at Moscow University, the famous Russian ethnologist Professor A. A. Nikithenkov's thesis: "Russian national and national identity in the context of modern civilization", on the historical heritage of Russian history, the establishment of integrity the issue of the identity patterns of Russian and Russian nationalities is sorted out, summarized and explored. First of all, with the analysis of the influence of multi – ethnic country cohesion and national identity, the deep reason for the disintegration of the Soviet Union is inferred. "If you look at the evolution of the Russian national identity, the history of the Empire, the Soviet Union and the post – Soviet era,

---

① See Zhu Lun, "National Co – government – A New Proposition of National Politics", China Social Sciences Press, October 2012. Pages 9 – 10.

② Zhu Lun: " National Co – government – A New Proposition of National Politics", China Social Sciences Press, October 2012. Pages 9 – 10.

you can find this form. The non – integrated trend presented. This process combines internal and external factors. The power of external (Western) mythology, the failure of the 'world police' myth, oppresses the peace – loving European people (especially the suppression of Poland after 1848). Uprising and the non – Russian nationals of the country (especially during the Caucasus war)... Within Russia, a myth of socialist radicalism – the "Russian – People's Prison" myth... The Soviet Union's 'socialist' myth, which enabled the federal and autonomous republics (if no national elite established the country) to obtain the right of 'self – determination until complete separation', encouraged the minority to pursue the goal of localization of cadres in ethnic areas in real politics."[1] Second, Advocating the concept of Russian Eurasian cultural integration, encouraging and agreeing to establish Russia Sri Lanka unity, unity, the inseparability of the history of ideas. "The tragic lesson of the revolution has been given a new meaning – the decline of a hostile camp after the evolution of a hostile camp in a great country. In the process, including the centrifugal tendency of the nation and the nationalists, the Russian state system and its member states were proposed. The issue of historical relations. In this regard, И. А. Irina's point of view is representative. She wrote: 'The country, as a country where people are closely integrated, behavioral and culturally unified, does not belong to a unified church, but Including people of different religious beliefs, different denominations and different churches.'[2]" Professor A. A. Nikshinkov pointed out: "In any case, the majority of the Russian people have long exchanged and cooperated

---

[1] Alexei Alekseyevich Nikithenkov: "Russian national and national identity in the context of modern civilization". He Qun translation.

[2] Alexei Alekseyevich Nikithenkov: "Russian national and national identity in the context of modern civilization". He Qun translation. Ivan Alexandrovich Irina: " Our Task: The Dangers and Issues of Russian Nationalism", " The Historical Destiny and Future of Russia – Proceedings of 1948 – 1954", Moscow, 1992, pp. 288 pages.

to make people of different nationalities, races and religions It belongs to the same people's community and objectively forms the connection and inseparability of life style, value concept, stable organizational relationship and interpersonal network. In other words, Russians feel their consistency and commonality. But don't intend to easily believe that there is no problem in this area. At present, many politicians admit that this is close to reality. The political determination and goal of the modern Russian Federation is to strengthen the unity of multi – ethnic countries. As the saying goes, the era of stone throwing and arrogance is over, the era of collecting stones, coping with and seeking conclusions has come. " [1]These insights, for inspiration It is undoubtedly valuable to have an insight into and compare the ethnic relations of multi – ethnic countries such as Russia. Two other articles by Professor A. A. Nikitykov: "The 'East – West' Dialogue Model in the Buryat Spiritual Tradition – Dolj Banzarov Academic and Social Activities" (Translated by Zhou Hongmei[2]) And "Russian ethnological development process", as its "modern civilization background in the Russian national and national identity form" problem awareness, research background, preparations and cases, together constitute a system of understanding and understanding of their ideas.

III

Another major part of the book is the author's understanding of the insights gained from in – depth observations and investigations in the Tuva area. The Tuwa, Tuva social economy, social conditions, national national identity, etc., which are a few areas in the Russian border areas. Concern and reflection.

"How did I get to Tuva?" – Go to the ins and outs of Tuva. In the spring of

---

① Alexei Alekseyevich Nikithenkov: "Russian national and national identity in the context of modern civilization" . He Qun translation.

② Director of the Russian Department of Foreign Languages, Northwest University for Nationalities, Master of Russian Teaching, Associate Professor, Visiting Scholar of Russian State University.

2012, Professor Alena Valeryevna Ayizhen of Tuva National University who studied for doctoral degree at Moscow University returned to her alma mater. When she stayed at the office of the Department of History, I happened to be a co - teacher. At the time, he was the director of the Department of Ethnology, Professor A. A. Nikitenkov. Professor Nie said with enthusiasm to introduce me to a person. In this way, I met the Tuva scholar of the Tuva National University, Professor Alena Valeryevna Ayizhen, and contributed to my trip to Tuva from the end of July to mid - August 2012. In addition to conducting an inspection in the city of Kyzyl, Tuva, I experienced the city's style, the people's food, clothing, housing, travel, visits to the temple, the National Museum of Tuva, and I was fortunate to go to the group with Professor Alena Valeryevna Ayizhen. Tuva villages using reindeer in eastern WA. Prof. A. A. Nikshinkov, who was really able to go to Tuva for investigation and investigation, showed great satisfaction and interest. When I returned from Tuva to report to my teacher, I was in Tuva's experience and investigation. He showed great satisfaction and appreciation. In 1992, the disintegration of the Soviet Union, the ethnological research direction of Moscow University, was also adjusted to a certain extent. At that time, Teacher Ni was led a team to conduct field research in ethnic minority areas. His paper in the book, "Russian National and National Identity in the Background of Modern Civilization", "East - West" Dialogue Model in the Buryat Spiritual Tradition - Dolj Banzarov Academic and Social Activities "And the academic report" The History of Russian Ethnology", which was invited to be published in the Sociology of Sociology of the Central University for Nationalities, raised his deep concern about the status of Russian national relations and the issue of national identity.

In Russia, if you are lucky enough to visit the minority areas of the country, you should first thank you for your fate or fortunes – you can get the famous Russian history, the ethnologist Ni teacher, his academic thoughts, the inspiration and inspiration of human learning, and It is an accident and honour to receive the sincere invitation of Professor Alena Valeryevna Ayizhen – as a Mongolian race or a relationship between Tuva and China and the Mongolian history. It should be acknowledged that these do bring us some unspeakable natural kindness; this trip is also the realization of our long – awaited academic aspirations. When the author studied at the Institute of Sociology and Anthropology of Peking University more than ten years ago, Professor Ma Wei, a famous sociologist in China, introduced the Tuva society in Russia in the course of "Ethnic Sociology". This was the first thing that triggered my interest in Tuva. Finally, when I had a chance to visit Tuva in Russia, I was glad to go there. I did not take into account the difficulties of safety, transportation, climate and so on. This has become a valuable academic experience for me to study in Russia.

In the comparison of the Tuva field, in the comparison, the author has deepened the understanding of the following three aspects: the elimination of structural differences between various ethnic groups and regions is the foundation of national stability; the complexity of the national identity pattern; the road to development: Natural resource development and sustainable development.

In Tuva, it is not difficult to feel the dissatisfaction of national elites and people of insight in the development of their hometown transportation and urban construction. A large part of them is dissatisfaction with the Russian Central Committee and dissatisfaction with their support and support. How to promote the modernization process in all regions and ethnic groups throughout the country is indeed the top priority of the Russian government. The improvement of international status depends on the prosperity of the country and the people; the primary condition of the people's security is the well – off society and the improvement of the quality of life. "

In Tuva, the author has a new experience and a new understanding, that is, "What is the 'nationality'"? People can't cut history – national historical memory, people can't live without reality – national and cultural adaptation. "Nationality" is a community of people who are affected by changes in the external and internal factors of the country and society. In Tuva, the author emphasizes that as a federal subject – the minority, the local local government, and the Russian government, they all need to face reality and hold a historical, realistic, rational and objective attitude. As far as the central authorities are concerned, under the premise of fully respecting the constitutional powers of various types of federal subjects and dealing with the affiliation with the central government, the most crucial thing is to closely focus on the key to "development is the last word" and enhance its international status. In this way, as a national and a federal subject, under the already established situation, it is necessary to realize that the fate of the local people has been co – prospered with the Russian state. In analyzing the development prospects of the nation and the region, it is necessary to repeatedly recognize the fact that it has left the development and support of the country as a whole, and that any federal place cannot achieve self – sufficiency in economics, resources, and talents.

In general, in Tuva, this is the edge of Russian geography, or the edge of humanity – Tuva, looking back at Moscow, looking back at Russia, looking back at the central and core, feeling the national identity of Russia in Tuva, Taking into account the situation of Russian social cohesion, it is preliminarily believed that the traditional cultural functions of the Tuwa still play a central role, and at the same time absorb a lot of Russian culture and modern cultural elements; the "Tuwa" – "We are Tuwa people" national consciousness, national emotion The sense of national identity is still very strong. At the same time, the Russian state has a clear identity and is eager to achieve rapid development of its own family and the region.

In addition to the author's knowledge gained on the ground, the book is a essay entitled "The Disintegration of the Soviet Union or the Ethnic Relations of the Republic of Tuva" by Stefan Sullivan of the Russian Institute of S. and Anthology

of the University of Oxford. This is a rare research report on the political, eco-
nomic and social conditions of Tuva for more than 20 years. The author of the arti-
cle was investigated in Tuva in 1992. "Tuva is the youngest autonomous republic
in the former Soviet Union. It is located in the two mountains on the upper reaches
of the Yenisei River – between the Sayansk Mountains to the north and the Donn-
uula Mountains to the south. It is precisely the geography of the Asian
continent. Center. There are very few people in this remote republic: the road
conditions are very poor, there is no railway line..."[1] "The main problem left
by the Soviet period that has worsened the current ethnic relations is that Russians
are gaining more and more in economic development. Privileges, while exploiting
the wealth of natural resources, the Tuva can only be assigned to a smaller
share. Other problems are only brought about by the alienation and the alienation
of rural youth. Finally, the higher birth of the rural population The rate – mainly
due to the increase in health care – has exacerbated unemployment in rural areas,
and has also increased immigration to cities, which has led to increased social
tensions and housing shortages in the capital Kyzyl. In recent years, a considera-
ble degree of crime, youth gangs, alcohol abuse and drug abuse have
increased."[2] As a study of the collapse of the Soviet Union Tuwa is of great sig-
nificance in the case of ethnic relations and regional development; the Tuva econ-
omy and infrastructure conditions described and analyzed in this article, as well
as social problems such as unemployment and closure, have confirmed and re-
sponded to the author's field observation to a certain extent. To achieve equality

---

[1] Stefan Sullivan, translated by Liu Neng: "National Relations in the Republic of Tuva after the Dis-
integration of the Soviet Union", see Ma Wei, ed., "Theories and Methods of Western Ethnic So-
ciology", Tianjin People's Publishing House, 1997, P. 455.

[2] Stefan Sullivan, translated by Liu Neng: "National Relations in the Republic of Tuva after the Dis-
integration of the Soviet Union", see Ma Wei, "Theories and Methods of Western Ethnic Sociolo-
gy", Tianjin People's Publishing House, 1997, P. 463.

and mutual benefit among all ethnic groups in a multi – ethnic country and culti-vate a sense of national identity is a question worth studying. The lessons of the Soviet Union are worth learning. [1]

As a Tuva, a national historian with deep national sentiments, enthusiasm, talent and rigor, and diligence, as an important part of the book – the paper of Professor Alena Valeryevna Ayizhen "Tuva The rituals and customs related to na-ture and nature" (translated by Zangying[2]) have irreplaceable authority to help outsiders to understand Tuva culture. Also as the real voice from the world of Tu-va, the local TV station interviewed and produced the eastern Tuva, Sayanling Nanxun and the extension area of the traditional reindeer Tuva in the Tozhi area, also the author of the August 2012 with the Tuval National University Alina The team's local – known Tuva friend Stevelana and the reindeer Tuva's life documen-tary, the book's narration and the narration of the reindeer Stevina's protagonist, vividly reflects the contemporary reindeer industry. The impact, the reindeer and the government's efforts to revitalize the traditional reindeer industry. Frozen soil, moss, forest, reindeer, this will undoubtedly constitute a comparison with the so-cial and cultural changes of Lukwenke in the northwest slope of Daxing'anling in China. Perhaps "change" is not a bad thing, but rather that "change" does not mean cultural disruption. The concept of "tradition" itself is put forward in the study of modern anthropology. It emphasizes the sense of cultural belonging in an-thropological research, rather than the "tradition" in the sense of true origin. [3] It is accurate to understand "tradition". The redefinition and orientation of this

---

[1] Zuo Fengrong: "The National Pusher of the Disintegration of the Soviet Union", Nanfeng Window, No. 19.

[2] Doctor of Ethnology, visiting scholar at Moscow University, Russia, translation works including " Academic and Life – Interview with Russian Nationalists" ([Russia] B. A. Dishkov, Central Uni-versity for Nationalities Press, 2013 June) and so on.

[3] "Michael Hertzfeld: Discovering Real Academic Issues in the Fields", Journal of Chinese Social Sciences, August 28, 2013, issue 494.

"traditional" connotation contains the reality and reality that a certain culture has changed or is changing, that is, the "traditional" or "traditional culture" discussed in the contemporary refers to the "cultural sense of belonging". And "the 'tradition' in the sense of non – genuine origin". [1] "They are aware of the importance of culture, struggling between the traditional roots and the industrialized world, while finding a balanced fulcrum." [2]In fact, the reality of cultural change and change also shows national psychology, national consciousness, or cultural belonging. A variety of discomforts caused by a sense of belonging to the impact of modernization may be a more real factor that triggers the problem of real ethnic relations. Here, the dynamic "traditional" – a sense of belonging, and the dynamic "modernization", form a time and space interaction. Tuva has a small ethnic cultural trait – at least in the Tuzhi area in the eastern part of Tuva for traditional hunting, the reindeer industry Tuva. As a member of the World Reindeer Breeders Association, the World Reindeer Breeders Conference was held in Luan Township, Genhe City, China on July 25, 2013. At the meeting, I met the Tuva reindeer who met in Tuva in August 2012. Ms. Stevelana, who is reported in the documentary. In late July 2013, the World Association of Reindeer Breeders was held in the ancient town of Ewenki in Gulu, China. Traditional reindeer groups from Finland, Norway, Sweden and Russia gathered together to exchange and discuss the cultural status of the traditional traditional reindeer and the way out. The author once again met with the reindeer Stevelana from the Tuvataga forest in Russia, and they were very happy and gratified.

The Republic of Tuva is a place where Russian timber, minerals and rivers are enriched. In the western hunting and reindeer industry area of Tuva, in the

---

[1] "Michael Hertzfeld: Discovering Real Academic Issues in the Fields", Journal of Chinese Social Sciences, August 28, 2013, issue 494.

[2] "2017 Look Back: Even if the language disappears, wisdom still exists, ancient knowledge will last forever", others others, January 6, 2018.

Tojinsk area (Tokyo), on the banks of the Yenisei River, the author really appreciates the magical nature of the imagination, including several people holding the thick pine trees, thousands of years. Deadwood, clear and jubilant river water, goose yellow, green and overgrown reindeer like to eat moss... Summarizing a lot of experience, with the Russian government's efforts to develop and build Siberia, natural resources development and ecological environmental protection, and the sustainable development of the Tuva region also make the author naturally add some worries. "On August 21st, the 7th European Society of Environmental History Conference was held in Germany and organized by the Rachel Carson Center for Environmental and Social Research at the University of Munich. The theme of the conference was "Circulation: Water – Food – Energy". Through the analysis of the dialectical relationship between human and natural environment, we trace the history of the environment and explore issues such as climate change, energy, natural disasters, and the history of environmentalism. [1]As mentioned above, lingering in the south of Sayan Mountains, the Yenisei River and tributaries The lush natural vegetation on both sides of the strait, the virgin forest, and the natural beauty of the Tuva area are sighing and gratifying; at the same time, the contrast with the inconvenient transportation, closure, the people's economic and cultural life and the backwardness of Russia's European part cannot help People are jealous. "Development" is the last word. The question is which development concept is adopted, whether it is to sacrifice the natural environment and seek to improve the modernization of infrastructure, or to protect the natural environment, and even to maintain and defend a certain traditional cultural style to delay development, and thus even Missing some opportunities for traditional cultural development? This is another heavy thought that Tuva

---

① Zhang Zhe: "European environmental history circles pay attention to natural circulation", China Social Science Network, August 24, 2013.

has brought to me. The problem is often that the parties do not estimate the hidden dangers of development and industrialization, or even if they anticipate, it is difficult to resist the driving force of the immediate interests.

IV

Russia is located in the northern part of Eurasia. The territory includes the eastern half of Europe and the western part of Asia. Its land area ranks first in the world, with 17. 06 million square kilometers, accounting for 76% of the former Soviet Union (the former Soviet Union covers an area of 22. 4 million square kilometers) . The border is 60, 000 miles long and borders 14 countries. The population is 148 million. There are many people in the land and the land resources are very rich. Russia is a multi – ethnic country with a total of 142 ethnic groups. Due to the large number of ethnic groups and the uneven development among ethnic groups, Russia is also the country with the most complicated ethnic issues. The multi – ethnic – cultural reality that can still be felt strongly, such as the cleaners I saw in one of the biggest supermarkets near Moscow University, are mostly non – Russian, Chinese and Vietnamese in Rebrino, the largest trade market in Moscow. A non – Russian trader with a large number of Central Asians, a Yi women who bought Russian shawls in Arbat's national merchandise stores, located in Abakan, the capital of the Republic of Khakas, in the northwestern part of the city of Kyzyl. – The Khakas female clerk who bought the goods at the ethnic crafts shop in the airport bay of Abakan and her sensitive "I am a Khakas" consciousness, in the Murmansk City Museum of Nature The female librarian talked about her father's Han from Shandong. . .

Thousands of years of magnificent Russian national history have brought thousands of people to the weather. Sensitive to diversity and diversity, it seems to be the nature of anthropology. Overseas anthropology, or because of certain opportunities, is more like a "different culture" situation relative to China. This kind of shock will come more fiercely, the response will be stronger, and the harvest will be more fruitful. There are quite a few things in this book that present this kind of "impact," "response," and "harvest." It is roughly enveloped in anthropology and certain sociology and folklore. It is located in the "field" of the stars, and appreciates the current Russian society, customs, culture, and the experience, experience, feelings and experiences of the author in Moscow and other regions during Russia. In the spring of 2012, the "Mapp combination" ceremony, the Victory Memorial of the Red Square of the Red Square in Moscow, tasted the Chess Festival Pizza in the fine snow... As for the contact with the Chinese community in Moscow, especially for the Moscow Chinese Christian Church, I can't evaluate the significance of anthropology and sociology, but I can distinguish and feel its special charm, as it confirms. As the trend of the times, cultural exchanges have changed rapidly from traditional society to regional society. The geographical boundaries and closed state among ethnic groups no longer exist.

（梁胜兴 译，周云水 校）

目　录

CONTENTS

上 篇
观察和思考

我 看 俄 罗 斯 一 位 女 人 类 学 者 的 亲 历 与 思 考

一

在俄罗斯学习、生活笔记

（2011 年 10 月 20 日~2012 年 10 月 21 日）

2011 年 11 月 1 日

今天是 10 月 22 日，周六。20 日晚 18 时抵达莫斯科（莫斯科时间，北京时间为 22 点，时差 4 个小时），飞行 8 个半小时，是生平乘坐飞机时间最长的一次。到今天为止，我在横跨欧亚、世界国土面积第一大国，已经度过两夜，近三天。一切恍如梦中！

语言的沟通功能，这次算是有了切身体会，什么也抵挡、代替不了亲身体会。而听人谈及此种体会，无论如何也没有亲身体会真切、复杂而微妙。

18 日晨我从呼和浩特乘坐 7：20 的飞机飞抵北京，到所联系的中央民族大学西门近处北京青年假日酒店已近中午。下午 2：20 出发前往位于北京语言大学校内的出国服务中心领取机票、签证以及报到证、预付的 1100 美元奖学金（近 7000 元人民币）。20 日清晨在前日晚几位朋友送行醉酒的无限痛苦中起床，总得走啊！似乎我是最后一位登机者。安检、乘一种——国内航班常常所不需要的过程——电瓶车到 E‐E60 国际航班的 21 号登机口所在地，飞往莫斯科谢列梅杰沃机场。国际航班登机口设在一个较为封闭的地带。踏上电瓶车的那刻起，我意识到越来越没有退路了，国是得出了。回望离自己越来越远的安检通道、祖国、故土，心头涌上一种莫名的孤单，甚至还有几分悲壮。出国，要去一年，这即将走出国门的第一步，给人的感受很特别。无疑，极好的自立能力，过硬的心理素质，显然是必需的。

以上是来此后第三天写的。今天11月1日，来莫斯科已整整十天。一切似乎熟悉起来，陌生、隔膜、漂浮感在减少。上周三最后凑齐办理落地签证所需材料，实际就是由所到访学单位开出的办落地签证所必需的材料，而且是在交了历史系要求交的访学学费——16000元人民币及1000元学杂费，折合共80800卢布之后才给办理的。费用——钱——在哪里都是至关重要的前提。11月1日下午去位于主楼A区一楼、孔子学院对门那间办公室领落地签证，没有我的，办事员让本周五再来。周五上午再去，终于领到宝贵的落地签证。接着需要去中国银行办理使馆财务部门交代办理的手续，中国在俄留学生要在那里开户——支付国家提供的奖学金。估计到那时，需要办理的重要手续，大致可办完。之后，就是体检、与合作导师联系。在国内，办理这些似乎是很容易的，而在异国他乡，每个程序，似乎都是压力与挑战，如去位于莫斯科市繁华街区的中国银行，首先需要了解如何乘坐地铁前往。

从国内带来的小丝巾等礼品，在危急时刻发挥了重要作用。礼物是全人类都听得懂的语言，而功能亦接近。两块丝巾，一块送历史系外办负责人（初次接触，大约是10月21日），一块送主楼814室、莫斯科大学国际合作部办事员A女士（在往返于历史系和814室中，我不明白自己的身份、访学单位、莫大国际合作部之间的关系，更不理解历史系提出的收取学费的缘由。接受礼物、知道我的为难之处后，A女士带我到主楼912室问询，又请我用她办公室电话给中国驻俄使馆打电话问明情况。由此，我才明了自己该怎样办理落地签和入系手续）。第三份礼物——桃红色羊毛披肩给J女士。在她周到安排之下，20日从下飞机到学校宿舍办理手续，都是她带着我，穿过内呈十字形、有四道大门、堂皇如迷宫般的莫斯科大学主楼一楼大厅，找到设在一楼办理入住手续的办公室。当天的晚饭也是在她宿舍解决的——方便面就她晚饭余下的鸡块。这让我感受到从未有过

莫斯科大学主楼

主楼右侧四层最里边窗户，是我的宿舍——水区 403 室

从水区 403 宿舍窗口看漫长冬日中的莫大

的珍贵与分外的亲切。而之后几天，她又抽时间陪我办理各种烦琐的手续。在最初几日，在莫斯科、莫斯科大学落脚之最窘迫时日，她的照顾如雪中送炭。尽管这多出自她对我们共同的朋友的情面。等于说，认识一个人，有可能使不可能成为可能，作为天时、地利、人和重要因素。第四件礼物——一枚行前用 500 多元购得的——或许是考虑到文化适应，平生首次佩戴——戒指，在前几日中某个下午，在填完那个表，为表达感激之情，将此枚戒指送给历史系外办那位时髦而工作效率很高的女士。她当即戴上，喜形于色，不仅给我留下她宝贵的手机号，还写了纸条介绍我到莫大语言交流中心学习俄语。因当时情况让我颇感不妙。这位工作人员称如果在 28 日之前我没有办理好落地签证（签证最后期限），我需要交罚款近 1 万元人民币。整个过程有些惊心动魄，而俄罗斯人面对礼物的率性表现以及同样明白我希望给予可能的通融等意思也是懂的，这与国人同样情形时常常表现出的含蓄之美相比，存在一种直白之美。

上周四（10 月 27 日），我在主楼走廊认识了北京姑娘、现在莫大读硕士的 Z，她利用上午一些时间陪我去莫大语言交流中心，拿着历史系那位老师的介绍纸条，顺利联系好到这里学习俄语之事——每周的周一、周五，每次大致相当于国内两节课（是小 Z 帮助我建立起莫斯科大学主楼建筑大致结构轮廓——从空中俯瞰、想象或许更清楚——似一只振翅飞翔、背部隆起的大鸟：除主楼——呈"山"字形——"山峰"位置一层有东西南北 4 个大门，作为延伸部分，发展出 А、Б、Д、Ж 四个区，每个区，各有精致的区门）。我宿舍在 Ж（中国学生俗称"水"区），区门对着莫大植物园，而再穿过两条南北马路，步行 15 分钟，就是中国驻俄罗斯大使馆。

次日周五（10 月 28 日），我开始上俄语课。三个学生——两女——我及一位西班牙女生；一男，法国人。很好的两位同学。老师是个非常和气、活泼的人，大约是退休后返聘的，因说自己的女儿已经有小孩。课间，法国男同学陪我到一楼书店购买了课本，我还买了一本俄汉词典，是俄罗斯组织编的，图文并茂，非常有趣。

……

曾有朋友说：出国半个月后会适应一些。10 月 20 日至 11 月 1 日，已经 10 天。真可谓噩梦般的 10 天！刚才国内亲戚电话中说：幸亏你过去在外锻炼，如今出国才会如此适应。这是实话，却甘苦自知。同病才能达成相怜，与一些挚友的偶尔交流是很贴心的。他们享受孤独的绝招是"疯狂工作"，也许还包括适量饮酒，以放松身心，改善睡眠。无论如何，走出这一步，就是赢家了。甚至到 10 月 17 日晚，我还在犹豫，但是到 18 日早，还是"走"占上风。犹豫原因复杂，主要是感觉很累——因之前一直忙，9 月 20 日刚刚收到新出的书；6~8 月在为出书做准备——联系资助、校改书稿；申报社科基金后期资助等；3~5 月申报六项课题，命中两项——教育部社科一般项目及内蒙古社会科学联合会课题。2010 年 7 月刚刚从四川大学培训完外语回家，之前（2009 年 9 月~2010 年 1 月），在北京语言大学参加外语培训。这中间还主持过文化部项目子课题，10 月随课题总主持前往东北鄂伦春、驯鹿鄂温克以及渔猎赫哲族聚居地区进行调查，并撰写出 4 万多字的调查报告。凡此，就身心状况而论，不是该出国——"洋插队"，而是该休假。因此，此番出国，真有些仅次于当年计划考博那样的压力与挑战了。应该认为，出来了——等于是我再一次战胜、超越了自我。为此，应该感谢一直以来直接、间接影响、激发、鼓励自己的老师和朋友，我需要战胜软弱、狭隘，给他们一个很好的交代。

也有朋友说出一个朴素真理：事情只要做起来，远不是想象的那样。现在，在国门外已经生活 10 天，也没什么。只要自己不倒，没有什么能让自己倒。

21：25 于莫大主楼 ж 区 403 宿舍

2011 年 11 月 13 日

来莫斯科大学① 23 天了。不能不说是噩梦般的 20 多天。吃、住还不是大问题，主要是语言交流给自己带来许多麻烦，在国内学的多是哑巴俄语。还是得感谢 Y——的确是好人，内外都很美丽、美好的女人。在她的牵线下我得以认识 J——一个高个子的黑河学院年轻女老师。她安排车为我接机，并帮我办理入住、交学费、见系外办负责人 A 等，总之，刚开始的几天，如果没有 J，难以想象会遇到多少困难。其间，又认识了赵馨、张静怡、小董，这几位可爱的年轻人总是在我"危急"时帮我，更有情感安慰。

……

1. 礼物的功能是否在所有文化具有一致性？为了促进手续办理的顺利进行，我送出去了两条丝巾。一个送主楼 814 号——莫大国际交流处总部的 K 女士，她与 912 室的工作人员是什么工作关系，至今不得而知。因开始不明白为什么要交历史系学费，我的入学手续卡在这里。K 女士稍微推迟后接受，并主动让我用她办公室电话，因我突然意识到应向中国驻俄大

---

① МГУ，全名国立莫斯科罗蒙诺索夫大学（Московский государственный университет имени Ломоносова），校址在莫斯科。1755 年由教育家 М. В. 罗蒙诺索夫倡议并创办，是俄罗斯规模最大、历史最悠久的综合性高等学校。其教授及毕业生不乏诺贝尔奖得主和世界著名科学家，是全世界著名高等学府之一。

使馆教育部——具体负责我们的"娘家人"请教事情可能是怎样。教育部负责老师接电话。K 似也通过电话和他讲了我的情况。这使我打消了心中疑惑，遂开始办理交纳学费、签证费（共 16000 元人民币，不小的数目）的事情。到了 A 那里，她发火，感觉是 J 之前电话中问了不该问的，或问得有些唐突等。第二次见她时，她欣然接受了我的礼物——丝巾。近日再见她说到因我报到晚，而离签证到期仅有一周左右，如果领导签字没能赶在签证有效期内，要罚我近万元人民币的款，直觉提醒我该再次借助礼物获得通融。

2. 谈起成见，周五（11 月 11 日下午 2：30～16：00）课间在文科 2 号楼发生的一幕很有趣。课间下到一楼，想买杯咖啡——一般习惯是由售货员冲好递给顾客，结果售货员给我拿一小袋茶叶，这需要自己找杯子和开水冲泡。似不便多理论，又因不知道开水在哪里，遂问清洁员。售货员对清洁员讲我要的是茶叶。可能是我的体质特征使她想起"中国人喝茶叶"，所以，尽管我自己点的咖啡，她还是习惯给我拿了茶叶。问题是，尊重在哪里？还是文化先入为主了。本来我要的是咖啡。好，算是体验了文化差异的田野。

和上面一幕或许有关。我端着这杯"不是自己点"的硬塞给的茶，到近处文具摊浏览，想买个莫大书包及很快用得上的 2012 年台历。售货员——一位文雅、有些常见的虚胖的中年妇女——问我来自哪里。这次，我称来自内蒙古，而没提中国。她很惊异而和蔼地微笑。直觉告诉我，或许我说自己来自内蒙古，比说来自中国会让他们能有另一种对待。至于为什么，只是直觉，或者是多年的人类学训练带来的某种启发。

3. 天下农民工样子很像。昨天下午邀请同屋——洗、卫、小厅共用，各自卧室——的优里（一个来自日本，研究日本历史的女孩）一起去离莫大最近处大家俗称为"阿上"的超市购物。在挑选好各自需要的商品之后排队在收银处结账。看到三位类似中国农民工穿戴、做派的俄罗斯青壮年男人在前面结账。他们选好的东西都放在一起，其中一位年长一些的排在队伍中等待结账，另两位在近处等候。待这位年长的同伴结账时，其中一位忙着过来，示意物品中一些东西是他所购，所以急着要把钱给排队结账的同伴，而同伴执意不肯接受。双方你推我让中体现出的温馨、友谊，是我近一时期所久违了的，瞬间温暖了我。看他们穿戴、行为做派，让人想起国内有时碰到、看到的一些人，或人们议论中的某些人。他们是谁？是他们的质朴，还是他们的诚恳、真挚？他们容易被富人、社会以及读过点书的人称为底层、弱势群体，他们是农民、农民工。天下农民、农民工样子差不多，行为、心灵接近。而在这异国他乡，不是别人，恰恰是他们之间的友爱，给我以巨大抚慰。这使我在这异国他乡，真切体会到为什么人类对真善美趋之若鹜，念念以求。由此可见，除了文化差异、文化多样性，以及文化与政治时不时的万千纠葛，人类具有同一属性，是同一种类。

4. 人类活到丛林法则境界到底好不好？人们对世态炎凉普遍抱有感叹、无奈，并因文化而对此理解、诠释不一。生活中，或许中国人不耻之行为在另一种文化则属平常。美与丑、慷慨与吝啬等，不同文化的界定不同。同屋是日本某科研单位研究人员，近一个月的相处，她的一些做法让人新奇。她协商意识很强，无论在超市用快餐、买报纸，还是回来想坐车，均商量。因语言交流问题，我都随她选择，坐车除外——走走不是很好吗？！一些行为也显示出前后不统一。一天下午寒冷有风，她却在路边小店买来干粮径直吃起来；昨天在商场顶层楼吃饭，座位拥挤，我先占座，她先去买自己吃的。接着我去，买一份米饭，一份菜——牛肉、豆角、玉米，我理解成我国东北的炖菜，一汤，用去340多卢布。见她只买一包土豆加些东西做成的包饭。见此状，我各样给她一些。我们先后吃完，我最后剩块肉，见上面有肥肉，不想吃，本来平时就不喜欢吃牛肉。她问我：那块肉不吃了？看出她有意想吃。我半开玩笑、尽量放松，用自己叉子将肉送到她嘴里，她微笑着、很满足地咽下。这似乎一下拉近我们的距离，同是天涯沦落人！可是这让我当时甚至现在都不理解。吃完她又回到超市买报纸，我也随她去了。步行一段，又提出打车，我想多走走……这种日本式的简单、诚实，让我这个中国人瞠目结舌。

5. 天下小商人是否均容易见钱忘德。就在到莫斯科、莫大次日（10

月 21 日，×月×日周六），J 下午有课，请来中学时好友 Z 陪我去阿上超市买日用品。我急于开通在俄手机，想及时与家人联系，恰好阿上有家小摊在卖手机号，并可以在此充值。遂兴冲冲过去，买好手机号，又充值。本来说好充 300 卢布，商家——一位黑头发、脸比蒙古人种更黄并有些干瘦的女人擅自多充 200 卢布，即共充 500 卢布。回到宿舍将所购手机卡安装至手机，但是打不通。马上去找那女摊主，她告诉我周一上班有关部门可以将钱充入。后来明白这是她搞的把戏。因开始给一个手机号，打不通，又换一个号，可以开通，但因里边没有充值，不能通话，所以让我当时就在她那里充值。三下两下，就把我这个外来者糊弄了，使我落入圈套。事情过去多日，昨天见她，有些感慨。这件事，让我在到莫斯科第二天就感觉这里也是世俗、平庸世界，遥远的俄罗斯理想主义如果曾经有的话，也早已经是明日黄花。今天的世界，弥漫的气味存在许多雷同。也许，这也是"地球村"的一抹色彩。

2011 年 11 月 22 日

今天 11 月 22 日，来莫大 32 天，真快，仿佛昨日。短短两天去两次超市，购得不少需要和不怎么需要的日用品。因心情放松，又因下午取下准备洗的莫大发的枕套，发现瓤套脏得不能再用，遂去阿上购得枕套，又随性买了苹果、伏特加、手绢。在商店门口购得香烟两包（55 卢布一包）、熟玉米一个（50 卢布，人民币 10 元）。与这些店家直接讲俄语，有种莫名的快感。有朋友说得好：在屋里学不好外语。同时，在这种交流中，更能真切体会、感受到俄罗斯人、社会、文化。一个简单道理：不接触当地人，不走进他们的生活，便基本谈不上体验异文化。俄罗斯教养、修养优良者，占人口比重要高于中国。公共场所很安静，人们安静地做自己的事，很少听见大声喧哗、吵闹。人们的气质也较为高雅、沉稳、好思索，存在深厚的培育思想家、艺术家的土壤。认真——对人对己对事情和工作，难得的素养、国民性。

听几个熟人讲俄罗斯人凡事不着急，或可能是做事/工作效率有些低。

做事有板有眼，一丝不苟，这也容易让人感到灵活性差，效率或许也就因此低下来。不过，比起灵活过度、不安分、自欺欺人的"高效率"，"低效率"未必不好。

这种不糊弄、认真的态度，也体现在俄罗斯生产的日用物品上。今天买的枕套，这个普通的日用品，开口的一头留有半尺长重叠的部分，比同样普通的物品要人性化、"认真化"几倍。事情都是实实在在地在做，很多时候采取的办法、制度依靠的是人们的自觉。如进入超市前，超市入口一侧大约两米见长、一米见宽的桌案上，放置着供人们将带入超市的各种包封闭起来的（很人性化的特有"存包"方式）大塑料袋和大"钉书器"。人们自觉地在进入超市前将自己的包放进免费的塑料袋，并用那只一尺多长的钉书器将袋口封好。那次我和同屋去超市，完全忘记了这个过程，径自进入超市，也没有工作人员过来干预。但是进入后想起，竟也感觉不自在。不知道有没有人在进入超市后将很容易拉开的塑料袋封口拉开，结账时售货员也不专门检查塑料袋。看来"不偷东西"被大多数人是自觉的，不齿于偷。

周一没有去上课，周五取完签证和护照后如果时间适当，去听一会。或许是敏感，一些时候感受到的老师和同学（尽管只有4人，男同学是法国人，女同学是西班牙人，老师是俄罗斯人）对我、对中国的别样东西令人很不舒服。这种感觉，有点类似内蒙古人在北京外国语大学学外语，尽管在北语比这要容易应对一些。困难、不好的感受，会不期而至。乐观、豁达、开口一笑，都说这样可以征服人类的一切苦难。

无论如何，下周还是要去上课。从上周六开始，翻译楚吉科夫的论文——《俄罗斯和高加索：民族—人民关系的前景》。从中共中央编译局编《俄罗斯信息》读到，此学者是目前在俄罗斯学界最具影响力的十名学者之一。从初步翻译看，他的文章的确不凡，当然不是容易啃的作品，但是值得一译。有老师建议我翻译点东西带回国去发表。这是一个多么伟大的建议！关键时刻，有用的指点一句就够。

22：12

2011 年 11 月 24 日

刚才到水区——在莫大，中国留学生习惯将宿舍区"Ж"区称为"水区"，取字体形似，是我们亲切的"土话"之一——大厅自动充值机充 500 卢布，和人多交往对自我的好处多，总比烟酒要好。之后在院里转了转，透口气。今天是阴天，有些类似父亲在世时描绘的"假阴天"。莫斯科天气（至少我看到的秋天及冬天），十有八九为阴天。来此 30 多天，大晴天不超过 5 次，也不是一旦晴天全天都晴。

一位忙碌着的清洁工，将楼外垃圾通道内一包包垃圾取出来放进楼外大垃圾箱里。她大约 60 岁，围着俄罗斯传统图案厚方围巾，蓝工作服，工作有条不紊，气质端庄高雅。问起她的工作、工资，她开口说每天工作，挣得少，每天 50 卢布（一个月 1500 卢布，合人民币 300 元）。看她不是 J 及当地中国人所说的一般来自中亚及俄罗斯高加索地区、毛发呈黑色或深褐色的人。J 在俄罗斯已待过一年，从与她的聊天中，可以梳理出关于俄罗斯种族、民族领域一些田野景象，如在阿上（离莫大最近的超市），扫地、打扫卫生的，多不是俄罗斯族人。我还发现，在阿上附近卖熟玉米的摊主——一男一女，以及一次在阿上超市结账时排在前面的一个人以及他的同伴——穿戴有些寒酸、农民工模样的两三个青壮年男子，看样子也不是俄罗斯族人，可能来自中亚及高加索地区。

和社会底层人交往，似乎带给人某种真实感、安稳感，使人加速回归真实世界。"地球村"不是虚无社区，村民生活很接近——这份感受，令人踏实而厚重。世界到处存在不公平，存在阶层，用不着囿于个人小圈子评价世界，有一些大的人文关怀，会让人活得开朗。

12：55

2011 年 12 月 9 日

今天是 12 月 9 日，周五。上午去了位于莫大西侧、步行 15 ~ 20 分钟即到的中国驻俄罗斯大使馆，找使馆财会人员办理在俄罗斯中国银行开户、领取奖学金的事。我于两周前去了中国银行，开了户，今天把银行账号给财会于老师，她让我下周三给她电话，钱到账后我去银行领 5 个月的奖学金（按半年发放，之所以在此领 5 个月的，因来之前已经预付给我一个月的了，所以剩 5 个月的，5500 美元）。又向使馆教育处孙外交官询问"为什么有的访问学者不交学费"，因昨晚在小崔宿舍发现贴在那里的名单中有访问学者，但他们不交学费。从孙老师那里知道，这些不用交学费者属莫大项目人员，即属于国家教育部指定、两国互换访问学者项目，学费、生活费由大学承担。而我属于国家留学基金公派项目，国家资助出国留学，一般访学单位由自己联系、协商，需要按照各留学单位制度规定，缴纳学费等费用。孙老师说：实际上属于自费，只不过享受国家奖学金。和于老师和孙老师谈了点在俄罗斯的感受。财会于老师是教育部从南京抽调她来此工作的，要待三年，丈夫也在莫斯科。谈到莫斯科气候，她说"你们北方人还好"，也需要硬扛着待到规定工作日期。我还向孙老师了解如果因身体问题不能待到规定回国日期怎么办。他交代了办理程序，几乎如同出国手续一样复杂。孙老师不无感慨地说：在国外生活本身就是辛苦的事情，小病就自己扛着，到这个年龄，身体都有点小毛病了。实在不行有大毛病，回国就"OK"了，说完，自己不禁也笑了。他看上去是"60后"，精明强干。

外交官在驻外使馆工作，一任四年。这使我回忆起北外 W 老师一个人生活显示出的诸多不便。那时我到她家，几次热情挽留我吃饭，送我俄罗斯围裙和围巾。她丈夫是驻外官员，夫妻难得团聚。在莫斯科，与自己国家的人见面，哪怕只谈点家常，也是极为难得的安慰。应该说，今年上午，是我到莫斯科一个多月以来最为开心的时刻。这种问题，主要来自语言，办理各种手续不那么顺利，而若求国内学生帮助，多需付出"焦灼、屈辱、无奈"多重折磨；加之吃、住、行多重适应，个中辛苦，自不待言。将"出国"形容、定位为"洋插队"，着实生动、准确。应该说，我还算顺利。在莫大读书老、少学生每每说"大家都不容易"，普遍感受到在"人家地盘"的压抑与无奈，如果学习压力再大、生活拮据——经济窘迫，的确过每一天都很难。新认识的本科学生小董说：在这里，没有朋友是不行的。可恰恰我现在没有朋友。或只能将"朋友"的标准放低，别指望"知己"就是。想想一些留学的朋友初到国外，也如困兽，如出国后不久就买了附近公园门票，包月的那种，总是出去"转转"，等等。出国算是给"学习、读书"需要遭遇的"苦难"又补上一课。有了这一课，看来算是完整了……"出不出国不一样"，的确是。记得有人谈经验：在国外吃的苦、受的委屈越多，回国后就越坦然、淡定、自如。

周五 14：35

2011 年 12 月 16 日

今天下午的课颇有情趣。犹豫再三，最后还是走向教室，而出发时已经 2：30，本是准备去离学校最近的商店阿上买点吃喝的，但就在最后一刹那，把书本装进包里，还是决定去上课。到了教室，见老师已经等在那里，学生位置没一个学生——热娜和罗曼还没有到，事实上他们最后也没有来。一个老师一个学生上课。

老师教得很认真，可是边上课还边吃着巧克力糖。把上次单独给我们找的复习材料让我逐一做了，弄懂了之前我不清楚的几处。这次课，还是很有收获的。莫大老师对工作的负责——似乎有一种对职业内在的热爱而不是为了生计的应付，不把一个知识点让学生弄懂就不放过你。

上完上半节课，老师问我是接着上还是要休息，可能她也希望节省点时间早点下课，看天已经快黑，我提出想去商店买点东西，老师欣然同意，并给我布置了家庭作业，又把下次要讲的内容给我讲了点。她拿出自己的课程表让我看，事实上今天她有 6 节课，60 多岁的人，也够辛苦。

看来有些时候坚持去做，做开也就没什么了。虽一直坚持学俄语，除应对各种考试，也算热爱，但因工作忙，不能复习，工作、生活中基本不用，已经生出很大厌倦。又因诸多因素——陌生的、不自然的环境、交往的过于缺少——类似于把一个人放在被陌生所包围的一切中，一切都是陌生的，并存在太多未知与困难。这种无奈与压力，没经历过就不能体会。今天的课，与俄语老师——一讲一听，师生间特有的亲近，并因了这种亲近而豁然形成的美好之场域，让我体会到：在这个陌生的国度，教师之间的感觉彼此是能够感应到一些的，以及人们之间友好的笑容——老师让我重新体会、感受，这比吃饭还重要。精神安慰的不足同样令人窒息。谢谢您，伊丽娜老师！今天下午，没有想到竟成为让我很高兴的一段时光。

总的来看，出国的经历还是很值得有的。如果仅仅从磨炼看，它也使我变得不再大惊小怪，一般的辛苦和不顺利，更不在话下。而从"见识、学术品位"包装看，无疑较之过去会有一大截提升。

周五 18：30

2011 年 12 月 26 日

刚从中国驻俄罗斯大使馆举行的 2012 年迎新联欢会回到宿舍。真是让人大开眼界。一个朴素的感觉：中国的强大/地位/荣誉的确和它的每一位国民相关，在国外感觉到祖国的强盛有多么重要。我从来没有见过会后开始的如此巨大规模的冷餐会。两个月来又吃到中国的馒头、炒菜，真是别样感觉。站在那里吃，真是为吃而吃，不知该哭还是该笑。不出国领教不到吃饱饭、活命、奋斗的真实含义。

李辉大使致辞，教育处参赞主持（两位都是 50 多岁、高大、风度翩翩的外交官）；看留学俄罗斯学生组织的文艺演出；冷餐会。

回来时和四位也来参加联欢的某所大学中国年轻留学生同路。他们很热心地告诉我小巴车也路过莫大图书馆站，25 卢布。

周日

2012 年 2 月 12 日

一转眼 40 多天过去了，今天是 2012 年 2 月 12 日，春节过去了近一个月。现在才发现，在过于"郁闷"时，日记或杂记，是很难写的。除非把写当任务对待，如实地调查时每天要写笔记、整理调查素材。

因语言交流不很得心应手，此番出国有些自找苦吃；再加上吃、住、环境陌生以及一些难以言状的"不适"，出国之累，远不是没出来的人所能体会的。几乎每日都有某种"坚持"之感。孤单、寂寞、无人倾诉，而且还有要做出些事情——学术上有所作为——的压力，统统构成阴云与痛苦。好在已经过去近 4 个月，1/3 的日子过去了。呜呼！

近段时间做了一些有意义的事情。

将去年（2011 年）申报的国家社会科学基金项目论证报告进行修改，题目调整为《环境变迁与三小民族的生存适应研究》，前天将填写好的申报表及活页发给学生，请他们帮助打印、送交科技处（"科技处"？奇怪的部门称呼，按其工作性质，改为"科研管理处"较为切题）。校方 14 日审核后报送自治区社科规划办。谋事在人，成事在天！

摩尔曼斯克市方志博物馆萨米人桦皮制品

前些天将吴德明研究员前几年为《环境与小民族生存——鄂伦春文化的变迁》（社会科学文献出版社，2006）写的书评投《中国社会科学报》（中国社会科学院主办），两三天后该报"科学与人文版"张责编回信告知所投文章不适合在他们的版面发表，同时建议能否就"环境与小民族生存"写篇短文。让人惊喜的建议。张编辑告知字数在 2500 字左右，我答应在本月 15 日将稿件发给她。经昨、今两日努力，大体完成文章。有一种难得的欣慰和幸福之感。

白色的摩尔曼斯克市

2012 年 1 月白昼（俄罗斯科拉湾）

摩尔曼斯克市三角广场（早晨 8 点多）

2012 年 1 月 8 日和摩市方志博物馆管理员在一起（她母亲是俄罗斯族，
父亲是山东汉族）

在摩尔曼斯克市一纪念碑前

摩尔曼斯克市方志博物馆地方史料

　　除上述两件看得见的工作，春节之前、之后，除上俄语课，日常时间主要用来搜集、整理资料，为教育部课题做些文献准备，实际上也算开始着手研究了。

　　深感遗憾的是，1 月 5～12 日的摩尔曼斯克之行，已经到达了萨米人的聚居地①，但是因为一行七人中没有一起同去者，真是与萨米人失之交臂。如果幸而有同行者，考虑再次前往。

　　1 月 8 日，在摩尔曼斯克市方志博物馆展览橱窗内，一本书引起我注意（遗憾的是出版时间没有出现在封面，出版年月无法得知），遂抄下书名、作者：Н. Н. Гурина：《 Вреья，врезанное в камень 》，мурманское книжное издательство（Н. Н. 古丽娜：《篆刻在石头上的时间》，摩尔曼斯克图书出版社）。猜想，这里作为萨米人故土，或许这本书的描绘、阐释与岩画、考古、驯鹿、驯鹿者有关。

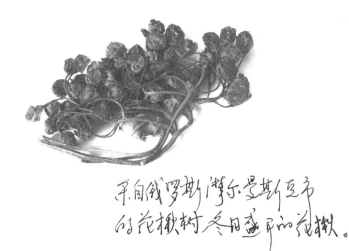

摩尔曼斯克——北极最大城市冬日的花楸标本

---

①　萨米人是北欧土著居民，主要分布在挪威、瑞典、芬兰、俄罗斯，共计约 54000 人，其中俄罗斯分布有 2000 多人，聚居于北极地区科拉半岛摩尔曼斯克市洛沃泽罗镇。他们在该地区各处牧养驯鹿。从摩尔曼斯克市区到洛沃泽罗镇，大致需要两小时车程。

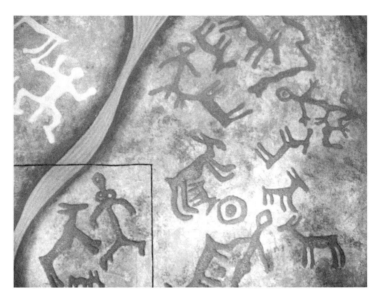

摩市方志博物馆在科拉半岛发现的岩画

摩市方志博物馆古丽娜博士的著作

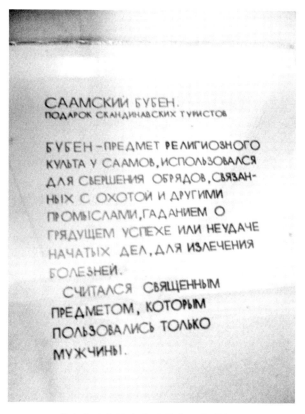

萨米人的铃鼓采集于摩市方志博物馆

　　在该博物馆展厅，愉快而兴致勃勃地摘抄一段话。这是来自斯堪的纳维亚的游客给摩尔曼斯克市方志博物馆的赠言，描述、赞美萨米人的铃鼓：

Саамский бубен（萨米人的铃鼓）

　　Подлок сканднильских тулистом（斯堪的纳维亚游客的礼物）①

　　бубен - предмет религиозного культа у самоь（铃鼓——宗教祭祀时不寻常的物件），

---

① 2015 年 7 月，就此诗作者请教四川大学出国留学人员培训部俄语教师王燕老师。王老师热情地给予帮助。她让我把问题部分发来，很快将答案发回给我。题目为："萨米人的铃鼓"，作者位置文字是："斯堪的纳维亚游客的礼物"，是游客送给博物馆的礼物（留言），这份礼物是诗歌。

использолался для свершения обрядов（咚咚声中把礼俗仪式成就），

связанных с охотой и другими промыслами（它关乎猎业和其他生计），

гаданием о промыслами（就捕鱼多寡进行占卜），

гаданием о грядущем успехе или неудаче начатых дел（它测算未来凶吉祸福），

для излечения болезней（也医治身心疾病），

считался священным предметшцм（它被视为神圣的物体），

которым пользовались только（它无所不能）。

（2011 年 1 月 8 日摘抄于俄罗斯摩尔曼斯克市方志

博物馆，2012 年 5 月 23 日译）

该博物馆收藏了丰富而珍贵的俄罗斯北极地区历史、文化特别是土著萨米人的有关资料。其中包括陈列在此的俄罗斯科拉萨米人研究著名学者 B. B. 恰尔诺卢斯基的著作。

以下是这次由北京大学国际关系学院博士研究生、莫大项目留学生 W 等同学发起、组织的"莫斯科 - 摩尔曼斯克市——俄罗斯北极之旅"日程：

日 期	目 的 地	车次	持续时间
1 月 5 日，19：55，莫斯科出发	彼得扎沃斯克	018A	13 小时 45 分钟
1 月 6 日，9：40	到达彼得扎沃斯克		住一晚
1 月 7 日，8：05，彼得扎沃斯克出发	摩尔曼斯克	012A	约 20 小时
1 月 8 日，4：17	到达摩尔曼斯克		住两二晚
1 月 10 日，18：40，摩尔曼斯克出发	特维尔市	381A	约 31 小时
1 月 12 日，8：22	到达特维尔		一白天
1 月 12 日，21：05，特维尔出发	莫斯科，22：59	131Г	2 小时

车票总额：5196 卢布；住宿：1790 卢布。

据资料，摩尔曼斯克市，俄罗斯摩尔曼斯克州首府，北冰洋沿岸最大港口城市。位于科拉半岛东北，濒临巴伦支海峡的科拉湾，终年不冻，人口 40 多万。在城区的高处远望，整个城市沿科拉湾狭长地带由北向南展开，城区依山而建，是濒临海湾的小山城。城区主要街道两边是 20 世纪 50 年代兴建的五层高楼，有些陈旧，城边山峦建有高层民居。摩尔曼斯克市的发展与俄罗斯发展北方海上军事力量相关，是俄少有不冻港，是全俄最大的军港和北冰洋最大的商港。俄罗斯船只由此通往世界各地 170 个港口。1899 年沙皇俄国在此兴建第一个军港，1916 年同内地通车。第二次世界大战期间，摩尔曼斯克发挥重要作用，盟军的物资由此输往苏联各地。"二战"后，为同美国争夺海上强国地位，北方舰队成为俄罗斯海军力量之一，原苏联海军的 2/3 的核潜艇和水上核舰艇都驻扎在北方舰队，因此，这里一直不对外开放。

城市和商港位于科拉湾南端东岸，是俄罗斯北方海洋渔业基地和全俄最大渔港，也是北冰洋航线的起点和俄北极地区各岛屿与考察站的补给基地；工业以鱼类加工、修船、木材加工为主。

摩尔曼斯克一年中有一个半月的长夜，又有两个月的长昼。每年从 12 月 2 日起到次年 1 月 18 日前后，太阳一直沉落在地平线以下，北极星则几乎垂直地挂在高空；而在夏至后的两个星期里，太阳几乎终日不落，周而复始地在天空回转。3 月的最后一天是北极节。这一天举行土著萨米人驯鹿雪橇比赛等，以此向长达八九个月的隆冬告别。如果是在一个极其寒冷的冬夜，又幸运，或许会看到"上帝烟火"——极光。按照当地习俗，来此市，应大大地呼吸一口来自北冰洋的空气，这样可以消除一年的烦恼，最好的地点在阿廖沙英雄纪念碑前——为表彰"二战"期间摩尔曼斯克人英勇斗争而建。

彼得扎沃斯克，是卡累利阿共和国首府，位于欧洲第二大湖奥涅加湖西岸。1703 年彼得一世在湖畔小村兴建炼铁厂——演绎出城名"彼得的工厂"。城内马克思大街上有造型艺术博物馆，陈列着反映卡累利阿地区文化、风俗的各种圣像、绘画；从湖畔码头乘快艇可到基日岛，岛上有体现北欧宗教文化艺术风格的木质结构建筑艺术杰作主显圣教堂。

流经克维尔市的俄罗斯母亲河伏尔加河

位于彼得扎沃斯克市东侧的欧洲第二大湖奥涅加湖

彼得扎沃斯克市手工制品博物馆一产品

特维尔市为特维尔州首府。该州是俄罗斯联邦欧洲部分最大的州之一，位于距离莫斯科西北167公里处，南部与斯摩棱斯克州毗邻。境内主要河流有伏尔加河、奥涅加湖。

12月5日晚乘19点55分发车的火车，次日晨6时许抵达彼得扎沃斯克，参观了建筑艺术博物馆、玩具博物馆、教堂等。

……

困扰我的问题还在于，一直到目前，尚未与合作导师、莫大历史系民族学教研室主任尼基申科夫教授取得联系。也了解到从中国来的一些访问学者没有合作导师，或由系里安排一位理论上或形式上的导师。莫大历史系外办就此没有动静，不知今年4月俄语结课之后是否给予安排。

3月1日要交3~10月的住宿费用；3月20日开始办后半年签证（5~10月），而办签证的前提是交后半年的学费。这笔开支需要人民币近三万元。网费每月650卢布，手机费每月至少200卢布。

......

记下几个在此认识的中国人。恰如其中一位在莫大读博的朋友所言：你不知道，在国外的中国人与在国内不一样了，很在意自己拥有的关系资源，以及这些给自己带来的好处，如和中国驻俄使馆什么人认识，帮助使馆做些什么工作，参加使馆什么活动，等等。而这些资源和好处，是不会轻易让其他中国人同享的。又因时间有限，每个人都很忙，所以，指望别人不行，多得自己去做。而且，中国人之间可能也比较戒备，好说"这个不能说给别人啊"。生活在国外的中国留学生行为、为人之"怪"，的确存在，只是说不清楚那是什么。似乎是一种什么东西的变种，而一些人见到俄罗斯人时的赔笑、过分的热情，也让人无意中生出几分同情与疲倦。也听一起在四川大学出国留学人员培训部学俄语、现在圣彼得堡从事访学的同学谈起那里的中国的哥、的姐如何宰他们的事。一句话，艺多养身！一个道理：适者生存。

......

一些朋友老生常谈的嘱咐最有用：注意身体！搞好自己的身体最要紧；顺其自然，多有道理！非自然状况长久不了，所谓物极必反。

人无远虑，必有近忧；为了能够更好地生存下去，必须科学合理地考虑和处理一些事情；有备无患。还有，生存容不得感情和性情用事。这些老道理，现在有必要重温，只是这些所谓道理，理性而冰冷，活生生的生命，常常是做不到的，除非是自觉或不自觉趋于钙化的塑料之人。然而，那还是人吗?!

15：30 于水区403

2012年2月19日

昨晚听现在莫斯科师范大学访学的朋友讲，老师通知他们今天不要出去，因有游行。看来，俄罗斯选举引起的事端还没有完结。

......

中央民族大学民族学社会学学院在读博士生于老师于 3 月 5 日来莫大历史系学习，他主要研究中国在俄商人世界。他和我联系，问学费等问题。我请他从国内给我代买一相机，价格在 2000 元左右，他做事很稳重、认真，发来几款让我选择。

……

2 月 14 日情人节。我请来自西北师范大学、在莫大语言学院读博士、今年毕业的邸小霞晚饭时到一楼咖啡馆小聚。她介绍我认识了更具创意和热情的在俄做生意的朋友——王哥。王哥 6 点钟时开车来接我们，到一家他熟悉的中餐馆吃饭、唱歌，过了一个非常美好的情人节。同行的有睿智、见多识广的 B 老师。

认识王哥——"王总"，是我在俄一大幸运。王哥—— 1989 年前后来俄罗斯经商的一位普通的中国农民，我认为是一位传奇者，其经历是一本耐读的书，可以作为中国现代化进程与中国农民之奋斗的经典题材。其大致情况如下。

王哥，河北省霸州市（与固安县毗邻）某村人——皇城根脚下的农民。20 世纪 50 年代生人。他个子不高，一米六五左右，能言善辩，善于思考，胆大心细。虽曾务农，身上早已不见概念中"农民"的影子。其妻也是农村妇女。二人育有四女一男。他自己不无愉快地说，为了要一个男孩，等过了四个女孩。目前四个儿女在莫斯科，二女儿在国内。自认为，改革开放之后，他是国内从事塑料制品经营比较早的人，生意做到了广州等大城市。估计是 1978 年改革开放、鼓励个体经营社会背景中即开始下海的（当时他二十四五岁）第一代农民工、农民商人。

王哥 1995 年在朋友鼓动下来到俄罗斯莫斯科，算起来，到今年，是第 17 个年头了。近几年，又在莫斯科买了住房，"回不去了，老婆、孩子也都过来了，尤其是孩子都在莫斯科读书、工作了。最后还是要回国、回老家，现在说不准是什么时候，先这样过着"。还想去美国做生意，许多朋友在那里买了房。公司现有 40 多人，主要经营洁具，如抹布、拖布等。现在莫斯科有自己的超市，这在中国人是第一家。还想搞些连锁，如国内生产的那种抹布，不用肥皂等清洁用品，一擦就干净了，就是价钱高。

王哥信仰基督教，是莫斯科华人基督教联合会的领导。王哥讲：在俄罗斯，信仰基督教的中国商人不少，有一位女商人，现在也是基督教会的领导，现在看开了，不那么看重钱。联合会费用来自各个商人、信徒主动给的钱，多的多给，二十万、几十万元。王哥还讲到：自己到处布道，到俄罗斯其他城市，去国内布道费用多是自己出，也有信徒资助的。基督－大神给自己拿主意，一件事情是否做、怎么样做，先做祷告，看大神的意思。一件事情结果好与坏，都是大神的意思，都要接受。关键是要真信。自己与大神有交流。有一次开会时，突然自己灵魂到了另外一处，等缓过来，满嘴都是口水，浑身出汗。是不是接触到神、与神有交流，自己有感觉。到一个地方就讲神，是自己的任务，信徒有这个任务。

整个吃饭过程，王哥最喜欢说自己的信仰——基督教。从这一线索可以看到，基督教对在俄华商群体的作用——组织、联合、合作、情感和经济支持，也有些类似会馆的社会功能。一次听在莫斯科中国的哥谈起在俄中国经商者，按照来自国内的省、地区，从事不同的产业，对某一经营品种产生了垄断，如安徽人卖渔具、在渔业领域工作最出名也最拿手，河北人从事毛皮、人造皮革买卖的多（王哥也从事过人造皮革买卖，说一次在俄罗斯乘火车，车到一个站，车下有人买他的皮革衣服，在卢布上做假，上当，等发现，车已经开了，没有办法）。那么，是否因信仰基督教而突破了行业、地域生疏、隔阂、冲突，或又把这些东西带进了基督教——组织、仪式等活动，按行业和同乡划分，凝聚或解构。

听王哥很动情地讲述、和我们分享他在国内以及是来俄罗斯以后闯天下的经历，每每发人深省，也是为人、处世的上好经验。

"刚来俄国时，因俄语不通，与会俄语的同伴一旦走散，问题就来了。有一次走散了，情急之下，翻出所住旅馆发票上的地址，自己还是找回去了。""自己认路能力很强。现在莫斯科的大小街道、什么在哪里，都能找到。"

"你知道'阿蒙'吗？就是1992年苏联解体前后，我们在俄罗斯做生意，俄罗斯警察有时蒙着面罩、拿着枪来检查、搜查，谁倒霉钱会被他们搜走”。“也不是不让、禁止你经营，但是又‘违反’规定，你的经营——买卖是‘非法的’”。“那个时候真是有意思啊！有一次，自己带着钱回市场，自己的摊点也是‘家’——一个摊位、房子，前面是卖货的铺位，后面是住处——，正好遇到来检查、搜查，自己随手把装钱的口袋扔到近处的垃圾桶里，靠边站，在垃圾桶近处。一会儿，只见一束强光从通道内里打出，令人睁不开眼睛，人们只能靠边站。一会儿，见几辆大卡车拉着麻袋开出来，麻袋里面装满了搜出的钱”。“这一景象，至今难忘”。

“找个伴”，就是做买卖的男女临时搭伙一起过。因每个摊位一般都是孤男寡女，前屋卖东西，后屋住人，又因特殊的环境、生活方式，那时不少中国男女“搭伴”过日子。有的后来才知道是临时的伴，不是夫妻。不是今天所说的“情人”关系，可能也没什么感情，就是做个伴。钱也放在一起花，还有的把生意合在一起做。“也有人给自己介绍过伴，但都不合适，也因为想法不同，所以，自己一直没有伴。”

从事商业，人品、信任非常重要。信不过你，人不行，就不好做。有一对博士夫妻，也在莫斯科做生意，俄语都非常好，但是人不行。有一次男的要借些钱，最后自己没借给他，并公开和他说：我不借给你，怕失去你这个朋友。一次谈生意的事，男的说自己有多少个生意伙伴，资源可观。总是比别人可观，让人觉得不舒服。但是还和人借钱，借不多的钱。不会做人，缺乏诚恳。

自己在子女教育上还是很成功的。女儿中有读博士的，三个女婿都在莫斯科。儿子在读大学。妻子过去信仰佛教，现在也改信基督教。现在每做一件大事情之前，妻子会提醒自己做了祷告没。现在不缺钱花，想吃什么就买什么，能够做到自如了。家里有各种名贵的酒、土特产品，可是自己不抽烟也不喝酒。

自己去过美国等一些国家，是参加世界华人基督教联合会的活动，那里有不少自己的朋友。国内因传教也去过不少城市。现在不亲自插手怎么做买卖，只做宏观指导了。从国内进货主要用火车、海运，国内有给自己供货的厂家。现在买了一块地，准备修个仓库，还想在莫斯科开工厂，就地生产中国的保洁产品，现在问题是请什么人来操持工厂的事，需要十几个部门主管。请人来，要让人家感到利益有保障，不管工厂前景好坏，员工的利益要有保障。

河北老家的房子还留着，是三间土平房，5个孩子都是在那里出生的。谁说那平房不如高楼，神的意思是：土平房冬暖夏凉啊，养活了5个孩子！按照神的意思看待自己的经历，失去的、拥有的，都是合理的，相辅相成的。

……

王哥的经历感人至深，一句话：好汉！

莫斯科、基督教、在俄华商，苏联、俄罗斯、中国改革开放、在俄华人基督教联合会，在俄华商、华人组织、基督教联合会组织与经济、经营运行，基督教联合会与心理安慰、同国同乡认识及社会支持、经营的展开及经营范围的扩大或资源互惠、利益博弈中的各种情形，华商国际流动、迁移中的推拉因素。总之，认识王哥，的确是此番俄罗斯—莫斯科之行的重要收获。他帮助我从另一个侧面，走进了两个世界——中国、俄罗斯。

如果有机会，还需要进一步走近王哥。

15：20

2012年2月27日

今天是俄罗斯男人节。刚才电话中听B讲，原意是"祖国保卫者日"，实际是对应三八妇女节搞个男人节。中国人将其俗称为"男人节"。果真是兼听则明。刚才听新疆社科院、现在莫师大访学的A说，"男人节"的俄文为"День защитника отечества"。这里没有"男人"这个词，直译为"祖国保卫者日"，或许，一般认为保卫国家、当兵打仗的多是男人吧。刚才听在圣彼得堡访学的赵文虎说，今天他所在城市安排了兵器展。B说：根据经验，今天哪里也不要去，因放假，街上警察多。曾经有人大教师在莫斯科五一节这一天上街，被吓回来，因遇到的游行队伍打着的红旗头上装着扎枪头。尤其是中国人，不要在"他们的节日"时上街凑热闹，以免成为俄罗斯一些人的出气筒。转型时期社会动荡，人们心理不平和、不平衡。还有防火、火灾知识问题：着火时不要乘坐电梯；用湿毛巾捂住鼻子、口，弯腰离开楼房，因烟在高处走；失火后，若门把不烫手立即开门逃跑，门把热，不能开门，打开窗户，等消防人员救护。前些时候一天后半夜，连着水区的一间房失火，我也听到种车响，后来才知道是消防车在救火。

……

昨天下午 2 点多陪小郇去使馆，她替人交送一份材料。从使馆出来又和她去银行（去阿上路上那家）办事，办理学历公证需要交公证处 4000 卢布费用。而她通过银行汇给公证处的钱因节假休息而没有按期汇到，昨天上午从公证处那里得知此，遂到这家银行查。我们下午去，银行没有查出结果。等待 1 个多小时，查出钱还在账号上。公证处财务办提供给小郇一新账号，让她把钱汇入新账号。来来回回，麻烦多多，好在她俄语非常棒，否则得急死人。查询需要交 100 卢布。学历公证，按照莫斯科大学规定，是着手毕业论文答辩及作为博士毕业手续的必要环节。感受着她焦灼、烦闷的心情，再一次体会着在国外读书、访学较之于国内的特殊困难。说好一起吃晚饭，自己做点什么，但因心情实在一般，跑了一天也很累，遂作罢。在国外，一旦建立起同学之情谊，有些类似手足，因渗透了更多的相投，而在异域，似乎这种相投，变得越发难得，因而奢侈。

在莫大中国公派公费读博，国家每月给 950 美元。入学没有考试、考上这一说，但是进入后，三年之内，每年要参加国考，三门国考都要及格。允许考两次，两次不及格，等于自我淘汰，不能继续读博；语言要过关，否则没法念。看似进门容易，实际要读下去，压力还是非常大的。还是应了那句话：天下没有免费的午餐。

……

以下是刚刚搜索到的《中国青年报》记者关健斌先生近日有关俄罗斯总统大选一则博文（http://blog.sina.com.cn/guanjianbin2009，2012 年 2 月 26 日 22：36：27）《随手拍俄反对派街头快闪白色行动》，从中可以体会俄罗斯政治生活的一些风景。

26 日是俄罗斯传统节日"谢肉节"的最后一天。红场和莫斯科市的各个公园都组织了各种各样的游园活动，很有点中国春节的"庙会"的味道。但在距俄罗斯总统大选投票日还剩一周的敏感时间里，俄罗斯各派政治势力却无心过节，大家都想充分利用好这选前的最后一个周末，来一个"最后一搏"！

莫斯科时间 2 月 26 日 2 时开始，俄反对派召集的"大的白色环"快闪活动几乎在莫斯科市中心的花园环路（相当于北京的二环路）围成了一圈，只有一些岔路口、与交通要道相接的路口、地下通道处没有组成人链。反对派人士谢尔盖·乌达尔佐夫在推特上发文说，他开汽车在花园环路转了一圈并亲眼看到，人链围成了一圈。

14 点整，反对派开始在花园环路举行快闪活动"大的白色圈"。参加活动的人身上系着"白丝带"，既不喊口号也不打横幅，大家手拉手围成人链。而有些人还在向过往的行人分发白色丝带，有些车辆在旁边经过人链时不断地鸣笛示意。大家气氛很平和，甚至可以说是欢快……

由于活动是快闪形式，所以不需要征得莫斯科市政府的同意。据组织者统计，为了在整条花园环路内侧围成一个人链，需要有 3.4 万人参与活动。据警方 14 点 30 分消息，总共有 1.1 万人参加了此次活动。莫斯科市内的花园环路总长度为 16 公里。警方强调："活动没有发生违反公共秩序的事情，故警方没有采取干涉行动。"与此同时，许多普京的支持者也来到祖布夫斯基大街，开始在花园环路聚集，他们手中拿着心形的红牌，上面写着"普京爱所有人"。他们高喊"俄罗斯支持普京""普京最棒"等口号。一名活动参与者说，他们来这里是要告诉人们，普京平易待人，无论对方持有何种政治观点。他们在反对派人链附近聚集，并高喊："只有普京，只会胜利！"

就这样，挺普人士与"为了诚实选举"活动的支持者同场竞技，和平相对……

刚刚我驾车从革命广场附近经过，发现那里的警车和警察特别集中。回到记者站发现，莫斯科内务总局已发布消息说："由于一些持有反对意见的公民号召在革命广场举行未获批准的大型活动，莫斯科警方正式发出警告，根据现行法律警方有义务取缔任何可能违反社会秩序的活动，以及未根据规定获准的大型活动。"

此前，反对派人士原定于今日（周日）在革命广场举行集会，但未获得莫斯科市政府批准。一些反对派人士在"革命广场"地铁站门口聚集，并跳起轮舞，声称是在送别"政治之冬"。可见，俄官方的态度是，快闪可以闪，集会不能集……

2012 年 3 月 18 日

上次动笔于 2 月 27 日，今天 3 月 18 日，一晃过去近 20 天。再过两天，来莫斯科整整 5 个月（2011 年 10 月 20 日～2012 年 3 月 20 日），留学生涯过去近半，有几分庆幸感受。此番留学，必将终生难忘。仿佛该发生的，也发生得差不多了。

本月 14 日（周三），第三次到莫大历史系民族学教研室，按照上次约定，和俄罗斯著名民族学家、历史学家，莫斯科大学历史系民族学教研室主任阿列克谢·阿列克谢耶维奇·尼基申科夫教授见面。莫斯科大学历史系以俄罗斯历史为主要教学与科研中心之一。全系共有 300 多名教职员工。莫大其他系的教师及俄罗斯科学院的知名学者也在历史系授课，并联合了俄罗斯高校中 40 多个历史系进行教学、科研攻关。莫大历史系民族学教研室作为俄罗斯民族学研究重镇，从 1939 年恢复民族学教学、科研工作，成立民族学教研室，至今已有近 80 年的历史。"莫斯科大学的民族学教学传统具有悠久的历史。早在 19 世纪 60 年代以前莫斯科大学自然科学、人类

和合作导师尼教授在一起

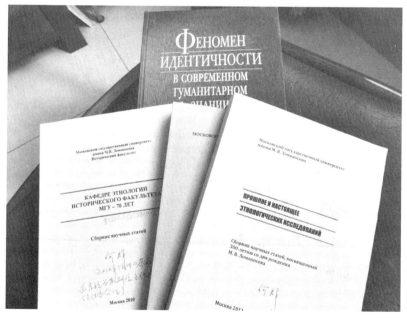

从合作导师尼教授那里得到的民族学
教研室所编论文集及出版著作

学和民族学协会的活动就开始了。1884 年，在 Д. Н. 阿努钦的领导下开办了地理学和民族学教研室。而且当时他还努力建立了规模不大，但设备良好的大学人类学、考古学和民族学博物馆。"20 世纪 70~80 年代，民族学教研室进一步完善教学大纲并在民族学教学过程中贯彻某些新思想，"教研室集体对学科中一些新流派的发展做出回答，并进行社会学、民族理论、普通民族学问题方面的备课"。这一时期，科研工作也极富成果。1982 年教研室和民族学研究所的研究人员集体出版了 Ю. В. 布朗利和马尔科夫主编的新的《民族学》教科书，还出版了一批教学参考书和专题著作，如科兹洛娃《马里族民族学历史概论》（1978）、马尔科夫《亚洲的游牧民族》（1976）和《经济与物质文化史》（1979）、Л. Б. 扎谢达捷列娃《捷列河流域的哥萨克》（1974）、波里亚科夫《中亚和哈萨克斯坦的历史民族学》（1980）、А. А. 尼基申科夫《英国民族史——实用主义的批评》（1986）及一批世界民族宗教手册。① 从 20 世纪 90 年代末开始，伴随国内政治格局变化及社会变迁，"……在教研室的教学和科研取向中开始发生了某些变化。鉴于国内已经开始改革，教研室也执行与苏联科学院民族学研究所制定的最新方针与方法相符合的教学和科研方针。为此曾引入了社会学、民族人口学以及其他科学方面的一些新课程。曾经有意使学生的专业化向民族社会学问题和民族关系问题方面作某种倾斜，这在学年论文和毕业论文的选题中都得到了反映。在一级研究员 А. А. 苏索科洛夫领导下创办了一个直属教研室的社会学实验室，有实验室及部分教研室的力量在莫斯科郊区的'夏波沃'农场组织了一次进行民族社会学和文化学研究的定点考察。在最近几年考察活动的选题中，族际关系问题占了很大的位置，这一问题在对布里亚特（由尼基申科夫指导）、阿塞拜疆（由 В. В. 卡尔洛夫指导）、阿尔泰山区、哈萨克斯坦东部、诺盖（由马尔科夫指导）

---

① 原载 Г. Е. 马尔科夫、Т. Д. 索洛韦伊文，牛离生译《莫斯科大学的民族学教育——庆祝莫斯科大学历史系民族学教研室成立 50 周年》，中国社会科学院民族研究所主编《民族译丛》1992 年第 1 期，第 76~79 页。原载《苏联民族学》1991 年第 1 期。

莫大图书馆

在莫大历史系楼前

民族学教研室走廊布置

尼老师的办公室

的考察中均得到了研究"①。"在 1945～1990 年的 45 年间，教研室共培养
了约 800 名来自苏联和外国的年轻专家。教研室的 60 多名研究生通过了候
补博士学位论文的答辩，10 多名毕业生成为科学博士。很难说出教研室的
毕业生们在其中工作的国家全部学术机构和学校的名称。当然，这首先应
当是苏联科学院民族学研究所，莫斯科大学民族学教研室，各加盟共和国
及俄罗斯联邦各州的高等院校、博物馆、出版社、各种国家和社会
组织。"②

上述资料描述了莫斯科大学民族学教研室教学、科研大致轮廓，其中
两处提到目前该教研室主任阿列克谢·阿列克谢耶维奇·尼基申科夫教
授，不难体会他在教学、科研工作当中举足轻重的学术地位。2010 年 5
月，阿列克谢·阿列克谢耶维奇·尼基申科夫教授曾应邀到中国中央民族
大学民族学与社会学学院访问，并作题为《俄罗斯民族学发展历程》学术
报告，报告主要内容：俄罗斯民族学发展的脉络；俄罗斯民族学所面临问
题和可能；当今学者比较感兴趣的问题。时任院长杨圣敏教授在致辞中谈
道："我们觉得苏维埃学派主要有三个特点：第一，重视历史的角度；第
二，重视细致的民族志调查和描述；第三，它和中国的学者的共同之处，
都以马克思主义作为我们理论的指导。"③

和这样一位名副其实的俄罗斯民族学"大腕"见面，内心既充满期
待，又有几分底气不足。这些年的读书、治学生涯，真切体会出一个道
理：就学问、学者而言，学问的好坏，人品的优劣，不在社会鼓噪，更不
在自我标榜，总有一天要不期面对"公婆"。阿列克谢·阿列克谢耶维
奇·尼基申科夫教授 60 多岁样子，气质不凡，他那样优雅地、温和地迎接

① 原载 Г. Е. 马尔科夫 Т. Д. 索洛韦伊文，牛离生译：《莫斯科大学的民族学教育——庆祝莫
斯科大学历史系民族学教研室成立 50 周年》，中国社会科学院民族研究所主编：《民族译
丛》1992 年第 1 期，第 76～79 页。原载《苏联民族学》1991 年第 1 期。

② 原载 Г. Е. 马尔科夫 Т. Д. 索洛韦伊文，牛离生译：《莫斯科大学的民族学教育——庆祝莫
斯科大学历史系民族学教研室成立 50 周年》，中国社会科学院民族研究所主编：《民族译
丛》1992 年第 1 期，第 76～79 页。原载《苏联民族学》1991 年第 1 期。

③ 中央民族大学民族学社会学学院：《民族学与社会学学院学术通讯》2010 年第 3 期。

了我。我将导师的推荐信、自荐信郑重递交尼教授，又随他到他的办公室，送见面礼，转达导师对他的问候。他办公室的布置同样令人耳目一新，墙上、书架空处悬挂、摆放着教授从实地采集的各种传统器物、画作，堪称一小型世界文化多样性博物馆。在我，忽然感到我们仿佛似曾相识。他回忆起两年前到中央民族大学民族学与社会学学院访问的事，说杨老师是位很好的人。他交代在下周一系里的例会上，给我安排合作导师。后来又见他，我提出想请他做自己合作导师的想法。他说，既然你提出了，我就不好拒绝。总之，合作导师安排在明天确定。

在与尼教授交谈中，他得知我是内蒙古来的蒙古族，说起现正在莫大的一位老师，这位老师来自俄罗斯图瓦共和国国立大学，名字叫伊列娜。尼教授说介绍我们认识，遂随尼教授又来到民族学系办公室，伊列娜老师和两位学生在那里。介绍彼此、握手、拥抱，我们就这样认识了。或许因图瓦、中国、蒙古族之间有那么一些历史渊源，总之，对她及两位图瓦学生，平添几分亲切。她和她的两位学生，体质上是很典型的蒙古族，性格也有几分熟悉。她谈起图瓦族的分布——俄罗斯、蒙古国、中国新疆喀纳斯湖地区。原来，作为图瓦族学者、博士毕业于莫斯科大学历史系的伊列娜老师，主要从事图瓦族及俄、蒙、中图瓦族历史、文化比较研究，她将今年的实地调研计划介绍给我们——今年 6 ~ 7 月，要再次去中国境内、蒙古国境内的图瓦族地区做调查，7 月底去俄罗斯图瓦乡村做调查。她热情地邀请我到她所在大学访问，说要介绍我认识图瓦族萨满等，并希望我和她一起去调查。谈起民族历史，谈到成吉思汗，我们心中似乎洋溢着某种共同的情感。我也想了解一些图瓦族风貌、习俗，通过对“时间、效率”等这些主流话语、标志某种“现代化”程度等在图瓦社会生活中的反映，并与蒙古族比较，看现代化背景下变化中的图瓦族与蒙古族有可能存在哪些相似之处。如果他们认同本民族存在与现代话语意义的“时间、效率”不太一致的另外一套体系，或许事实上存在蒙古族与图瓦族的文化上的某些同质性。伊列娜老师不无欢娱而颇具意味地谈起在她所生活世界关于“时间、效率”的一些情景：假如婚礼定在下午 3 点举行，人们到齐可能在 6 点，婚礼也可能在晚上 9 点开始。说完，自己先哈哈笑起来。游牧生活方式日常表现出的缓慢或舒缓，可能沉淀成民族性格，并影响遗传，使子孙后代在外人看来都有几分办事"慢腾腾""不着急"。

阿勒沙娜博士所送图瓦民歌歌碟

伊列娜老师的学生阿勒沙娜现在在莫大历史系读副博士，导师是尼教授。伊列娜老师当时让学生给我留下自己的联系方式，而自己则在 3 月 17 日（昨天）返程回到图瓦共和国首都克孜勒家中。今天中午，我给阿勒沙娜打电话，问起伊列娜老师，并邀请阿勒沙娜有空前来我宿舍做客。过了不到 1 个小时，有敲门声，又打进电话，说她是谁谁。开门，是阿勒沙娜，和她的老乡拉西娜——在圣彼得堡大学读本科、在莫大读硕士，毕业后留莫大当英语教员。她们没有去过摩尔曼斯克，也没有去过北京。问起我的求学经历，知道我在内蒙古呼和浩特工作，似乎更加变得"自己人"起来。中间，阿勒沙娜提出去咖啡馆，她的导师一会到那里，我没有接话。最后，两位姑娘谈及明天晚上去莫斯科大剧院看文艺演出，是她们的故乡图瓦共和国文艺团体的演出。她们没把我当外人。我高兴地答应了，直觉告诉自己，痛快地答应，可能是对一个民族中人最大的重视和尊重。

　　两位姑娘给我带来了礼物：一块我熟悉的德国生产的巧克力，一盘图瓦人演唱的图瓦歌曲。初听起来很有几分使鹿鄂温克民歌的风味，而近年流行的蒙古族呼麦演唱技法原来在图瓦民歌中早有体现，旋律中有很浓的内蒙古蒙古族民歌韵味，也有一些新疆地区少数民族遗痕。俄罗斯图瓦共和国地处亚洲中部、东西伯利亚南部、叶尼塞河上游。其南部和东南部是蒙古人民共和国，东北部为伊尔库茨克州，西北为哈卡斯共和国，北部为布里亚特共和国，西部为阿尔泰边疆区，北部为克拉斯诺亚尔斯克边疆区。关于图瓦历史演变、人文社会，众说纷纭，一言难尽。这个生活在亚洲腹地、中西伯利亚地区的文化群体，其身世的传奇性远未为世界所知。

　　《何为民族？在俄罗斯莫斯科与图瓦人的邂逅》——以此为题目，谈谈对族群的切身感受，或许是有意义的。

12：00～21：15

2012 年 3 月 19 日

　　今天周一，过得很充实，似乎又找回了久违的感觉。而这种感觉十几年来不曾中断（来莫大的这 5 个月，它似乎沉寂了。明天来俄罗斯整 5 个月，已过去了快一半）。上午 10：30 出发，先在主楼制作照片、复印的地方取上做好的名片，在门口遇到民大博士 T，一起去教室。看到新来的北大法学院博士 L 在教室，身边一下有两位中国同胞，感觉内心安稳多了。下午 2：10 下课后，去系里开会。上周三见尼基申科夫教授，他通知我这周一来教研室参加活动——开会，参加一位博士的论文答辩会。教研室没有开会，3 点半举行那位博士的毕业答辩会。会前在尼老师办公室坐了近半小时，在座还有另外四位本系女老师和一位男老师，那位看起来有 60 岁左右的男老师挂着拐杖，风度翩翩，尼老师向在座老师介绍了我的来历，并提醒我散会之后再去一趟他办公室，似乎要了解、安排一下我在莫大学习的事。因昨天和阿勒沙娜、拉西娜约好去看图瓦共和国文艺团体在莫斯科大剧院的演出，她说 5 点来我宿舍叫我。考虑再三，觉得还是把答辩听完合适。4：30 给阿列沙娜电话，告之在开会，不能去看演出，并表示遗憾。上周三合作导师之事没有最后确定，开始尼老师说给我安排一位导师，后来听我说愿意请他做合作导师，当时没有明确表示同意。今天系里没有会，合作导师之事也就先放下。直觉让我感到尼老师能够同意做我的合作导师。答辩结束，答辩专家、到会者与答辩的博士合影。一位女老师很热情地叫我过来一起照相。我就那样自然、放松、笑容可掬地站在两位女士中间。左侧那位年龄有些类似自己母亲的女老师热情地挽住我的后背，我则右手很给力地握着右侧女士的手。她似乎是来给答辩者助阵的答辩者的熟人、朋友。看会议已经结束，大家开始各自活动，有人已经出门。我走向尼老师，和他告别。他说还有茶叶，意思让我随到会者一起到餐厅喝茶。我笑着点头称"好，好"，一副他的学生的派头和好心情。看他很忙，在张罗大家，也没有空闲和我多聊，我就回宿舍了。

第一次参加俄罗斯的大学——莫大历史系民族学教研室博士学位论文答辩会，这种大学事务中再家常便饭不过的会议仪式，却有一种异常新颖的景象，其庄重、典雅、书香洋溢的氛围，深深吸引着自己，似乎是自己找寻了太久的东西。到会共23人（包括答辩学生、录像的年轻教师）。程序和国内基本一样：由答辩主席（一女士）主持；学生自我介绍论文内容；答辩专家给他提问题，有四五位专家提问，学生自如地回答；中间有两位教授分别上台讲话，介绍答辩者在读学习、研究状况。两位教授讲完，秘书请答辩者及听众暂时离开一下会场，答辩专家要合议答辩状况、给出评论、结论。等了近20分钟，回到会议室，宣布答辩结果。答辩圆满，众望所归，大家鼓掌祝贺，有人欢呼"乌拉"。知识分子凑到一起时的那种，或者叫独立、自我者凑到一起时特有的氛围，是我比较亲切而熟悉的。无论哪一位在上面讲，底下一直没有停止小声说话。看在场答辩专家，多在60岁以上。尼老师是他们当中的年轻人，而他也60岁左右了。

2012 年 5 月 7 日

今天是 5 月 7 日，一个多月没有动笔。当压力过强，仿佛要折断时，写也成为奢侈，成为活着的奢侈品，也就是说，文字或反思自己、社会、生境的文字，往往是在又活过来，或认为还可以活下去，还是活着比较好时，才有可能搬弄的奢侈事。在国外使人时时不期而感受到的"怪滋味"，是一种挥之不去的压力——更多的不是来自温饱，而是精神的不安稳、飘忽、漂游；更在于无人可以分担、体谅。出于自尊、陌生、人少、异质性强，又普遍争强好胜，人在国外，仿佛更难接近、交流。都希望得到领会、分担，但是彼此难以信任，容易较劲。所以，人人都感觉不踏实。在外华人社会构成，因"在外"，而显得更加分散、不团结。

每每听说在国外中国人更愿意折腾自己的同胞。如在莫斯科、圣彼得堡的中国出租车司机，利用同胞特有的语言、地理生疏等困难而抬高价格。这也证明，谈爱国，不能脱离特定场景，而个人常常从自身利益考虑谈爱国、爱同胞，没有空洞的爱国、祖国意识。有可能，图瓦人也因俄罗斯联邦在世界中的地位而对此认同有所不同。工具理性似乎是世界运转的直接动力。同时，出于人性、人类根本上对真善美的向往，基本伦理的作用，又常常使这种工具理性渗入理想和情感色彩，这种渗入，使人类心灵获得满足，因此使人类一直以来对此的追求不曾懈怠，"舍生取义"者被所有的文化和社会认同为人中豪杰。

5 月 7 日红场附近特维尔大街警察密布

5 月 7 日新总统就职仪式红场外有警察守卫

……

今天 5 月 7 日，普京担任俄罗斯总统就职仪式在克里姆林宫举行。早上听周老师讲，昨天反对派上街游行，但是不按照规定的路线走，并发生冲击克里姆林宫的事端，警察抓了 300 人。5 月 4 日和周老师在红场，巧遇路经红场的规模有 30 ~ 40 人的游行队伍。好像是一个宗教团体，队伍两侧有不少的警察，五六辆大小不等的警车尾随其后。还看到游行队伍后，一个 70 多岁的老头拿着话筒对着克里姆林宫喊话，其中有"普京"字样。估计今天红场会很热闹，但不会发生影响普京就职的事端。新一届政府至少在这特殊的一天，应当具有使社会平和的威信和力量。

在俄经历了俄罗斯总统大选、新总统就职前后的社会过程，亲眼看到、感受到了在国内从未真切体会的气氛，哪怕有可能仅仅是形式意义的。但是，没有道理，或因缺乏理论研究说不清道理，总感觉俄罗斯的这种"民主"方式，如同文化关系，至少存在可借鉴之处，因此，既不能生搬硬套，也不宜一味排斥。

4 月 28 日上午，作为李克强副总理访问俄罗斯重要日程，他来到莫斯科大学并发表重要演讲。莫大以最高规格的阵容予以迎接和安排。在异国他乡能够如此近距离听党和国家领导做报告，感受祖国、国家的意义，别有一番体会。

上午 9 时许

　　昨天 5 月 7 日，新任俄罗斯总统普京就职仪式在克里姆林宫举行。我和周老师大致在 12：30 抵达 охотый рят 地铁站，很快发现从此站去红场方向的出口已经禁止通行，另一处通往特维尔街的出口正常开通。从此出口上来，看到马路对面的红场上已经布置一新，安全警戒已全部到位（昨晚从网上得知，仪式于中午 12 点举行）。在此看到一些群众也站在这里看红场，发现刚才在地铁上的那队新闻记者，也在这里拉开阵势准备工作。这里马路两边隔一段空当有三五人一队的警察，看到路边各种警车里也坐有警察。我们沿着特维尔街往普希金广场方向游逛，看到商店林立，也有不少银行。看到莫斯科城古罗斯城的最初建立者尤利多尔哥鲁基大公的塑像。而这里聚集了更多的警察，衣服为迷彩服，或者相当于国内的防暴队。登上地铁后很快发现，乘地铁的人明显少于往日，而 охотый рят 站中

我们随人流入会场

转其他线路的线已经关闭。沿途看到偶尔有两三年轻人在向行人发放"二战"纪念缎带（黑橙竖道，一尺长短。5月9日为俄罗斯1945年"二战"胜利纪念日，是该国重要节日），条件是在他们准备好的小本上写几句与"二战"有关的话。我写下"祝贺二战胜利"，也领到一条缎带。我们随即也学路人的样子，将缎带扎在书包带上。再往前，很快到了普希金广场，这里越发显得热闹，因在一个比较大的路口，人多，警察、警车也多。马路边站了不少人，公园座椅上也坐着一些人，看得出人们都很特别，看热闹者居多。看到一伙人，他们平静地走向广场对过马路深处，他们以绿为标适，绿色的衣服或绿的发带，总之，能够看出他们用绿色表达一种东西。忽然，看到两名警察将一个背着双肩背包的年轻人双臂后扭，推到警车之内。几乎是同时，一女青年也被押入警车。没有听到人群中发出特意呼声或喊叫等，不清楚这两个人做了什么。现场气氛顿时有几分紧张。终于，路口绿灯亮了，一些行人开始走过斑马线，一些人进入地铁站，我们也进入地铁。在走向地铁站口时，看到路上行人有的书包上、发辫上扎有白色缎带，这是普京的反对派标志（在网上得知，5月6日市中心有3万名反对派举行游行，其领导人物发表煽动演说，被警察拘留）。进入地铁，终于松口气。我反思自己是否有点胆子小，不多停留在那里一会儿并拍照，又感到毕竟政治是不容挑衅的，凑热闹热情高，并不能表明"胆大"，而是方方面面的不成熟。理解中的民主，以及俄罗斯倡导的民主，似乎不应该有今天抓人这一幕，真是感到意外。这一点，也暴露出相当一部分国人对"民主""自由"的浪漫主义想象，以为"民主"就是无条件的自由。而这种政治上的不成熟，也常常构成中国社会不稳定的内在根源。也就是说，有可能群众更易受有限的信息、宣传的迷惑。从俄罗斯新总统选举到新总统就职仪式，感受、体会到：任何形式的领袖诞生，都需要军队、法律等国家机器的保障，民主需要国家机器的保障，民主永远不能在所有人的笑声和喝彩中来临。因此，对民主、人权等政治问题简单化的理解，也许是最不安全的隐患。

莫斯科城最早建造者尤利多尔哥鲁基塑像

前来观看新总统就职仪式的人们

下午 6 点多，我们再坐地铁返回时，地铁已经恢复日常情态。伟大的俄罗斯——祝贺你平稳地度过了这非常的一天。

……

离开气氛异常的特维尔大街特别是政治空气 "灼热" 的普希金广场，乘地铁到著名的特列季亚科夫画廊（третьяковская галерея）①。先到其近处的女诗人拉赫玛托娃②曾经居住过的地方参观。到了地方，才知道这里民居中某一套房，诗人曾经居住过，现在已经有其他居民居住（据资料，诗人一生主要生活在圣彼得堡，卫国战争期间曾暂住莫斯科，1966 年因病在莫斯科逝世）。向一位从里面出来的老妇人打听关于女诗人的事情，又听门卫介绍关于女诗人住地的情况，他们说：这里只有一处女诗人塑像，其他有关女诗人的事情，他们不知道。进来后，在女诗人塑像前留影，也算不虚此行。诚恳处事、做事，令自己也舒服。

接着步行十几分钟即到画廊。一条不宽的街道可以说是引人入胜。这是我 6 个多月以来看到莫斯科最怡人景象之所在。也许是因与前一时段反差过大，画廊近处的确种不可名状的我所喜爱的艺术、悠闲、雅致、知识之美。来这里赏画的或路过的行人，仿佛都参与了这种美的形成。在我看来，他们本身就是艺术场、氛围的一部分。我和周老师先坐在画廊门外路边欣赏了一阵，好东西本身的魅力/与人形成的交流，让人不舍得粗糙地一口吞掉……

在画廊，与之前自己曾经看到过的一些名画再见，原来它们的真身藏在这里！列宾的《休息》、列维坦的《风景》，还是让我违规地拍摄了。此去难说再见，一些东西果真只能经历一次。

---

① 1856 年 5 月 22 日，俄罗斯商人巴维尔·特列季亚科夫购买了一幅名为《与芬兰走私者的冲突》的油画，开始了他的绘画收藏，这一天成为特列季亚科夫画廊的诞生日。1874 年画廊向公众开放，1892 年特列季亚科夫将全部藏品无偿捐赠给莫斯科市政府，1918 年列宁签署法令将该馆收归国有，原鲁缅采夫等博物馆及许多私人的收藏品皆并入该馆。百余年间画廊几经扩建，不断充实，画廊几乎收集了 12 世纪以来俄国美术的所有名作，是俄罗斯最伟大的艺术收藏馆之一。

② 安娜·安德烈耶夫娜·阿赫玛托娃（Анна Андреевна Ахматова）（1889～1966）苏联 - 俄罗斯著名女诗人。

在画廊，看到一对着西装、胸前各自佩戴四五枚勋章、年近 70 岁的老夫妻。他们的装束和郑重神情令人瞩目。一种莫名的敬意、亲切感，促使我走上前去向他们问好，并做自我介绍，我提议和他们俩合影留念，老人愉快地表示赞成。当知道我们是中国人时，老人说他们去过中国。衷心祝福他们。

在女诗人拉赫玛托娃塑像前

在画廊和功勋夫妻留念

从街上看画廊

画廊内一景

2012 年 5 月 9 日

今天 5 月 9 日，俄罗斯（苏联）"二战"胜利日，是俄国全民重大节
日之一，在今天，红场于上午 10 点举行阅兵仪式，总统讲话，检阅军队、

武器装备等。昨晚和 Z 说好今天早晨一起去看阅兵仪式，结果 8 点开始下起不小的雨。至 9 点半，Z 等出发去红场。11 点半时，我出发赶往红场。如前日（7 日）总统就职仪式举行之时，охотый рят 站通向红场的出口照例禁止通行。很多人聚集在另一侧通向特维尔大街的出口。到了地面，有众多警察值勤，人们只能往特维尔大街方向继续走，也有不少人围在地铁口附近，有的往对面玛涅什广场和红场方向张望，有的尝试着过去，均被警察拦住。看到有两三位胸前挂满勋章的"二战"老战士也夹在人群里，他们都捧着鲜花。后来发现，这是周围人敬献的。看到一男青年捧一大束康乃馨，他取出一枝给了一位挂满勋章的"二战"老兵。我上前和这位男青年说：我想从他这里买枝花敬献给功勋老人。男青年稍一迟疑，之后诚恳地取出一枝给我，满足了我向功勋老人表达敬意的心愿。我上前把花献给老人，并请一位女士帮忙给我和功勋老人合影，老人显然对我此举兴趣不大，看不出推辞只是向前走，似乎他想回到红场。不知他是刚刚应邀参加完阅兵式，还是自己戴好这些勋章来看阅兵。他看样有 80 来岁，"二战"胜利 67 年，在 1945 年"二战"结束时，他可能还是个小青年。

小雨缠绵地下着。看情况不太可能很快让观众和行人进入红场，我们遂下地铁返回。哪怕只是看到尾声，但是到了现场，同俄罗斯人民、莫斯科人民共同经历了这一历史性的时刻，很兴奋、满足。在这样的历史性事件发生时，不亲自到现场，体会、感受，还是缺少几分生命热情和张力的。

……

到了大学站，转而去阿上，没有采购任何东西，或许是不想马上回宿舍。接着又在莫大校园拍摄风景。莫大是优雅、充满书香气息的花园。她的景致与美，恰如俄罗斯人性格中散发出的某种贵族式风雅，在沉静中思考得很深，将人格定位得很高……

对这一天，自己还是很满意的。需要行动时，就行动，能够行动，是给自己最好的鼓励，能够保持良性运转。

2012 年 5 月 21 日

今天 5 月 21 日，来此整 7 个月。非同寻常的岁月！5 个月后的今天我已经回到中国。计划 10 月 16 日或者 18 日回国，取 "66 大顺""88 发发"之意。"外面的世界很精彩，外面的世界很无奈"，还是在家、在熟悉的地方好啊！

按照前一天的约定，昨天 2：30 阿勒沙娜打来电话，并随后来我宿舍。告诉我阿列娜老师与她联系，让她帮助我与同去图瓦的民族学教研室大四学生谢廖沙认识。送她一礼物——香水（1000 左右卢布），姑娘显然很喜欢这个礼物。我将阿列娜老师给我的来信——关于我去图瓦随阿列娜老师课题组到农村实地调查——给她看。谈到去民族学教研室开介绍信的事，她说她之后打电话给我，我们一起去开。

谢廖沙在通往图书馆广场的路上等着我们。我送他两盒冰激凌蛋糕。他是个很朴实而聪慧的俄罗斯小伙子，二十一二岁，就是阿列娜老师信中提到的 8 月 1 日和我同去图瓦做民族学调查的那个大学生——苏博金·谢尔盖，阿勒沙娜与他是好朋友，称他谢廖沙。谢廖沙从事萨满教研究，他的指导教师是西伯利亚地区民族研究专家。阿勒沙娜向谢廖沙交代我与他同行去克孜勒——图瓦共和国首都——的事，以很郑重的口气与表情。互相留了联系方式，定好 7 月 30 日谢廖沙给我打电话，他去买飞机票。总之，如果没有什么差错，图瓦是去定了。听阿勒沙娜介绍，此番民族学调查，大致 5 人（阿勒沙娜、谢廖沙、何群、阿列娜老师及她的一位女同事），阿列娜老师带队，实地调研时间 15 天，主要去图瓦基层村、屯。图瓦位于俄罗斯西伯利亚地区，属于俄罗斯亚洲部分少数民族地区，图瓦族占图瓦共和国人口 70% 以上。

接下来要办的，就是拿到民族学教研室开的"我在莫大历史系访学，并去图瓦、摩尔曼斯克萨米人地区考察"的介绍信。那口 B 说她在 6 月底或 7 月初想去摩尔曼斯克市，争取同行。如果上述两个地方均能成行，将是很有意义的。

3 月某日认识了民族学教研室主任尼基申科夫教授，相互赠送礼物。记得他让我以蒙古族敬献礼物的方式将礼物给他（随时的"民族学"），我们谈得很愉快。交谈中，他提出让我认识一位图瓦来莫斯科大学出差的教师——阿列娜老师，是他带的博士，阿勒沙娜本科时的老师。和阿列娜老师的认识，真是有些一见如故。当时阿列娜老师谈到她的调查计划，很热情地邀请我到图瓦看看。她回图瓦后，我与她的学生阿勒沙娜一直没有中断联系，一直犹豫是否前去图瓦。对我而言，那里是个陌生的世界，困难甚至存在一定的风险，难以设想。同时深知，机会难得，注定是俄罗斯访学工作中极具价值的行动，甚至是创举。因一直到目前，国内民族学、人类学从业者探访俄罗斯图瓦居地区者尚为数不多，甚至就世界民族学人类学而言，因地理、人文等因素所限，图瓦至今也仿佛是个死角。

终于上周日（5 月 13 日）晚给阿列娜老师打了电话，正式接受她的邀请，再次致以衷心感谢。不同于在国内的实地调查——离开自己生活的、熟悉的地方，到另一个不太熟悉的地方做田野，因至少那是同在国内，从总体来看，是熟悉的，能够掌控的；而在国外，事情完全不是此路径。从刚刚开始熟悉的莫斯科，到完全不熟悉的图瓦——克孜勒，地理、历史、人文、当下、异文化……，我感受到在国内从未有过的感受——人类学所津津乐道的"远方""异域""他者"是什么，其言说、希望阐释的，究竟是什么。次日阿列娜老师又发来短信，谈她 8 月 1 日在图瓦农村、牧区进行调查的计划。我手机没有发俄文短信的功能，所以用电子信箱给她回信，再次表达了自己的意愿，以及对她的邀请的谢意。

……

今天周一，本学期外语课伊丽娜老师的课结课，暑期临近。估计娜杰日达老师的课也在本月结课。上次课上她提到本月 29～30 日上课。近两次上伊丽娜老师的课感觉有几分累，她过于担心我的程度，结果真令我有些紧张。而在座有的同学有时的"过于会"，也鼓荡起莫名的劝学风。好在结课了。

无论如何，自我感觉俄语有所进步，昨天阿勒沙娜也和谢廖沙谈到此，B 几次提到我俄语发音不错，比国内一些教俄语的老师发音都好，说这与第一任俄语老师水平有关。我不清楚自己发音怎样，总之，懂行的人的这些评论，还是令人感觉不错。

……

如果借用某高人论断，在莫斯科，中国人中的白眼狼还是不乏其人的，多希望利用别人，尤其是利用同胞，而帮助别人，包括帮助同胞，则需要考虑再三，并每每"不行"。中国人的人格，其实远没有真正建立起来，一事当前，图谋的、首先计算的，多是当下自身的吃喝拉撒——活命、生存。显然，宗教精神对守护人的人格，维护基本道德水准，是有积极意义的。

于水区 403 宿舍

2012 年 5 月 23 日

到今天，本学期的外语课全部结课，刚刚上完娜杰日达老师的课。每周一伊丽娜老师的课于 21 日结课了，每周二、周三是娜杰日达老师的课，本学期（3 月）开始上课——一直如此。感觉进步很快，尤其听娜杰日达老师的课后效果更好。今天又买三朵花及配花送她（250 卢布），前些天买过一次花送她（5 朵，300 多卢布，而上学期给伊丽娜老师送花 7 朵，600~700 卢布），总之送老师花用去 1000 多卢布。每当感到外语有所进步，都从内心感谢老师。

苏联于 1992 年解体。今天课上谈到莫斯科地铁站名，娜杰日达老师说：在 1990 年之前现在的麻雀山地铁站（Воробьёвй горы）为"列宁山站"，还有斯大林站等也改为其他名称。这透露一个信息，即解体前后苏联政府在"新思维"政治理念之下落实于行动中的状况或体现——包括可能反映苏联历史、时代特点的城市名称、符号，最为人们日常记忆、重复记忆的国家历史、特点、"我之所以为我"的，包括地铁站名，引起当局注意，从人们日常最易接触到的表层抹去、淡化曾经的"过去"。这显然不是成熟、建立在知识与真正负责任基础上的政治行为。难道这也是民族性——易走极端——将"好"或"坏"理解到极致、推至极端——好走极端的表现?! 事情原因可能远没有这样单一。娜杰日达老师一次课上从"退休"这个俄文单词谈到退休金问题，说自己父亲每月领 12000 卢布左右的退休金，并问我中国退休金状况。

莫斯科大学文科 1 号楼四层我们的俄语课教室

我们的俄语课教室

文科 1 号楼下二战胜利纪念碑、长明火

莫大水区我的宿舍

娜杰日达老师、伊丽娜老师对本职工作的负责精神，以及从细微处体现出的工作素养，那份能够让我们感受到的希望通过自己的讲授、对学生的训练，真正使学生有所进步的迫切心愿，与国内一些高校教师可能存在的对待工作得过且过状况形成对比。莫斯科大学在全世界高校综合质量排名位居前六七名，的确名不虚传。

也许是感谢我两次送花给她，以及我们每堂课的良好互动，今天课间休息回来，娜老师给我三块那种半圆形的巧克力。我们从去年到今年 6 月的学习证明，也在伊老师的帮助下开出。从与两位老师的交往中，体会到她们对中国学生的友好态度，并没有歧视与区别对待。她们都是 50 岁以上中年人，自己的经历以及从父辈和所处特定社会背景 - 情境的影响、渗透，使其对中国的认识与感知可能与现代年轻人有所不同。

……

在两周前，晚饭后与小霞和 Z 去距离莫大正门约 1 公里的麻雀山观景台散步。10 点多在返回校园路上，与一位 50 岁出头、将自己的车停在路边看来也是在这里休闲的俄罗斯男人闲聊。他的宝贝车——一辆山地越野车停在朝向观景台方向的路边。从随意交谈中得知，这辆车，堪称是他的最爱，他喜欢用木头雕塑各种"艺术"品，并有所发明，如车驾驶室内有一转轮，他说这个转轮会随着音乐节律而旋转。这辆车的外边——后车厢门外、整个车外部，用雕塑有花纹、有些围栏功用的木制品装饰着。他看似并不着急赶路，也许将车停在此，就是希望引起人们注意，展示一下自己的才华与作品，或者是寻找商机，出售自己的木制工艺品。他和我们说：他有一个很大的制作木头工艺品的车间，现在问题是需要开发商投资，投向社会。他和我们半开玩笑地说：你们和中国驻俄罗斯大使馆说，请中国给他帮助，算是科技开发。问起他的工作，他说目前自己没有工作，生活靠以往积蓄。过去曾经卖过橱具等，后来不干了。家有三个孩子、妻子、老父亲需要他养活。看得出他的无奈。1992 年苏联解体之后，俄国经济、社会、文化动荡剧烈，社会分化加剧。从与这位失业男士的短暂交流，似乎能够看到一些有关的蛛丝马迹。这也让人联想，解体之后的俄罗斯国家繁荣、发展任重而道远。

2012 年 5 月 25 日

五月是我来俄之后工作颇有进展的月份。除了与阿列娜老师联系、商谈去图瓦的事，又给合作导师尼基申科夫教授写了信，只是还没有收到他的回信。听阿勒沙娜说，尼老师四月以来身体不好，一直在家修养。

按照计划，昨天如愿在民族学教研室主任办公室和尼老师见了面，送上早已准备好的薄礼——中国产普洱茶。

1. 和尼老师谈了自己的想法：希望得到他的一两篇文章，我翻译出来之后，争取在中国杂志发表。尼老师没有过多迟疑地推荐给我一篇，将电子版存在我的 U 盘内，我又提出要他的书，以及民族学教研室简介。他让和我一同去的他的博士生——阿勒沙娜登上凳子，从他高大书架的最顶层取出四本书：教研室工作规划、计划汇编一册；主任和另外两位老师编写的教学参考书一册；两本教研室学者完成的有关民族学方面的论文汇编，一本由尼老师主编，另一本由其他人主编。

2. 阿勒沙娜向尼老师汇报了我随同图瓦国立大学阿列娜去实地调查，以及需要开具教研室的介绍信的事，主任对此表示支持。而对我希望去萨米人地区考察一事也表示支持。他又问起我在中国的研究，并提到自己在中国满洲里有趣的经历。我和尼老师谈完后，阿勒沙娜向导师汇报了自己的学习计划：6～7 月随阿列娜老师去蒙古国调查，8 月中旬在图瓦，9～10月在中国，10 月 10 日返回莫大，届时阿列娜老师可能同回莫大。

昨天下午和尼老师的见面，实现了预期的计划。这是继 3 月第一次见尼老师之后收获最大的一次，他的博士阿勒沙娜帮了我很大忙。中间有一次我去其办公室，里面有不少人，显然很忙，遂没打扰。之后，老师因病在家休息一个多月。昨天见面，的确显得有些消瘦，苍老了不少，背也有些驼了。后来向阿勒沙娜问起尼老师年岁，答曰 64 岁，正是学者风华正茂的年纪，目前带了 5 名博士。[①] 让我有些意外和惊喜的是，阿勒沙娜博士

---

① 从 2015 年 6 月尼老师的博士——阿勒沙娜来信中得知，2013 年 9 月尼老师因患重病逝世。

对中国古代诗人杜甫的诗感兴趣，两次和我谈起要去中国学汉语。她有一个哥哥、一个弟弟和两个妹妹，哥哥（26 岁）在伊尔库茨克工作，是医生，同时在读大学；父母不在图瓦共和国首都克孜勒城生活，一伯伯在克孜勒工作。无论哪国，人们的日常生活内容、喜怒哀乐、原因、结果都很接近。更在于，认识到这一点，用平和的心态对待和处理日常事务，应该就不会过于离谱。

说好今天中午 12 点由拉西娜（莫大语文系英语教师，图瓦人）帮助在网上订购 8 月 1 日去图瓦克孜勒的飞机票（初步得知，莫斯科没有直达克孜勒的航班，需在从莫斯科起飞、飞行 5 小时左右抵达的哈卡斯共和国首都阿巴坎市下飞机，然后乘长途客车或出租车 10 小时左右到达克孜勒——从东欧到亚洲中部），使用阿勒沙娜的银行卡；接着去系里开介绍信。没有这几位图瓦朋友的热情帮助，或者说，是冥冥中一种有些非理性的被称作"族性""曾经同族""都明白的那段不可言说的历史"（图瓦一直到清末民初是中国领土，因内外诸多原因最后纳入苏联）。饶有趣味的历史和现实。民族是什么？动态中的民族的运动、行动又是什么？现实如铁（将和我同行去图瓦的莫大民族学专业本科生谢廖沙是很典型的俄罗斯小伙子，他也是阿勒沙娜在莫大的好朋友，阿列娜老师也说他是很好的年轻人。谢廖沙留给我的印象也的确不错，英俊、阳光而有朝气，为人聪慧而质朴，做事认真、严谨、负责），而铁之内里，又有几许温软的东西，那或许正是目前一些既定的概念、话语尚未认识的"民族"真实世界。

周五

2012 年 6 月 9 日

上午 10 点多与西北民族大学周老师联系，看她有没有兴趣出去走走。我们商量好下午 2:30 在地铁红场下一站见，接着继续赶往华人商贩聚集的留布里诺（люблино）大市场。与她在同一学校学习并平时来往较多的 4 名湖北大学的学生要在近期回国，大家想聚一次，所以决定到留布里诺市场买些中国食品。下午我们如约见面。

莫斯科留布里诺大市场，可以说大名鼎鼎。该市场位于莫斯科市东南边缘，从留布里诺地铁站上到地面之后，再向北步行约1公里，逐渐进入通往市场、开始有些人流熙熙攘攘的不宽的路。很快便发现这里的非同寻常，亚洲、中亚人面孔开始多起来，还时不时能听到汉语。同来的周老师讲，市场里摊主越南人、中国人、中亚人比较多。在路上，看见一位类似中国苗族等南方民族的妇女，她背着孩子，慢慢地走着。这让我想起以往在北大圆明园校区，一次去上地农贸市场看到的情景。去往大市场一路看到的人们，再也不是在莫大甚至在红场上看到的人们的样子，从服装、服饰到神态、举止，行业、社会阶层差异明显。

统一的银灰色铁皮墙把市场围起。市场按照商品类别分为若干个部分/区。我们穿过卖服装的一个市场，接着进入一应俱全的食品、蔬菜、调料市场。整个市场给人的感觉难以言状：人种混杂，可以说包括了黑、白、黄人种，纷乱、混乱、无序，脏、乱、差。这里主要是批发，看见一些买主把大包大包的商品进行捆扎，捆扎声是坊间很特别的一种声音。

经由服装市场到食品、蔬菜市场那条不宽但轿车等各种车辆停靠的马路时，看见一群人围着，见一位很强壮的白人男子在指责一青年女子，女子脸颊上有血迹。

仔细观察卖主，的确多为亚洲人，估计中国人摊主会占到1/4。这些人看来已经习惯这一套生活方式，甚至很怡然地应付着这一切。偶尔看到孩子们在跑着玩。或许今天比较特别，感觉买家不多，生意不太兴隆。

与服装市场比起来，食品、蔬菜市场似要繁荣些。和三家中国摊主搭话。一称来自山东，说17岁来这里，已经来俄十多年了，他是经营调味品、蔬菜的。和他说话时，不经意看到他脸上的伤疤。他看来性情很柔和，熟练地给买主取货、算账，他说比在国内生意还是好做点，在这里是租房子住。我从他这里买一袋"老干妈"辣椒酱、几袋榨菜、3盒十三香，从另一摊点买一小袋红辣椒，共用去250卢布。这一摊点看来由夫妻经营，男方是东北人，女方是南方人。正买着，过来三四位中国中年男人，也是在市场卖东西的。说话的这位看来酒还没完全醒，他让这家男主人早点收工，并不用做饭，他晚上要请吃饭，去孔子饭店，醉意朦胧地说：他有6000卢布，不够再说。这一插曲，透露了在莫斯科经营这些商品的小商小贩的生活情境——或许有点像民国时期在黑龙江、大小兴安岭深山密林闯关东，在金矿干活的"淘金工"——挣了就花，生活，未来难以预测和把握，所能做的，可能更多是在现实中找一些乐趣，足以把明天继续下去。

于涛博士著作

　　和刚刚吃完东西的中年女摊主搭话，问她生意好做不，收入怎样。她说不好做，弄不好就赔本。能够感到她对我的询问不想多说什么。看她妆容化得很重，眼线纹得很黑，是常见到的俄罗斯中年妇女多纹出的那种。也许是受俄罗斯妇女的影响，不得而知。可以断言，文化的浸染总会在缓慢中发生。

莫斯科留布里诺市场（于涛摄）

莫斯科留布里诺市场（于涛摄）

在这些国人经营的摊上，看到了久违的馒头、豆腐、麻花等，一种无名的亲切。市场内有些闷热，热闹非凡，我很难适应这种环境，以至于拿错了塑料袋。一位女同胞热情地追赶过来，交给我那个我该拿的装着我所购物品的塑料袋。在佩服能干的同胞的同时，也惊奇他们怎么能够克服在国外的众多困难。

看周老师和同来的湖北大学那位很安静的女生似乎对眼下的环境并不吃惊，而我，也许是因专业训练培养出的敏感，我只想抓紧离开这里，那种不安、各种人聚集形成的特有紧张、可能的冲突以及我想象的各种不良可能，压迫得我难以放松。

此一留布里诺大市场之行，着实震动很大。真切感受到做俄罗斯华商研究大不易，主要是调查难度大，如何让他们愿意说出自己的故事，不是一件容易的事。在样本量和调查深度方面，比在国内做同类调查要难上几倍，如果能够把他们的事——自身的、外在的影响、推拉力表现出来，的确是有意义的研究。

此一留布里诺大市场之行，也让我看到了俄罗斯社会的另一面，或多个侧面。同样是俄罗斯人，但因行当、生境不同，带给人的感觉和启发是不同的。从市场出来去地铁的路上，有摆小摊的，也有兜售鲜花的，能够体会俄罗斯人中一些人的生活可能存在的困窘，服装、神态、做派，等等。也许这一带是莫斯科市民中比较穷困者集中的街区。

在回来的地铁内，看到一女醉酒者，60 来岁样子，头发不整，也没有外套。坐在那里后，很快东倒西歪起来，引起旁边座位人的不便，他们或躲开，或推开她，以那种俄罗斯人特有的、同样也很文雅的动作。大家似乎对这样的醉酒者也见怪不怪。昨天傍晚和 B 在红场前一站纪念彼得二世大教堂外，也看到一瘦弱、衣服很旧很厚重、颜色单一的老年女性缓步走着，B 断言她是酒鬼——脸颊深陷、穿得多等。我不得要领。

哪个社会都有穷有富，有人性深处所有的禀性，善与恶，荣耀与失落，意气风发与走投无路。

室友——来自日本的优里同学告知，她大致将于 6 月底回国，她也在莫大访问一年。从去年 10 月 20 日到今年 6 月底，在这异国他乡相互照应——室友 8 个月，经过生活习惯的一些磨合，如开始她习惯于凌晨两三点就寝，睡前要洗澡，我向她提出能否早一点休息的建议，她慢慢进行调整，并感觉这样次日精力状态更佳等。总之，两个陌生人，在这异国他乡，算比较投缘了。卫生间的空气清新剂是她所购，而我常打扫我们共同使用的部分（洗、卫及开门即对着走廊的权且作为"客厅"的所在）。每当我回宿舍，感觉到她在自己房内，就仿佛回到家，有家人在，那份安稳感，不经历者难以体会。当水、电、上网等出现问题，我们会一起去找楼里有关工作人员解决难题。前日晚她收拾行李睡得较晚，次日中午才知道她今天要回国，是晚上 8 点飞东京的飞机，下午 3 点多，有朋友来帮助她提行李，并陪她去机场。我们彼此留下联系方式，互送纪念品，郑重道别，期待来日再在彼此谁也意料不到的某个地方见面。

来莫斯科 8 个月，真正开心、放松的时间不多，可是从没有流泪，在与优里告别的那一刻，再也忍耐不住。当着这位其实并不熟悉的日本室友的面，自己如同无助的孩子般泪流不止，整整一天都觉得无限孤单。真是寂静啊！这次出国，再好不过地证实了一个人性上的真理——人类不能孤独地生活，所以，以关禁闭、流放作为制裁的手段，恰恰是从人性上折磨、摧毁着人。近日似乎缓过来一点，但是，她的"遗迹"还没有动，仿佛这些也有些温度，是人类需要的伙伴之间的关注和体会。

近一个月的主要记忆：

1.6 月上旬与 M 等三人去图拉市托尔斯泰故居和墓地，顺便游览图拉城，买块图拉饼。庄园方圆 4 平方公里，墓地位于庄园西北角树林之中。就此，北京师范大学历史系张建华教授在他关于俄罗斯历史、文化课程中有很好的介绍，画家陈丹青也写有自己来此的观感。站在这位写出影响世界的文学名著《安娜·卡列尼娜》《战争与和平》的作者托尔斯泰先生朴素的墓前——大致就是一处 2 米长、1 米宽、0.5 米高的长方形土堆，没有墓碑，四周是高大、挺拔、如画般的大树。这一处被称为"明亮的林中空地"的地方，有种莫名的震慑与魅力。尽管自己对托翁所知不多，但直觉

托尔斯泰故居（图拉州）

莫斯科特列基亚国夫斯嘎亚美术馆收藏的托尔斯泰画像

是，这是一位真正看懂了人和社会真相的大思想家。他所喜欢的那种方式——毫无金钱气息、只有纯粹的泥土和草木或完全将自己与泥土（土地）亲近的坟墓，他生前的希望，死后埋在庄园内和生前与哥哥一起种的树下。他真正摆脱了"好东西"——金钱、名利——的纠缠，安安稳稳地、没有任何拖累地在那里休息。那种震慑，强过任何更完美的启蒙、立志说教。

在托尔斯泰——托翁故居书房书橱内，看到一本书名赫然为中文的书：《妇女会》，书的封面、书页纸张已经黑黄了。托翁 1910 年 11 月 7 日病逝于离梁赞市①不远的一个三等小火车站——阿斯塔波沃火车站——站长家里，享年 82 岁，是在离家出走的路上病倒的，随行有他的女儿和一位随从。这位伟大的理想主义者，死因应该归于他的伟大：因亲近穷人，将自己的生活返璞归真，与妻子等意见分歧。就在 10 月 27 日他离家前一天的半夜里他发现自己的妻子索菲娅来到他的书房，查找他与秘书签署的将自己书稿等支配权怎么支配的文件……他一定是觉得很失望，他已经因他的天才描绘和讲述，呈现了太多的人间悲喜剧。从托翁这里，感受到觉醒的快乐。人世间最为要紧的还是幸福、快乐！而这些的前提，是以出世一些的态度对待眼前的花花绿绿，并对真、善、美持以庄重……

托翁故居几位讲解员给我留下深刻印象——多为 60 岁女性，她们的气质、着装打扮让我想起俄罗斯名画中典雅、恬静的女性。感觉到她们甚至怀着对作家的敬爱在工作，是通过工作表达着这种敬爱。她们怀着对作家的热爱和自豪感，娓娓道来，人们在她们的引领之下，体会一位影响世界的思想家的灵魂、前世今生。老实说，这是我众多旅游、参观中感觉身心最通透、纯粹的一次。毫无疑问，一个民族的骄傲、奋斗精神，注定与历史积淀、与不断重温这种积淀存在内在关联。

2. 翻译尼基申科夫教授论文的工作在推进，每天利用精力最好的起床

---

① 梁赞州首府，建于 1095 年，西部与图拉州交界。

后几个小时做这件事。典型的学术文章，引经据典，也不知翻译能否相对实现信、达、雅。这是一件非常值得完成的工作。

3. 本月 30 日出发去图瓦，过两天要与同行的莫斯科大学的大学生谢廖沙同学联系一下。目前体力、精力似有些问题，甚至有些担心是否撑得住旅途以及在那里起居、奔波劳顿。但是，从机会难得与调查意义计，还是要去。实际看每一次调查行动，每一次出发，都有几分迟疑——但凡奔赴的是艰巨的工作，带给人的可能总有几分是如此吧。

4.6 月 27 日晚电脑因散热失灵，强行关机，电脑不能启动。请于涛老师帮助（中央民族大学在读博士，在莫斯科做华商适应、生存状况研究，主要在留布里诺和萨达沃两个华商较为集中的批发、零售市场做调查）修理，修不好，他建议马上去留布里诺市场他知道的那家"王其电脑工作室"进行修理。30 日晚，于涛又帮我带回修好的电脑。到今天，电脑算是恢复正常工作了。没有电脑，整个人处于真空状态，非常难受。现在使用的这台电脑，是 2005 年 10 月开始用的，是学校"人才引进"待遇之一，已经用了 7 年，也该淘汰了。真是非常感谢于老师！

5. 自 1978 年中国改革开放，以及伴随 1992 年苏联解体社会混乱、经济不景气等形势，进行中俄商业贸易的华人群体日益形成规模，显示出特有的生活方式及社会特点。在俄华商群体/社会，的确是很精彩、值得关注的社会学、人类学研究对象。通过解读这类群体的生境，可以多视角洞察现代化以及跨国人口、文化流动及背景等人类生活实际。前日听周老师说，6 月 21 日小霞老师博士学位论文答辩前一天，她们去留布里诺市场买东西，正好遇到俄罗斯警察来，中国商人扔下摊位往外跑，可能是俄罗斯警察来检查他们的护照。而越南等国摊主则没有惊慌地跑、躲避。曾听说中国商人多存在护照过期问题，有的长期是黑人。而这些人回国也因护照存在困难，要补办护照签证需要找中介人，要花一笔钱。看来，护照/身份，是中国商人一大困扰。在莫斯科，华商子女就学也是问题，这和国内的农民工子女就学问题类似，只是因语言不通以及身在异国他乡所带来的困难更多，如不比在国内，这里找熟人帮忙、托关系办事更难。于涛博士和这些人接触,有商人请他帮助解决孩子在莫斯科上学的困难,让他帮助找学校等。

华人来莫斯科后,包括商人、学生,一些人皈依了基督教。目前莫斯科华人基督教会有三个组:两个商人组,一个学生组。莫大 B 区的中国博士生 J 宿舍里有《圣经》,也参加祷告,她说自己喜欢参加俄罗斯人的祷告活动,不太愿意参加中国人的祷告活动,"又哭又喊的"。

那日随于涛博士去修电脑,之后请他在市场内的中国餐馆吃饭,饭后免费乘来往于两个市场留布里诺—萨达沃之间的汽车去萨达沃市场,到那里一栋华人居住较为集中的公寓楼,进入其中一单元房,参加市场内华商基督徒一个祷告活动。是从美国来了一位布道的信徒——一位 70 多岁、祖籍福建、现在美国生活的老人。老人非常投入地布道,能言善辩,很能煽情。她讲完后,有四个信徒发言,应该叫祷告吧。其中一位 20 多岁的男青年,两位 30 来岁女性,还有一位 50 来岁的妇女,听她口音似乎是内蒙古巴盟地区人。看来这几位感受到了信仰的力量,说得很有切身感受这般。随着他们动情的诉说,在场人们不时应声着"阿门"。

陆续到场有 30 多人,女性居 2/3,都很安静和虔诚的神情。每当有人来,两三位张罗这个活动的人便客气地送来茶水、水果、点心,这些食品摆在大家座位边靠门一侧。偶尔听到旁边的食堂或餐厅人声嘈杂,和这里的静穆、内心思潮狂热的"祷告"氛围形成有趣的反差。看到类似教室的布置,只是没有讲桌,每个座位上都放着《圣经》和颂歌歌词本。于涛建议我拿本《圣经》回来,并在散场时和管理者进行了说明。他的这些举动让我欣慰。他曾几次和我谈起,他的调研能够展开和逐步深入,有赖于信仰基督教的中国商人的协助和帮助。尤其是一些老的信徒,他们真的很善良、无私,可能于涛从他们那里确实感受到了信仰的力量、信仰对人的改造。他问是否需要将他的调查对象区分为信教和不信教者,这是个好问题。基督教作为一部分在俄华商的心理依托,其功能,的确实际地参与着他们在俄罗斯的生活。当然这是指信徒,那么,多数非信徒,他们怎么安排他们的精神世界?

在那次祷告活动中，认识了被市场里中国商贩称为"红涛""涛哥"的人。散场后我们一起出来，我建议步行陪涛哥到他家附近之后，我们再去地铁站。步行半个多小时，到了他的住处，他邀请我们进屋小坐。这是栋类似国内居民住宅楼那样的四层楼房。于涛说：你说的孔子饭店就在这里。涛哥请我们周六或周日来他这里一起吃饭。他热情地帮我们打的，并给了司机 100 卢布打的费。他的豪爽让我们很钦佩，也有一种由衷的同胞之情洋溢、温暖着我们彼此。

一路上，我们谈了很多。他很认真地询问我的姓名，并叫我何姐。从聊天中，知道他来自吉林省，40 岁出头，来莫斯科已经十多年了。来莫斯科之前，曾炒过十年菜，即在饭馆打工。现在莫斯科做生意的合作伙伴是位国内来的蒙古族人。目前雇用十几人，有几个摊位。他在市场中名气很大，主要以仗义出名。他说自从信仰基督教后，自己变了，可能也是因年龄大了。他说今天自己没顾上去摊位，去帮一个小兄弟的忙——帮助他把钱寄回在中国的老家。这位小兄弟没有护照，也不知道怎么寄钱。涛哥目前家在中国，他一个人在莫斯科，说自己早晚要回国生活。目前是与人合租一单元房，其中一间是夫妻俩，另两间是他和另一单身汉各一间。他说自己因喝酒而不敢买车开车，每天只睡几个小时，起得很早，出来散步。而他楼上有一女人生活郁闷时，早晨会找他一起散步。听他讲这些，似乎能够体会这些在外谋生的国人的某种生活情境，总有几分"飘"的惆怅与无奈，尽管比国内挣得多一些。

听于涛讲，市场本来是露天的，现在加盖了顶棚，与主体之间还有一人多宽的空档。这可能不算房屋，只是围起来的、有盖的"市场"。这种设置，是俄罗斯贸易政策允许的，意味着临时的、不长久的或权宜之计等。俄罗斯社会需要稳定而长期的这种市场，但是政策没有调整到此，所以，就加一与主体有间隔的"屋顶"，市场的这种"建筑"格局，是一种象征，体现了市场的某种性质。正因如此，引出诸如警察的任意搜查、勒索，以及货物流通中的问题，如转包，据说一些货物等到摊主——卖主手里，已经经历了至少五次转包：官员、犹太人、再包商等。要谈清楚市场的故事，远非易事。

周二

2012 年 7 月 14 日

今天 7 月 14 日，离回国还有三个月。

1. 初步计划 10 月 16 日回国，9 月初和使馆联系，办理预订飞机票等回国事宜。——找历史系外办，开出访学结束证明，问是否有访学结业证书等；访学结束、回国去使馆办理回国手续（上留学基金网查）；和合作导师告别，谈之后学术交流意向，将他的论文《变化社会背景中俄罗斯国家、民族认同形态》翻译状况向他汇报。

2. 还有两周多（7 月 30 日）起程去图瓦共和国，随图瓦国立大学阿列娜教授带队的课题组到图瓦东部驯鹿、渔猎区调查。我等于是随行考察，角色有些类似观察员，看他们怎么调查——学习他们的调查方法，体会他们的观察视角，同时希望自己也能够借此宝贵机会，对他们所研究的图瓦社会、文化现实形貌多一些了解。就图瓦社会、文化，什么是最有可能作为学术探讨的问题，从其历史演变看，归属中国、独立建国、归属苏联/俄罗斯，以及作为地理的近邻和历史—文化关系，体现了一个族群—共同体，面对外部环境变化做出调整—适应、选择。这其中，文化适应性、生存本能，以及与周遭环境互动，是这个与中国、中国境内蒙古族有着深厚渊源的共同体"生活史"。如果谁能描述清楚他们的"生活史"，或许会极大启发多民族国家政府、学者对什么是"民族"的认识。阿列娜教授一直从事俄罗斯、蒙古国、中国图瓦人社会文化变迁比较研究，阿勒沙娜博士学位论文也是探讨这个问题。

去图瓦，争取实现三个计划。①初步感受图瓦风土人情，感受一个世纪前作为中国最北部边疆的天地人事，领略叶尼塞河、贝加尔湖的风景。②通过两周随行观察、体会，写出一篇考察报告，题目大致为：《在现场：萨彦岭西图瓦人的生活》（或突出某一侧面，经济、精神—宗教—遗存，等等，依能够发现什么而定）。从图瓦回来后，开始整理资料，构思、写作此文；另一文章题目：《生生不息：图瓦人的民族认同与生存选择》。与上一篇同时考虑此文，在调查中注意能够说明此问题的素材——口述、存活的仪式——物质、精神、社会组织制度。从图瓦回来后与上一篇进入资料整理、构思状态。③如果有机会，希望到萨哈共和国（雅库特人主要聚居区，同中国使鹿鄂温克族存在渊源）、阿穆尔州（埃文基人聚居区）考察。看交通、同行者及个人身体状况，似乎不太具有可行性。

刚给同去图瓦的莫大历史系民族学教研室大四本科生谢廖沙写电子邮件，等他回信，联系本月 30 日去图瓦的事。

……

一些细微的东西在体现俄罗斯联邦的"前任"——苏联的"社会主义"痕迹。来自西北民族大学在莫斯科州立大学访学的 Z 的老公、孩子要在 7 月末来莫斯科。和所在学校国际处处长协商，希望学校准许家人住在她宿舍，结果没有获准。她认为主要是与这位女处长前期关系没有处好，因校长同意。遂联系学校附近旅馆，上周五去此家旅馆，因预定的是适合家庭用的房间，所以需要旅馆领导审批——原因是预定"那种形式的房间需要通过领导"。有意思的是，一般这种事，吧台即可办理，可能涉及外国人入住，或者也是一种体现职权之管理设计。总之，要等领导周一在的时候才能办理。不知道此家旅馆是公有制、集体所有制、私人开的，还是其他情况。

前天和 Z 去中国银行取款，她告诉我她近来遇到的一件事。一位自称老挝人的老头，用汉语和她说：自己身上没有足够的钱回家了，请 Z 借他100 卢布，他回去后两小时之内，往 Z 手机里充 100 卢布话费，算是还钱。其实是骗子，一直到今天没见他充入话费。

星期六

2012 年 7 月 20 日

经历了短暂的春季，印象不深的夏季——没有酷热、只有几日闷热，各种花草是随着自己的时令繁盛——莫斯科的秋季似乎是悄悄地走近的。

近日清晰感受到秋的凉爽，今天又下起秋雨，估计雨后一些花草树木的颜色会转深。前日发现长在水区门口的花楸树的花，已经变成菊黄色，而在1月——冬日（去年在摩尔曼斯克看到），它是深红色的。花楸树在俄罗斯象征女人，而橡树象征男性。进入10月，树叶已经泛黄，秋色浓郁。我在这个季节来到莫斯科，也将在这个季节离开。这个季节，被认为是俄罗斯最美的季节。

前日和B去使馆，她办理学习结束回国机票预订等事，我一是交本季度访学汇报表，一是问最后三个月国家留学资助款领取方式——是在银行还是在使馆。问清楚这些，预定了回国机票——10月18日回国。

领取后三个月资助款：填写"回国登记表"—找教育处冯老师审核—交于会计—取款；办理回国手续：开出历史系访学结束证明；有导师签名的鉴定材料（复印件交使馆教育处）；个人访学总结，找教育处冯老师。领取机票等上述事情，可以在9月初着手办理。

……

昨天早晨6点起床，按照和周老师的约定，我们在 охотый рят 站见面，之后去大剧院排队买学生票。近8点，我们来到大剧院，有一女生手里拿个名单，写着已经登记的三四人，我们写下自己的名字，算是排上了队。说好下午4点多来买票。接着去周老师宿舍，我们计划在那里自己做饭吃。很美好的安排。走进校园，到了周老师宿舍。一个很深的印象，与莫大比较，无论是宿舍条件还是外围环境，都不可比。到这里，要坐30分钟电气火车，周围也很空旷。比起莫大校内外良好的自然条件和多彩的人文景观，这里的环境、条件，显然更让人难以待下去。呜呼！谈起在异乡的孤寂，某种难言的体会，我们心灵很相通。周老师送给我让人从国内捎来的咸菜、花椒、木耳，这些在国内再寻常不过的东西，此刻却显得异常珍贵。看到她有三双旅游鞋放在床下，我提出自己想要一双——总感觉若去图瓦，需要旅游鞋。她毫不迟疑地送我一双——防雨、耐脏的那双。

三点多从周老师宿舍出发去大剧院，学生票队伍已经排起，可能是节目不著名——《玫瑰骑士》，演员讲德语，是德国某歌剧团来俄罗斯访问演

在大莫斯科大剧院广场

在书店所购俄罗斯工民族歌曲及红歌歌碟

出，购票者不是很多。我们以体会大剧院为重要目的。大剧院内部设施、品位，的确非同凡响，令人叹服。这让我忽然想起一句俗语——瘦死的骆驼比马大！俄罗斯的力量是难以估量的。其人民的气质、气度、个性，也显示着一种难以估量的张力与生命力。这次排队购票队伍，没冬天那次长，那次排队买学生票（最后没有买上），一些中国人的表现，很令人触动，某种世俗，相互之间的防范甚至捉弄、看热闹等阴暗心理，那种过于聪明的"含蓄"或"聪明"本身，启发人去做农业与牧业或农业与狩猎业之于群体的文化性格比较。

好在这些已经成为过去，现在自己有准备的心理不再会为此动一下心。对此，那日与小霞的交流也证实了此。她凭自己在莫大读书四年经验，觉得"只有成长才能适应国外生活"，而心理素质的磨炼、提高，是成长的主要内容。她也感觉，人在国外，心理与国内不同，都不轻松，都很复杂，都彼此戒备、挑剔，而彼此交流、互助的需要，大大超过在国内。在国外，中国人之间世俗的影子无处不在，如在国内哪个大学工作、担任职务，可能是很重要的。如何应对国外中国人圈子？有种认识，还是比较客观的：只一年半年，不该希望彼此有什么深交，如同在国内，一年半年不太可能有什么知己、知心出现。看淡、看透，自然而然，会让自己轻松下来。

……

去图瓦是个"硬骨头"——语言（图瓦语）、条件艰苦（尚未通铁路的遥远的俄蒙边界、中西伯利亚，吃、住、行条件）、身体劳顿（地铁、飞机、长途机车），等等。但是，直觉和经验告诉自己：非常值得一去，无论是作为在俄罗斯访学的重大创举——去俄罗斯边疆、少数民族地区做田野调查，等于尝试两个层级——以莫斯科为代表的主流、整体上的俄罗斯与图瓦共和国的少数民族、边疆地区——的观察与思考。田野回望，回望中央、核心、整体，或许有助于建立一种趋向完整的认识，就俄罗斯民族国家认同，或俄罗斯国家凝聚状况，或可以借此做一些关于国家实力、未来前景的展望。而上述设想的前提，是要行动，怀着对学问义无反顾的忠诚和热情，去图瓦。

给同行的谢廖沙打电话，没人接听，发邮件没回，再等等。无论如何，自己是不能贸然去行动，虽然不至于存在"还是保命要紧"的问题。

……

刚刚发现，自己来俄罗斯今天整 9 个月——今天是 7 月 20 日，也是周五。再有 78 天回国——10 月 18 日。尽管在国内常常也是孤单地生活，但是，那种孤单，是自己能够容易忍受的。遥想自己这些年的奋斗，失去和得到差不多各占一半吧！可以认为，如果把过去的设为前半生，这半生也算是为了一个目标而尽了力。

周五 10：40

2012 年 7 月 25 日

非常遗憾，今天没有见到毛利人歌手在大学地铁站外的演唱。昨天傍晚和 B 去阿上，见大学地铁站外一小群人凑一起很热闹，凑过去，看到两位毛利人歌手弹着吉他（或他们自己的某种乐器）在很投入地演唱，他们所唱歌曲的风格与俄罗斯本土的旋律截然不同，有强烈的异域色彩，身着民族传统服饰，不同于印第安人酋长那种威武的羽毛头饰，是另外一种材料的从头到脚的装饰。他们的一切，吸引了不少人，不同于往常街头、地铁站内艺术家或音乐青年的表演。B 说：这是只有国际大都市才有的现象。

中午和 B 去国家档案馆，先和她到红场下几站去解决地铁月票屏蔽的事，结果要莫大证明。给莫大国际交流处卡佳打电话，希望这能够证明，女工作人员不买账，还是得要证明文件。

在国家档案馆内书店，因没有第一册《苏联时期民族工作文件汇编》，只有第二册：1933～1945 年这 12 年的，请工作人员帮助找第一册，也没有找到，所以没有买。看到 1912 年俄罗斯学者写的《俄罗斯与中国》及2005 年出版的《从毛泽东到邓小平》。俄罗斯国家档案馆建筑的宏伟、精致，让人叹为观止。见到馆正门上方的马克思、恩格斯、列宁头像浮雕，又一次见到这个老牌社会主义国家的残迹。莫大内也有多处。而图拉省政府办公大楼前列宁那个标准姿势塑像依然矗立……就记忆而言，人们对苏联的记忆，不是人为所能删除或替换的。同样在图拉，在托尔斯泰庄园正门外不远处的马路边，一位70来岁的老奶奶衣装很整齐地坐在椅子上乞讨。我给她十卢布并搭讪，当她知道我从中国来，竟那样熟练地谈起毛泽东主席，谈起她记忆中印象清晰的那段岁月。仿佛俄罗斯50岁以上的人，对二十年前的苏联时代记忆犹新。真不知他们的感受和内心世界会是怎么样？对国家、民族、现实、未来，会是怎样一番体会与推想。俄罗斯的一切都是深邃而远非容易看明白的谜。

……

今天25号，同去图瓦的谢廖沙还没有回信、没有联系。中午给图瓦阿列娜老师写了信，但愿她能够和谢廖沙联系上。

去图瓦准备带1100美元（30000多卢布），应该够了，或者再多带一些，带1500美元。

周三

2012年8月15日

今天8月15日。7月29日20：10从宿舍出发去大学地铁站，30日凌晨1点多飞机起飞飞往阿巴坎，30日晨近6点抵达，吃早点，找去图瓦共和国首都克孜勒的汽车。有两种选择，一是乘长途客车，二是打的。长途客车抵达克孜勒需要十多个小时，而出租车要8个小时。打的费用高些，但节省时间，也方便一些。所以我们选择打的。所谓打的，实际上不过是个人搞的小面包车，加上司机六七个人。我们从9点来钟开始找车，找到车后车主又到阿巴坎城内接乘客、给车加油，大概11点，车终于上路了。从早晨6点到出发，在阿巴坎大致停留了5个小时，当日傍晚6点多，到达目的地——克孜勒市。8月12日下午4点多，飞机抵莫斯科谢列梅杰沃机场（接着乘电气火车、地铁，从大学地铁站步行半小时回到宿舍），当日中午12：20在哈卡斯共和国首府阿巴坎起飞。到这时，已经近30个小时没有睡觉。从克孜勒市8月12日晚1点乘个体出租车启程，当日早6

点多到阿巴坎市后，直接进入阿巴坎机场，同车的两位女士、一位男士，他们也回莫斯科，所以我们又聚在一起候机。等排队过安检，就各自行动了。吃着谢廖沙在克孜勒帮我买的到阿巴坎已经很干硬的面包，就着矿泉水，昏昏沉沉，身体有些轻飘、恍惚，体力已经下降到临界点。在这东西伯利亚，如同在大兴安岭狩猎者鄂伦春人的村子，远处有猎犬在吠叫……我再次体会了什么叫闯荡天下，而这种肉体的、精神的生命均消耗至临界点的那种快乐，是无以替代的。或许，自己多年追求的，就是这种要价很高的生命感受。

一直到 11 日下午，克孜勒国立大学国际交流处的那位女士来，和她交流中，我才知道就在当晚 11 点（事实上第二天凌晨 1 点才出发）需要乘出租车去阿巴坎，一切似乎没来得及准备。这位女士送我三件代表图瓦、克孜勒市的礼物。10 日早晨大致 8 点，从住了六夜的阿得勒·克日克村出发，中午在 8 月 1 日从克孜勒市出发——此行的第一站——托志乡（在俄罗斯不叫乡，是现被称为区的基层行政单位，即由类似中国几个村落组成的乡、镇级单位，中国清朝时的托锦旗所在地）的那家名为"探幽者"的饭馆吃的中饭。这次阿列娜老师没有再给十天以来饭食一直由她包的课题组的人花钱买饭，只是给后来加入课题组的雅格达女士买好了饭。我们回克孜勒所坐的汽车，是雅格达妹夫的，不清楚他是专门开出租车的，还是为了送我们，总之，感觉中间有雅格达的人情。

10 日早晨从托志出发返程，估计到达克孜勒应该是晚上八九点（事实上，手表因电池没电而停用，而手机也因时差，到底确切时间是多少，一直不太清楚，一直到 11 日。好在我吸取多年经验，来图瓦没带笔记本电脑，省去不少麻烦），阿列娜委托雅格达将我和谢廖沙安排住在她所工作部门——图瓦国立大学下属类似国内教师进修部——学生宿舍，将我们安顿下来之后，又从家里拿来茶叶等，次日又送来早点。总之，不胜感谢活泼、幽默的雅格达老师。

11 日上午近 9 点，我和谢廖沙随雅格达老师坐克孜勒市中巴交通车去博物馆，中间下来我给手机充值 500 卢布（一件让我吃惊的事：在从莫斯科出发前，我给手机充值 1800 卢布，到克孜勒，只往国内打过两次短暂的电话，可是有一日手机提醒我只剩 50 卢布。后来发现不注意时书包与手机碰撞，手机往外拨过几次号，这样时间就难计算了。估计在莫斯科用的手机号，到这里是漫游。后来发现谢廖沙买并换上当地的号。而阿勒沙娜等人也没提醒我买当地的号。事实上，这种小事不该用人提醒）。到达博物馆附近，看到阿勒沙娜已经等在那里。博物馆是图瓦共和国规模最大的国立博物馆，厚实、多样的图片、照片、实物，令人惊喜，是研究的富矿。如果能够拿出一段时间，坐下来细致梳理、整理，应该能够厘清一些这个似乎经历头绪繁多、故事传奇晦涩的群体不平凡的历史。

参观完博物馆，中午 12 点多，我在阿列娜、拉丽沙等陪同下买好了明天中午 12 点多由阿巴坎飞莫斯科的飞机票（返莫斯科机票 19000 多卢布，而来时 7100 卢布，据说是夏天旅游旺季，这让我想起从呼和浩特到通辽的机票也贵得出奇，不是因旅游等，而只是乘坐的人少，并且航班少，是人口流动少、欠发达的突出表现）。出博物馆，看到阿列娜、拉丽沙已经等在那里，借口给阿的儿子沙沙 10 岁生日的礼物，我给阿列娜 5000 卢布，她有些惊异，推让，致谢，连连称钱给得多了。我说感谢她邀请我参加这次调查，吃、住等我都没有花钱。但是等到买机票时，所剩的钱凑不够，她又拿出我刚刚给她的钱才买好机票。买好机票，到近处银行将那 200 美元换为卢布，又将那 5000 卢布给阿列娜，总算办好了这些。

没有中饭，一直过渡到晚饭。以为是到哪家饭店吃，后来发现是回到住处自己做。又等两三个小时，饭做好了。是图瓦人款待客人的饭食——羊血肠。我平时就不太喜欢吃这种食物，无奈，我只能那样充满兴致和谢意地吃下两片。面包等一率没有，只有这一样能吃的。吃完晚饭，6 点来钟，一会儿大家又张罗起来，说是去坐叶尼塞河游船，那位会说汉语的女士说，是有人请我们，为此还准备了羊肉等。我说自己非常抱歉，不能去了，因头疼，要睡觉。阿列娜显示出不快，说只需要两个小时就完事（事实上一帮人深夜 10 点才回来），但是我没有改变主意，我知道时间在这里是难以确定的，而就在这晚自己还要坐六七个小时的汽车赶往阿巴坎，第二天还要接着奔波——飞莫斯科、回莫大等，需要十足的精力和体力。我托谢廖沙帮我买些面包和水，给他 50 卢布。深夜人们回来时，跟来了阿列娜的学生一家。后来叫我到餐厅，原来是给我送行的仪式将要郑重地开始了。学生倒上马奶酒，我表示非常感谢，一饮而尽。再敬，再干。我没有让在座的图瓦朋友、俄罗斯朋友失望，无论是谢意的表达还是热情、诚恳，这的确发自内心。边喝酒，边吃了不少谢廖沙买回的面包，终于感觉能够有体力对付后半夜的汽车和明天一天的劳顿了。调查艰苦，成果丰硕，临别时刻，因为酒，阿列娜问我：以后还想来图瓦吗？我说：当然。她问我是蒙古族哪一支，我说是达尔汗，她说图瓦人也是达尔汗人。我说自己来图瓦，就像回故乡一样。这一句话，引起在座很大反响，拉丽沙还让我带爸爸、妈妈来图瓦看看。这种记忆和想象也是一种事实，一种实际存在的力量——想象的共同体!？11 点来钟学生一家回家，阿列娜和谢廖沙在餐厅聊天，其余人或躺或坐休息，但显然大家都准备把我送上汽车后再离开。我将所带的药品和那个老秦等朋友出国前夕吃饭、给我送行时装酒的——天佑德酒——绸缎袋子送给拉丽沙作为礼物。这是位很有人格也不乏思想与真诚的女性。最后送我上出租车的人有：阿列娜、拉丽沙、阿勒沙娜、谢廖沙（谢廖沙后来悄悄转告我：雅格达让他转达对我的送行心意）、阿拉特（图瓦语，"牧人"之意，阿列娜的侄子，图瓦国立大学本科一年级学生，研究俄罗斯历史，这位小伙子 18 岁，很有性格，对学习汉语有兴趣，一路上，每当休息时便请我教他汉语）。在我上车之际，我情不自禁迎向各位，用俄罗斯和图瓦人告别礼节和各位拥抱，最后在和阿列娜拥抱时，她用一种充满母爱般的图瓦语对我嘱咐和说了些什么，我听不懂，但是奇异地感受到了。阿列娜付了我到阿巴坎的出租车费，估计在 1000～1200 卢布，并郑重地向车内那位男乘客交代一路和在机场等多照顾我，包括中途上厕所叫我一声等。

　　车开了，送行的人没有要走的意思，怔怔地站在原地。隔着车窗，看到他们在向我挥手，我也向他们挥手，内心呼唤着他们的名字！后半夜的夜幕中，我又在车内，车内外很快便谁也看不见谁了。第二天傍晚，接到谢廖沙、阿勒沙娜的电话，问我到没到，一派老朋友般的关怀。我在昨天上午给阿列娜打电话，心情都很激动。

图瓦之行圆满结束，并注定终生难忘。

2012 年 8 月 16 日

今天 8 月 16 日，昨天上午给使馆负责预定回国机票者发出了预定回国机票的电子信：10 月 18 日，中国国航。待预定成功，去使馆办理回国手续，主要是领取 8～10 月的生活费用。

昨晚 10 点与 B 从阿上采购回来后，直接到她所在楼层取回 W 老师帮忙从厂家买来的俄罗斯传统围巾（6 条），作为回国送人礼物。用去 3000 多卢布，比市场要便宜，也是真货。W 老师是位热心人。

刚才家里来电话，他们也认为我该修养一下，不要一直拼着干。也许他们说得对，有张有弛。在国外，凡事的困难，要比在国内的严重两倍。

周四下午

2012 年 8 月 24 日

进入 8 月以来，莫斯科的秋意是越来越浓了。原来，莫斯科的秋天是从 8 月开始的。去年 10 月 20 日晚上 6 点多抵达莫斯科，天色已经黑透了，天空似乎飘着霏霏细雨，地上也湿漉漉的，朦胧但不冷，很特别的气象和氛围，也许，这就是莫斯科的味道，欧洲味道。21 日上午出门到校园，围着主楼走了一圈，那份奇特的感受难以言表。看落叶已经遍地，深秋的景象如诗如画，如歌如泣。和马路上情形一样，校园里人也不多，那份清静、寂寥有种难言的压抑与诗情。我突发奇想，俄罗斯多绝美艺术、思想作品，也许都是人少——寂寥逼出来的。经历了在俄罗斯一年的循环、磨炼、忍耐、自立，没有经历出国，这些都体会不全面。

……

今天是难忘的一天。上午和 B 联系，她从使馆回来的路上给我打的电话。我说请她一起在楼下吃点什么。我出门，见她还没有到 Ж 区门口，就出门迎她。见她在莫大植物园已经靠近水区的地方拍照，路上残留着不知何时落雨留下的水洼，这样一个女子在不远处拍着秋天的树……我被这一幅景象感动。这样一位有才气、仗义、充满生存智慧的女性，是真正有想法和浪漫的女性！我们一起来到 Б 区下面的餐厅，在外间咖啡厅买了咖啡、小点心。我们谈了很多，实际上，我们每次都谈不少，有些东西我相信只有我们之间才有可能互相启发地谈论出来。

下午近 3 点刚和 B 从餐厅出来，接到周老师电话。她一家已经到莫大门口。她有个电视要暂存我这里，也是让我先看着，之后转交给兰州在莫大读书的一个学生。给我带来不少中国食物——茶叶、咸菜，以及她吃了一部分的果酱、辣酱等。她老公是藏族，很爽快，很不错的人，儿子也很可爱。一家人在我宿舍坐了一个半小时，我给他们冲了咖啡，准备了点心、橘子，我这里所能有的待客食品。临行送他们一小礼物：可爱的小玻璃盖碗，夫妻俩很高兴。他们本月 27 日回国，今天 24 日，很快了。

在送周老师一家到主楼对着图书馆的大门路上，遇到外出的小霞夫妻俩和另外几个中国同学。

明天去参加王哥组织的莫斯科华人基督教活动，说是从香港请来一位布道者，主题是夫妻关系。难道基督教对夫妻关系也有洞见？！去听听。基督教等其他宗教是怎样吸引人类，或人类因何而出现宗教，人类的精神世界结构究竟存在哪些类型？

前日收到莫大民族学教研室尼老师的回信，说是见面时间他用电子邮件通知我。因我在信中提出开学后去他办公室看望他，并提及我正在翻译他的文章。尼老师说祝贺我从图瓦安全回来。

周五

2012 年 8 月 26 日

今天中午，回忆图瓦之行有价值的资料整理工作告一段落，整理出四个方面的东西，两万多字。之后，若有新的值得注意的东西，再补充之。从今天开始，计划利用一周时间整理调查笔记。初步感觉，形成一篇考察报告是很有可能的，而在此基础上，或以图瓦为主要个案，结合 2010 年上半年在成都获得的成都地区蒙古族经历素材，讨论族群认同与生存选择、文化适应的关系，并在此基础上讨论"民族""族群"是什么（回应目前国内依然热点的如何看待和处理民族问题的讨论，以及就此问题国际上的主要观点。凡此，实际是所主持教育部项目"转型期蒙古民族的同一性与差异性——以文化变迁为中心的田野调查"研究的重要部分，在以蒙古族为主要个案的同时，结合在俄罗斯图瓦社会的调查、体会进行分析）。

……

昨天上午9：30出门，和于老师一起到"华沙"（莫斯科华人基督教会活动中心）参加莫斯科华人基督教会组织的活动，听从台湾某大学来的一位教师结合婚姻、家庭讲基督教在此领域的有关教义。收获不小。这位教师的讲授远非一般授课时的投入，令人感动，也体现了宗教渗入人观念——精神领域之后对人的影响和力量。这是我目前依然难以理解的一种力量。到场的有40来人，有若干对夫妻。活动主办方给大家提供了午饭，饭后这位老师继续宣讲，之后分组讨论，全部活动下午4点多结束。

今天上午11点开始，台湾来的那位老师继续其讲座。我因昨日基本了解了华人基督教会宗教活动大致程序，有所收获，所以今天没有去。于老师去了——他一是需要利用这种机会认识一些商人等在俄华人，实际是作为搜集博士学位论文（在俄华商生存状况及适应研究——大致围绕此题目）资料的重要渠道；二是也许这种中国人的聚会，对人在情感和精神上有所安慰。那种同胞在一起的感受，随着大家唱赞美耶稣基督的歌曲，有茶、咖啡、水果可享用，彼此之间称呼兄弟、姊妹，世俗特别是异国他乡常常令人挥之不去的莫名的孤寂、无助感，在这一时段，的确是淡化、远去了一些。他有时还到王哥家（昨天王哥的女儿说每周二在父亲家有读经活动，每次有十来人，家里管饭。后来慢慢得知，基督徒把这样的活动，当作自己对耶稣表达忠诚的工作之一。基督教对信徒精神世界、日常生活方式的改变如此之大，使人充满探询的兴趣。人的内心、精神世界如水流、如纸张，似乎充满了多元性与可能性，而理解、尊重的前提是了解。前日的活动，上午和下午各利用30分钟进行一个内容：按性别分组讨论，就讲课中提出的问题：男人—女人、丈夫—妻子关系及怎样促成和谐。在这里，我第一次接触基督教在这些领域使用的一些概念，如"遮盖"。而就"帮助"，基督教对此有自己的一套解释。听教员讲解，发现这与中国传统道德强调的一些主张不冲突，只是前者是在基督教的名义下，遵守这些，因是基督教信徒的缘故，也就是说，在根本上还是强调对基督教教义的信从。但是，因与人类基本秩序形成的规律不违背，又因上升为宗教信仰——不怀疑、神圣化——之故，导致人遵守起来自觉自愿、兴致勃勃，减少了选择、反思的痛苦。我感兴趣的是为什么在外华人容易投靠基督教，是因背井离乡故有亲情、共同体归属的阻断，从而借助宗教寻找情感、精神支持，或作为商机、信息等多种资源来源渠道，还是其他华人社会组织的缺失或工作的不足，或宗教特有社会功能的无以替代，如同乡会、中国使馆，等等。昨天那位头发花白、看起来 60 岁出头的男士说：莫斯科华人基督教会成立已经有 20 多年，每年五一前后，莫斯科及周边华人基督教会都要组织一次大型活动，有时参加人员达几百人，"使馆都组织不起来这么多人的活动"。回来的路上，我们又在地铁里遇见，他夫人热情地邀请我们有空到家里做客，同胞情谊一时间洋溢我们心头。听于老师讲，这位长者来莫斯科已有十多年，早年开过饭馆，规模已经很大，吃过不少苦头，见多识广。

在小组交流中，因讨论的问题比较涉及隐私，能够感觉大家（按照男女区分，各到一个房间，席地而坐，围成一圈，我们女性组有十二三人）还是很谨慎的，都不愿意多谈，或赞美一下老公，等等。那位 50 多岁、一袭黑西装的女士侃侃而谈——作为基督教牧首，她负责叶卡、远东以及中国的一些基督教组织，9 月上旬还要回国参加那里的基督教活动。自己儿子辈的钱也挣够了，但是儿子还没有成家，自己生意的脚步还不能停下来。看到别人生意兴隆，自己的工人都离开，生意面临危机，内心很是矛盾：是照顾生意，还是为基督教会工作。签证是三年的，如果还想在俄罗斯干下去，需要续签了。怎么办？目前自己正在纠结，牙也疼起来。她不无坦诚地谈着自己，大家也听得津津有味，对她的理解和敬意似乎油然而

莫斯科华人基地教会活动

莫斯科华人基督教会活动

生。我忽然感到，这也许就是在外华人需要基督教的重要因素：在洋人包围，亲戚、朋友在国内，故乡在远方的生存条件下，基督教使这些人可以在兄弟姊妹的名义下，尽管交流有限，但毕竟是难得的交流平台——"只要相信，一切都顺理成章起来"——忽然回忆起一位朋友的高论。人民总有办法把自己想说的话、内心的困惑，找个适当的方式表达出来！

有限的接触基督教及参与宗教活动，一次是在留布里诺市场参加那位美国来的老妇人的布道活动，另一次是昨天，感受基督教——圣经、教义、传教者、教徒，与这一群中国人互动，似乎开始能够辨别一些人类的这个神秘领域。人类因具有想象、联想能力，可以在现实的或想象的、创造的生死境遇间穿行，借助这种穿行，给自己编织了生存的意义之网，以使自己能够每一天都有意义地活下去，再活下去。

……

西北民大外语学院周老师一家明天下午两点多的飞机回国，B 后天（8 月 28 日）回国。而刚刚楼妈开门到优里那屋查看铺盖，说有哈萨克斯坦研究生很快要住进来。莫大主楼内外也在修修补补，走了一批人，又迎来新的一批人。莫大不动声色，莫大在新来的人眼里，永远是新的，永远是第一次。

2012 年 9 月 1 日

今天 9 月 1 日，莫大开学。与去年 10 月 20 日抵达莫斯科及之后在莫大入学报到等纠缠不同，今年，看着那些排着长队办理各种入学手续的新生，颇有些越发轻松以及曾经沧海难为水的释然。

昨天的确是个好日子。一年的计划圆满完成，甚至还有意外收获。上午 10 点多出发去使馆，近 12 点回来，办好了回国手续：在冯老师那里开出回国人员证明、在财会于老师和出纳那里领回后三个月国家资助费。意外的收获是，使馆负责在俄留学生工作的同志今天通知我，请我给在莫斯科中国博士、硕士研究生讲一次课，是使馆研究生会组织的一次活动，时间在 9 月 21 日，或 28 日，周五，围绕俄罗斯民族状况谈，时间在下午

1：30 左右。今天早晨想出一题目：《俄罗斯民族状况及去图瓦考察的反思》。主要内容包括俄罗斯民族概况，苏联解体的民族因素作用，当前国家走向强盛与各个民族地区的共同繁荣与意义——普京总统的先见，从图瓦本地社会心态论，需要加快民族地区发展。

从使馆回来后，做下午 4：10 之前到莫大民族学教研室见尼老师要谈内容的准备。准备了三个方面要谈的内容：汇报去图瓦时间、地区、体会；邀请尼老师在方便的时候去内蒙古和内蒙古师范大学访问；汇报我正在翻译他的论文进展情况，并交代我的回国时间。前日和马博士去阿上采购食品，同时买好了送尼老师的礼物——一瓶法国葡萄酒（220 多卢布）。带上这礼物，于下午 3：40 出发去历史系大楼，民族学系在大楼四层。到了四楼走廊，便看到尼老师沉稳、风度翩翩、提着公文包，从走廊一头向办公室方向走来，这时 4 点多几分钟，可见他的守时，时间观念极强。问候并同行，他边走边问起我的图瓦之行，什么时候去的，去了多长时间等。进办公室，放了一暑假的办公室拉着百叶窗，是熟悉的刚开学又开始进入工作的样子，一种其他单位所没有的书卷气。尼老师问我：对俄罗斯感觉怎么样？我说：越来越喜欢俄罗斯！他那样高兴地笑了。一到办公室，很快有同事来办事，或进来打招呼。我拿出礼物——那瓶红酒敬献给我这位异国的合作导师。他说：是中国的？我说不是，是在这里买的，不知道好不好。尼老师很感兴趣地端详着酒瓶，说：很好。我按照笔记本上准备好的交流内容谈，有板有眼，感觉自己很是幼稚。不过，尼老师似乎对我做了准备很满意。

1. 交流中谈到杨老师，他说杨教授似乎没有来过莫大。我很诚挚地邀请尼老师到中国、到中央民族大学、到内蒙古师范大学访问、讲学。他说自己去过哈尔滨、满洲里。我说我们可以有交流，学生、教师之间的互访、互学等，他说可以是那种三个月的互换培养——本科生、硕士研究生到对方的学校学习三个月，或短期交流学习。他非常内行地问我是否跨北京和内蒙古之间在工作。这提醒我，回去后是否该与中央民大民族学与社会学系、清华大学人文学院等国内开设人类学、民族学专业的大学联系，建立一些学术关系，或一些形式的交流。看来，这是一种拓展学术交流、提升学术身份的客观需要。入世出世，内心尽可能清醒就好。

2. 关于图瓦。我说图瓦东北部村落人口目前靠一定的畜牧业及狩猎、驯鹿作为生计，同时，现代化要素如手机、冰箱、电视、汽车等占有一定比例。尼老师对此很感兴趣。他对图瓦社会状况比较熟悉，说中国、蒙古国都有图瓦人，但是人口少。

我们谈话中间，敲门进来位女教授，60 来岁，围着围巾，裙装，安静而优雅。彼此介绍认识。我请尼老师给我们拍照合影留念，又请这位女教授给我和尼老师合影留念。气氛其乐融融。谈到翻译，我说正在翻译的论文很好，就是有些长，如果有短一点儿的就好了，我问尼老师有没有篇幅短一点儿的。尼老师欣然地从电脑中往我 U 盘里存了篇短的，边做边对那位女教授说何群去了图瓦，和阿列娜她们到农村调查。看来，从莫斯科去图瓦，的确需要下一番决心，似乎在场的二位都没有去过图瓦。女教授问我：那里美吧？我说很美，但很热，气候没有莫斯科好。

和莫大女教授合影留念（尼老师摄）

我看那位女教授和尼老师有事要谈，也觉得自己今天准备要谈的已基本谈了，就起身告辞。尼老师也很友爱地说：祝你幸福！并不无俄罗斯式幽默、风雅地又用英语说：再见，希望我们用电子邮件保持联系。我想好了，再过两天把在图瓦拍的照片发给尼老师欣赏。他是一位和蔼可亲的思想家，也是位很有人情味、善解人意的师长。刚才，在他摆弄我的相机、帮助我和那位老师照相时，他赞美相机"非常好"。仿佛好学者总是自然、亲切、质朴的。

2012 年 9 月 7 日

8 月 12 日从图瓦回到莫斯科，当日开始整理去图瓦获得的资料，到今天 9 月 7 日，整理完毕，共 56000 多字，共计整理 25 天，纯整理时间应该是两周多点。分两块：调查笔记本上所记；回忆资料、问题线索。可供挖掘、利用的不少。很愉快，有一种难得的成就感，这是其他所无法替代的，也是自己从事学术工作以来唯一一次在国外少数民族地区做调查，很多感受和体会，都是前所未有的。世界上没有不付出就收获的事，付出越多，一般收获越大。投机取巧并不总能够得逞，在一些领域，如学术研究领域，投机取巧被认为不入流，或智力不行，玩一些可怜的世俗把戏。

……

从 9 月 1 日到 9 月 9 日，是莫斯科城市日。前天和小迪老师去红场买在克里姆林宫剧院演出的芭蕾舞剧《胡桃夹子》的票。在红场，意外领略到不少节日气氛。我们先参观了我向往已久的列宁墓。列宁墓位于红场内克里姆林宫城墙近处。列宁墓后侧的一排墓地、墓碑，安葬着斯大林、勃列日涅夫等苏联党和国家领袖。列宁墓，在我看来，这座有些接近中国东北农村两间土房长宽、高矮，有些接近塔形的酱红色的石头建筑，没有想象的那样阴森，我甚至没有感受到这是坟墓，更像是一套普通的地下办公室。在柔和的灯光以及工作人员守护中，列宁——这位影响苏联、俄罗斯及世界的名人，安详地躺在那里，仿佛只是暂时休息一会。脸颊不像经常看到的图片或塑像那样丰满，个子不高。我向他鞠躬致敬，这位我从小就不断听到读到他的名字的杰出的人。斯大林的坟墓在列宁墓后核心的位置，

红场

列宁墓

一米长宽的墓碑上有他的塑像，他那标志性的胡须以及五官，似乎也没有图片中那么夸张。克里姆林宫被一圈厚重的数人高的深红色的墙包围着，高墙每隔一段，凸起一草绿色、尖顶类似炮楼样的建筑。这些影响一个国家历史的人物，浓缩石碑以致纪念。这一排二十多个墓碑后，贴近克里姆林宫围墙的，是更小的甚至一尺多见方的小墓碑，因不方便走到近处，看不清楚墓碑上的文字。事实上，位于红场南侧并有隔离带的所在，是以列宁墓为核心的墓碑群。进入列宁墓和墓碑群，检查严格，不让带相机，尽管我的相机就在外衣兜里，但知道，在这里是不能造次的。小迪老师因查到手机而没让进入。我的手机也在包里，也许工作检查人员没有看到，总之放行了。

从列宁墓出来，我们在红场转了一圈，接着去买剧票。买好剧票（800卢布），时间还早。听到马涅什广场那边有悦耳的乐曲，人头攒动。凑过去，原来是由20多人组成的来自英国的苏格兰民间乐队在演奏。乐手是过去在图片、照片中看到的苏格兰传统打扮：黑红格百褶裙、白皮鞋、

莫斯科地铁

在马涅什广场巧遇苏格兰乐队表演

黑红格袜子——男女一样。是一种有趣的乐器，音乐也是苏格兰传统乐曲。演奏者个个投入、严肃。围了不少观众，大家兴高采烈。红场内也搭起不少白色帐篷，一些简单的小屋，节日气氛令人放松、愉快。我花 100卢布和化装成彼得大帝者合影。红场入门处还有化装成列宁、普希金的人。这是一种生意，和他们合影需要付费。这几个人去年第一次来红场就见到过。可以化装、装扮成任何大人物，允许挣已经过世的各类名人尤其是政治精英的钱——耐人寻味！以平常心看一切，就会减少人为带来的许多社会紧张。

周五

2012 年 9 月 19 日

今天 9 月 19 日。许多迹象显示在俄一年——异域天、人四季周期的完成。莫大我熟悉的那片、那一棵树的树叶，明显泛黄、红、紫，但是没有去年 10 月 21 日上午我走出宿舍、第一次见到它们时颜色深，天气也没那么肃杀。或许是清晨下过小雨，地上是湿的，有些零星的积水，被雨滋润过的树叶看起来五彩缤纷并闪着亮，空气中洋溢着清新的植物清香。冥冥之中，我体会到某种东欧特有的气息和浪漫。在秋雨中着长裙急行，去完成一件郑重的工作，兑现一项有益的承诺，是很美好的。

刚刚惊奇地发现，宿舍的暖气热了，昨晚即隐隐觉得屋里不冷，但是没有想到来暖气。看来，莫斯科或至少莫大的暖气是 9 月 20 日左右供应。不愧是能源富庶大国，也是曾经的苏联——世界超级大国，常在不经意的时候，提醒人们注意它固有的大家风度，殷实的家底。

上周六中午，和新疆社会科学院、去年 11 月来莫师大做访问学者的 A 同学去一个叫儿童世界的商场参加一签售活动，并在那家店买了副深樱桃色毛线手套，她选购几件童装。因她发现售货员将一儿童帽子价格弄错而多收了钱，所以"改正"用去半小时。接着逛了那条街上的两三家商店。下午 5 点左右回到大学地铁站，我去阿上买些食品。

已经 4 天没有出门，终于将本月 21 日（或 28 日）去使馆讲课的讲稿理出头绪。好在以往有所关注并来俄罗斯之后对有关资料一直有所搜集，但是即便如此，要整理出个东西也是件很耗人的事情。好在用去十多天时间，基本有个框架。感觉还不错，有一点成就感，考虑到回国后也用得上，还是尽量组织得好一点。

……

临近回国，真有点"终于熬到头"的异常轻松与兴奋。在俄一年，对自己方方面面的检验、考验、磨炼，是前所未有的。此番出国，使自己不再对世事人情大惊小怪——以宽容、平和、怜悯之心对待周遭，对何为独立一自主有了新的体会——因失去此，生活就没有办法继续。

周围不少国人的体会：在国外，需要有强大的内心。因国内熟人/关系社会形成的生计、情感依赖等诸多功能在国外的"断乳"，在国外，人渐渐变得心理很脆弱，在国内不算什么的事，在此内心的体会却异常敏感。在国外，与人交往是必须过的一关——遇到好朋友，彼此不排斥并渐有默契，更多靠运气，而如何彼此承受、达到互相帮助——陪伴、合作，真是看缘分了。在国外，国人之间开始喜欢用"我陪你"，举手之劳、很一般的"帮助"，都被打上功利/人情色彩。这在开始，自己很不习惯，后来慢慢理解，见怪不怪。仅就有限观察，国外这种国人关系生态，致因复杂，核心在于这种跨国"短期移民"。如在国外，果真需要与人交往，与人交往成为"一件事"。因国外的环境，亲友、家人、熟悉的一切都不在近旁，心理学研究的人的身心健康、常态与打扰不足、交往不够、倾诉/体谅匮乏，使"与人来往"变得分外珍贵。所谓出国忍受"孤独"是一大难题，这是实话。要习惯讲外语，是最直接需要面对的现实，不间断地需要办理学费、住宿、签证等各种手续，与合作导师的交流、交往，出行问题、安全问题，等等。国人之间的交往，一些时候的那种排斥、冷漠、猜忌，那种说不出的有时几个国人聚在一起时某种特有的因彼此提防、隔膜营造的郁闷、压抑，一些国人的"伶牙俐齿"——一些国人常常喜欢空洞的、虚妄的热闹，缺乏一种内心具有坚守所透射出的思考、沉静之美——并立于精神不败之地。好在自己运气不错，遇到了不少好朋友。……千辛万苦，自己总算很好地应对了检验，没有因此过于浪费时间，还做了不少正事。如友人所断：你是什么都没耽误，不那么累，又做了不少事。因在国外，至少在莫大，中国留学生几乎人人都重视自己的学业并极为勤奋、努力。要回国了，我应该说算努力，因此内心也算平静。遗憾当然有，没有任何遗憾，是很可怕的事。

中午

2012 年 9 月 21 日

今天天气特别好，阳光和煦，无风无浪。近中午，实在无法忍耐，从窗口张望一阵，最后决计出去走走。想好了沿着对着观景台的校园马路，走到喷泉两侧。远望那里已经姹紫嫣红，美好而神秘。就这样按照计划走了一圈。在大门台阶上坐了一会儿，见一对母子溜达过去，小儿子三四岁的样子，非常可爱。常和 B 去的右侧的树、草，已经完全成熟，安静、祥和、富庶，令人留恋，让人有席地而坐、后倚靠树的冲动。一棵有型的伞型大树，叶子黄绿相间。最美的是，它的树干周围散落一圈它自己的落叶，这些落叶，比依然长在树枝上的要红、要黄，它们轻轻搭在长长短短的同样也在泛黄泛红的草地上，阳光中闪着纸醉金迷。从这里进入草坪——实际是草地，因没有人工修整，这里就是自然状态的草地——沿着不认真识别看不出路、只是被人们趟出的草丛小径往前走，走出这片疏疏密密、长着大大小小高高矮矮各种树木花草的草地，是莫大对着观景台的路。在快走出草地时，看到一位坐在树段上举目沉思的年轻男子，他不像是在等人，是特意这样，他的专注以及些许忧郁，使这片草地和树丛越发优美而深沉。

秋意是无疑的了。再过20多天，我要离开这里，走过莫斯科四季——千真万确。记得去年10月20日晚9点多我到莫大，第二天出宿舍门在莫大周围转了一圈，那天的秋意比今天要浓郁，已经是深秋，树叶深红，不太好拾起来收藏，作为不知是第几批的落叶，已经很干、很脆了，点点秋雨中，初冬已经不远。11月至次年3月——冬；4～5月——春；6～8月——夏；9～10月——秋。莫斯科的四季大致如此。

又转到B和我颇为疑惑的"有铁丝维护并加岗哨"的土堆。果真见到了穿制服的值班警察——这是个什么所在？从警察边走过——他在和一人聊天。看到吃东西的咖红色皮毛的松鼠，离它不远处还有一只鸟。见我走得近了，它便上树了。一会儿，听树上噼啪掉下东西，走回几步仔细察看，原来是松鼠吃了一半的橄榄状的什么果实。壮着胆走过这条很僻静的窄道，还好，刚才出来时遇到的那位小男生走在不远的前边……

莫斯科大学对着观景台一侧的大门的台阶、广场在维修，在铺沥青，等等。莫大永远是新的，而旧人在不断与它告别，向它致敬。

昨天给使馆有关部门电话，寻问讲课时间，告知因新生近日正在报道中，需要请示一下领导。看来要推到9月28日。我忽然猜想，不排除因讲题敏感而取消此次讲座。外交不是学术研究。

周五

第一届莫斯科华人基督教会大学生秋令营手册

2012年10月14日补记

2012年10月5～7日，参加了第一届莫斯科华人基督教会组织的大学生秋令营，地点在距离莫斯科市20多公里、莫斯科州的奥金佐夫市。场地安排在位于该市的某疗养院。到会有150多人，来自莫斯科以及周边的下新城（下诺夫哥罗得，在莫斯科喀山火车站乘火车，2个小时左右可抵达）。台湾来了4位牧师及传道人：美丽姐，电影演员宋达民，某节目编导及一位家境贫寒、从小被送到外婆家、婚姻不幸的可爱女士。

参加这个活动，主要基于体会宗教人类学韵味的考虑。类似国内一些宗教研究者参加庙会、寺院活动，希望切身感受宗教之于人类的影响。

在莫斯科一年，从2012年5月以后，参加了四次华人基督教会组织的活动：一次是随于博士参与了在中国商人聚集的另一贸易市场——萨达沃

乘车前往莫斯科郊区秋令营活动场地

市场某一活动地点举行的华商基督教祷告活动，另两次是在名叫华沙的活动地点举行的祷告活动，主要是听台湾某大学传道者布道。再加上此次——莫斯科华人基督教会组织的大学生秋令营。每次参与，都和参加者有程度不同的交流。还有一次，应邀和小霞的朋友王哥——商人，也是莫斯科华人基督教会领袖人物——会面，他邀请我和 B、小霞在离留布里诺市场不远的孔子饭店吃饭。王哥开车到莫大接我们。那是今年 2 月的傍晚，雪很大，车走了好一阵。吃饭前，我完全不知道王哥是基督徒并在教会担任职务，曾回国以及到其他国家讲教。吃饭中，从他的言谈和兴致，很快发现他是基督教很虔诚的信仰者。吃饭中，他基本在谈他的宗教感受，神的伟大，他与神的密切关系，神对他行动和思想的启示、指引与拯救。

应该说，在来莫斯科之前，我没有接触过基督教，尽管也曾到所生活城市基督教堂参观，但是没有参与过布道、祷告等宗教仪式，来莫斯科，算是有了初步的参与观察、切身体验。应该说，在莫斯科与基督教的接触，来自于老师提供的机会，也是留学生活特殊性——单调、寂寞、感觉到与所在社会接触之匮乏，使自己产生了在国内几乎没有的想去"看看"的想法。从切身体验也可推断，这或许正是海外中国学生更有可能滑向宗教的环境与生存原因——参加宗教活动，同胞聚会，并且同样具有吸引力的是，莫斯科华人基督教会每次活动都给参加者提供一次饭食，这对不习惯俄餐、最后往往自己做些简单的中国饭菜充饥的中国学生来讲诱惑很大。好在，如莫斯科大学，走廊里有公共厨房。而我在食堂吃了三个多月俄餐之后，也开始尝试自己做简易的国饭——机缘起始于继承了一位学成回国同学的电饭煲：先焖好米饭，盛出后，再焖菜——应谈不上炒，也谈不上炖。而到至少两公里外的超市采购简单的食材，应该是雷打不动的硬任务。这项任务非常磨炼人。而换掉宿舍内出问题的灯泡，修理出问题的厕所、洗浴设备，这些似乎男性比较拿手的活计在这里要自己完成——如果你想能够正常、体面地持续你的生活与学习计划的话。有时到楼内中国同学开的小小"超市"，买点儿速冻饺子，那堪称隆重的改善"伙食"。有同学甚至发明了电饭锅一锅出：将米与火腿、胡萝卜、洋葱丁放在一起焖，享用祖国美食，也是很大的满足，即便每次的饭菜不过是国内的家常便饭——馒头、花卷、炖菜或炒菜。能享用一次，身心都能获得满足，凡此，都使基督教有其存在并继续繁荣、发展的土壤。

总体来讲，基督教在莫斯科华人中的兴起，有其社会土壤和必然性。它带给这些身处异域的华人的安慰，是其他亲情、人际关系所无法替代的。从有限的了解和切身感受，在国外的辛苦，尤其心灵—精神的磨难，是不遭遇者所难以体会的。不少人都有共同体会：在国外需要有强大的内心，因所面对的周遭事物、所必须面对的难题，都是在国内不会有的。越是这种情况，将人的心挤压得越发敏感、脆弱，国人之间也越发变得猜忌、冷漠、排斥，这无疑使国外本来就孤单、寂寞的生活雪上加霜。国人刚来时都希望能一团和气，一队人马一起出行，到最后多维持三三两两，互相能够帮助照应，如做伴去超市，无聊了打打电话，没来得及换卢布时互相接济，等等。而这种相对宽松的关系，是以磨炼、选择为前提的，经历了心惊肉跳后，发现不可能人人都能够处得来。有时是彼此求同存异，没有办法的办法。在国外，国人之间谁也不知道怎么形成的常用概念——"陪"，如果一个人不方便、没心情外出做什么，希望有人同行，那要忍受"人家陪你"的压力和人情。而无论传闻还是亲身感受到的俄罗斯人对中国人的偏见在一定程度上也是有的。陌生的一切，铁一般冰凉、生硬的困难。有在莫大读过三年书的女生说：在此就是这种交往法，即便自己有时间，很方便，也要要个人情，是在表明自己不方便的情况下还在帮助你，为你做什么，没有随便就给别人什么好处的事。所以，大家都习惯了能够自己做的就自己做，绝不轻易求人；也不多说自己什么，更不能说自己有什么难题和困难。人们普遍觉得，拆台、好事的人，总是防不胜防。而知识分子之间那种文人相轻，说话、做事都想占上风等心态，在此显现无遗。好指点、好批评人，是一些人所不自觉的。对此，我印象很深。好在最后识别出人都差不多，都有软肋。以不变应万变，在这里也许是最高明的处理人际关系的法宝。以上很冰冷、世俗的国人之间关系，也促使人到教会找寄托、找排遣，在宗教——耶稣基督信徒名义下，大家在那一刻，成为兄弟姐妹也好啊！即便离开基督教的"场"，因撒旦没有走远，本性也难改，教养也非一两日修得，但是至少祷告、赞美耶稣那一刻，人们天使的味道仿佛强了一些。

在华沙（莫斯科华商对一祷告活动地点的称谓）参加华商基督徒祷告活动吃饭时，和来自湖北一女商人闲聊，她来俄罗斯卖衣服已经几年。她衣着光鲜，打扮入时，很有几分老板做派，看来生意、生活状况均不错。那位夫人头发染成淡黄色、在莫斯科买了住房、大儿子读大学并有一小女儿的五十来岁的男人，不太愿意说话，人很好。当谈到不认识俄文、听不懂俄语与乘地铁困难时，他说：坐地铁到哪一站下不知道，可以数啊，数经过几站到所去的那一站，这需要进地铁之前先弄清楚。从这一点出行的小事，就可以体会他们当年来莫斯科生活的艰辛。5 日秋令营上某位女生说：在国外，每个人都有自己的故事。在国外一年，胜过国内 5 年的长进。

于涛因博士学位论文写在俄华商的适应与生存，他的田野地点就在大市场，他对在俄华商定有深入的了解。他很能干，人也随和。为了多搜集一些资料，他帮市场内华商义务地看摊儿，而摊主并不愿意满足他了解情况的愿望。为了接近调查对象，他帮摊主的孩子联系在莫斯科上学的事，陪同刚到莫斯科大市场经商的年轻中国人上街，熟悉莫斯科市，帮销售机票的人推销机票等，甚至有时很不爱面子地希望留在人家家里多谈谈。还有一次干脆住在大市场附近的旅店，为了能在凌晨四点市场上班时看到当时的情形，有机会多和那里的华商接触。他说，自己的调查能够比较理想，多亏华人基督教会一些人的帮助，如王哥等人。在俄罗斯走近基督教，应该是基督信教徒给予他的帮助感动了他。

从上述看，正如人类精神创造起因、过程、走向的复杂性，对一种宗教妄加评论，否定或赞美，都难以贴近事物本身。客观地讲，在俄华人基督教会，对于在俄华人管理有不少积极作用，有些作用是政府组织所不具备的，如亲和性、民间性。这些也与中国传统的讲究家乡、家族关系很契合，等于说中国传统社会维系、凝聚功能在莫斯科华人世界得到了延续。

前日晚和于涛到王哥家吃饭，丰盛的家宴。前年（或去年）新买的房，有 130 多平方米，装修也很考究。他在河北农村老家以及上海都有房，在俄罗斯有几辆汽车，有新建的工厂（不在莫斯科），有公司，经营 70 多种卫生用品，俄罗斯人、中国人到他这里批发，生意不错。他全家都是基督教徒。那晚开饭前，老王代在座四人进行了祷告。家里专门开辟有祷告室，里面供奉着基督圣像，客厅也摆放了不少圣像。他老伴近些年来莫斯科，也成为虔诚的信徒，现在经学院学习，每周一次课程，到华沙，每堂课费用 100 卢布，有时晚上近 11 点才下课回家。他四个女儿、一个儿子。小女儿和儿子目前在莫斯科两所大学读书。二女儿在国内，负责给在莫斯科的父亲在国内进货、发货。看得出来，老王的经营，主要是家族式的——主要成员是女儿、女婿。但是他借鉴了不少国外企业经验，人也极为聪明，有经济头脑，老伴是贤妻良母，是他的得力助手。

昨天（10 月 13 日，周六）从超市回来进入水区院落，有人问我是不是中国人。原来是一位俄罗斯女博士，在语言学院，老家在"白城"。她问我在莫大做什么，听我在历史系访学，问我可认识 Y。因她和 Y 认识，彼此学习语言。我告之自己很快要回国，请她留下电子邮箱，可能是一种顺水推舟。实际她希望向我传教，正如那晚老王所说：他理解是于涛完成了一件事功，即影响了我，使我了解基督教。他可能根本无法知道我参与教会活动，完全是宗教人类学田野动机。只是自己作为一个人，并因专业或许更懂人性，所以，有时可能更容易被人间的事情——善、恶或怜悯所感动而已。

2012 年 10 月 11 日

今天 11 日，还有 7 天（下周四）起程。17 日与中国的哥小陈联系，请于涛送我到机场。要回国了，回去还是常态，无论等待自己的是什么。

就要离开难忘的莫斯科，竟也轻松自然。自我认为在此一年收获超出计划，没有浪费时间，身体还好，一切都还好，对自己是满意的。剩余 2300 美元带回国（14000 元人民币）。家里给补贴了 16000 元。连同自己来时带来的近 1 万元，等于此次在国外一年，自己贴补近 3 万元。国家留学基金委每月给生活费 1100 美元（近 7000 元），12 个月共 13200 美元（79200 元），再加上个人贴补近 3 万，共开销近 11 万元（其中：莫大历史系收学费 3 万余元；莫大收住宿费 2 万余元，合计 5 万余元），其他用于调查——去图瓦（3000 多元）、摩尔曼斯克（1000 多元）、图拉等；采购衣物、饭食、日用品、回国礼品等。平均每月开销 500 美元，即 3000 元人民币。

使馆教育处安排的给在莫斯科中国博士、硕士做报告一事，因刚开学，组织学生较难等原因而取消。有些遗憾。好在有谚语云：劳动不会白费。这不是好人自己或好人之间的安慰。

周四

2012 年 10 月 12 日

今天做了两件必须做的事：换了 400 美元，12000 多卢布，还前日上街借小迪老师的 1 万卢布，余下的用作 18 日下午去机场打的 1500 卢布和近 5 天生活费。今天做的另一件事，就是给合作导师尼教授、图瓦国立大学阿列娜写了临回国的告别信：体会、感谢、未来的合作。

给尼老师的信内容如下：

敬爱的尼基什科夫教授您好！

我上周去办公室看望您，遗憾您当时没有在办公室。我下周四（10 月 18 日）回国。难忘一年来在莫斯科的生活，难忘莫斯科大学，更难忘您的指教和帮助。无疑，这是我人生中一段非常值得纪念的岁月。

临行之际，也不知道能否和您再见一面。

应我请求，您送我学习的两篇论文，我回去后会接着翻译和学习，并争取在中国期刊发表。我相信，您的思想和观点，定会引起中国同行的兴趣，给中国民族学、人类学研究带来有益启发。

很希望以后我们能够再见，我来莫斯科参加您组织的会议和学术活动，您去中国访问，到我的家乡内蒙古看看。您到中国时，如果方便，一定要通知我。

衷心祝福您！

何群

2012 年 10 月 12 日

给阿列娜老师的信：

亲爱的列娜您好！

分别一个多月，一切可好？在图瓦我们一起调查的美好时光经常出现在我的脑海中，亲切的图瓦兄弟给我留下美好记忆；也和您学习到不少工作方法。在此，请接受我衷心的谢意！

我下周四（10 月 18 日）回国。很希望以后我们能够再见，我来莫斯科、去图瓦参加您组织的会议和学术活动，您去中国访问，到我的家乡内蒙古看看。您到中国时，如果方便，一定要通知我。

请代我向拉丽沙、雅格达老师表示问候和感谢！也代问阿拉特好！相信我们有缘再见！

衷心祝福您！

何群

2012 年 10 月 12 日

信发出去后，很快收到阿列娜老师热情洋溢的回信。给我很大安慰，表明自己图瓦之行是成功的，与邀请者、合作者的合作、交流是成功的。阿列娜老师的回信如下：

Елена Айыжы 2012 年 10 月 12 日 17：21（星期五）

Добрый день Хэ Цюнь! спасибо тебе моя хорошая! спасибо что составила нашу компанию. Жизнь на этом не заканчивается，мы с тобой обязательно встретимся. Китайская экспедиция была очень интересной. Если будут у тебя на родине международные экспедиции，конференции ты пиши нам，мы сможем приехать и к нам тоже приезжай，с семьей，одна не важно，просто приезжай отдохнуть. Мы всегда рады тебя видеть!!! всем нашим обязательно передам твой привет! Пиши，не исчезай! Обнимаю. Лена

初步拟了几个在俄罗斯调查、感悟出的题目，回去后挤时间，争取一个一个地写出来。事实越来越证明，把自己的事情干好最为关键。这是谈一切的前提。

周五晚于莫大水区 403 宿舍

2012 年 10 月 14 日

今天 10 月 14 日，真的是离回国之日屈指可数了。内心很平静：道法自然。

这一年，如同过去的岁月，自己没有虚度，一直在努力，成果也不少，有些超出自己计划的，如去图瓦调查等工作。

今晚 J 请吃饭送行，明晚是微林，这两位小朋友（"80 后"）都是出自真心，不是应酬、不是"没办法"。这很好，吃得也踏实些。有这种送行饭，也算是一种此次出国的锦上添花。因自己的确在人际关系上没有刻意做什么，基本是顺其自然，再加上自己一直没有到走廊公用厨房煤气上做饭，也都知道我请人吃饭不具备条件。坏事——没有使用煤气做饭——吃饭不讲究，成了最大的好事——做饭没条件、没有请客吃饭条件——省事、简单。问题是看到的太多的请吃饭，彼此都累——做的和吃的都累，但是多不敢不做不请。

有些遗憾的，可能还是没有去圣彼得堡，没看马戏表演等。好在遗憾是常态，比有其他遗憾还好些，比如如果没有抓住机会去图瓦调查……

昨天在阿上买十块巧克力、两块面包，礼物就这样了。不能过于被礼物所累。

中午

2012 年 10 月 21 日

10 月 18 日晚 8 点多从莫斯科科谢列梅杰沃机场起飞，次日上午 7 点多抵达北京。为期一年的俄罗斯访学结束。回想一下，2011 年 10 月 29 日中午 1 点多从北京首都机场起飞，20 日晚 8 点多到达莫斯科（莫斯科时间），顺利地提取行李，过边检，就这样，踏上了俄罗斯这块热土！真是一次无比壮观、悲壮、伟大的旅行！

Z 的同事和朋友 J 在水区门外接我（也是她帮助我联系的接机的可，并提前支付了打的费用——3000 卢布），接着带我登记住房，又请我到她宿舍吃的晚饭。从这个晚上起，我便开始了之前我无法想象的留学生活。记得第—晚我完全没有洗漱，10 点多或近 11 点，铺好楼妈送来的床单等，就那样躺下睡了。宿舍大概有 8 平方米，一个小长条；而床大概有一米宽，一侧有铁扶手，转身需要小心，否则会掉下来。二人合用洗卫。隔壁是位日本女性——优里，三十多岁的美女，说回国后结婚。我从她那里借来的镜子一直用到回国。我们相处友好，她 6 月回的国。9 月初学校安排住进一乌克兰女性，她住进来三四天就出去了，一直到我 10 月 18 日回国，都没有回来。房间里没有留下她的任何物件。等于说，优里走后四个月，就是我一个人享用这间宿舍。

2011 年 12 月 26 日留学生迎新晚会上李辉大使致辞

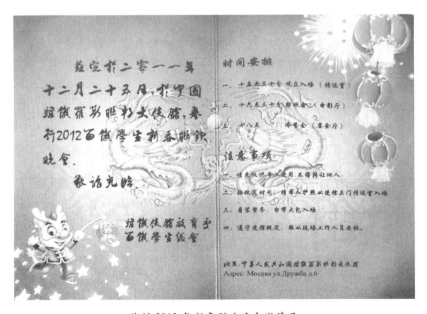

使馆 2012 年新春联欢晚会邀请函

莫大餐厅之一

2011 年 11 月在阿上买的每天和我在一起的伙伴美沙沙

莫大宿舍里总陪我的小花

2012 年 10 月又是莫大深秋时节

再见我们的莫大

往事不堪回首，美好的"洋插队"！应该在半年过去之后，似乎习惯了一些。在食堂吃了 3 个多月，后小霞送我一电饭锅，之后开始尝试自己做饭。春季电饭锅烧坏，在中国人小卖店新买一个。回国由小迪老师继承，窗台的伙伴——极普通、极可爱的小花——"总陪我的小花"、棉被也归了小迪老师，电水壶送给 W……

中午

2015 年 6 月 18 日

今天接近中午 11 点时，意外收到一封来自俄罗斯图瓦共和国的电子邮件，原来是阿勒沙娜博士所发。收到她的来信，很有几分感动。这位办事认真并不乏才华、理想的图瓦族姑娘，是我在异国他乡的好朋友。她谈到，自己已于去年（2014 年）博士毕业，而她的导师——敬爱的 A. A. 尼基申科夫教授于她毕业半年前，也就是 2013 年秋天因病去世。她的沉痛心情充斥在字里行间。听到这个极度意外的消息，也让我的心情极为沉重、苦涩、痛苦，不禁再次感叹人生、生命之无常、脆弱。

回忆 2011 年 10 月到 2012 年 10 月期间，我和这位在俄罗斯大名鼎鼎，在国际人类学界也颇有名气和学术地位的学者——我在莫大访学的合作导师 A. A. 尼基申科夫教授的点点滴滴。刚开始，他似乎对于我这位来自中国不知名的学者合作没有什么兴趣，在经我谈自己的研究领域、取得的一些科研成果之后，他才慢慢觉得值得合作—交流，并介绍我和俄罗斯几位研究土著、小民族文化的学者认识，推荐给我几本有关的著作。或许我因与他正在带的博士——来自图瓦的图瓦族姑娘阿勒沙娜博士比较熟悉，并同属于蒙古人种及复杂的民族历史渊源，这位俄罗斯著名的人类学（民族学）家才对我产生较为当真的学术合作态度。这位儒雅、和气而不乏风趣、才情洋溢的尼教授——莫斯科大学历史系民族学教研室主任，在我们五次的见面、交流过程中，他送我巧克力，我送他红酒，他不乏风趣地让我以蒙古族礼节将见面礼"敬献"给他，他还提到去过中国，去过内蒙古。我请他允许我翻译他的大作，争取介绍给中国读者。第一次，他给了我篇幅很长的一篇，大致过了一段时间再见面，我提出能否再给我一篇短些的，因第一篇太长。他似乎对我的诚恳颇为赞赏，又笑呵呵地从电脑里翻出一篇短些的文章。他侧重研究俄罗斯民族性、民族与国家认同等重大议题，他的论文引经据典、咬文嚼字，翻译起来并非易事。遗憾的是，因世俗干扰，以及许多原因，这两篇文章至今只接近翻译完成一篇，这也使我今天深感愧疚与不安；正是因为有尼老师的热心介绍，认识了前来莫大办事的图瓦国立大学阿列娜·瓦列里耶夫娜·阿伊真教授，并应邀同她的课题组深入图瓦东部以狩猎、驯鹿及简单的畜牧业为生计的地区，体会海外人类学万般滋味，实际感受图瓦基本百姓生活，成为我在俄罗斯期间仿佛上苍赐予的、极为珍贵的人生和学术收获。

记得在 2012 年初，有一段时间没有和尼老师见面，后来听说他因病在家休息。又过了一段时间，我们相约在他莫大历史系办公楼——图书馆右手侧 4 层——他的办公室见面。作为室主任，来他办公室找他办公谈事的人接连不断。他总是那样慢条斯理、优雅从容（给我留有很深刻印象、与身为教研室主任的尼老师不无关系的是，民族学教研室办公区走廊的布置之雅致与品位——古今人类学领域大师事迹介绍，多种族、多文化构成的缤纷多彩的人类社会，莫斯科大学民族学教研室师生田野工作纪实图片、科研成果——无不阐释着何为一流大学、何为对学术的真敬重、何为学术氛围——陶冶学生学术热情、情怀的好环境）。记得那次见面，他看上去很瘦弱，气色也不好。呜呼！谁知道2013年9月他还是因病去世了，是不是2012年4月所生疾病的延续？2012年10月18日，带着万千感慨和怀念，莫名的依依不舍，我从莫斯科启程回国。似乎是这年9月底或10月初，我们见了最后一面，他托付我回国转交给杨老师一本他们编辑的论文集，并让我转达他所在系与中央民族大学进行学术合作的想法。无限的怀念，难以言表。中国人有句老话：善恶有报。尼老师不该走得这么早！

"天之涯，地之角，知交半零落，人生难得是欢聚，唯有别离多。"——尼教授的离开，也让我猛然想起中国近代诗人李叔同的这句诗，诗情画意，这句诗，此刻是如此具体。在此，我很想说：尼老师，您走好！另一个世界的人们，照样会非常喜爱您。

二

在俄罗斯图瓦共和国考察、调查笔记

（2012 年 7 月 29 日~8 月 12 日）

2012 年 7 月 30 日起程（事实是 7 月 29 日晚 8：15 从宿舍出发去地铁大学站，与同行的谢廖沙约好在那里见面后去机场。飞机 30 日 1 时多起飞，飞往哈卡斯共和国首都阿巴坎，之后乘坐长途汽车赶往图瓦共和国首都克孜勒）赴图瓦工作计划如下。

1. 初步感受图瓦风土人情，感受曾经作为中国最北地带当今的天地人事，领略叶尼塞河、贝加尔湖的风景。俄罗斯图瓦共和国地处亚洲中部，东西伯利亚南部，叶尼塞河上游。

2. 通过两周随行观察，实地调查（随图瓦国立大学考古学与公共管理学院副教授、莫斯科大学历史系史学博士、图瓦族学者阿列娜带队的"俄、蒙、中图瓦社会、文化比较研究"课题组），争取完成一篇考察报告，初拟题目为：《在现场：俄罗斯图瓦东部村民的生活》（看情况，或突出某一侧面：经济、精神－宗教，文化遗存与现代生活等，或哪些侧面了解到的情况比较完整，能够形成某种话题）。

3.《何为民族？图瓦人的族群认同与生存选择》（或"文化适应"），与上一篇同时考虑此文。在调查中注意搜集、整理能够说明此问题或能够围绕此问题讨论的社会事实：素材、线索、思路－口述、存活的仪式（如信仰）与适应；物质、精神、社会组织制度。从图瓦回来后（初步感觉，形成一篇考察报告是很有可能的，而在此基础上，或以图瓦为主要个案，结合 2010 年上学期在成都获得的当地蒙古族经历、社会生活运动素材，讨论族群认同与生存选择、文化适应问题，并在此基础上讨论"民族""族群"是什么，回应目前国内依然是热点的如何看待和处理"民族"问题的讨论以及就此问题国际上的主要观点。凡此，实际是本人所主持教育部课题"转型期蒙古民族的同一性与异质性——以文化变迁为中心的田野调查"的重要部分，在以蒙古族为主要个案的同时，结合在俄罗斯图瓦社会调查中获得的资料。2012 年 8 月 26 日补写），进入上面两篇资料整理、思考及初步动笔写作。

4. 如果有机会，如恰好阿列娜老师、阿勒沙娜博士的同事、熟人或她们自己有兴趣去萨哈共和国雅库特人主要聚居地的话，我可以随其同行；或有可能，到访文献中多次神游并自认为已经很熟悉的地方：勒拿河、阿穆尔州、外兴安岭、埃文基人聚居区。看交通、同行者以及自己届时身体状况。（2012 年 7 月 18 日）

阿巴坎，哈卡斯共和国首府，位于俄罗斯西伯利亚中南部，图瓦共和国北部，面积 61900 平方公里，人口 546072 人（2002 年）。哈卡斯共和国 1930 年 10 月 20 日成立时归属于西伯利亚边疆区，1934 年克拉斯诺亚尔斯克边疆区成立之后，成为该边疆区的一个民族自治州，1991 年从边疆区分离出来，成为俄罗斯联邦一个共和国，属东西伯利亚经济区。

叶尼塞河，起源于蒙古国，朝北流向喀拉海，其流域包含了西伯利亚中部大部分地区。以色楞格河、安加拉河为源计算，全长 5539 公里，是世界第五长河。有两条源流，一是大叶尼塞河，起源于图瓦东萨彦岭，一是小叶尼塞河，起源于蒙古达尔哈丁盆地，两河于克孜勒附近汇合后称叶尼塞河。叶尼塞河从汇流处起，主要沿东、西西伯利亚之间的分界奔流，长 3487 公里，注入冰封的喀拉海。叶尼塞河水利资源丰富，在干流上建有大型克拉斯诺亚尔斯克水电站和萨彦 - 舒申斯克水电站，河流是附近地区重要的水运干线。叶尼塞河流域内富有森林、煤炭、铁、铜、有色金属以及水产资源。两岸景色秀丽，主要港口有阿巴坎、叶尼塞斯克、伊加尔卡、杜金卡等。叶尼塞河约一半的水来自雪水，1/3 的水来自雨水，其余来自地下水。叶尼塞河流域大部分地区覆盖着泰加林，南部以西伯利亚云杉、枞（冷杉）和雪松为主，自此往北以落叶松为主。在蒙古、外贝加尔和图瓦有干旱草原，与色楞格河流域最南端的半荒漠毗连。在流域远北地区，泰加林为苔原所取代。叶尼塞河流域居住着多种民族，有俄罗斯人、埃文基人、图瓦人、乌克兰人、鞑靼人、哈卡斯人、雅库特人、涅涅茨人等。经济活动北部以渔猎、驯鹿和毛皮、养殖为主，并有石墨、煤炭等采矿业，南部有加工业。河流西源（大小叶尼塞河）附近以图瓦人为主，在图瓦首都克孜勒，有相当数量的俄罗斯人。图瓦以北，克拉斯诺亚尔斯克地区向北延伸，跨越全流域至喀拉海，其人口由俄罗斯人、乌克兰人、鞑靼人及其他许多原住民组成。

......

2012 年 8 月 30 日

下午 6 时许抵达图瓦共和国首都克孜勒市（哈卡斯共和国首府阿巴坎是陆路进入图瓦的门户，距图瓦共和国首府克孜勒约 400 公里）。从阿巴坎出发向东南行进越过萨彦岭，便进入图瓦。我们在阿巴坎所乘的出租车车费 1500 卢布。后来听沙尤扎娜女士讲，从阿巴坎到克孜勒出租车费最贵 1200 卢布，有时可以 800 卢布，车主是俄罗斯人的，要价高。我注意到一个细节：在阿巴坎简单吃完早点后，谢廖沙出去联系我们前往的目的地——克孜勒市的车。有长途汽车，但是要走十多个小时，而出租车 7 ~ 8 个小时。我们决定乘出租车前往。谢廖沙联系好的出租车司机是俄罗斯人，到克孜勒后付车费时，司机似乎要找钱，但是谢廖沙意思说不用找了。这一微妙情景体现出同族之间的照顾，谢廖沙以为我没有觉察。在后来从克孜勒去托志的汽车上，最初阿勒沙娜的邻座是俄罗斯族中年农民，后来阿列娜教授进行座位调换，让谢廖沙挨着这位俄罗斯农民坐。很快，这位沉默而有些拘谨的农民也愉快起来，两人不时聊天。俄罗斯人似乎都有些不苟言笑，不像图瓦人放松、自然，感觉容易接触。在 11 日后半夜从克孜勒赶往阿巴坎的出租车上，阿列娜教授和已经在车上的那位哈萨

阿巴坎机场

阿巴坎机场候机厅

克斯坦某大学搞歌唱演出的男老师打招呼，请他一路上照顾我，包括途中上厕所也叫我一声等。当那位男老师得知我是蒙古族时，异常兴奋地说：这个车上没有俄罗斯人！而这个车上有图瓦人——司机——一位很和善、厚道的人，当5小时后车停下来，他专门过来告诉我，说阿巴坎机场到了。当时是早晨5点，外面下着急促的小雨，从来没有如此这般旅行经历！车上那位女士和男老师似乎是同事，也是黑头发、黑眉毛、眸子呈深棕色的长条形眼睛，估计是中亚人；那位年轻的姑娘是土耳其人。或许在西伯利亚，俄罗斯族人与当地人的关系，的确可能会很有趣！作为原住民和外来民——统治民族，可能的关系会是怎样？车停在一处，阿勒沙娜和阿内哈克已经等候在路边。很快阿列娜教授也出现了，彼此相见很是亲切。领我们到住处，是图瓦国立大学招待所一类的地方，是那种单元房，两室，洗卫、厨房等设施一应俱全。我和谢廖沙各住一室（这也是我的第一次，不曾和任何异性住同一单元房。开始有些诧异，但很快就接受了，好在谢廖沙是大三学生，21岁，还是孩子）。30日、31日，在这里住了两夜。安顿好住处之后，我们一行六人去克孜勒城一家很大的餐馆，是俄式自助餐馆。

阿巴坎街景

阿巴坎长途汽车站

初见西伯利亚

事实上，从这一顿饭开始，近两周时间基本没有吃菜，也很少真正吃饱过。在图瓦来去两周，排便一次，但是食欲一直很好。

从莫斯科到阿巴坎，飞机飞行 4 小时 35 分钟。是 7 月 30 日 2：05 起飞（平生第一次这个时间乘飞机。现在才明白，为什么地铁绿线坐几站后谢廖沙要乘电气火车，估计那个时间去机场的 851 公共汽车已经不工作了），6：40 抵达阿巴坎。联系好去克孜勒的出租车（说是出租车，其实是小巴，上面坐了 6 位乘客。听说乘坐长途汽车需要 11 个小时才能到克孜勒，而出租车 7~8 个小时），吃了早饭，一直到中午 11 点，车才开始出发，中间司机又到几处地方装卸东西等。

从阿巴坎出发赶往克孜勒

在阿巴坎等待出租车出发用了三个多小时，阿巴坎是哈卡斯共和国首府，感觉其规模有可能类似内蒙古盟市所在地城市规模，如通辽市、呼伦贝尔市等，但是看其马路、建筑等城市面貌，似乎落后于中国至少 20 年。一对 60 来岁的俄罗斯夫妻在街道一侧树丛、花园里从事清扫落叶、树枝等杂物的清洁工作。现在回忆，似乎妻子是哈卡斯族人，因返回莫斯科时在此机场大厅工艺品小屋外，我问起一件哈卡斯族玩偶，很漂亮的女售货员说自己就是哈卡斯族。端详她一下，她不太是蒙古人种常见的体貌，如黑发、蒙古褶、发色、眸子都呈明显的咖色，皮肤很白，鼻梁高，但是又不同于俄罗斯族的高鼻深目。因前日一白天没有休息，晚饭没有吃饱，又一夜汽车，过于劳顿，我甚至都失去了取出相机的力气，遗憾没有留下照片。慢慢看出了，这份工作主要是妻子在干，丈夫算是陪同，有时帮助撑开装树叶的袋子。丈夫可能爱喝酒，神情、举止中透着些许醉意。或许，和蔼、贤惠的妻子是他的全部。问这份工作的收入，告知每月挣 1400 卢布，从早晨工作到中午。这份工作并不很累，还有些收入。看到三十来步远路段处，有两个卖山货以及地方小食品的摊子。前一家那里坐着三位中年妇女，有俄罗斯人，也有黑头发人；后一位摊主是俄罗斯人。我走过去，她向我介绍她所卖的东西。三个来小时，没有看到有人买她们的东西。街上空旷，行人寥寥。看来这里流动人口不会比克孜勒多（克孜勒给人印象流动人口也不多，街上行人看起来多是当地居民，那种很安静也很自得其乐在当地生活的居民。谈不上现代化和繁荣。或许其最大的意义是政治属性——是图瓦人的政治心脏，意味着一个族群的全部自尊与当代地位。后来到图瓦国家博物馆，此地、此族的特殊政治经历，的确有可能具有典型意义——为什么一定要隶属于某一国家？而这种选择，或面对的选择的"难题"，是怎么发生的？无论是中国、俄罗斯，还是苏联解体后成为俄联邦的共和国）。阿巴坎飞机场之简陋也是我前所未见的，无论是停机场还是候机大厅。候机厅卫生间令我惊异，竟然是国内 20 世纪六七十年代即"文革"前后多采用的样式，不是抽水马桶，而是外部安放一拳头粗细的塑料管作为冲洗工具，也没有备用手纸。这使我不由产生一种见到古董的审美情绪。这是俄罗斯联邦一个共和国的首府。看来，无论经济和社会发展规模如何，有时候，一个地方的政治符号的意义与经济、社会发达程度不是一回事。而这种差距如果很大，是否意味着某种大局的不稳定。不知道多民族聚居的高加索地区城乡现代化状况如何。

于图瓦国立大学招待所二层某号住房

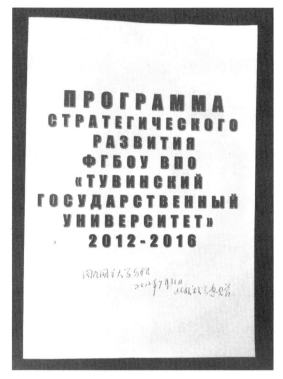

图瓦国立大学发展规划 校长惠赠

2012 年 7 月 31 日

　　上午随阿列娜到昨晚去的那家餐厅吃早餐，之后去学校外办，办理来图瓦的签证。在这中间，由学校外办工作人员沙尤扎娜引领，阿列娜把我介绍给校长，我们一行很正式地和校长见了面，彼此介绍了对方感兴趣的一些情况，并就图瓦与内蒙古师范大学今后可能的交流进行了探讨。我和校长要了图瓦国立大学学校简介等学校工作汇总资料。[①]

　　校长谈到，本校与中国大学的交流、合作不少，如与东北师范大学、沈阳大学、北京语言大学、清华大学等。今年（2012 年），清华大学 20 人

---

　　① 俄罗斯图瓦国立大学（Тувинский государственный универсптет）前身为图瓦师范学院，1995 年改为图瓦国立大学。学校培养学士、硕士、副博士、博士等多层次人才。主要专业包括农学经济、农业产业化、图瓦语言学和文学、俄罗斯语言学和文学、英语、世界和俄罗斯历史、法学、生物、化学、地理、计算机科学、物理、数学等专业。

与图瓦国立大学校长等合影留念

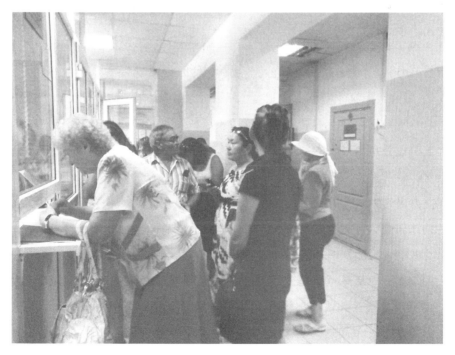

在移民局办理落地登记

组成的团队来图瓦国立大学参观，图瓦国立大学组织最好的班到清华大学、到中国参观、旅游；有 4 名图瓦国立大学的学生在内蒙古师范大学学习汉语。在图瓦国立大学东北历史系开设汉语课程。校长谈道：中国对图瓦影响很大，所以与中国大学联系很多。如果有可能，可以考虑与内蒙古师范大学建立教育与科研关系。目前学校建有研究中心，专门研究图瓦语言、文化的继承、繁荣、发展问题。

图瓦国立大学对外交流也很活跃。8 月 5 日，法国学者以及法国国家博物馆研究生将来访问，研究图瓦族的姓氏问题。在到图瓦各地考察之后，一行继续前往蒙古国。

交流之后我满怀诚意、热情提议合影留念，大家欣然同意，并请来学校专门负责照相一类等外事工作的人为我们合影留念。校长说，等我从托志回来后再见，意思是近日他工作安排很满，这次没有时间充分交流。

……

不知是听哪位讲，明天我们出发要去的图瓦托志地区，从克孜勒到托志，汽车要走 9 个小时。而托志人，是图瓦人中的一部分，但是他们自己说自己是真正的图瓦人，其他人不是真正的图瓦人。

……

7 月 31 日下午无事。上午见完校长后，在图瓦国立大学国际交流处沙尤扎娜办公室填好表格、复印好护照后，随她一起去移民局（她开着自己的汽车带我去，可能是阿列娜的交代，也可能是她的热情）。8 月 11 日下午，她又来到我住处，送我几件小礼物，并送我一个贝加尔湖旁的饭店景色的冰箱贴。可能是因我一直想去那里，而最后因各种原因没有去成——从克孜勒去贝加尔湖，还有很远的路要走：从克孜勒到乌兰乌德，要坐两天的汽车，而从乌兰乌德到贝加尔湖，还要坐很久的火车，估计是走北京至莫斯科欧亚大铁路那个线；而观赏贝加尔湖，一般需要五天。问题是最后从贝加尔湖返回乌兰乌德，再从乌兰乌德坐飞机回莫斯科，这中间需要上、下车及吃、住等，而这一切，即便是俄语交流不成问题，但是在异域，一个人行动，存在极大困难，甚至风险。总之，大家的意见是觉得我自己去不合适。而当地人的意见，总是有根据的。我的直觉也告诉我现在出发去贝加尔湖旅行不现实。我也没有礼物可以回送，她说她去中国时再说。与阿列娜等图瓦人比起来，她因在中国进修过——在布里亚特大学毕业之后，曾到吉林大学进修一年，所以汉语基本过关，看得出，是大家公认的汉语通，而她工作中一招一式表现出的利落、精明强干，给我印象更深。她见我对办理入境手续有些不解，便解释说：这样省得在托志有警察查时遇到麻烦。——在同一个国家旅行也需要办理落地签，奇怪！后来才明白，在俄罗斯，共和国一级的行政单位，入境需要办理签证，或入境手续。这说明共和国与俄罗斯国家的行政隶属关系。听说共和国还有权利建立自己的军队，不知是否属实。

图瓦国立大学沙尤扎娜女士惠赠的礼物：贝加尔湖矗立于克孜勒城、叶尼塞河岸边的亚洲中心位置纪念碑

办完入境手续，阿列娜领我们到一家图瓦人开的规模很大的民族特色饭店吃午饭，她可爱的儿子沙沙也来了（10 岁，还有十三四岁的女儿，现在主要依托父母家的照顾，主要是对孩子的照顾。看其父母，退休前也是干部、教师，有见识和教养。在 8 月 1 日上午我们去托志的车到她父母家门口接她，并搬上下乡需要带的众多用品时，她介绍自己母亲认识我，老太太赞美我是"时髦、时尚的"人，并显示出她对中国、对内蒙古的了解与兴趣）。我和阿列娜这一桌点的饭，是当地的一种包子，包子馅以肉为主，颜色棕黑，里面几乎没有蔬菜的影子，应该说难以下咽。后来阿勒沙娜那一桌递过来一块很硬的薄饼，我就吃这饼，算是吃了午饭。在等待开饭时，我在大厅内一处民族工艺品柜台买了一个纪念品——图瓦刺绣钱包（200 余卢布）。

在克孜勒买的图瓦族刺绣手包

7 月 31 日下午无事。下午三点多阿勒沙娜来找我和谢廖沙。后来才知道她找到车带我们去度斯－霍勒湖，去游湖并野餐，此湖位于克孜勒市南二三十公里处。她和那位两天来一直在一起的图瓦国立大学本科毕业、准备今年 9 月到莫斯科大学历史处读硕士的图瓦族女生阿内哈克，在来找我们之前已经做好野餐的一切准备：面包、水果、饮料以及野餐时铺在地上的塑料布，等等。

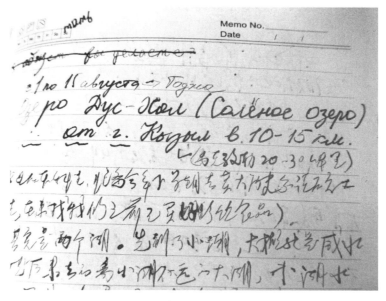

笔记——关于我们所到克孜勒城外盐湖

　　该湖其实是两个湖。先到小湖，大概就是咸水湖（现在回忆，在此湖近处，有一处圣水，周围挂着一些哈达，一些人围着从某处流过来的水——用木头挖成的小水槽运送着这股不太宽大的圣水、神水——洗脸、洗手，或用瓶子接着水装满拿回去用）。比起接着去的离小湖不远的大湖，小湖水有些浑浊，并更咸。细看湖水，里边游动着很密的、长条状、小米粒大小的肉咖色生物，让人不寒而栗。而接触湖水的脚和小腿，也开始被咸水腌得不舒服，同来的几个人很快就上岸了。在此湖停留不到 1 个小时，就赶往不太远处的大湖。此湖一面背山，山湾里湖水波光粼粼，湖畔芦苇萧瑟，对岸（弯曲的）山峦泛着银色……美丽景致，不禁使人心旷神怡，我忽然遥想，那远处丛生的山峦，或许就是传奇而悠远的萨彦岭①吧。事

----

① 萨彦岭，俄罗斯西伯利亚南部山系，西北 - 东南走向。西起叶尼塞河中游左岸，东至贝加尔湖南端，直抵蒙古边境，长 1000 多公里。西北部山势较缓，海拔 500~1500 米，东、西萨彦岭会合处及其以东，海拔 2000~3000 米。最高峰蒙库 - 萨尔德克山，海拔 3491 米，人称"亚洲的脊梁"。多山间盆地，生长有云杉、冷杉、雪松、落叶松，富含云母、金、铝土矿、铁、石墨、石棉、磷钙石及稀有金属等矿藏。

实是，克孜勒也许离唐努山更近。①

　　昨天下午从阿巴坎赶往克孜勒一路低山，以无垠草原为基础的景象，甚至没有明确意识到我们是在什么时间穿过了著名的萨彦岭；今天下午去

克孜勒南郊的大小盐湖

---

① 据研究："图瓦人民共和国差不多是在亚洲大陆的中心，地处叶尼塞河上游，其纬度在北纬 50 度与 54 度之间。……图瓦这块地方，就其边界线所围成的形状而言，大体上像一只尖端朝西的梨子。地处叶尼塞河流域上游的图瓦，是一个盆地，周围群山环绕，北面是东、西萨彦岭，南面是唐努山。……被萨彦岭和唐努山两条边境山脉围绕的图瓦盆地，又被这两大山脉的各条支脉所切割。西萨彦岭，特别是东萨彦岭，全是原始森林地带。东、西萨彦岭要比南面的唐努山高得多。……叶尼塞河虽把图瓦同北冰洋连接起来，可是，它从发源地起，要经过 3786 公里才能注入北冰洋。"（〔苏〕P. 卡鲍著、辽宁大学外语系俄语专业七二级工农兵学员译、翻译教研室校：《图瓦历史与经济概述》，商务印书馆，1976，第 10～11 页。）"图瓦好像是被装进了石头袋子那样封闭着的。但是，使图瓦同世界各个文化中心隔绝的，使它在历史上一直处于落后、无所作为地位的，并不是难于通过的崇山峻岭，不是无边无际的草原，也不是晒得炙热的沙漠。地理位置，这不仅仅是一个自然地理概念，而且也是一个历史概念。它随着社会历史情况的变化而变化。"（出处同上，第 11 页）

湖畔阿拉特（牧民）塑像

和俄罗斯及图瓦朋友在克孜勒亚洲中心纪念碑前

《印象萨彦岭》〔苏联画家莱奥佐夫鲍里斯1950年画（油画）〕

城南二三十公里以外的大、小湖，均令人回想这一片曾经与中国历史多有瓜葛、唐朝时的唐努乌梁海以及一直到清末、民国时期外蒙古独立，图瓦日益显示出的飞地特色，以及之后与苏联关系的密切，并最终纳入苏联。看着这一片经典的草原、低山地貌，很有些幻觉，想象着马群经过时泛起的尘烟、战马的嘶鸣，这一片有可能当年是成吉思汗策马扬鞭驰骋的草地……"一代天骄，成吉思汗，只识弯弓射大雕"——俱往矣！沧海桑田，一切推演至今。面对这片地缘政治独特的"飞地"，它最好地说明了何为生存，何为必须面对"历史"。可能，对百姓最好的尊重，就是尊重他们当下能够有一份安定、祥和的生活。

于图瓦国立大学高级学生宿舍

2012 年 7 月 31 日

昨天傍晚在去那家餐馆吃饭的路上，阿列娜对我说：克孜勒①不大吧。

---

① Кызыл，克孜勒（也有汉译"克孜尔"），俄罗斯图瓦共和国首府，始建于1914 年，距离莫斯科4668 公里。据研究"昌奇克山麓贝克木河与哈克木河汇合处。革命前在（转下页注）

的确是看到街里建筑陈旧的不少（或许问题更在于：这些陈旧之房，多不具有传统文化遗存价值从而值得修复、保护），没有给人很现代、很繁荣的冲击（当然这只是从所看到的路段判断）！中央政府投资少，自己发展力量也不足。克孜勒到目前不通火车，机场是有，但是只有通往克里斯托亚尔斯克的航班，并不是每天都有。从克孜勒乘飞机去莫斯科，需要先乘汽车到阿巴坎（哈卡斯共和国首府）。这里人们出行的主要交通工具是汽车。

克孜勒城出现之前地理形貌（〔苏〕P. 卡鲍著、辽宁大学外语系俄语专业七二级工农兵学员译、翻译教研室校：《图瓦历史与经济概述》，商务印书馆，1976）。

（接上页注①）此地附近建了一座别洛查尔斯克城（意即白沙皇城），是俄国沙皇政府对图瓦实行殖民压迫的中心。现在，在从前的别洛查尔斯克城那个地方建起了共和国首都克孜尔。"（〔苏〕P. 卡鲍著、辽宁大学外语系俄语专业七二级工农兵学员译、翻译教研室校：《图瓦历史与经济概述》，商务印书馆，1976，第44页）图瓦共和国是俄罗斯联邦中的一个主体行政单位，属于西伯利亚联邦管区的一部分。图瓦共和国为主席制共和国，共和国结构于1993年被俄罗斯联邦所承认。最高立法机关为上议院，五年选举一次。执行机构为以主席为首的部委员会。2003年图瓦共和国共有居民306600人。图瓦共和国的主要居民是图瓦人。在苏联时期图瓦人总人数为20多万，在图瓦共和国内约20万，占图瓦人总人数的96%。此外，在蒙古人民共和国境内约有图瓦人3万人，他们主要是喇嘛教徒和萨满教信徒。图瓦族分为两种类型，一种是山地—平原的畜牧业者（西部图瓦人）和高山森林中的狩鹿者（东部图瓦人）。除图瓦族外，图瓦共和国境内还生活着俄罗斯人10万多人，约占图瓦共和国人口总数的32%，哈卡斯人约4000人，乌克兰人约2000人。

政府办公大楼

"二战"纪念碑

佛寺

流经克孜勒的叶尼塞河

叶尼塞河介绍

30 日早晨我和谢廖沙在阿巴坎了解到，从这里到克孜勒，长途汽车要 10 个小时，打的 5 个小时。所谓"打的"，车其实是小巴车，不是轿车。车后 4 个座位，分两排，前排一直坐三个人，很不舒服。我们来时打的车，上午 10 点多出发下午 6 点多到，车程 7 个多小时。一路车辆稀疏，车子、人，仿佛在奔向一个人烟稀少的所在地。这就是伟大而辽阔的西伯利亚，在人群日益稠密的世界，它超然得恰似圣土、乐园。当然，这也许和自己对它的了解有限有关。但人烟稀少、地貌尚维持原生态是事实。

一个印象，俄罗斯的边远地区，的确能够感受到落后。近日有种体会，如果一个国家经济不能惠及各个地区，地区之间贫富差距明显，加之各地有自己的历史记忆、当前传统文化功能依然，那么，就有可能与中央分庭抗礼、讲究交易了。

2012 年 8 月 1 日

下午 3：30 坐小巴去托志①（后来经阿勒沙娜介绍，知道托志位于克孜勒东北部，与布里亚特共和国为邻，属于生产分类上的东部狩猎、驯鹿图瓦人，从 8 个多小时车程看，距离克孜勒应该有 400 多公里），当晚 11：30 左右抵达，入住乡内一私家旅店（кастиница）。因沿途看到驯鹿，

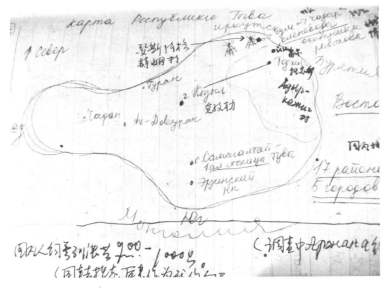

阿勒沙娜博士手绘托志地图及我们所到达社区

---

① 图瓦共和国的行政区划为 16 个区、1 个共和国直辖市、4 个区级市、3 个市镇，村苏维埃管辖的地区有 94 个。我们一行所抵达的托志地方，是 16 个区中之一：托金斯克区（Тоджинский к.），所到的社区"托志"，是该区政府所在地。托金斯克区前身是清末民初当地九个旗中的一个——"托锦旗"。据记载：当时托锦旗范围在"贝克木河流域，西起乌特河东至萨彦岭，北界也是萨彦岭，南至奥图格塔希（贝克木河与哈克木河的分水岭）"（见〔苏〕P. 卡鲍、辽宁大学外语系俄语专业七二级工农兵学员译、翻译教研室校：《图瓦历史与经济概述》，商务印书馆，1976 年，第 79 页）。"上述托锦、唐劳、萨拉吉克及克木奇克旗都由世袭的总管来管辖。这些旗联合在一起组成一个盟，由大总管（安本诺颜）来管辖。大总管在各旗总管之上、乌里雅苏台将军之下……。"（出处同上，第 79 页）"萨彦岭南坡广袤山地的密林地带，大部分分布在图瓦东北部的托锦旗，一部分分布在萨拉吉克旗。这里的居民以狩猎为主，兼营畜牧业。畜牧业主要是繁殖北方鹿。"（出处同上，第 82 页）"在托锦旗贝克木河流域，居民主要以狩猎为生。这里捕捉松鼠、黑貂、狐狸、貂、水獭，还获得麝香和鹿角。"（出处同上，第 121 页）

准备出发去托忐——图瓦东部森林狩猎、驯鹿区

简易的路与基本原生态的山岭森林

有"神灵"的地方

从同行者那里慢慢得知，驯鹿叫"орень"。查词典没有看到与"驯鹿"对应的词语。"орень"——发音有些接近"奥伦"，是否与"鄂伦春"、奥伦千——有内容上的牵连，即"使用驯鹿的人"（"奥伦"——驯鹿；"千"——人）。车上图瓦人如此称呼驯鹿，应该是图瓦语如此称呼驯鹿。是不是直接借用来的词语？那么，俄罗斯境内使鹿鄂温克人如何称呼"驯鹿呢"？

　　问车上的图瓦人窗外的高山叫什么名字，说叫"облел гора"，意为"高、大的山"。离托志越近，窗外的景色越发山高、林密，一派令人叹为观止的原生态！不断出现掺杂在树林中的灰白色的苔藓，有时，所能见到的广大山坡的这一面，是一片连一片的灰白色，那是苔藓。甚是奇特！这就是宝贵、珍稀的驯鹿钟爱的"面包"！苔藓本身就是一种自然、原状，驯鹿也是半野生的，与它互动、相守的人驯鹿者，也不会是那种住进城里、使用煤气的"现代化"的人（但是听说在挪威，驯鹿者驾驶飞机饲养驯鹿）。思路至此，似乎才开始明白困扰国内敖乡——敖鲁古雅使鹿鄂温克群体的老大难问题——驯鹿数量增多、体质增强等驯鹿的繁荣与未来前景问题其根本原因及症结为何了。

8月1日去托志途中我们用餐的"探幽者"旅店饭馆

8月1日下午

2012年8月2日（托志乡①）

据昨天同车从克孜勒来托志的养鹿女（似乎上车时阿列娜、拉丽沙和此女并不认识。此女带着一个十一二岁的小姑娘，后来知道是她的孙女。孙女人小，但是占着一个座位，并没有让座位的意思，而车上明显超员，大人都是挤着坐。对此，阿列娜、拉丽沙、阿勒沙娜、谢廖沙、阿拉特——阿列娜侄子、我，都有些不以为然。因她与我邻座，我主动和她搭讪，这才使关系逐渐融洽起来）讲，自己1954年生人，儿子在托志，三个

---

① 在我印象中，托志的规模类我比较熟悉的中国东北地区乡政府所在地的社区规模，为方便起见，称为"托志乡"。实际上，它是图瓦行政区划为16个区之一——托金斯克区政治、经济、文化中心，即区政府所在地——托志小城（镇）。"托志乡"社区也应该是一个多世纪前托锦旗总管办公所在地。

在俄罗斯图瓦东部见到了驯鹿

山高林密苔藓成片

女儿在克孜勒，小女儿是小学生，三女一儿。夫亡故，俄罗斯族。她自己有时来托志儿子家，有时在克孜勒。她家过去有上万只驯鹿，现在剩下150 只，因用钱，驯鹿多已出售。她是托志图瓦人（后来知道，这位妇女是当地活跃人物，后来在托志的几天，她一直陪同我们，包括去见区领导，而托志下属某村村长是她儿子。她也每天早晨来我们住处吃饭。来托志一路，她也有自己的相机，我给她祖孙照了不少相，多是在途经的敖包前。8 个多小时的车程，从上午出发到傍晚可以看见窗外景色时，路过有四五处敖包、神树、神泉等神圣之地。夜幕中，还过了一条很宽大、水势很猛、野性十足的河。桥是那种用宽宽的木板横在上面搭成的简陋的"桥"）。再回头谈此女，她的容貌、神情、姿态，让我不由得想起中国使鹿鄂温克人，有一种难以言传的神似。可以肯定，课题组在托志工作的顺利，与她的帮助关系很大。后来听阿列娜等人讲，图瓦猎人的驯鹿是不卖的，在当地，我们也没吃到驯鹿肉。那么，此地图瓦人饲养驯鹿，是以怎样的结构"以此为生的"？中国大兴安岭西北坡使鹿鄂温克人早期也不出售

和女向导在托志住处

驯鹿茸，驯鹿在生活中作为搬迁驮运、骑乘工具，作为嫁妆，担任与神灵沟通的神灵使者——神鹿，近 50 年来驯鹿茸被作为药材、保健品出售，猎民从中获得一定收入。而这位妇女说她家的驯鹿由上万只减少到一百多只，主要是卖了换钱用。她很需要钱，要给丈夫治病，为三个女儿提供生活开销等。究竟驯鹿与饲养者的收入是怎样联系起来的？如果不仅仅是驯鹿收入，其他收入还有哪几项？

　　昨日同车：调查组 6 人；俄罗斯男人，估计近 60 岁；托志图瓦人祖孙；小男生十三四岁，挨着阿勒沙娜坐，一路几乎没说话；司机是一位驾驶技术良好、言语不多的 30 来岁的图瓦人。现在体会到，图瓦人常常是优雅、和善、内向而安静的。他们似乎有自己感兴趣的话题、笑话，或觉得好笑、有趣的生活中发生的事。当他们在讲这些时，配合以动作、肢体语言，某人讲完，大家会心地哈哈笑了。内容似乎多与生活智慧有关，如一件事该怎样办理、一句话该怎样说，在他们看来是合理的、有智慧的。图瓦人似乎，特别是面对生人时，不太热衷于主动表达和擅长言谈，但是思考很用心，一些情况下可能是不说，而直接去做。他们对外人动向有很准确的体察，如离开阿得勒村前一天去湖畔玩，那位不善言谈但做事果断、利落的司机——雅格达老师的妹夫，也带着老母亲和一家人去了——这一家一行共 6 人——司机夫妻、3 个 10 岁以下的孩子、老母亲。每停车休息，他都勤快、懂事地选好景色为母亲留影——老太太自己也带着不错的相机，看来是和儿子一起生活。到了湖畔，司机自己没有下湖游泳，划着小船带一家人在湖里游玩，没有听见他招呼家人上船等扰人行为。而在大家下湖游泳、玩乐之前，看到他一家支起塑料帐篷，妻、母换上质地不错的泳装和套在泳衣外面的衣服。记忆深刻，老太太泳装外面的类似睡衣样的外衣，是有着华丽色彩与图案的真丝面料，与所看到的村里一些农民生活状况反差很大。支起帐篷，换好衣服，开始吃带来的食物，我们调查组也是如此。估计这是当地人玩湖、游泳前的基本准备。我对这一切完全不熟悉，没有游泳衣，也不会游泳。只能吃东西，在湖边看看。没有办法，又不想过于失真地参与，因知道，过于失真地"参与"，会很累，也容易被识破，还不如开始就本相一些。老太太的儿媳、司机的妻子，这位容貌秀丽、言谈举止有教养、在阿得勒村任幼儿园教师——30多岁的图瓦妇女，为此次出游做了很周到的准备——我见到了她做的那种类似中国粉丝、蔬菜合成的凉菜。他们递给我一份，我吃光了，中间我说"自己都快要吃光了"，老太太和媳妇笑盈盈地说："没事，吃吧。"我则给老太太满上我们带的啤酒。她儿子那样开心地看着我们。也许是十几天来很少吃到蔬菜，基本以那种长方形的大面包为食，佐以茶叶、咖啡，的确觉得自己手中的凉菜是美味，这也是我图瓦之行两周记忆很深的一次饭。记得很清楚的是老太太儿子、司机的一个动作：在湖畔下水前，他从后面将自己的妻子抱起，而妻子也没有做出中国城里女性可能会有的某种娇憨姿态——是我看到的让人舒服的爱之自然表达。

司机一家人

问题线索：

1. 去托志途中谈起图瓦社会，拉丽沙很郑重地问我，感觉图瓦发展怎样？好还是不好？我笑而未答。对于此类提问，我一直持谨慎态度。可以感觉出来，她显然对自己家乡的现状不太满意。阿列娜在克孜勒也间接地表达出此意。

2. 从克孜勒到托志，一路上或森林山川，或低地草原，看到了我在中国大、小兴安岭不曾看到的原始森林，果真看到了在鄂伦春听当地人谈到的几人合抱粗细的松树，还有神奇的倒木纵横交错（经历千年万年岁月冲刷，那倒木已经是灰白色，还有新倒下的树木可能慢慢也变成这样）。因在总结鄂伦春传统生态观——有可能是不自觉的或是自然选择——现在被纳入现代知识系统（生态观）时，总结其体现在生活中如不砍伐活着的树木做薪材，而是将倒木做薪材。倒木与可能被洪水、泥石流、大风等放倒的新树、新倒木，有的被连根拔起，有的斜歪在树丛中，与挺拔的生机勃勃的森林浑然一体，很美的凌乱构成森林的自然态，所谓原始森林应该就是这样子。后来某日去叶尼塞河岸边的那个村落途中，每见岸边倒木赤裸裸地横在河里，一丛丛、一棵棵，仿佛是上好的松树、白桦树标本。与倒木衔接的河岸，被切割得光怪陆离，一些断面，就是考古学所称的切面——石头、土层、腐殖质层，切面中密布着或粗或细的各种树木的根，仿佛是什么动物的血管。其实土层加上腐殖质层面并不厚，估计不到两米。因此，自然是脆弱的，人类对其加工过分，将森林砍光，并接着开荒，如果土质并不适合耕种，就会变成沙滩、沙海。问题是这种危害不是三五年就会提醒人类，恢复起来也不是三五年，因涉及因素多，会形成连锁反应，旧系统其实在变，已经不存在。因此，有时原状是不可恢复的，如原始森林、原始河流。人类的觉悟不能慢于自然的提醒。那次乘船去叶尼塞河岸边以狩猎为主的村落，下船后在河岸沙滩上，我们还看到了棕熊的脚印。最令人扼腕、遗憾的是，去的那天相机电量不足，没有拍到最该拍的景色。那是我有生以来真正感到人类应该敬畏自然，我完全被叶尼塞河所征服，领略了何为荒无人烟，何为原生态！（8 月 30 日整理笔记补充）

从下午 3：30 起程，晚 11 点多抵达托志，行车 8 个多小时，除去途中数次停车修理车故障、吃饭（应该是晚饭），至少行车 7 小时，估计托志到克孜勒距离应该有 400 公里。托志在克孜勒，也是图瓦东北部地区，是衔接着或距离萨彦岭南麓最近的图瓦较大的地区，靠近伊尔库茨克。

离托志越近，便不断看见不很高、坡度很缓的山上一片片灰白色的苔藓（是第一次看到如此规模、茂盛的此物，中国使鹿鄂温克人的驯鹿需要的正是此物），在荒无人烟的图瓦腹地，深处、密林中，此物繁茂地生长着，而在中国大兴安岭西北坡，人声多于、强于自然之声，此物和其食用者，是不占据主旋律了。途中路过一户驯鹿人家，四五间那种黑红色原木搭建起仿佛儿童玩具般的房子精巧地坐落于林间，数十只驯鹿在那木制房屋周围、近处草地、林中欢快地生活着，有的只看到角在草间动，很有趣、很温馨的景象。看到这些驯鹿个头、体质、活跃程度，要好于中国使鹿鄂温克人的驯鹿；同时，这里的驯鹿似乎毛色也要深一些。

和托志乡负责人在一起

走访托志地区政府

和女画家老师在一起

一路听车上图瓦人聊天，发现他们所讲的图瓦语中夹杂着俄语，而这些俄语词汇也被改造为图瓦语的发音，如学校（шкода，使果了）等。图瓦人的衣着可以说与世界同步，饮食习惯与俄罗斯族相似。同族之间以图瓦语为主，同时他们都会讲俄语。初步体会，图瓦人的"我们是图瓦人"的民族意识、情感尚很浓厚，深知本族历史和"故事"。昨日，在我们去她家接阿列娜时，阿列娜母亲对我说起图瓦过去与中国的关系，也谈到蒙古国，意思是图瓦—中国—蒙古国之间关系曾经源远流长。刚刚听阿勒沙娜介绍，阿列娜母亲过去是幼儿园老师。能够感受到图瓦知识分子阶层很深的民族意识。而普通百姓或许更关注实际生存状况，但是也许不尽然。有可能他们在做一种比较：归属俄罗斯或中国，哪个更有可能对本民族好些。俄罗斯政府及普京的思路是对的——各民族地区经济发展、社会繁荣，是第一要务，事关国家稳定、可持续发展。

托志图瓦族女老师的画：东萨彦岭南麓图瓦人的驯鹿群

欣赏女老师的画作

......

今天（8月2日）上午调查组一行去托志乡政府，会见乡长。接着去一女画家家。女画家是本地幼儿园教师，54岁，自学绘画，现在在幼儿园教美术。在阿列娜建议之下，我选购了树木山川缓坡上有一群灵动驯鹿的那幅，这也是画家家乡托志（图瓦东北部地区）自然环境与当地人生计的写照（价值1000卢布。实际上我也准备买，如同以往在国内每遇到这种情况，直觉告诉我，无论画作或其他作品如何，此刻，"买"的意义早已经扩大。阿列娜自己也购买一幅，也是1000卢布）。画家家里正在装修，没有看到她画画的工作间。如同使鹿鄂温克、鄂伦春族具有的某种超常的艺术或思想天赋，图瓦人也给我这种印象。后来在托志乡那达慕大会上，看到摔跤手入场、开始比赛前敬天敬地的仪式性动作，那种超然与自我抒发，洋溢出无限的思想和体力张力。无疑，这个族群，是充满力量和自我意识的群体。

昨日同车的祖母、孙女，祖母丈夫是俄罗斯族，儿子是托志乡下属村的村长，儿媳叫柳芭，俄罗斯族。

博物馆资料

博物馆资料

博物馆资料

中午将自带的香肠、面包、点心带到所住乡村旅店餐厅，又每人要一碗汤菜、一杯类似果汁的饮料。

后来发现昨天同车的祖母、孙女中祖母之神通广大——她是我们在托志的向导和绝佳报道人。中午负责人阿列娜邀请她与我们一起吃午饭。

据了解，托志（区）乡、村（乡或区的社区周边即有规模不等的村落，村成为区、乡社区的扩散体）一体的社区，有 600 多人。从房屋质量（木制，是那种屋顶有些大的人字架）、社会氛围，这里人们生活很安逸，一片祥和。村民不种地，饲养牛、驯鹿。按每户 6 人计，应有百户左右。

上午在乡办公室（看规模，类似中国乡镇级单位，或许是苏联时期的集体农庄，或者一个村落就是一个集体农庄，目前仍未搞清楚）一位干部带领下，参观了托志乡自然生态博物馆。托志村一把手是同车那位“祖母”的儿子（父亲俄罗斯族、母亲图瓦族），村办另一间办公室有一男一女两位干部，看体貌特征是俄罗斯族。阿列娜向他们介绍调查组人员，以

参观托志自然生态博物馆

在托志列宁塑像前

及来此地的目的。村里没有派人陪同我们入户（之后几天村、乡里也没与我们联系。只是有一天我们又来到托志乡政府所在地，我被安排和阿勒沙娜、谢廖沙、阿拉特三个年轻人找老人访谈，她们三个去乡里搜集有关文献资料，中间又听说她们去了饲养驯鹿的那个村。最后我们被招呼来到一户人家，她们三个都在这里，我们也在这里吃了饭。这一天感觉有些特异，但是所有的"特异"我知道自己都需要忍受——因为自己身份的特殊，以及诸多学术保密、族内事情应该让我知道多少等，我既是"自己人"，也是"外人"。我必须忍耐自己感觉"不适"的一切）。

托志乡社区所在地，以及托志村，坐落在四面环山的山坳里，乡、村政府，在社区地势比较高的位置，走向乡、村政府，迎面是列宁塑像，以及当地图瓦族名人的塑像。在这个社区，看到不少俄罗斯族人，但是似乎图瓦人要多一些。此地图瓦人与俄罗斯人的通婚看来远非一两代。

托志街景

托志街景

托志景色

托志街上的房子、儿童

托志街景上的房子、老妇、儿童

……

我们课题组六人落脚在托志私人旅店（4女一室，2男一间），条件是我熟悉的村里标准——如2000年9月鄂伦春自治旗托河乡的那家旅店，设施粗劣，不太干净，吃的是俄餐——一次特别的"人类学"田野体验。

要和课题组的人相处好，要将几重角色、身份——中国人、蒙古族、学者、陌生的外来人——定位好、扮演好，而怎样吃、住，都不是难以克服的困难了（与国内实地调查不同，这个课题组自己带了吃、住材料——包括土豆、胡萝卜、洋葱、色拉油以及面包等，还有餐具、睡袋、四季衣物，包括雨鞋、游泳衣等，因此行李显得很多，很拖累。后来发现，带这些生活必需品，的确是明智之举，基本都用上了，省钱省力，还节约了时间和精力。但是因一路都吃课题组的，大家都有些不那么理直气壮，实际上因此强化了课题组负责人的权威。课题组有点类似家族企业，很少协商与交流，有时，很有几分令人窒息的气氛）。

今天中午回住地路上，发生一件有趣的事情。从女画家家里出来，路上遇到一位神情特异的图瓦中年妇女，她和拉丽沙搭话，又和走在后头的我和阿勒沙娜搭话，用图瓦语动情地和我们讲述她的什么事。她脸色潮红，体型和面容极像我印象中的鄂伦春族人，也有些像2003年9月在离根河市最近的那个使鹿鄂温克族猎民点看到的因喝酒有几分多而手有些颤抖，并激动地说"上面知道我们"的那位。似乎拉丽沙和阿勒沙娜对这种表情的人"为什么会这样"早就知道，她们没有认真地搭理她。走在前面的阿列娜招呼着我们，我们有些强行地与她告别。我问阿勒沙娜，刚才这位"神情特异"的妇女是不是喝了酒？她没有正面回答，支吾了一下。也许，这影响了图瓦人的对外形象，不说清楚也好。

图瓦人、鄂伦春人、鄂温克人的体型特征，尤其是五官、面容，有时感到非常相像，颧骨高、细长条眼睛。只是图瓦人个头还是与通古斯人有些差异——比较高大而强壮。但是正如通古斯人中也有身材高大强壮者，图瓦男女中也有五短身材者。

在托志那达慕上和图瓦赛马手在一起

森林、猎人、赛马手

2012 年 8 月 3 日

上午，见乡领导。该领导 40 多岁，图瓦族，用图瓦语介绍本地。在座的四位乡干部，均为图瓦族。从克孜勒同车来的祖孙中的祖母，也在座，是重要联系人。

……

今天是托志乡那达慕大会。我们一行上午会见完托志乡长后，便去所住旅馆近旁的体育场，估计也是托志社区召开大会等大型社区活动的场地。时间已近 10 点，会场的布置刚刚开始，正在搭建我比较熟悉的类似鄂伦春族狩猎时代传统居室——"斜仁柱"样的传统住屋。阿列娜留下三个年轻人帮助布置会场，我们三个去大会赛马比赛设在密林中的起点。后来发现，这真是个好主意！雇到一辆私家车，行车一个多小时，一路穿越密林，路像是车、马、人走多了之后日久天长自然形成的坑坑洼洼的林中道，很难行走。第一次看到三四人合抱粗细的松树，夹杂在白桦树丛中。红松暗红色以及挺拔的身姿，沉默、庄严而伟岸，此种震撼难以言表。而

托志的原始森林中几人合抱的大松树

在中国大、小兴安岭，我几乎没有见到过如此粗细的松树，只是 2006 年八九月在由伊春赶往嘉荫县路上，在夜幕中似乎看到了超乎想象的很粗的、看起来两三人合抱粗细的原始森林里才有的那种大松树。

采一片托志森林中白桦树皮留念

捡一块托志森林中松木留念

林中等待看赛马的孩子

托志那达慕升有俄罗斯和图瓦共和国国旗的会场

俄罗斯传统歌曲女生小合唱

中国在图瓦企业给盛会赠送礼物

会场上图瓦猎民的撮罗子

穿图瓦民族服装的运动员

观众

会场上卖肉的摊位

我和小观众

从密林中的赛马起点乘车回到那达慕主会场，节目正在热闹地进行，托志社区被整个地动员起来，到处都是三三两两的人，老老少少都喜气洋洋。

阿列娜安排三个年轻人采访一位老人，在广场一角一直工作了三个多小时。我们三个人在广场内转悠，拍照。中间我回到住处，在公用并很简陋的洗漱间对着水龙头用冰凉的水洗了头发。从1号出发一路奔波到3号，头发已经不成样子。阿列娜和拉丽沙在住处餐厅吃了饭，我不饿，没有吃，而是去洗头。我刚刚洗完，她们吃完饭上来休息，之后又一起去了那达慕会场。

托志，这是一个看来图瓦人占2/3、俄罗斯人占1/3的乡一级社区。

在会场内，看到两处卖货的摊子：一是卖肉，二是卖佛教用品及小装饰品，看到这些东西上有的写着汉字，显然来自中国。所谓体育场（广场），就是一大块相对平整又处于社区中心位置的空场。设备简陋，观众席是在广场周围将木桩打入土内权当是座椅，主席台也就是高低不同的木板垒在一起。没有灯光照明设施。当晚我和阿勒沙娜博士顶着小雨、兴致勃勃地来到白天的广场。漆黑中录音机响着迪斯科，小雨朦胧里已经有不少人在蹦迪并不断有人参加进来！人民需要至少有灯光设备的广场。有一细节，回忆起来仍然有些意味：当晚在白天的那达慕会场跳舞，因雨越下越大，又没有灯光，就回住地。黑暗、泥泞中，我们已经找不到那扇对着旅馆外厕所的进旅馆的门。而另一侧的门，晚上是不开的。就在这个门口，看到一侧的木台上静静地坐着一位 50 多岁、瘦弱而沉默的男人，我担心他是喝酒喝多了。但是附近再也没有其他可以询问的人，阿勒沙娜走上前去问他可以进旅馆院的门在哪儿。他领我们沿着旅馆外围走，到一木栅栏有空当的地方，让我们跳进院。看他的行动，完全不是我猜想的喝多酒的人。阿勒沙娜跳进去了，我则费劲，他热情地扶我跳入。图瓦人说话不多但诚恳、热情的性情再一次感动了我。

中国意象在此不难体会。那达慕获奖者奖品中，有一些为中国在图瓦、具体在托志地区内的矿业企业——中国龙兴（龙信，当地图瓦人如此称呼这家中国公司）公司赠送的。公司副总兼翻译——C 先生，作为嘉宾被邀请到会并在主席台就座，他给摔跤获奖者颁奖。阿列娜、拉丽沙热情地让我过去和坐在主席台的同胞认识。我很兴奋也有几分意外，能在这西伯利亚腹地——遥远、闭塞之所遇到祖国同胞。我走过去和 C 先生聊了一会儿。C 先生是哈尔滨人，大学学的俄语。现在公司不仅当翻译，还是管理者，是位很可爱的 30 多岁的年轻人。在异域边陲和同胞相见，的确有种莫名深沉的亲切之感。彼此留下电话，说有事找他。据 C 讲，自己来离托志不远处的中国矿业公司工作已经 4 年。目前公司共有员工千人，其中中国人 700 人，图瓦等族 300 人。C 说：西伯利亚好的矿山都快被开完了，他们只能到这偏远的地方来干。许多图瓦人到中国学汉语，然后到矿上干活。开始时此地人不太欢迎中国人来开矿，现在好多了。从克孜勒来托志的公路都是中国矿上修的，矿里安装了手机信号接收系统。的确，那日我们一行前往托志路上，当汽车到某地时，车上人纷纷兴致勃勃地拿出手机打电话，说中国龙兴使这里能够打手机了。况且还可以解决当地图瓦人工作、收入问题，促进了俄罗斯这个封闭地区的现代化进程。而无论哪里的百姓普遍不会拒绝生活的改善。以中国人的智慧，他们已经注意与当地社会、政府搞好关系，如出资赞助托志那达慕大会，为中国、中国企业在俄罗斯树立了良好形象。

在那达慕大会会场，看到图瓦年轻人身体不错，精神状态也积极、向上，尽管也存在一些因酒而引起的社会问题。

2012 年 8 月 4 日

在俄罗斯，看来没有或极少有地方政府接待、安排来此调研的学者吃、住的习惯。就托志乡、村规模或称呼，C 说俄罗斯托志这种规模的地方叫"区"，没有中国乡的规模大。

昨天晚饭后，因感受到某种压力的气氛——8 月 1～3 日，一直吃阿列娜带来的或她在旅馆餐厅付钱给我们解决吃饭问题，有些不安，所以很诚恳地走到她身边对她说："我们吃饭该自己出钱买。"她欣然同意。后来尤其是离开托志到其他村后，很快发现，我的想法不适合这里的实际，因村里没有饭馆，而到村民家吃也不实际，只能课题组自己带、自己做，也就是说，并不是有钱就能吃上现成饭。

一直到今天早晨起床后好大一阵，才知道今天要离开托志乡，前往一个叫阿得勒·克日克的村子（阿勒沙娜说："阿得勒·克日克"是图瓦语，意思是"从河的一边到对岸"，即"越过河"。这是我们所到过的三个村中离托志乡政府所在地托志最近的村）。还是昨天带我们去那达慕赛马比赛出发处的那位驾驶技术不错、50 岁左右的图瓦族司机开车。路过加油站时，阿列娜取出 1000 卢布给他。

近上午 10 点时，我们一行坐着这辆小巴离开托志，车行大概半个小时，来到阿得勒·克日克村，落脚在暂时空置的一户人家——听拉丽沙说：该户女主人去克孜勒生孩子，同意让我们一行入住（后来，该户女主人的父母基本每天来这里待会儿，是很和蔼、沉稳的 50 多岁的一对夫妻，后来夫妻俩驾船送我们去叶尼塞河岸边的一个村落，上午出发，第二天下午回来。去时顺流三四个小时；回来时逆流，6 个多小时。那是我平生第

8 月 4 日离开托志乡及此旅馆，去阿得勒·克日克村

清静的那达慕会场

一次乘如此长时间并且很简陋、只能载七八个人、排坐成一条龙状维持平衡的铁皮小船在世界第五长的大河上。在那船上，看着两岸奇伟风光与自然之气势，深深感到自己的弱小、人类的弱小。如果发生大风大浪，我们的小船很容易倾覆。河上风很大，课题组准备了雨衣，每人穿得都很厚实。见我穿得单薄，上船之前岸边那户人家的女主人热情地带我到她家，拿出她的雨鞋，还找出厚衣服，我套上一件很厚的毛背心，暖和多了，一路没冷。次日回来时，雅格达陪我到这家还鞋和衣服）。

基本安顿下来，开始做中午饭。我这才发现阿列娜从克孜勒带了不少做饭的材料：土豆、圆白菜、胡萝卜、洋葱、柠檬，以及做饭、吃饭用的一切工具，除了锅没带，还带了调查出行用的雨鞋、雨衣、游泳衣以及打地铺用的海绵垫、睡袋等，为每人带了三四双鞋。对所调查地区气候、自然条件之了解、考虑之周到、准备之完备，值得自己学习。

听阿勒沙娜说，我们明天要乘小船到村民家走访，阿列娜拿出一件雨衣给我。

这样的调查，应该说是很认真的了。

中午

阿得勒·克日克村琴其拉兔培育学校博物馆

村幼儿园

阿得勒·克日克村街景

2012 年 8 月 4 日

上午大致 11 点抵达阿得勒·克日克村。中午我们自己做的蔬菜汤，面包。拉丽沙做的菜。看到她将圆白菜切成丝，土豆切成小块，胡萝卜切成丝，洋葱切成丝，放在装了大半锅水的锅里，水开之后，又放了一些牛肉罐头。这些东西混在一起，熟了就是俄罗斯汤菜了。我觉得无法与中国炒菜相比。这一轮吃完，是茶水和点心。而这一切材料，都是从克孜勒带来的……

午饭过后，我们四人休息，而阿列娜和拉丽沙与当地一位妇女闲聊。后来她们出门。待我们休息过后到住处院门外，看她俩从村中街道西边走来，原来是去买了面粉和盐，为明天做准备。似乎是明天要划船去什么地方，可能是去村民家。

我们在阿得勒·克日克村的住处

午后可能是阿列娜的工作计划，一位妇女领来一位老年妇女（77 岁），我们要对老人进行访谈。老人带着孙女（据阿列娜介绍，老人有几个孙子、孙女）。访谈进行一个半小时，录音、拍照、献茶、点心，品尝我们

请老人到我们的住处

中午剩下的菜。访谈结束，送给老人一塑料袋礼物——那日我们匆匆装好的，是那种质量很一般的硬糖块以及一些圆形的小点心、一瓶伏特加。老人很满足的样子。看到老人将那瓶酒放到怀里，我指给拉丽沙看。拉丽沙"很懂得"地笑了，并半郑重地对我说：不要把这些（老人与酒）写进文章（可见她的民族自尊心）。2003 年 9 月鄂伦春族两三位干部不愿意填写我的问卷，哪怕我们已经是哥们儿了；1998 年 L 的母亲（现已过世）很欣慰而特别高兴我的"蒙古族人"身份——因我随其女进其家后老太太开口第一句问她女儿："她是什么族？"——民族、族、族群，这样一种至今说不清楚的人们共同体，就是如此表现着，自我认同、自我意识，是生命力极强的现实存在。

……

在从克孜勒到托志的小巴车上，除我们 6 人，还有 4 位乘客，其中一位是俄罗斯族中年男人（托志人），中途停车方便后，可能是阿列娜对阿勒沙娜说了，再上车后，发现开始时坐在车后座、挨着那位俄罗斯族人，现在阿勒沙娜到了前面，和谢廖沙换了座位。情况的确活跃一些，两个俄罗斯族人开始有说有笑。——阿列娜的"问题意识"和细心令人敬佩！

2012 年 8 月 5 日

上午因昨天所乘小巴车司机外出，不能按计划去另一个村，所以就在我们落脚的根据地——阿得勒·克日克村进行户访。

上午阿列娜对我说，此村村民主要靠打猎为生，一年中有两三个月在猎民点，其余时间回村生活。在此村，有时看到有人骑马出去，或有人骑马从外面回来；看到一处牛舍，周围有 20 来头牛；没有看到任何羊、猪、鸡等牲畜及家禽。各户宅旁园田多种土豆，有的种圆白菜，少有其他蔬菜。庭院本来都很大，但是只开垦出中间部分耕种，周围包围着杂草，看样子园子的周边部分不是用来种东西的。这与 1998 年、2000 年夏在鄂伦春猎民村中看到的情形很相似。

阿列娜介绍说，离此村不远的恰多格乐村，人们完全靠狩猎、打鱼为生。政府规定每年可以猎杀的熊、野猪的数目，子弹由政府提供。动物的肉食用，皮张出售。而此村我们不能去，因熊会伤人，少于四个人，对付不了一只熊。

上午，和阿勒沙娜一起进行户访。

第一户，丈夫在外地当兵的可爱小媳妇家。家有 4 人：小媳妇（20 岁，看来她 17 岁结婚，因长子已经 2 岁。在村街头，昨天也见到一位 20 来岁的母亲，大孩子看起来 2 岁左右，而她怀孕的样子也有五六个月）、丈夫的奶奶（81 岁，我们的访谈对象）、丈夫（21 岁，在外服役）、一儿（2 岁）一女（2 个月），母亲（53 岁）在外村。

家中电器不少，冰箱、煤气炉灶等，还有沙发、床、儿童车。房外的园子种的品种齐全，长势旺盛。很温馨、有秩序的家庭。可以断言，因家庭结构、人口、体质、收入、经营等不同，这里人们生活状况存在一定差异，这也提醒外人不能武断地评论或下结论。

祖孙三代人

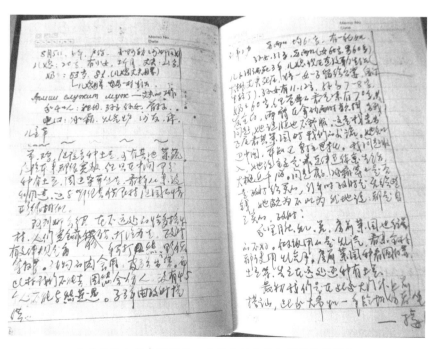

8 月 5 日上午在阿得勒·克日克村小媳妇家的访谈笔记

厨房

客厅一景

第二户：女儿有精神病的老两口家。家里有 5 口人：老两口（女 60
岁、男 60 多岁）、一孙女（11～12 岁）、孙子（7～8 岁）、女儿（24～25
岁）。儿子三年前因酗酒而亡，儿媳现在克孜勒生活，将一儿一女扔在婆
家，自讨生路。奶奶 60 岁，但看起来有 70 多岁，头发全白，胳膊在拿东
西时不住地颤抖。当我问起，她说腿也不好。当我问起儿子、媳妇，谈到
儿子的去世，她很忧伤，并提到是因酗酒。而女儿也有病（是精神病，神
情一看就不对，有些弯腰驼背，容貌也一般）。阿勒沙娜在和这家的爷爷
谈话。而我与奶奶的上述交流，是我走出屋子看她家的菜园子时她随我出
来后我们的谈话。她知道中国，并知道蒙古国首都乌兰巴托——这一来自
地缘、历史因素长期交汇作用的"遗存"，不断提醒我"图瓦"这个地方
的"特别"——历史总会在人不经意时透露一些过往的信息。

我问起收入，她说主要是靠老伴的退休金生活，每月近千卢布；问起
房子、电视、冰箱等是否政府给买的，过年过节政府是否给些钱。谈起这
些，老人颇有些不以为然：都是自己买的。

尽管家里也如同当地家居布置习惯：挂着壁毯，客厅有地毯，但是
脏、乱、差。

做饭用的是电磁炉，在所到人家都看到电磁炉，看来很普及。房前园
子种有圆白菜、土豆等，在远处还有一处土豆地。

从第一家出来后，我们沿村路往西走。看路边有两位男性长者坐在那
里闲适地聊天，我和阿勒沙娜就走过去搭话。其中一位年长一些的是此户
男主人，另一位是中学退休教师。阿勒沙娜跟他们聊了几句，似乎说明了
我们的来意。那位教师似对我们的来意心中有数，借故匆匆离开。

在门口谈了几分钟，这家男主人热情地请我们进院、进屋。家里情况
的确令人吃惊，老的老，小的小，还有一位看来有二十大几的傻女儿（似
乎不像是天生弱智，有点像是受到刺激后留下的精神疾患），因她也不甘
寂寞地在屋里、院里走来走去。

就是这样一户家境一般的人家，主人同样自我意识很强，有尊严地面
对着外部世界，当然包括面对我这样完全陌生的外国人、不速之客。当我

坐在厨房靠近炉灶的饭桌兼做饭台的方桌旁，有兴致地问起放在桌上的果酱以及洗好的一种小野果时，她说果酱是她做的，碗里的野果叫雅格达，从山里采的。她让我品尝那果酱，并切面包给我，还倒了半碗奶茶。她拉开橱柜抽屉，让我看奶茶是用这种茶煮的。原来是我很熟悉的那种砖茶。茶微咸，没有什么奶香，并不热，似乎与在托志女画家给我们喝的奶茶一样。看来，这种奶茶，是这里图瓦人的日常饮品，在莫斯科以及去过的摩尔曼斯克、克维尔等地，没有看到这种茶。看来，这是图瓦地区才有的饮品，而这与中国一些地区相似。

我喝着茶，吃了两三片面包，就着果酱，算是吃了午饭，内心满怀感激。我建议我们合影留念，大家欣然赞成。一个温馨的情节是，老头让老伴摘掉一直戴在头上的帽子，可能他觉得这样好看或有礼；我请女主人在我的笔记本上写图瓦文，因自己从来没见过图瓦文。她甚至有些欢喜得意地找出眼镜，拿我的本子到桌上，认真地书写起来，写的是俄文："我叫杜古丽·柳德米拉"，等等。临行，我送老人100卢布。我觉得白吃这样人家的东西会让自己内心不安的。

合影留念

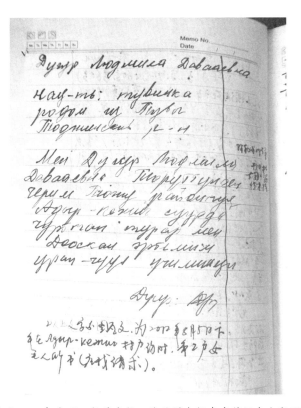

这户的奶奶——都古丽·柳德米拉·达娃诺夫娜在我笔记本上留下的字迹

享用了那张餐桌上甜美的果酱、面包、奶茶

……

看此村规模有六七十户，几百口人，主要生计为狩猎（可是并没有怎么感受到猎村的气象与景观）、采集、少量的养牛等，以及小型的宅旁园田农业。

听阿勒沙娜讲，村里有一所小学；中午在村街道旁，还看到了房屋不错的村幼儿园（而在中国此类规模村落没有幼儿园，孩子主要是家庭抚养与教育。在托志等地也有幼儿园，看来，俄罗斯农村幼儿园是与学校一体的教育系统）。村街上，常有成群儿童玩耍，也不难看到年轻母亲或老人推着儿童车，显示出令人愉快的人丁兴旺景象。

中午在村头看到规模不小的养牛场，略数一下，有二三十头的样子。

此村被山林环抱，令人回忆起鄂伦春聚居地托河的山林、人家，只是这里更少有政府统一规划的痕迹，如房屋样式、大小的整齐划一。不过，也有一些住房样式、规格类似，如我们课题组所住房屋。此户女主人的父母是常来的那一对50多岁的夫妻。男53岁，但看起来已经是小老头了，女的年龄和丈夫差不多，看起来也是老太太了。他们的女儿去克孜勒生产，因女婿在那里。因此，女儿的空房允许我们借住，听说是不用交租金的。房共两间，四间一栋，旁边还有一户人家，可以看到他们晾晒的衣服。似乎村中还有类似结构的房屋。

……

今天傍晚开始我们全体在借住的村民家洗巴拿，是俄式洗澡方式：在住房外院内左手一侧，有一处基本为方形、用木头垒成、比住房要低的小房子。里面有一个半人高的装水的铁箱和铁炉子为一体烧热水的设施，两侧是用木板搭成的用来放洗澡用的大盆等用具、供坐下稍事休息的半米宽的长条围凳。从大水箱中取烧好的热水放在各自使用的盆里，还要放些凉水，将冷、热水混合到人体能够接受的温度，就可以洗澡了。将很简陋的水箱里的水加热，只需要少许木柴。因水箱与炉子一体，水箱又是铁做的，所以，水一热，铁皮水箱的铁也散发着热量，等于是烤人。我一进到巴拿，就开始出汗，很快感到如果心脏不好，会变得难以招架。第一次体验巴拿，还是有些不习惯，主要是热而烤。没有冲洗，只用一盆水，就出来了。看到一起的阿勒沙娜还用另一盆水冲洗一下，并穿着连衣裙进来。后来发现，这些都是很方便的做法，是洗过的人才会有的经验。洗过后，的确神清气爽。大家还洗了自 8 月 1 日出来后积攒的脏衣服（我在托志旅馆已经洗换了两次随身衣服），是一次不错的休整。

昨晚阿列娜觉得屋子里冷，她找来木头等柴火，引燃设在作为这户客厅里的传统炉灶，结果浓烟四起，几个人最后只好到屋外待着，眼睛好点后，再进屋用毛巾等驱赶浓烟。我建议把封闭的窗户打开放烟，这样屋子里才能待人，这样才算最后收场。阿列娜夸我有办法。可能还是炉子烧得不得法，因次日早晨女主人的父亲来后很快就给引好了，他把木头劈成了手指粗细的样子。六人的工作小组组织起来不容易，好在其中三位都是负责人的学生和亲戚，都无条件地听负责人指挥，而拉丽沙是其好姐妹。昨天谢廖沙感冒了。昨夜阿勒沙娜拿出自己的薄棉袄让我穿。……从托志到此村，负责人一直把位置好的床位——在托志旅馆阿列娜让我住靠窗户的床位，现在又让我和阿勒沙娜住此户唯一的床，其余四人都是地铺……我的身份的确特殊：外国人、中国人、蒙古族，还有，是嗅觉灵敏的大学教授——容易发现人家的问题。

其实自己面对几重适应问题：俄罗斯人、异国他乡、图瓦人、陌生人、语言、风俗、心理……好在我对所有的指点都持一种谦虚/谦恭的态度。一经指出，就遵守，并遵守到最后，给足面子。

谢廖沙和阿勒沙娜都很郑重地问起我的信仰。他们俩前者是东正教徒，后者自称信仰佛教。我言称自己对道教有兴趣，并对其要义给予解释，如物极必反、道法自然、否极泰来等。而对一些询问，人混熟以后容易打探的一些事情，我都装没听懂。没听懂、装傻，一些情况下的以不变应万变，是保持自己心理优势与行动主动权的法宝。面对一些纠缠，道教的确带给自己某种定力，让自己不至于乱了方寸。

……

课题组两位已婚女性，家庭都有些不幸：L 丈夫已经去世，留下她和三个子女。8月1日从克孜勒出发，到她似乎位于城郊的家接她，取了不少调查用的东西，看到她的老母亲和她的外孙、外孙女。家里收拾得不整齐，孩子到处跑，卫生间很脏。她看来有 54~55 岁，是 A 的同事，在学校讲民族风俗课，是一位心地善良、开朗热情的好人（后来发现，她有舞蹈天赋，也富有情趣和思想。20 多岁时，可能是位美丽而富于幻想的公主）。A 离异，主要研究图瓦历史，以及俄罗斯、蒙古、中国图瓦人比较研究。有一儿一女，孩子平时主要由父母照看。L 和她曾共同去中国新疆、内蒙古搞过调查。

……

刚出现一插曲：已经躺下准备睡了，听外屋说话，很热闹，又被叫出去见一人。从图瓦国立大学又来一位 50 岁左右的女老师。是极有意思的一个人，带来图瓦产的奶酒，两小塑料桶啤酒，似乎要将一瓶奶酒作为礼物送给我。是口齿伶俐、头脑很灵活的一个女性，图瓦人的智慧令人敬重。

2012 年 8 月 6 日晚

6 时起床，8 点多全体乘一小巴来到另一村落，很快发现又来到了托志乡所在地——熟悉的旅馆、那达慕会场，等等。阿列娜和昨晚来的雅格达（她因喉咙不好，不再当教师，在做管理工作——她在来的车上对我说的。她的妹妹在阿得勒·克日克村幼儿园工作）去一处办事，拉丽沙带我们到托志我们住过的旅馆餐厅吃了午饭。

……当天下午乘我们房东女主人父亲驾驶的渔船，从托志乡某处类似码头的地方出发，沿叶尼塞河顺流而下 3~4 个小时，来到叶尼塞河近旁一个图瓦人村落——瑟斯特格赫姆村①。此村北部环山，那山应该是东萨彦

① 多次感到深深遗憾甚至某种隐痛的是，这次乘坐房东夫妻驾驶的小电机船，去时逆流而上 4 个多小时，途中电机出问题，而靠船桨协助航行在波澜壮阔的叶尼塞河之上赶赴一个完全以狩猎为生的图瓦村庄之行，甚至在抵达上岸时竟发现棕熊脚印的惊心动魄调查之旅，我的相机偏偏在我登上船那一刻出了故障，致使没有留下照片。因没有相机，只能在这个村抄下几行文字，聊以弥补。

岭。而村子又离东萨彦岭横向绵延部分的山林很近，山林后，就是叶尼塞河了。可能是因离山林太近，所以，整个村子仿佛都笼罩在山林的荫凉和影子里。村子甚至还不太像个村子，有点类似林中空场上盖了房子而已，因房屋不是成行、成栋，村中道路也少有横平竖直的人工修筑的痕迹。整个村子显得生机盎然、野性十足，狗很多，骑马的人更多。而这些骑马的男人，具有某种出没山林、与野兽周旋的猎人的勇猛和气势，尽管他们的个头都不一定很高大，实际上更多看起来精瘦。

此村人以打猎、养牛为主。房屋都是那种原木垒成的结构，屋里抹有泥面，刷着白灰。随大家来到一户 5 口之家，只有一老奶奶和一年轻姑娘在家。姑娘在一个布置优雅而安静的房间弄笔记本电脑，说是暑假在家休息。阿列娜对老奶奶进行访谈，大概在问村史。家中布置阔绰：地板、地毯、壁毯、沙发等，与外面山野、村落反差很大。家中火炉烧得很旺，屋里很暖和。火炉上放的锅里有可能是中午吃剩的炒鸡蛋，老奶奶拿过来放在餐桌上请我们享用，这是我来俄罗斯近一年来吃到的最好吃的食品。很快又摆上一堆吃的：面包、茶等。晚饭有肉，是雅格达做的。这里的人都愿意不见外地把面包等食品拿出来给来人享用。也许因来者是本族人？不得而知。

2012 年 8 月 7 日

昨日乘房东女主人父亲的渔船顺叶尼塞河而下（叶尼塞河流向总的趋势是由南向北，如此判断，瑟斯特格赫姆村在托志乡西北部三四百华里的地方），我们的电气船顺流航行了 4 小时左右，来到叶尼塞河北岸近处一个叫瑟斯特格赫姆的图瓦人村落。上岸后，不知是哪位最先发现熊的足印，有中国大碗口大小，我生平第一次看到熊的足印，大家都很兴奋，欢呼雀跃。也许猎人会判断此熊足印蕴含的许多信息：熊的年龄、留下脚印的时间、去向、活动规律等。此村近 300 人，以狩猎、捕鱼、养牛为生。人丁兴旺，见有身手矫健的骑马猎人。

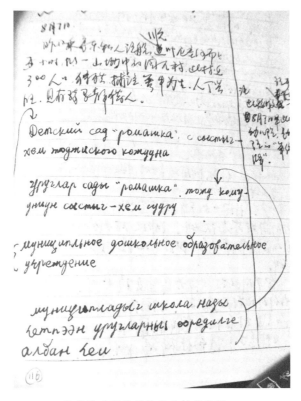

8 月 7 日早晨摘抄于此村幼儿园

　　晨 7：30 许，我们一行又乘来时的船，逆流而上近 6 个小时回到住地。其间先到托志码头岸上归还之前借来的衣服、雨鞋。有一个插曲是：课题组人都上岸了，我上另一只坐满孩子的船到出发时的码头还鞋和衣服。岸上的人们呼叫着、欢笑着，快乐地向我挥着手。瞬时我有种在国内时从未有过的触动和感动：大家把我当成了自己人！待我还了东西和主人告别，发现我们回住地的车已经等在码头边。因语言问题——俄语、图瓦语穿插使用，有些时候就这样马马虎虎地"被安排"着，以友好、笑容、轻松代替着，事实上，这可能是外国人在别国最放松、自然的互动方式。船上共 9 人，船主夫妻俩，妻子在船头掌舵，丈夫在船尾开发动机，夫妻配合之默契有种美感。我们 7 人一字排开坐在船内，不敢随意挪动身子。因深不到一米、宽不到两米、长近四米由铁皮、木头混合做成的、简陋的我们的船，实际上在偌大的、深厚的、两岸不断闪过腐土倒木、幽深树林的叶尼塞河上前行，确有些轻飘飘的，乱动可能会倾斜、出危险，这是船上每个人都清楚的。

　　昨天抵达200公里外的小村已是下午4点多，天色近傍晚，一行七人住在一位75岁老奶奶家，在她家吃的晚饭和早饭。早饭后，我们便往河边走，乘船打道回府。老人热情地执意送我们上船。临上船，我送老人500卢布，老人很是感动。从内心来讲，这样做踏实些。人类学叫人不能占同类的便宜，叫人从内心自觉人何以才能为人。阿列娜调查组所带礼物也不少，从与当地人的接触看，当地人都心怀体贴。但是作为研究怎样处理主位与客位的关系，是另一问题。

2012年8月8日

　　上午10时许出发，行进两个多小时，到了一个位于托志西北部叫"宜"（Ий）的图瓦村落。车在行进中到了一个社区，请上来一位60多岁的男人，看老人的打扮，有些像退休干部，请他做我们在宜村工作的向导，也和他谈了不少。

　　在此村对历史老人进行采访，内容如下。

　　第一户，访问一位80多岁图瓦老太太，她对所问对答尚流利。图瓦百姓对我们一行的调查热情配合，调查可以说一路顺利。

　　今天到此村的车是房东女主人哥哥的车（也有可能不是房东哥哥，因与女主人父亲看起来年龄接近），送我们到宜村后就离开了。如同鄂伦春族知识分子对自己民族的热情，同样有中年女性多在第一线做本民族传统文化保护、调查等工作，图瓦族亦如此。昨天乘房东女主人父母的船返回时，和前坐的雅格达闲聊，原来她的丈夫已经去世，生前是警察，说是因病去世的。同行的阿列娜的侄子阿拉特（俄罗斯语，"牧人"的意思）内向深沉，这位18岁的大一学生爱思考、颇有才气，后来几天他和我学汉语，我建议在我走后，他可以买汉语教材自学——类似阿勒沙娜买的那种。他谈起自己的学习规划：在图瓦国立大学读本科期间，会有一年时间

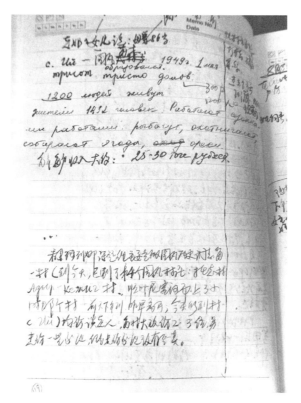

8月8日在宜村访谈一户老人时其女儿所写

向导（右一）领我们访谈

去蒙古国的大学学习，可能类似交流、联合培养，他的专业是俄罗斯历史，他也希望到莫斯科大学读书。后来几天，我们处得很好，我走的那天，他也一直陪到半夜 1 点多我上车。图瓦人/图瓦族，这个国家归属问题一直伴随其民族演进甚至影响到今天人们意识的群体，自身无力独立建国，但对归属中国、苏联、俄罗斯，还是如同历史上曾经的飞地，是许多族群不曾面对和影响至今的因素。我发现，对成吉思汗的历史记忆，成为建构目前图瓦人民族自信的重要因素。图瓦国立大学管理人员雅格达昨天在船上问我对俄罗斯印象如何，内含的意思可能是对图瓦和当前状况感觉怎样。她曾说自己叫成吉思汗·雅格达。在图瓦，关于成吉思汗，图瓦人意念中似乎有某种图像、某种感召，是能够体会出但说不明白的一种意识、思想流……

阿列娜访谈此户老太太，以及之前的访谈，都用的是本族语言，尽管老人们也可能会讲俄语，但是肯定母语讲得好，图瓦语—共用一种语言—自己人—可信任的人—什么是同族？经历共同历史、利益、荣誉，未来一致的群体。

从此户老奶奶女儿（中学教师）那里了解到，母亲 86 岁；此村是大村，300 多户，1200 多人。此村现在主要收入来源是打猎、捕鱼、采集。过去饲养过驯鹿，现在驯鹿少了。

8 月 8 日下午，在宜村接着工作。午饭后休息，和我们的向导聊天。他叫谢尔盖·果勒维克，74 岁，老伴 64 岁；他过去工作，现在退休了，每月退休金 1200 卢布，老伴退休金也是 1200 卢布。

下午风和日丽，我和拉丽沙、向导、阿拉特在一户人家门外树荫下草地上坐了很久。草地起伏连绵，直接天边，间或有高低不等树木点缀。在座都很闲适、惬意。我很放松，也有几分心旷神怡。此户女主人一直陪着我们，她的孩子在周围玩耍着。她向我要烟抽，可惜我没有，便回家取来烟。刚见面，她的长相和穿着、某种做派，让我有些吃惊，后来相处时间长了好一些。她刚刚 40 岁，但是初看似有 60 来岁。头发已经花白，牙齿黄黑并似乎不全，衣服看起来多日不洗，脚上没有袜子，拖鞋很脏。她有两

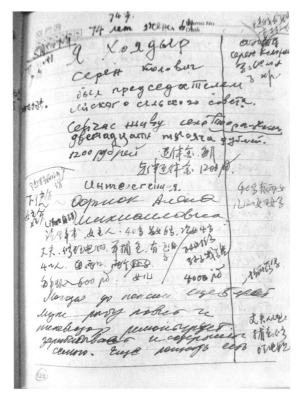

宜村有两个女儿、丈夫修理电机的捕鱼女士书写

两个女儿和白马

在这户院门外，幽静的午后，美好的时光

个女儿：长女 6 岁，次女 4 岁，也脏脏的。后来在马厩那里见到她丈夫：个子不高，瘦弱。但是有修理电器的技术，也捕鱼，家里还有一匹很漂亮的白马。

后来又与阿列娜他们相遇，来到一户人家。访谈这家一位看起来有 80 岁的老太太，她知道不少阿列娜问的事。早晨路过一村时请来的向导也一直和我们在一起。

……

同一调查组的俄罗斯小伙子谢廖沙和图瓦人的行事方式的确有些不同。其个性诚恳、热情、喜形于色，有时也令人不适。为了好好收场，我要忍受许多。正如 B 所言，我的确是观察员身份，这个身份扮演起来颇为有趣：要容忍异国人有时拿你因语言误差而开玩笑；要装傻，如女人之间关心的年龄，只能装听不懂；有时要为课题组装饰门面，如向乡政府干部介绍调查组实力时，会把我推向台前；有时也会得到照顾，如给我安排相对好一些的住处、坐船时借给我手套（谢廖沙的）等。

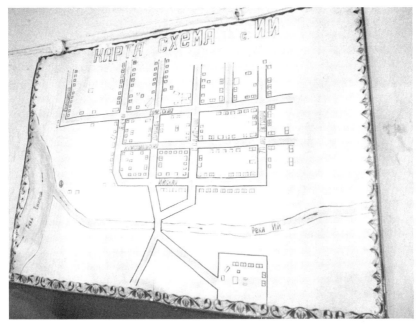

宜村村落及外围环境——房屋、村街以及作为叶尼塞河小支流的宜河

宜村标志物——又见驯鹿

村政府办公室外的公告栏

……

今天乘雅格达妹夫开的小巴，早晨 7 点出发去宜村，同行有妹夫的妻子和两个孩子。晚 7 点左右返回住地。数一下回来的车上，共 17 人。我们的车似乎从来没有不超员的。

在宜村待了一天。惊奇地发现，此村类似国内"村委会""村部"招牌上，写的是某某"苏木"，这与内蒙古地区称呼"乡"级单位完全一致。难道是蒙古语在图瓦语中的借用，或完全是历史流传，还有，这里也有"那达慕"节日。

……

也许她就是村长，这位干练、举止高雅的 50 多岁的女干部陪了我们一天。中午饭在苏木政府办公室吃的。女干部找来茶碗、茶等，还有一大碗好吃的果酱，好像是自己做的。课题组在当地买的面包和类似方便面但冲泡后却是土豆泥的食物。一个一行 7 人的调查组，行动起来的确不容易，吃、住、行，领队要有非常好的组织能力。

如同在其他村，在宜村此种儿童车盛行

远眺宜村，心旷神怡

宜村边上的宜河——和叶尼塞河连通的小支流

　　昨天下午洗巴拿，发现两位小伙子最后洗，尽管生火和准备凉水都是他们做的。长幼有序，在这个古老的社会被严格地遵守着。

　　……

　　今天下午主要和拉丽沙一起工作，也和雅格达一起工作了一会儿。在40 岁女主人（脏、牙齿不全，头发白了多半）家院外树荫草地上坐了有 1个多小时。我提议到她家坐一会儿，拉丽沙说不用了，估计是对她屋里状况也有所想见。中间，此女又叫来一位卖鱼的中年人，他摊开他的鱼让我们看，估计是刚从冰箱里取来的，还有冰碴，是问我们买不买。

　　拉丽沙对马有兴趣，她采集马鬃，并随身带着皮尺，测量马的身高、马的腰围，询问马主人姓名，并记在纸上。对此，马的主人有的配合，有的不感兴趣。今天下午她只测量了 40 岁女人家的马，并采集了马鬃；另一匹毛色为黄色的马的主人，只允许我们剪点马鬃，但是这马性情刚烈，不让动手，甚至反抗、冲击它的主人。而它的主人样子也有些特别，个头中等，右眼下颧骨旁有一块尚未痊愈、泛着血迹的创处。

有几分惊奇，这里的图瓦村落居民至今尚以打猎、捕鱼、采集作为生计的重要部分。如果说饲养半野生驯鹿在当代还能说得过去的话，狩猎、采集、捕鱼的生计方式便十分令人担心其前景了。在村中也看到了零星的牛群和马群，也有宅旁园地，打理得普遍一般，今天在一户人家还看到了大型农机。可以断定，我们所到地区的图瓦人，其生计，已不是人们理解的"原始社会"，如果有更好的赚钱方式，他们也可以一夜之间实现"现代化"。

今天下午在村委会办公室，负责人安排，来了一位会说汉语的年轻女子，约26岁，很漂亮，是图瓦女性中的美人。她在吉林音乐学院学习一年，在布里亚特大学（位于乌兰乌德）学习三年，现在宜村学校教英语。未婚，但和男友一起生活。她说见到我非常高兴，使她想起了中国。有意思的是，当我要将她介绍给我们周围的各位，她马上制止了我。我把名片给她，她说明天给我打电话。也许，我们所有的热情，都是出于一种理念，是一种超现实的热情，这是周围的林林总总所不能体会的。

这个由图瓦知识分子组成的课题组，不知是否能够走出主位认识局限。今天听那位会讲汉语的女老师讲，在这个村，之前没有外国人来过，并谈到图瓦语也有标准语和地方话的区分。克孜勒的是标准语，类似本村就是地方话了。类似鄂伦春人因流域不同而存在"区分"的意识，据说图瓦人中也存在哪里的图瓦人是"真正的"图瓦人之说，如托志图瓦人认为自己是真正的图瓦人。不知其内部一般分为几个流域（地区），明天若方便可请教那位图瓦女老师以下问题。

1. 图瓦人目前生活怎样？城市人、农村人是否差别很大？

2. 图瓦当前社会主要问题？

3. 与20年前比，变化有哪些？

4. 发展中的外部条件、内部因素？

5. 历史记忆；民族认同，国家认同；为什么存在如此丰富的认同问题？

……

几天来，常常与壮美、洋洋洒洒的叶尼塞河不期而遇。深为遗憾，前日去赫姆村相机没电了，与叶尼塞河两岸、赫姆村许多打动人心的自然之美失之交臂……

2012 年 8 月 9 日上午

我们乘车又来到托志乡所在地。阿列娜、拉丽沙、雅格达到乡政府查找文献资料。总之，她们一起做调查接近结束时和资料有关的重要工作，我不便和她们同行，安排由阿勒沙娜带我们在村里访问老人。中间传来消息说昨天见面的那位会讲汉语的女老师来找我，最终没有再见。

我们四人在托志乡第一夜住宿的那家旅馆餐厅吃了饭，之后一行人去找组长阿列娜指定的那位老人访谈，一位 70 多岁的图瓦老太太。老人自己有退休金，每月 1500 卢布，家里人有工作，收入也不少，生活很不错。

和老人交谈

家家常见的日历

托志街头商品多为中国制造

叶尼塞河及森林"陪伴"中的托志社区

图瓦共和国托金斯克区托志小洋甘菊幼儿园

用木板建成的上面画有图画的幼儿园院墙

　　第二位访谈对象，是在村头遇到的坐在那里休闲的一位70多岁的老奶奶。我们过去搭话，老人有思想也很健谈。老人身体健康，还在劳动，是位佛教徒。感觉生活还好，家里七八口人：儿子、自己的父母等。老人读过几年书，不懂蒙古语，此地老人都不懂蒙古语，而对俄语都有很大程度的掌握，看起来听得懂，也多会说，图瓦语掺杂俄语，是普遍现象。人们的祖国认同当然是俄罗斯联邦共和国，社会各种符号、表象都可以证明这一点。外人常常推断的可能的图瓦族与蒙古族族源渊源是有痕迹，问题是当事者对此已经没有意识，或有一些，也说不清楚。如老人谈到近日托志乡那达慕大会，但不知道"那达慕"是蒙古语。这等于语言这一块的历史、文化连接已经接近中断。在每日都要享受的图瓦音乐、舞曲、歌曲（司机总是载着我们在音乐中前行，是一大享受）中，一次忽然听到在内蒙古也很流行的歌曲"妈妈的恩情像高山大海"，记得是首蒙古国歌曲，但是车上图瓦同胞也非常熟悉，并看得出非常喜爱，跟着哼唱。这有可能是图瓦离蒙古国近，音乐因地缘方便而流传，而音乐的旋律又在传达着文化、延续着某种历史记忆也难说。

托志我们所住旅馆餐厅

托志一家个体商店

与那位 70 多岁的老奶奶在一起

老人告知此地少有外国人来，只有俄罗斯人来。近日询问几位老人和年轻人，均回答此地少有外国人来。说明图瓦地区还很封闭，外部社会对他们还了解不多。

……

自 8 月 1 日上午 10 点从克孜勒出发当日晚 11 点半多抵达托志乡，8 月 2 日开始工作，接触过乡、村领导后，接着进入访问村中老人程序。至今，访问了不超过 15 位老人。此次调查，看来主要是借助口述史方法，侧重了解图瓦历史演化过程——主要事件、变迁、变化，因多访问七八十岁老人，问他们"过去的事情"。对当下村民生活似乎过问不多，完全没有访谈其他年龄、阶层人士。访谈人物划定为老年人、对本地历史了解多的老年人。看来，图瓦知识分子对本族历史的挖掘、整理工作，正在从基础做起。

饶有趣味的是，昨天在宜村介绍我与一位在中国学习、会说汉语的本村女老师认识，负责人似乎有意让她明天（今天）再来托志让我们再见，然而今天似乎取消了此安排，或因其他原因，总之，女老师没有来。有可能是因其他，也有可能是出于民族自尊等考虑，不想让外人知道得太多。不过，邀请我来图瓦，一起调查，进入本族社会，已属信任。将心比心，这已是作为一个民族的很高礼遇——允许适度进入！而近日最大的认识，是感到，在反思现代化、现代化过度带来的危害时，对图瓦而言，适度的现代化则是必要的。叶尼塞河两岸的景色的确优美如画，而近旁的图瓦人靠山吃山、靠水吃水，不是生存的上乘之计。帮助他们适度现代化，是外部社会当前应尽的道义，也是国家政府应该担负起的责任。曾有讨论并持续至今依然作为争论焦点的是：是否该让某族人民——传统文化承载者——充当"保护传统文化"的人质，即为了原汁原味地保存某种文化而有意"不发展"这个文化承载族群。图瓦村落目前问题，似不属于文化保护——"人质"问题，而是俄罗斯政府有可能一时顾不过来，或国力还不足以保证各个地方同步发展，或照顾到国家各个地区、地方。

问题还在于当事族群改变、发展的追求目标有多高，是什么。似乎更多民众并不觉得不适，似乎生活很愉快而安稳。即便如此，他们无疑会喜欢高收入、更舒适的生活条件。今天上午问阿勒沙娜，此地外国学者来得多不多？回答"不多"。有一种担心，图瓦为俄罗斯的一隅，这一群图瓦人的未来将会怎样？也许，知识分子阶层、中产阶层生存已不成问题，并已深深介入外部社会现代化进程。而乡村人也不会遭遇厄运而灭亡。问题是，生活的现实、过程怎样？生活的物质和精神质量如何？而人类不同群体、不同文化，或人类理性进化所发现和向往的公平又是什么？人生而平等，类似图瓦这样一些人，他们无论从衣着还是心理、心情，是否体面和相对达到目前人类社会的水平，对生活的满意度是否因见识而过于低？

……

在几天来的老人访谈中，除那位我们的向导是老年男性，还有另一位男性，其余均为老年女性。可以判断，图瓦社会男性寿命低于女性，与此对应，中、老年寡妇可能也比较多。这和鄂伦春族、使鹿鄂温克族类似。

难道图瓦男性平均寿命短和非正常死亡，与鄂伦春族在原因上有一定一致——生产方式转型问题、适应问题、压抑、渺茫、酗酒？而走过的这四个乡、村，每村都见到因饮酒过多而神情异样者，或因饮酒过多倒地昏睡者，多为三四十岁男性。也见到个别女性酗酒者。酗酒者一般脸黑红，似乎有些虚汗，神情木讷。

今天快接近傍晚时，我们四人被叫到托志一户人家，她们三位看来在此户已经停留很久。上午听说她们要去一个饲养驯鹿的村，看来没有成行，而那位说来见我的女教师最后还是没有见到。行动中的计划因车、人等，计划的改变是常态。我们四人被带到餐厅，享受了很丰盛的晚餐。饭后不久，我们起程回阿得勒·克日克村住处。

2012 年 8 月 10 日

今天全天休息，正式调查结束。早晨负责人起得比大家都晚，是该放松、好好休息一下，紧锣密鼓的十几天，而她为此次调查所做的准备，也许早已开始了。

今天早晨我和阿勒沙娜去村里的私人小商店，我出资买了五个那种村里常见的长方形大面包（是这里村民的主食，是所见到人们从商店出来手里最常拿的东西），一塑料桶果酱样的食物。因发现我们能吃的面包已无，建议在负责人起床前买来。作为也带领课题组下去过的人，深知分担的需要。

中午大致一点多起程，还是由雅格达妹夫开车，去离阿得勒·克日克村 200 公里外的两个湖游览、游泳。一行人中，调查组 7 人：阿列娜、拉丽沙、雅格达、阿勒沙娜、谢廖沙、阿拉特和本人；雅格达妹夫一家 7 人：司机夫妻、婆婆、两个五六岁的男孩、两个六七岁的女孩。

在第一个更大的湖，即那位俄罗斯倔老头驾游船的那个湖，买票乘游船游览，之后人们游泳，阿列娜买票，差 100 卢布，我恰好有；第二个湖，被认为湖中淤泥有护肤、去病功能，便纷纷将那淤泥尽可能地抹满全身，然后下水，人们彼此帮忙抹着，非常开心。我没有游泳衣，也不会游泳，就坐在不远处的树根上看风景，帮着照看孩子们。

圣湖上俄罗斯佝老头船夫

圣湖上开放的白莲

神树下

敬献给神灵

湖中淤泥

　　此番游湖，深感文化差异。这里的男女之间相处似乎更为自然。而调查组几位女性也尽显风采，各着华丽泳衣，亲切、自然、洒脱。与这些朋友相处，感觉不累，要比国人在一起令人轻松、亲切。大多时候，车行进在路上，车外风光如画，人们自然地随车内歌曲或音乐哼唱、摆弄舞姿，也热情地教我手舞足蹈。图瓦舞蹈讲究手的姿态变化，内涵丰富复杂，我看不懂，只知道很美。司机的老母亲也教我跳，微笑、慈祥，分明有一套舞姿！

　　今天上午将剩的硬面包喂狗，领教了何为"丛林法则"。我们所住人家有一黑一白两条狗，黑的大而威猛，它将抢到的面包放到一处，继续抢来放在自己的地方后，冲过去咬白狗，不允许白狗吃到一口，其情景令人发指。人类之间的情形有时也类似，宗教力图缓和人类之间此种紧张。

　　8月1~10日，在托志十天的正式调查昨天下午落下帷幕，收获还是很大的。为此，十天常常装傻、忍耐都值得。

　　昨天晚饭后想洗衣服，去巴拿取洗衣盆，惊奇地发现三位女性——阿列娜、拉丽沙、雅格达就着简单的下酒菜，在喝伏特加，似乎几位都有几分酒酣耳热。阿列娜一反平时的沉稳、严肃，执意邀请我留下喝酒（今天中午出发后在车上，几位女人传着两瓶啤酒喝，也一定给我一瓶）。我接过酒，一干而净，并向阿列娜以及其他两位表达我诚挚的谢意，谢谢她邀请我来她的家乡图瓦，非常信任地把自己的民族介绍给我。她对我的谢意和对她内心、工作的理解较为认同，很动情地对我说：自己非常热爱自己的民族，虽然人口不多，经济也不发达，但是，还是非常热爱它，为此，她付出了很多。而一些年轻人可能指望不上，年轻人有可能更向往莫斯科大学、莫斯科。

后来慢慢得知，阿列娜毕业于莫大历史系，博士毕业后回图瓦国立大学工作，当时她30多岁，已经回来工作10年了。她的确是图瓦有胆有识的知识精英。看她的名片，没有行政职务，副教授。也许，她如此能干，并毕业于俄罗斯最高学府，而这一切，并不会太令她的同事愉快，而排挤也是难免的。拉丽沙是她的铁哥们儿，是她调查的最好陪同和高参。她们曾一起去中国新疆喀纳斯湖图瓦村、蒙古国图瓦人地区调查。可能图瓦人中能在莫大读书的不太多。那日见图瓦国立大学校长——那位沉稳并有风度、50多岁的图瓦族男人，不无自豪地说自己毕业于莫斯科大学。在克孜勒，认识了本年度9月将到莫大读硕士的图瓦族女生阿内哈克，她对即将开始的莫斯科大学学习生活充满期待。在莫大外语系，还有一位我通过阿勒沙娜认识的在圣彼得堡某大学毕业之后到莫斯科大学当英语教师的图瓦族姑娘。我从内心希望有更多的图瓦族年轻人能够到莫斯科大学读书。

……

总的来讲，图瓦乡亲给我留下亲切而诚恳的印象。是否有种可能，各种文化共同体内的基本群众，尤其是底层人民，都是亲切而不乏诚恳的。但是图瓦人民不擅长张扬、吵闹，是内秀而和蔼、让人想念的人。

今天中午去两湖游玩开车前，前日在本村和阿勒沙娜走访的那户家境一般人家的男主人（儿子亡故、女儿精神失常，儿媳自谋生路，留下一双读小学的儿女给老两口）迎到车门口，那样动容地看着我，还喃喃地讲着什么。而车上人木然地对望着他。这情景让人不由得一惊。在这里，有时就会意外地看到和出现一些意外或戏剧性场面，如那日在所住人家院外看到一个男子躺在村街路边，不知道是睡觉，还是休息。

几天来，慢慢有一种体会，发现俄罗斯族人与图瓦人在性格、气质上有差异。不考虑谁是土著，谁是移民，因均不是这一代人所经历，哪怕社会阶层一样，俄罗斯人看起来也不像图瓦人那样低眉顺眼，男女都很平和、慈祥，他们的神情、行为，似乎都个性十足。体质上两者区别显著：高鼻、深目、身材高大，而更难以言传的，是精神气质上的不同。

今天下午游湖，我们先在第一个大湖游览。买票乘游船绕湖一周。游船发动机是我生平第一次所见：从一个类似铁箱子装置里往外猛拉一根绳子，这样拉三四次，发动机便发动了，之后掌握好舵就行。而开动发动机、掌舵者，是一位 60 多岁的俄罗斯老头。他一路上，以一种国王的派头坐在船头，不苟言笑。最有趣的是，当船抵达一片饭碗大小的白莲花附近，本来好意地停下发动机，让船随意漂荡，也好让人们拍照，结果人们拍照的动作或兴致过大，这让他看不惯，谢廖沙甚至站起来拍。倔强的俄罗斯老头自言自语说："那我接着走！"又拉动那机器，船又全速前进。行进中他点过两次香烟，跷着二郎腿，提醒人们哪里不能拍照，很权威而悠闲的样子。有两次不知对船上哪位咧开嘴笑，露出满口金牙。

下船后，我们照例向他表示谢意，甚至采用很隆重的礼节——拥抱。不知是谁提到"中国人"，感觉到一些人视线转移到我身上。我走上前友好地和船夫老头拥抱，他似乎也意识到这是有些做给人看的"表演"，因此，动作有些夸张（这些天常在一些需要"添彩"的时候推出我，或拿我做什么比方，如对什么"不懂"等。这是前所未有的体会。一定要为国争光，不能有损于祖国。这样做，包括要忍耐一定的利用与无礼）。就在今天下午，在第一个湖，上船前，负责人郑重向我交代：不能在湖上拍照。看我有些疑惑，就把我的相机放到自己书包里，而这一切，都在人们的注意中，功能意义很多。并说她自己可以拍，是有有关允许批文的。此湖被当地人奉为圣湖，不允许在湖中拍照。后来，船走了一会，让谢廖沙把相机传给我。凡此"不能拍"的规矩，大家并不遵守，依然拍着。对这些，我完全没当回事，只是当在演戏、看戏。明白了，演起来就难以不游戏着来了，带着欣赏之心在演。

8月9日

8月10日晚9点左右抵达克孜勒。近中午从阿得勒·克日克村住地出发，还是雅格达妹夫开车，车上依然14人，吵闹不堪。我和谢廖沙被安排住在雅格达所工作的部门类似招待所或学生宿舍的地方，晚饭和第二天早饭也由雅格达负责。

今天8月11日（周六）。7月29日从莫斯科出发，至今13天。初步计划14日（下周二）乘汽车去阿巴坎（哈卡斯共和国首府），然后飞莫斯科。现在不清楚14日由克孜勒乘出租车（6小时左右）当日能否赶上去莫斯科的飞机。每走一步，都是难题，而同行的A也没怎么主动帮忙。昨天从托志地区返程路上傍晚停车休息，我问阿列娜从克孜勒到阿巴坎怎么

得见原生态——朽木新枝

返程时林中路

和图瓦朋友在横跨叶尼塞河的渡轮上

汽车过河需要渡轮

在渡轮上等待横过叶尼塞河的汽车

走方便的问题，我说自己是外国人，需要帮助。近几日，我不时想起早期有人类学家、人类学从业者在遥远的异域社会的遭遇：他们不断地来到你的住处，看你，和你要烟、糖果，围观你，你无隐私可言；孩子们待在你的住处不走，玩耍，你无法安静；你孤立无援，无以倾诉……人类学到底是什么？在异文化中，与他们一起吃、住、行，个中遭遇与感受，有时简直令人崩溃！他们有时热情备至，有时不理不睬，有时忽然特别需要你，有时不想看到你。凡此，都反映在调查组人员身上。而在几个村中访问和户访时遇到的百姓，则多诚恳、善良。他们也许能够感受到你对他们的体贴，多愿意把家中和自己的事情讲给你听。昨日在阿得勒·克日克村，那位忽然出现在我们车门口、失去儿子、女儿有病的大爷，盯着我，双手示意着什么。我能够看出他还想和我说点自己的什么。有可能本族学者往往走不出自我，而有时那种有些虚伪的矫情也很令人反感。

现在在克孜勒市——俄罗斯图瓦共和国首府。这一第一印象仿佛能落后中国二三十年的城市，共和国政治、经济、文化核心重镇，其规模实不抵中国东南沿海地区县级城市，基础设施、繁荣程度更难以比较。这里的意义，或"独特性"，在于它能够反映、体现一个族群的政治地位和权利，是一个族群方便进行社会动员的基地。7 月 30 日下午抵达这里，便被这个城市的散乱、陈旧所冲击，与自己所想象的样子相去甚远。阿列娜、拉丽沙、雅格达都问起我对此市的印象，能够体会他们对中央在财政、基础设施建设上投入不足的不满。

此番调查收获待回莫大后总结。

2012 年 8 月 11 日

9 日休息，当日下午去距离阿得勒·克日克村三四百公里的两湖游览、游泳。10 日早晨 8 点左右从阿得勒·克日克村出发，沿着来时的路赶往克孜勒。又在来时吃饭的那家饭馆兼旅店吃的午饭，稍事休整。一路甘苦，无法言状。车上依然是 14 人，其中有 4 位年龄分别在四五岁、七八岁的孩子。本来 9 个座位的车装了 14 人。孩子们没有一刻安静，成年人也愿意时不时地吃东西。林中的自然路坑坑洼洼，高高低低，过河过桥，其间不乏险象，如一次停车，年龄最小的孩子头被卡在车门下，我挪开其他东西，把孩子头放出来；我和对面老太太（司机母亲）座位邻近车门，而车门开关其实是基本失灵的。早晨上车后，我被安排在这个座位，是很麻烦的位置，好在我和对面的老太太及缠绕身边的孩子相处得很好。

车上一些人的进食方式令人瞠目，而其如此容易饥饿也让人不解。因路况极差，颠簸厉害，车上吃东西不方便，是要用手抓，问题是是否需要进食。总之，看到食物总要吃一顿，无论是塑料袋中的熟鱼，还是面包、果酱。车里脏乱不堪，因调查组带的生活用品杂乱、众多，再加上孩子们的吵闹、哭闹、拥挤。我便闭着眼打盹，心里也拿定主意：以不变应万变。昨晚基本一夜没睡，因一直到黎明，屋后都有一男人在喊，很痛苦的喊声，不是呻吟，估计是喝多了酒的人在发泄。在这里住的六夜中，就有两次半夜听到男人的高喊声。

昨天傍晚到克孜勒后，一行陆陆续续到家下车。最后我和谢廖沙随雅格达到了一个地方，是她的单位，她家也在近处。她带我们来到一栋三四层高、类似宿舍、招待所的楼里住下，房间、床铺、被褥等条件很差。好在热心的值班人员给我们送来电水壶，雅格达又从家里给带来茶叶、糖、面包等，并交代好明天早晨 9 点她来找我们。按照昨晚的安排，今天她准时送来早点：类似中国馄饨的食品。我和谢廖沙因刚刚吃过面包等，已经很饱，就只品尝了一个"馄饨"。就在今天参观完图瓦国家博物馆、买好机票（明天 12：20 从阿巴坎起飞到莫斯科 19000 卢布，来时 7100 卢布。换好卢布之后，送给阿列娜 5000 卢布，一是作为送给她儿子的生日礼物——沙沙近日的生日，二是作为十几天来的费用及答谢。我意识到这样做很对，是一个得体的做法。阿列娜有些意外和感动地说："多了"。我说："不多，是早有准备的。"把带来的以备不测的 200 美元兑换成卢布之后，送给阿列娜

5000 卢布，因发现机票远远超出来时价格，担心买机票钱不够，阿列娜又把那 5000 卢布放在我手里——先集中一起买机票。买好机票之后，我很快把 5000 卢布再次诚恳地放到她手里）后，我们去雅格达家取行李，我和谢廖沙又搬回 7 月 30 日来时住的那个高级住处——图瓦国立大学。我们与和睦相处了好多天、俨然已是老朋友的热心、可爱的雅格达女士告别（她嗓子疼，不能和我们一起活动）时，她半开玩笑、依依惜别地说我没有吃完她今天的早点。我乐呵呵地说：吃了，只是吃得有点少。内心流淌着涓涓惆怅的离别之情。我深知，这一别，真不知何时再见。

回到了克孜勒

今天上午 9 点雅格达来找我们，我们一起坐城里那种中型公共汽车去图瓦国家博物馆参观，是雅格达给买的车票。中间我下车到一家店给手机充了 500 卢布。到博物馆，看到阿勒沙娜已经等在那里，由她带领我们参观。雅格达告辞回家。

住处

住处

在图瓦国家博物馆

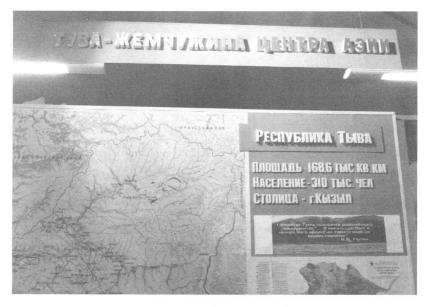

图瓦——亚洲中心的一粒珍珠

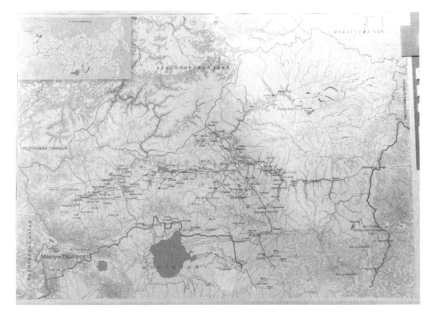

博物馆所藏图瓦地图

老照片

铃鼓的呼唤

蒙古包内陈设

图瓦民族工艺品

萨满教研究资料

熊等动物标本

图瓦政委、功勋老人等为项目剪彩

博物馆门票加"允许照相费"共 160 卢布。这是图瓦共和国国家博物馆，的确办得很有品位。博物馆尊重历史，较真实地展出了有关曲折历史的各种实物，令人顿生无限感慨（唐、清、民国、新中国、独立、蒙古国、俄罗斯）。在外部社会大潮变换中这个人口不多、有自己传统祖居地的群体，其选择、抉择、摇摆等过程，生动至极。北京大学马戎教授所编《西方民族社会学的理论与方法》（天津人民出版社，1997）中有文章谈图瓦（斯蒂凡·苏利万：《苏联解体后图瓦共和国内的民族关系》）。图瓦的确是"民族""自立""难以自立""选择"的生动样板。

听阿勒沙娜介绍，她今年（2012 年）7 月曾随阿列娜等到蒙古国图瓦社区调查，那里更热更辛苦；这次图瓦托志调查完成后，9 月阿列娜等一行 8 人计划去中国新疆图瓦人地区调查。这个团队图瓦一方 4 人为阿列娜、拉丽沙、阿勒沙娜、阿内哈克，另 4 人分别来自莫斯科、哈萨克斯坦等。

从交流中得知，图瓦的近邻蒙古国，其社会上下很推崇成吉思汗。今天在图瓦国家博物馆看到一幅照片，文字说明是图瓦成吉思汗后裔一女子与图瓦要员在一起。成吉思汗在图瓦社会上下也备受注目与推崇。昨天下午我们一行车停某处休息，雅格达女士针对我谈起的返程中可能存在的困难，半开玩笑地对大家说：自己是成吉思汗，并比画着手脚，做担当、仗义状，意思是具有成吉思汗的威猛和志向。无论如何，将一位有建树的本族历史人物或可能有关的历史人物，作为记忆，并体现其精神影响于当世，总是一种鼓舞今人介入当世、自信而奋斗的积极力量。

今天下午图瓦国立大学国际交流处那位带我去移民局办理落地签的沙尤扎娜女士来到我住处，应该是阿列娜请她来的，给我交代关于返程的有关安排。说是阿列娜给我找好了同车去阿巴坎的人，说那人也在莫斯科下飞机。她送我三件礼物：两张冰箱贴，一幅装饰画——图瓦作为地理上亚洲中心位置纪念碑。冰箱贴中有一张是贝加尔湖畔的宾馆，说因我想去而没去成，弥补一下遗憾（的确，当了解到去贝加尔湖的困难后——没伴、异国他乡、到乌兰乌德汽车要走两天，接着坐火车去湖畔，总之，不是想象的那样容易）。我说：我没有礼物给你；她说：日后她去内蒙古再说。

在和沙尤扎娜女士的交谈中，我提起此处的交通问题，无火车、无直飞莫斯科等欧洲城市飞机，人们出行主要靠汽车，而公路也一般。她迟疑，似不便妄加评论，后来略带调侃地说：再过一百年可能会有火车吧。本地、本族社会发展，尤其是交通等基础设施的改善，看来是图瓦知识阶层不愿轻易谈起却是藏在内心的"心病"。图瓦人似乎内心有根弦一直没有放松，也就是说，在与俄罗斯联邦政府关系上，他们是很谨慎的：得罪不起，没有别的好办法。图瓦地方发展方方面面的条件有待完善，而俄罗斯中央支持力度仿佛不够大，这是图瓦共和国的现实。无疑，俄罗斯联邦政府要赢得各个联邦主体、各族人民的拥戴，以至于对国家安定、团结的影响。国家长治久安，了解各个地方的发展实际，并拿出好办法加快边疆、国内各个民族地区的社会繁荣发展，提高人民收入，是当务之急，也是一个多民族国家永远不能疏忽的工作。

今天在图瓦国家博物馆参观，陪同参观的阿勒沙娜认识的一位中年女管理员，知道我来自中国后，表现出很大兴趣。她上下打量我，点头，似乎认可着什么。无疑，这是她对中国很感兴趣。遗憾未及多谈。我提议合影留念，对方欣然同意。昨天上午我们返回克孜勒的车停在托志乡学校博物馆门口，不清楚为什么要在此停一会。我与坐在门口的值班大爷（60 来岁，图瓦人）搭讪，他得知我是中国人，我问他知道中国的一些什么。他做出"很了解"的样子，说"伟大的中国"。在图瓦，时不时会听到、感受到中国、中国元素。正赶上伦敦奥运会，听人们说"中国伟大"，伦敦奥运会上中国金牌数常常第一。在国外，切身体会到国家强大，自己的底气才足。

今天在图瓦国家博物馆看到清政府授予图瓦地方官的顶戴花翎，也看到如今图瓦人民热烈欢迎普京总统。在莫斯科东方艺术博物馆中国厅，看到中国的陶瓷、清朝服装、女人"三寸金莲"小脚穿用过的怪怪的小鞋

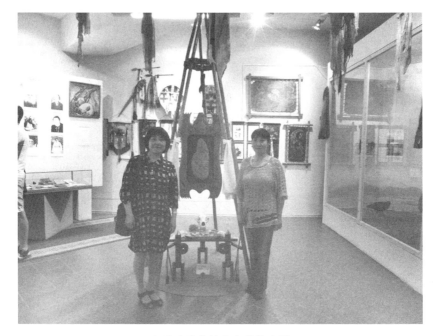

在图瓦博物馆和女馆员合影

等。这些东西是如何流入俄罗斯的？或许不完全是买卖的结果。一个奇怪的发现：各国都有书写自己历史的根据和回答"为什么如此写"的充分理由，无论是中国黑龙江以北疆界、疆土问题，还是苏联派人到图瓦地区"考察""发现"，都有自己的一套合理性。

2012 年 8 月 12 日晚

8 月 12 日凌晨 1 点前后乘出租车从克孜勒出发，早晨 5 点多抵达哈卡斯共和国首都阿巴坎，一路顺利。在候机厅购得纪念品若干，优雅的中年女售货员回应我的提问，说自己是哈卡斯族。中午 12：20 飞机起飞，下午 4 点抵达莫斯科，加上时差 3 个小时，飞机实际飞行 6 个半小时左右。

……

图瓦语：

你好：gi（哥一）；

不，不是：qiao te（壳特）。

图中有返回莫斯科时在哈卡斯机场所购纪念品

Qin qin：（亲亲）。这是组长阿列娜给我起的图瓦名字，意思是"美丽的小项链"，并解释说：中国地大物博，人口众多，而你是挂在中国脖子上一条小而美丽的项链。

……

可考虑的写作题目：《中国黑龙江南岸渔猎民与图瓦人：文化的相似与互鉴》。

问题线索：

8月10日上午从住了7夜的阿得勒·克日克村出发，晚上八九点抵克孜勒。拉丽沙家住城边，她最先到家；第二位到家的是阿列娜，父亲、孩子等出来迎接，卸下调查所带的物品。在车上时，阿勒沙娜问阿列娜自己住到哪里，阿列娜交代给她一个地方。阿勒沙娜在一栋很旧的楼下下车，大概到了她住的地方；我和谢廖沙由雅格达带领，车行进到城边某处规模不大的楼群——雅格达工作单位及学生宿舍群，而她的家也在这里。送我们返程的司机一家人是她的亲戚——司机妻子是其妹妹，第二天看到了同车的小女孩在她家（几天来由其妹夫开车送我们进村、出村、游湖等，除妻子和母亲，一家中还有两个女孩、两个男孩。后来知道两个男孩是司机的，而两个女孩与司机及其妻子以及与司机母亲是何亲属关系，一直不清楚。询问似乎是不太礼貌的，弄不好会涉及隐私及不想让外人知道的事情）。

值得注意的是，拉丽沙对本民族生活状况的认识。8月11日的某个时候，似乎是我提到了图瓦考察的什么感受，拉丽沙说：图瓦（农民？牧民？猎人？采集民？驯鹿者？现在突出感到界定图瓦乡村人的生计方式首先是很困难的，至少在托志地区深感如此。而在去托志之前，听说托志图瓦人认为自己是正宗图瓦人，而其他地区的不是。看来，因历史上部落、地域或其他因素，图瓦人内部存在类似鄂伦春族内部的"流域"之区分。这种区分，影响到族内关系及对外的政治交往，如哪个流域的人当权——当主要领导等）人的生活很好，面包、牛奶，吃、穿、用等都不错，有人还有汽车，有钱买酒。问题在于精神状态，如钱用来买酒等。当然，买酒、饮酒、对酒的兴趣及原因，也难以一概而论。

谈起酒，的确感觉已是图瓦村落社会问题之一。在基层十天，每一天都可以在村里、街头看到饮酒过量、酗酒者，其中，中、青年男性居多，偶尔也看到女性。酗酒者体貌特征一般表现为：黑瘦、神情僵滞、动作不协调。在宜村那个宁静而平常的下午，我和拉丽沙、阿拉特一组，70多岁的那位向导和我们一起。我们想去找某某老人，老人不在家，后来在路边一户叫出一位40多岁的图瓦家庭主妇，因家里的狗太凶，人们只能在这家门外村路边闲聊。我中间建议进屋坐会儿，同行示意不要进屋了。从这位主妇自身状况可判断其屋里卫生等境况：她40多岁，有二女，大女儿6

岁，小女儿 4 岁。而她面容等形同 50 多岁：头发已经花白，牙齿不全，皮肤粗糙不洁，浑身上下不整齐。她和我要烟，我没有，便回屋取来香烟，自己很享受地抽着。闲聊中知道，她丈夫有修理电视技术，家里有一匹马，闲来还捕鱼。随即她叫来一卖鱼的男人，鱼看来是刚从冰柜里取出，她是帮人找机会卖鱼。后来我们在不远处一个奇怪的房子外，看到她的丈夫，因他的白马也放进那个奇怪的房子。拉丽沙一路对搜集马鬃感兴趣，在托志那达慕大会赛马起点，她搜集到两三匹马的马鬃。这个奇怪的房子，也许是马厩，但是不太像。走近看，四五匹马在这个房子里，很大的大窗户没有玻璃。见三四个男人不断用鞭子驱赶房子里的马，马之间挤撞着、嘶鸣着，尘土泛起。这一切，马夫是有意识在做的，也许是训练马的某道程序。

偶然发现，这个奇怪的房里有一位当地人称"比样查"（俄语："酒鬼"）形貌特征的 30 多岁的男人。他颇有兴致地夹杂在人和马的推推操操中，似乎参与着"工作"，但手里没有马鞭，也不是干活的神情与动作，兜里还揣着玻璃瓶罐头。在图瓦的几个地方都有类似神态的男性出现。在我们到达一个地方、正在忙于工作的某一时候，或停车、下车时，或走在街上，最刺激人的，莫过于在阿得勒·克日克村两次夜半被"酒鬼"喊声惊醒的恐怖经历。就在 9 日晚，屋后传来的一个男人酒后痛苦的发泄叫喊声，一直到黎明四五点才消失。就在这天早晨，我在所住房院的大门外透透空气（事实上，因多种因素，课题组如一家人般住在同一屋檐下，吃、住、行等生活过于近距离，再加上大家都感觉在吃"领导的"，而"家务"谁做，"领导的权威"，再加上有我这位外国人在其中，实际上给课题组负责人增添不少麻烦——如把最好的铺位让给我等。整个调查过程，就课题组工作之外的"生活"而言，是有些压抑的。我在托志乡时，因觉得吃饭都由组长掏钱似有不妥，在那里课题组不方便自己做饭，在旅馆餐厅吃过两次，其余是吃从克孜勒带来的面包等，我提出吃饭由自己花钱买。在托志这家旅馆住了三夜转移到阿得勒·克日克村后，吃饭问题获得改善，饭可以在所住这家炉灶上做了。课题组这个很安稳的住处，是组长阿列娜认识的一位村民帮助解决的。这户村民——老两口和儿子也在本村住，现在让我们住的，是他们的女儿家，女儿去克孜勒分娩、坐月子去了。在我们住进的最初几天，老两口每天来这里和我们一起吃饭，帮助生炉子，其儿子也开车送我们到其他村访问、调查。在乘船沿叶尼塞河到访那个以狩猎为主的村落时，还是老两口驾船。遗憾那次相机没电，没有留下照片，只是记下了小学校的牌子，从那里可以知道此村的名称。在此村，我给住在她家、吃她做的好吃的炒鸡蛋，第二天送我们到河边的那位 74 岁的老妈妈 500 卢布。因深深知道，和这位叶尼塞河畔、丛林深处的图瓦老人，注定不可能再见了。那个村落的偏僻使人惊异，同时却也看到所住人家家里铺着很高级的地毯，挂着的壁毯、家具很是讲究，而暑期回家的一个姑娘弄着笔记本电脑——传统与现代、封闭与开放，说不清楚。听说进此村有两种交通工具：乘船、骑马。驾驶那种电动机船，从我们住的村落出发，顺流而上需要近 4 小时，返程逆流，大致 6 小时。而在当地，我发现，时间，远没有说的那么确切，因行进中变化因素很多，如遇到敖包要下车敬拜，敬献哈达、糖果等，这至少需要 15 分钟；而那种动力机械简单的船，在我们赶赴此村的路上，也熄火了几次。好在随时都有好听的图瓦或俄罗斯舞曲、歌曲可以享受），看到一位个子不高，有些瘦弱的男人摇晃着从西边走来，到了我们住所对面——村街道对面——的院门时，一位女人（估计是他的妻子）迎出来，嘴里责备着他，并不断用拳头打着他的肩和后背，把他往自家院里推。他毫不抵抗，乖乖的。在夫妻这样进院时，随行的还有一两个与其有关的什么人。这些人对这对夫妻的举动，没有一点特别的反应。在此村，那日和阿勒沙娜在阿得勒·克日克村街头遇到两位 60 多岁的男人闲坐着聊天，便凑过去。其中一位是本地学校退休教师，他似乎很明白我们主动搭讪的用意，借故匆匆离开；而另一位在和阿勒沙娜聊几句后邀请我们到家里坐。其间我留意这家院门内，感到有些不寻常：一位 20 多岁、虚胖、神态举止似有些异样的姑娘，还看到那位头发全白、神情略带忧伤的老太太（后来知道姑娘是他们有病的女儿，老太太是和我们聊天的老人的老伴）。在阿勒沙娜和男主人说话时，我过来和老太太聊天。看到她饭桌上从山上采来的雅格达（这里也称之为"雅格达"，鄂伦春、鄂温克人以及林区人也如此称呼这种野果。而这里是俄罗斯，是中西伯利亚），和用雅格达做成的果酱。我尝一点果酱，很好吃，她见我如此，又给我倒半碗奶茶（可能是放凉的，灰白乳状、微咸、有一点奶味。我问起做这种奶茶的茶，她拉开橱柜抽屉，原来是熟悉的砖茶，但是块头没有国内的大）。她又给我切面包吃，也没取案板等，径直就在饭桌塑料布上切（在我们的住处，似乎也这么做，在烙饼的那次，见拉丽沙用和好的面在饭桌上擦擦，然后就在上面擀面等。那次烙饼，相信是大家记忆很深的好饭，但是也就是就着茶，没有蔬菜。而那次剩的面粉，也没有再做。实际上，吃饭是我们的大问题，记忆中，在托志地区十天，基本是面包、咖啡、茶水，极少吃到蔬菜。在 9 日，发现已经没有面包，我提议阿勒沙娜去商店买。因那天不工作，准备下午去湖畔，大家都休息，比较放松。而这 7 天来，除我和阿勒沙娜睡在房间里唯一的双人床上，其余 4 人一直睡地铺）。正好该吃午饭了，我索性吃了两块面包，就着好吃的果酱。我提议去看看她家窗外的菜园，她也尾随其后。杂草丛中，看到菜园种有十几棵长势一般的圆白菜，还有少量的土豆，她说在远处一块地里还种有土豆。这个由 60 多岁的老两口、一个 20 多岁精神病女儿以及一个孙女（十二三岁）和一个孙子（10 岁左右）组成的家庭，从菜院子侍弄状况可以看到家里没有青壮年劳动力。我问起她的家境、家庭成员，她毫无迟疑而又诚恳地告诉我：儿子在 4 年前因酒死亡，儿媳扔下两个孩子远走克孜勒生活。女儿有病。政府资助的生活费在她看来也不多，老伴领有一定退休金。后来让我颇感意外的是，我请她写出自己的名字，因我听不确切俄语夹杂图瓦语的她的名字。她很有兴致地找出眼镜，认真地用俄文给我写到我的笔记本上（图瓦没有语言，无文字，在当地发现，采用俄文拼写图瓦语较为普遍）。就是这样一位刚刚 60 岁头发却已全白、剪得极短、样子有些凄惨的图瓦老太太，拿笔书写时的一招一式，显然是读过书的人。而她当年读书时的图瓦社会、她本人的生活景象又是如何——社会、民族、个人、历史，遗憾的是没有条件去和她谈太多。一个有趣的情节：我提议我们合影留念，来个全家福，两位老人欣然同意。老头笑盈盈地建议老伴脱下一直戴着的毛绒帽子，尽管在我看来也许戴着帽子更好些。临别我送老太太100卢布，为了自己白吃了人家的饭，也为了说不清楚的一切。在9日早晨7点多我们往小巴里装行李（课题组自己带了睡袋以及夏、秋季衣物，鞋子每人备有旅游鞋、雨鞋、凉鞋、拖鞋，一路都带着做饭、吃饭用品——锅、碗等，完全是按照自己生火做饭来准备的，包括来时带了油、土豆、圆白菜、洋葱等。后来发现，这种准备是适合我们所到地区实际的，如果自己没有准备，真没地方吃饭。因村中没有一家饭馆，没有中国农村的无论条件怎样，总能吃上饭的规模不等、形式多样的餐馆、饭店。而在托志地区，我只看到那家我们住的旅馆备有餐厅。调查中吃、住、行是大问题，许多所谓协调、配合问题也常常由此引起。或许，人们最觉得不习惯的就是从外边调查回到住处后怎么吃饭。图瓦国立大学本科、现在莫斯科大学历史系读博的阿勒沙娜在其中很好地扮演了自己的角色，我也适时地做些自己力所能及的活计，如用安置在屋内的中国东北称作"洋井"的取水工具压水，削土豆、胡萝卜皮等。重要的是在负责人需要我"表现"时，一定要表现得到位：如向村、乡领导介绍课题组成员时，要真诚地喝下轮过来的各种酒，无论是在行进的汽车里，在巴那，还是其他场景中；而有时，要理解并虚心接受回避、忽视及指教：如9日在由俄罗斯老头驾驶游船游"圣湖"时，在上船前，负责人提醒我此湖上不允许拍照，见我有没有太听懂的意思，就将我的相机放在她的包里，一直到船行进一阵之后，才让谢廖沙把相机给我。而说她可以拍照，是持有某种文件同意的。但是上船后很快发现这些"规定"多不执行，拉丽沙等一直在拍，负责人并没有提醒她。看来，有些标准，是双重的。事实上，湖当地人的确忌讳拍照，因驾船俄罗斯老头很腻烦人们在船上一直拍照，而我则克制自己不拍。后来听说湖中的花可以拍，水不能拍，而船行进到那种白色小荷花近处时，老人好心地关了发电机，让人们好好欣赏。事实上，这次游湖，可能我是最遵守"风俗、信仰"纪律的）时，我意外地看到这位那天我们在他家共同度过一段美好时光的老人。他有可能喝了点酒，眼睛盯着我，嘴里说着我听不懂的图瓦语，可以猜测他认出了我，想和我再接着谈点什么。如果说喝酒不是"文明"行为，而他喝一点，聊以调整身心，可能这是所谓"文明"所难以理解和企及的。在 8 日晚我们的调查工作结束，我在所住人家"巴那"偶然看到调查组三位核心人物在喝伏特加（我是去那里取洗衣盆偶然遇到，她们三人中没有任何一位事前邀请我。看到那里放着罐头、面包等就酒食品。显然是在小庆一下。无论如何，我在她们心里，都是个外国人、外人，对此，我完全能理解。后来，在 12 日凌晨离别前告别时，阿列娜问我注意到图瓦人的体质特征没？做没做这方面的调查？我说没有），非常热情地给我倒酒，让我喝。那次是我看到阿列娜最动情的一次，她说自己的民族钱不多，人也少，但是自己是这样热爱自己的民族。她很希望阿勒沙娜等图瓦年轻人学成后能回家乡工作，为民族做出贡献。这次在返回克孜勒的途中她曾谈起：阿勒沙娜父母兄弟都在图瓦，她毕业不去中国，哪里也不去。一瓶伏特加已经喝掉 4/5。回屋后，阿勒沙娜做饭，我和她们三个就跳舞，也拉谢廖沙、阿拉特加入。拉丽沙跳得最尽兴，在去门外不远处的厕所时一脚踩空，摔在外屋门台阶上。好在无大碍，没有影响以后几日的活动。从更加个人的角度看，这三位女性两位丈夫亡故，一位离异未嫁。这从她们有时行为的无常可以洞察。也许，空缺的东西其他物质也难以填平。

　　酒——啤酒、白酒、红酒等，如同在中国各地，无论是北京还是猎民村，在图瓦人心目中也是好东西。我因不否定酒，得到阿列娜等同行者的最大接纳和信任。

　　从上述生活实际推论，似乎关于酒的是非功过并不复杂。人类需要酒，恰如需要爱与被爱，需要尊重、尊严，问题在于，是哪些身外因素影响着喝的"适度"。

　　喇嘛教、萨满教信仰很活跃。在图瓦共和国首府克孜勒，抵达当日（7 月 30 日）傍晚，阿勒沙娜和阿内哈克陪同我和谢廖沙在城里游览，到了大、小叶尼塞河交汇处（如同在佳木斯看到的黑龙江和松花江交汇景象，这里也是，在这里交汇后变成一条河，由南向北奔流而下，其自然磅

大、小叶尼塞河在图瓦首都克孜勒交汇

礴、挥洒恢宏之美、之气势，难以言状，令人绷紧了每一根神经。后来我们所去的托志四个村，都是距离叶尼塞河远近不等但应属沿岸的村落。托志在图瓦东部，萨彦岭南麓，靠近伊尔库茨克市及布里亚特共和国。叶尼塞河长 5000 多公里，灌溉着俄罗斯西伯利亚大片山林、草原，沿河栖息、繁衍着图瓦人、雅库特人、楚克奇人、埃文克人等）。在克孜勒城内"亚洲中心"纪念碑不远，我们看到很大的敖包，人们敬献的哈达形成了耀眼的屏障。又看到不远处一个迹象明显的宗教仪式场地，阿勒沙娜介绍说，这是萨满跳神的地方：哈达、经幡围出一个圆的场地，里面散落着似乎燃烧过的灰黑色的石头。沿着河边前行一阵，到了几年前新落成的、规模很大的佛教寺院。进去参观，香火很旺。看得出佛教在当地的主导影响。

除佛教之外，萨满教万物有灵观念在图瓦人精神世界也有比较浓厚的遗存。在那日顺叶尼塞河前往那个以狩猎为主的村落，我们上船前，看到人们往河里扔些糖块；每次出发到另一村，或去游湖（如 7 月 31 日下午从克孜勒去百余华里远近的湖），路上总要碰到人们敬献给敖包，或粗大的松树，或某泉眼的糖果、食品、哈达等。人们尽可能多装走一些神泉的水，捧起神水洗脸，甚至站在泉水下沐浴。那种"相信"，也很感动人。哈达被用来敬献给各种神灵，而糖果是最实用的敬献礼物。我注意到：随后四五天赶来的雅格达老师，还专门带来不少哈达——以白色、蓝色为主。每到一神圣之处，她总是说好谁给她敬献时拍照后，便十分认真地把哈达安放在树上，有时是林中某一树丛处，有时是树丛近处的一山泉，泉边被哈达打扮得很生动；有时是石头堆出的小山上插有的树枝上。有几次我走近这些哈达、长方形布块，发现一些布块上用藏文写有什么。调查组的几位女性对待此事都很当真，当然也拍照。而同车的其他人如司机及亲属、其他图瓦乘客（俄罗斯小伙子对此事也没有马虎），对敖包、各种神物，也都很认真，下车敬献、叩拜。我们在托志 10 天，每次乘小巴出发，租用其车并亲自驾驶的有两位：来到托志带我们去那达慕大会赛马比赛起点（从托志社区出发汽车行进近 2 个小时）密林深处的那位中年男子；雅格达在阿得勒·克日克村幼儿园工作的妹妹的丈夫。这两位都是经验丰富、胆大心细的驾车高手，面对林中坑坑洼洼、崎岖的路，他们办法很多，又不慌张；人也都很和善，从不多言多语。后一位 30 岁出头，很英俊，对老母和妻子也疼爱有加。去游湖等车上都带着他的全家——妻子、母亲、两个小儿子，还有两个六七岁的女孩，一直没弄明白两个女孩与他的亲属关系，其母对这两个女孩也如同孙女或外孙女。有时到收费站需要加油，都是阿列娜掏钱，由此我明白我们是在租车用。而驾驶费用也给了不少，在返程快到目的地克孜勒时，阿列娜给雅格达妹妹——司机妻子一卷卢布，看来不少。这次调查，阿列娜就下去后的吃、住、行早有准备，没有因此引出纷扰，影响调查工作。她不动声色地将一切都处理得井井有条，令人敬佩。吃、住、取暖等遇到的困难都得到及时处理，如那次在阿得勒·克日克村住处生炉子冒烟的困难。那次她赞扬我"好样的"——因我建议打开封住的窗户，屋内烟雾很快散去，人们可以回屋了。我替她解围说是炉子长期不用，不好用了；她说房东女主人是年轻女性，并不长在家里住，总之炉子冒烟不是她生火不得法所致。情况表明炉子没问题。第二天上午，这家女主人的父亲静悄悄地坐在灶前，生好了炉子。他将燃料木头劈成比手指粗些，很顺利地生好了炉子。还有9日去湖边傍晚回来后，可能本来要洗巴那，阿拉特已经开始准备烧热水用的木材，后来发现洗巴那的事没有动静了。因除我外，其余几人都下湖游泳，在第二个湖边，看到不少人用湖边的白泥抹满全身，说是有药用功能。湖边不远有神泉，又是一番哈达、喝泉水、洗脸、抹身。几位中年女性包括司机的老母，都穿泳装，都会游泳，孩子在水中玩得也很自在。这一切，让我惊叹，的确是一方水土养一方人！司机没有下水，在第一个湖中，他驾船带妻、母、儿子及那两个小女孩划出很远；在我们每到一处纷纷拍照、合影时，他也为母亲等拍照，他的母亲带了一个不错的相机。阿拉特没有下第二个湖，即有药用价值白泥的湖。这样，等于回到住处，人们身上可能还程度不同地残留着白泥和湖水，也许，回来洗个澡是必要而自然的。同屋的阿勒沙娜后来发现洗巴那没戏，就自己用电水壶烧水，将就着洗了头和脚，看到她的小腿上还有湖里白泥的痕迹。大家都没有任何反应，都悄悄地睡了。因我没有下湖，不存在洗澡问题。调查组人们的吃苦精神很强。住了七夜的阿得勒·克日克村房东女主人父母——一对50多岁的图瓦人夫妻，给我留下很好印象，他们对我也很亲切、友善。他们是劳动的多面手，那次去叶尼塞河边的图瓦小村，夫妻驾船带我们去。去时顺流，三个多小时；回来逆流，六个小时。夫妻俩配合默契：妻在船头掌舵、指挥，夫在船尾驾驶船只。有时发动机出问题，妻子还划桨使船摆脱困境。有时见她还用手摆弄着河水，不像是戏水，仿佛是测试河水及运势的某种指标。那次乘船，是我平生乘船经历中的诸多第一次：时间之久、环境之野生、风险之大。因周围只有河流及岸边极其壮观的自然景象——倒木、坍塌的河岸、难以推断是何年代洪水连根拔起的横躺在河水与岸边或搭在两处的或粗或细的已经枯死或正在枯死的松树、桦树；在坍塌的、被洪水切开的岸边看到偌大的、盘根错节的不知是什么树的树根。行进中遇到三四次捕鱼者在岸边休息，或在河中。看其打扮、神情，不像是想象中的猎人、捕鱼者。无论差异多大，实际上人类到目前基本都已受到现代化影响，从日常生活的方方面面都可以证明。可能问题更多地出在“现代化”的程度——“过度”或“不足”。结合高度现代化国家、群体对现代化的反思，相对于一些族群，如中西伯利亚密林深处、叶尼塞河边的图瓦人，我强烈地认识到：适度的现代化是极为必要的。他们的问题，可能不是现代化已经过度，而是不足。人类有意义生存的最高境界是什么？当当事者不感觉不适时，外界是应该去说教、启发、给予、帮助，还是等待其自觉、自愿、要求时再说？问题是外界有否可能保持这些人群生存环境不变？而一旦变化，或每时每刻的渐变最终会侵扰和干预他们的利益。2006 年秋季在黑龙江省赫哲族聚居区实地调查时，同江市民委有干部曾提出上述困惑。这不仅仅是具体工作理念问题，那么，涉及文化研究，应该讨论的是哪些命题？向往舒适的物质生活条件，追求自尊和心灵满足，是人类的普遍特性；而文化的适应性使我们不必担心有什么群体对方便和实用、美没有能力发现。

我们从一村到另一村，或去湖边玩，加上在克孜勒城外湖畔及去的途中遇到的两个敖包，总之，每次总要路过至少两个以上敖包，或挂满哈达、散落糖果等的“神灵之处”，如此算来，大致遇到的佛教、萨满教“神灵之处”，应该不下 15 处。或许，正是河川、山林、草原之于当地人民生活的巨大压力，又因多种历史原因，当地谋生技术的一直不发达，所以，敬畏河流、山川、巨大的松树——万物有灵——萨满教，成为最初主导人们精神世界的力量。仅就在图瓦两周的观察而言，目前影响图瓦人信仰领域的，主要是佛教，以及一定程度的萨满教。这可能一直辐射到图瓦年轻群体。如在克孜勒，一次阿勒沙娜很郑重地问起我信仰什么宗教，我含糊其辞；又有一次，她和谢廖沙关心起我的信仰——他们说不定什么时候会关心起你的什么——如去过哪些国家、孩子在干什么、丈夫做什么工作以及对年龄的好奇等，对此，都需要很好地交流。我很少反问，有时只能装听不懂，彼此都省事。就在这种交往中，我相信自己没有给中国人丢脸。凡此，都构成此行之收获，也是某种海外人类学之“心累”。看他们问得很认真，我说自己比较推崇道教。事实上，此次图瓦之行，如果说我能坚持下来，能很圆满地与课题组、与图瓦人和谐相处，在有时因诸多因素很郁闷时，都是以"装傻"、以"不变应万变"作为心理支撑和定力应对下来的。此行我必须面对、时时发生互动的对象，主要是两项：调查组成员——各有特质以及与我的关系，如与调查组负责人服从、协商、友谊等复杂关系；所到图瓦村落、城市社会，观察、了解图瓦这一之前完全没有想到会身临其境的异族异域时空。实际上，从7月30日晨飞机抵达哈卡斯共和国首都阿巴坎起，这种体验就不自觉地开始了。国家差异、民族差异、文化差异，吃、住、行，还有一定的语言交流顺畅问题，诸多"怎样才言行合适"的问题。另调查组负责人从没有正式和我交流过此次的调查目的、调查动机等，我常常询问在莫大有过一些交往、算是比较熟悉的阿勒沙娜，有时从她那里可以得到些微线索。甚至每一天开始，这一天要去哪里、要做什么，常常不太清楚，都是随着大家行动就是了，一切要靠自己推论、观察、体会。应该承认，我一直注意尽量做得体贴、温和、有礼、恭敬。我知道，在这个从自然到文化、社会自己都是"第一次"涉足的地区，自己是"随意"不得的。但是如何做到内心"把持住"的同时，保持或真正使自己接纳眼前的陌生、崭新的一切，言、行自然、正常，这是难题。记得一次感到屋里空气压抑，也很闷热，因窗户从来不开，在屋内做饭，又有时生炉子，而8月的屋外艳阳高照，我到所住屋后乘凉、透空气，又可以看街景，感觉自然、放松。但有一次站了一会儿后，看到村路、房屋对过的一个成年男性注视着我，并很有兴趣地和我打招呼，准备走过隔着的村路过来。我看他神情不太对头，就马上进院了。后来阿勒沙娜提醒我：不要一个人在房屋院外，会引来酒鬼……凡此，每天可能遇到的人和事，还是自然而然地从人性出发，以真、善、诚恳为前提对待任何正常人，理解和接纳人性的弱点。应该说，人类学对人性、各种文化差异的理解，在最困难的时候帮助我赢得了顺利。

图瓦-托志人的生计方式和物质生活条件。图瓦共和国地处亚洲中部、中西伯利亚南部、叶尼塞河上游。其南部和东南部是蒙古国，东北部为俄罗斯联邦伊尔库茨克州，西北为哈卡斯共和国，北部为布里亚特共和国，西部为阿尔泰边疆区，北部为克拉斯诺亚尔斯克边疆区。南北距离

420 公里，东西距离 630 公里，总面积 23.63 万平方公里。图瓦共和国气候属于温带大陆型气候，冬季寒冷，夏季温暖。1 月平均气温 -32°C，7月平均气温 18°C。图瓦共和国矿产资源丰富，出产有色金属、稀土、煤、石棉、铁矿（分布在克木奇克河流域和乌木奇克河流域）、金（主要为沙金）、汞以及各种建筑材料。境内的大多数河流流经高山，所以水力资源丰富（预计达 8000 兆瓦），此外还有 50 多个含碳酸盐的温泉。图瓦共和国境内木材资源也极为丰富，总储量达 1 亿立方米。

图瓦共和国四周被赛留格木山、唐努山、西萨彦岭和东萨彦岭环抱，东部为上叶尼塞盆地。境内主要河流为叶尼塞河。地貌以森林、草甸和草原为主。

图瓦历史颇为传奇！与其传奇历史配合，图瓦人国家、民族认同也很特别。在 8 月 11 日分别的当晚，为给我送行，课题组一行在我驻地一直陪伴我到 12 日凌晨。阿列娜问我还想来图瓦不？我回答说：当然。我说自己来到图瓦，就像是回到故乡。这句话让在场阿列娜、拉丽沙很动容。我内心的确隐隐地有某种"回家"的感触，当时我还说：如果自己不是蒙古族，就不可能来图瓦，实际上的确有此因素。当然也主要是因阿列娜的盛情邀请。另外，这里离黑龙江并不远，也属于西伯利亚。杨圣敏老师在课上也提到过这片地方；读黑龙江南岸小民族历史，涉及族源、历史，常常出现勒拿河、叶尼塞河等。到鄂伦春、鄂温克等族的故地、源泉地看看、走走，感受一下，发现一些什么，这也许是我此行的最冲动的。遗憾因诸多原因，这次我没能到远东、到黑龙江北岸、近处看看。如果到那里，才是看完整了目前中国境内狩猎民、驯鹿者的繁衍环境，才有可能建立一个整体印象。从而，更有可能从历史整体出发，比较一个世纪以来处于两国社会环境下，这些民族的可能的不同演变状况。看来，日后争取到阿穆尔州、雅库特等地考察，是必要的。在送我的晚上，阿列娜问我是哪个地方的蒙古族人，我说老家是达尔汗旗，她惊喜地说她自己、图瓦人也是达尔汗人。听阿勒沙娜讲，在蒙古国，蒙古族历史英雄成吉思汗深深影响着人们的日常生活；而在图瓦，与成吉思汗有关事务似乎也多于中国、多于内蒙古。那一日，在克孜勒国家博物馆，看到一幅合影照，阿勒沙娜介绍说照片中的女性是蒙古族历史名人成吉思汗妻子伯尔帖的后裔。不知是否有真实史料可以证实。更有意思的在于：图瓦国家博物馆非常重视这一信息，将其纳入博物馆史料。① 那日，在讨论我返程问题——回程飞机路线：克孜勒——阿巴坎——克孜勒——克拉斯诺亚尔斯克——莫斯科时，雅格达女士当着众人说这一切包在她身上，因她是成吉思汗，说着做出男性显示肌肉、力量的动作。众人对她的比喻看来很是接纳，对其中的意味心领神会。成吉思汗——无敌、力量、智慧的象征！这位历史人物，为当今蒙古族、图瓦族群提供着不尽的自信与认同之源泉。2010 年上半年在成都，也感受到历史上迁移至川西地区的蒙古族人后代对成吉思汗的记忆与民族联想。成都满蒙学习委员会负责人等当地民族同胞听说我这个内蒙古的蒙古人在成都时，非常热情地见面，款待，尽管他们都是一口四川话，性格、气质也远非我所熟悉的内蒙古蒙古族人。而关于泸沽湖人杨二车娜姆是纳西族，还是蒙古族，也有争议。在当地似有种说法：蒙古

---

① "俄罗斯科学家成功鉴别出成吉思汗的部分后代"。俄罗斯科学院院士、生物遗传学家伊利亚·扎哈罗夫日前宣布，利用 DNA 分析方法，他成功地在俄境内的图瓦共和国找到了两位成吉思汗的后代。据他估算，目前全世界范围内成吉思汗的后代总数已高达 1600 万人。

在长达十余年的时间里，扎哈罗夫一直在世界各地寻找成吉思汗的后代。此前，科学家们的研究已确定出了一条遗传自成吉思汗本人的 Y 染色体。在对超过 1500 名各民族的俄籍男性的染色体进行鉴别后，扎哈罗夫在布里亚特、阿尔泰、卡尔梅克和图瓦等地总共找到了 20 位成吉思汗的后代。

扎哈罗夫在接受《图瓦真理报》专访时指出，他在图瓦共和国境内与蒙古接壤的莫兰村找到了一户人家，随后进行的基因鉴定显示，他们很可能全部都是成吉思汗的后代。不过，他现在只对该家庭中两名成员的基因进行了分析。

在已经完成鉴定的两兄弟中，哥哥名为格尔曼，弟弟名为拉杰。其中，尤以 27 岁的弟弟拉杰长得最像画像中的成吉思汗——头发呈红黄色，眼睛颜色也较浅。扎哈罗夫认为，目前全球范围内成吉思汗的后代总数约有 1600 万之众。

此前，扎哈罗夫还曾发表论文指出，图瓦人和美洲印第安人在基因上也有很大的亲缘关系。他认为，在大约 1.5 万年前，曾有一部分现代图瓦人的祖先从西伯利亚和楚科奇起程，在穿越了现在的巴伦支海（当时那里还是陆地）后，最终在美洲大陆定居下来。（腾讯科技/范尧）来源：中国经济网 2007 年 10 月 16 日。

族把她开除了。听当地一些蒙古族人讲：蒙古族在当地比较受压制和排挤，他们常常把内蒙古当作自己的老家和后方。这里提出了一个问题：民族认同的强或弱、浓厚或淡化，与哪些因素有关？或者说，是哪些主要因素搬弄着被称为"民族"的这一事务？这是人类从来没有摆脱的一个社会运行实际。

再回到图瓦。图瓦共和国的行政区划分为 16 个区、1 个共和国直辖市、4 个区级市、3 个市镇、94 个村。图瓦共和国共有居民 306600 人（2003 年），主要民族包括图瓦族（77%）、俄罗斯族（20.1%），还有少量科米族和哈卡斯族。图瓦主要居民是图瓦人，他们主要信奉喇嘛教和萨满教。图瓦族分为两种类型，一种是山地、平原的畜牧业者（西部图瓦人）和高山森林中的狩鹿者（东部图瓦人）。我们课题组此次调查的地区，属于高山森林中东部图瓦人，即位于萨彦岭西侧、靠近俄罗斯伊尔库茨克、布里雅特的东部图瓦地区，所到四个村落行政属于托志乡管辖（托志，是东部狩猎、驯鹿图瓦人地区规模较大并具有很强的政治动员、社会凝聚、文化辐射、经济技术信息等各种资源扩散作用的社区）。

从 8 月 3 日在托志那达慕大会上遇到的赞助那达慕大会礼品（奖品）——冰箱等电器、应邀前来参加盛会并作为贵宾就座在主席台的 C 先生那里得知（黑龙江人，本科学俄语，近四年以来在福建一家企业中标的离托志不远的龙兴矿业担任管理人员。我在网上查到黑龙江龙兴企业中标开发克孜勒地区矿藏的有关报道，估计是这类企业之一），我们课题组从克孜勒来托志的公路，都是他们企业修的——估计是企业前期建设——运材路等。8 月 1 日来托志路上，多次听车上乘客谈起"龙兴""中国"，看得出中国企业在当地影响之大。汽车路过某一苔藓成片的高山林带，记得在中间吃午饭的那家唯一的小饭馆前后，车上人纷纷开始打手机，说这一段手机能够工作，因中国龙兴在这里安装了卫星接收设备。听 C 先生讲：不少图瓦人在他所在矿上就业，有的为了在当地中国矿上就业，还到中国学习汉语。过去当地政府、俄罗斯政府，对中国企业在本国承包办矿多有矛盾心理，现在好多了。只是交通等条件好的地方，都被开发了，自己所在公司只能到托志这些条件艰苦、偏远的地方开矿了。C 先生说：今天来托志参加那达慕，托志乡领导说起有个中国人随图瓦学者在托志，说在那达慕开幕式上有可能遇见。可以感觉得到当地人对中国龙兴企业的熟悉，估计本地人也欢迎本地有矿业等工业兴起，这预示着他们的生活将要发生某些改观，并认为那是走向现代生活的出路之一。在当地，我多次询问"之前是否有外国人或学者来调查、工作"，回答都是"没有"。看得出图瓦农村的封闭，能够感觉得到这里社会所表现出的"原汁原味"。托志乡，我们的第一站落脚之地，8 月 1 日夜半住进这里唯一的一家旅馆：条件一般，4 个女性住一间大房，2 位小伙子住隔壁的一间；吃自己带的面包、黄瓜、茶叶、咖啡、不知名称的奶制品，也到旅馆附设餐厅吃过两三次。次日先到政府报到、了解本地基本情况。先去了托志村政府，村一把手是图瓦人，就是从克孜勒一同来托志的那位 50 多岁、带着小孙女的图瓦妇女的儿子。后来发现，这位刚开始看起来有些惨状的女性——很瘦弱、萎靡，衣冠也颇为不整，其实神通广大，能言善辩。在托志乡村，她一直陪着我们，显然已经是我们活动的主角，其报道人、向导作用很是明显。当日又去了乡政府，也由上述那位儿子当村长的图瓦妇女陪同。后来一点点知道，这位妇女丈夫是俄罗斯族，已经去世，有一个儿子和三个女儿。与她闲聊，她说自己在克孜勒和托志间来回跑。过去托志的家里有上万只驯鹿，现在所剩不多，因家庭开支需要而出售了不少。后来曾听阿列娜讲：图瓦人养驯鹿是不卖的。不知哪种情形更接近真实，可能两种情况都有。1 日晚 11 点多，路况很差，吃午饭，途中又遇不小的雨，我们的车走了 9 个多小时到达目的地托志，车到她儿子家院大门口停下，出来迎接的是儿子和儿媳，儿媳金发碧眼，芳名柳芭；儿子也有明显的图俄混血后代特征——身材魁梧，黑发，黄皮肤，高鼻深目。可以看出，图瓦人和俄罗斯人的交融已经很深。这使我似乎幡然领悟：历史就是这样成就的，中国有人再谈图瓦现在也应该是自己的领土等，已经不合时宜。历史无法追悔及重来。与我们会面的乡领导，是位高大英俊、50 来岁的图瓦人，他办公椅后面，竖立着俄罗斯国旗及图瓦国旗。在图瓦共和国行政、事业部门，由图瓦人担任部门一把手，如图瓦国立大学校长也是图瓦人，看来是普遍现象。托志是图瓦东部规模较大并具有政治、经济、文化影响力的社区，其辐射、传播功能不容低估。从其规模——有两层楼并配有餐厅的私家旅馆、四五家规模不等的私人商店、规模很大的幼儿园，以及加油站、街头开设的服装、日用品摊位、体育场——我们正赶上他们每年一度的 8 月 2 日那达慕大会，街道规模，以及明显人丁众多、社会繁荣、多样性较强等表象、特征，与之后我们所到其他三个村落社区形成鲜明对比。在那达慕会场，以及行走在街头，可以看到托志社区至少有占人口总数 1/3 的俄罗斯族人；而在后来去过的其他三个村——阿得勒·克日克村、叶尼塞河南岸边的瑟斯特格赫姆村和宜村，几乎清一色为图瓦人。听阿列娜、阿勒沙娜讲，在离宜村更远的东北方向，有一个主要靠狩猎为生的图瓦村，那里人们住窝棚（类似鄂伦春人的传统住屋"斜仁柱"），用枪打猎。那里熊、野猪等很多，遇到熊，四五个猎人才能对付。显然，这个纯粹的猎村，目前尚不适合我们进入，因存在遭到野兽袭击的危险。让人们万分惊奇、意外的是，那日去叶尼塞河岸边的瑟斯特格赫姆村，在我们顺流 3 个多小时抵达此村下船上岸时，有人惊呼，因看到了留在岸边沙土地上熊的脚印：似乎有中国东北家常使用的大碗大小，在场每一位都为此惊异、激动不已。也就是说，这里已经是熊出没的地方。此村给我留下何为旷古悠久——人迹罕至的蛮荒、苍茫印象。也许，这里就是远古环境与人类景象的遗存或再现！——村落不是现代所常见、习惯的那种设计与格局——房屋、村落街道成排、成行，横竖成序，错落有致；而基本是散落状，星星点点。房屋外部、院套以及厕所等生活设施，均由黑红原木搭建，而村路没有清除杂草，毋庸说，只是长时间人踩马踏后留下的"自然的"的痕迹，等于没有村路；狗很多，我们所住大妈家就有三条很威猛的狗；见到了骑马狩猎归来的猎人，马很高大、雄壮，而猎人都是那种精干、身手迅捷者，他们身上有种特别的气质，我体会，那可能就是猎人所特有的机敏与勇猛……

　　学了两句图瓦语："亿"——你好；"鞘克"——不，不行。

从所到的四个村（阿得勒·克日克村、宜村、瑟斯特格赫姆村、托志村——在托志乡社区我们到过近处一个村子，因一直没有得到村名，权称为"托志村"）、一个乡（实际是托金斯克区）的社区情况看，他们目前的生产方式是畜牧、饲养驯鹿、狩猎、捕鱼、采集等多种经营。各种生产活动在全年时间分配、收入中所占比重，没有社会统计学调查，很难做出判断。在调查的后几天，听说要去一个饲养驯鹿的图瓦村落，最后不知何故没有成行。碍于多种因素，如自己实际上的观察员身份——不参与课题研究等，不便向课题组负责人索要文献、档案资料，以及国别、课题组的问题意识，主要侧重于听汇报、向老人询问历史经历与主要事件，对现实几乎不做调查等，所到村落就生产组织形式、劳动力人口、分配方式、收入、支出等，得到的资料极为有限。根据自己利用一切机会——随课题组到家庭访谈老人时对家庭——住家生产、生活方式迹象的观察——如是否有牲畜棚圈、庭院种植、养殖状况，机器、设备等，利用一些机会，把家庭中其他成员请到另一间屋进行询问，在村委会、村头和当地干部、村民的交流，以及根据村落、坊间一切可能与生产、收入、支出有关的迹象，初步判断，上述生产方式在四个村可能各有侧重，不一定样样具备。总的来看，没有种植粮食，各家有规模不大、经营一般的宅旁蔬菜园地，有少量牛、马饲养，也有一定的狩猎、捕鱼生产。完全没有农业生活迹象——粮食、猪鸡饲养、饲料加工等。这与此地自然资源条件存在直接关联：以山、林、河流、湖泊为自然环境主旋律，少有成片的可以开辟为农田的条件。而这样的自然环境，在现代化大工业尚未进入之前，最适宜的谋生手段就是一定规模的大牲畜饲养、狩猎、捕鱼、采集。

具体而言，课题组所进入的四个村，一个乡（托志）所在地社区，其中两个村有集体的马厩、牛厩，根据其很大的规模判断，不像是个人的。也看到少量的人家有自己的马棚或牛棚。没有看到羊和羊圈，在四个村，也没有看到猪或鸡。在宜村看到一户院内有两三辆大型机器，但不像是用来农耕的，与中国农村常见的各种拖拉机、各种小型车辆相反，在所到村落街头，没有看到此类车辆，各个村落，少有马达轰鸣之声。在托志乡，看到大小不等的车辆，都是供人出行，不是用作生产。

村民的主食是面包，早晨孩子或女人手里拿着从私人小商店里买的那种很大的长方形面包回家，是村中生活一景。在阿得勒村，我掏 200 卢布和阿勒沙娜去那家商店，这种面包 20 卢布一个（相当于人民币 4 元），似乎比莫斯科品种繁多的面包要贵，而质量远比莫斯科超市里的差。在莫斯科及摩尔曼斯克等地没有见到的是，这里人家里都自制一种奶茶——牛奶加上与中国牧区人们食用的砖茶类似的一种茶，这或许是图瓦饮食结构的一个特点。人们饮食中似乎也不缺乏肉类，如在托志旅馆餐厅、在其他饭馆，但是不知道这些肉的来源渠道，因所在地没有饲养肉猪、肉牛。

退休职工如学校教师有一定退休金，没有听说农民是否有退休金，或类似中国的最低生活保障制度。各个村每天都有可以远达克孜勒的个体经营的小巴等。居民的住房看起来都不错，极少看到破旧不堪的房屋。那种很时尚的儿童车在所到的各个村已经很流行。手机很流行，只是除了托志，其他三个村手机都"无服务"。电视每家都有一台，电磁炉几乎普及，款式很一致，让人联想可能是政府统一发放。在一些家庭，还看到笔记本电脑，一般都是年轻学生样的人在使用。比较起我所看到的中国鄂伦春、赫哲族村落家庭，这些图瓦村民家居布置、衣着等要讲究一些。

图瓦东部村落社会：某种发展不足、自生自灭状带给人的担忧。从到过的几个村落情况看，一些过于年轻的母亲，如丈夫在部队服役的那位 22 岁的少妇，有两个孩子：长子 2 岁，怀里抱的女儿 4 个月；那位在托志热情地为我们找老人访谈、在外读大学的二十三四岁的少妇，女儿可能快 1 岁。在村头、村街，常常能看到推着儿童车或怀里抱着孩子的少妇，看她们的样子不过才二十来岁。有的拉着一个两三岁的，还怀着孕。阿得勒村我们房东的女儿看样子不过二十一二岁，孩子也快一岁了。给人一种感觉，这里至少女性结婚年龄比较小。由此判断，这里可能存在一定的辍学率，又因生产方式落后，现代产业极为匮乏——没有看到类似中国乡镇那样的乡村工业或各种类型的企业，以及随之配套的服务、娱乐等行业——在所到几个村，没有看到一家类似中国农村那样的发廊、小饭馆、歌厅，路上车辆也很少，手机、电话没有信号……一派自然之声主导着这里乡村的主旋律。交通和现代化程度过于低下，是影响这里人们"走出去"的最大因素。共和国首府克孜勒市不通火车，四年前建成的飞机场也只飞克拉斯诺亚尔斯克，而听雅格达讲，从那里再飞莫斯科也不方便，还不如从哈卡斯共和国首府阿巴坎市飞莫斯科（而我已经领教了从阿巴坎飞莫斯科的同样不便：因要在前一天凌晨启程坐六小时多的长途汽车先到阿巴坎，之后再等六七个小时才能登上去莫斯科的飞机）方便。可以想见，如果中、小学便辍学，尤其是女孩子，也就是结婚生子了。在托志，阿勒沙娜遇到她在图瓦国立大学读本科时的一个女同学。这位在某地担任学校教师的女同学带着自己八九岁模样的女儿回父母家探亲。

　　……有时在一些村里，看到三三两两的老人在墙边悠闲地坐着，孩子在村路上玩耍，男人们对马、汽车有兴趣，年轻妇女们也很悠闲。偶有上级部门干部来检查或布置工作，估计村里会热闹一阵。一次在某村，我们遇到在托志乡里见到的干部，可能是来这些村里办公（有时会有一种幻觉，这里到底是哪里？是俄罗斯，还是哪里？遇到俄罗斯族人，或在干部办公室看到俄罗斯国旗，或在村民家里看到俄罗斯总统普京骑马、迷彩服、墨镜——很酷的那种日历，会明白：这里是俄罗斯。在图瓦国家博物馆，还看到普京在图瓦考察时当地人与其握手的热情场面，还有伦敦奥运会某次俄罗斯选手表现优秀，阿勒沙娜等的欢喜雀跃：我们胜利了！——俄罗斯是图瓦人的祖国，图瓦人是俄罗斯国民、公民——这一点，已经没有疑虑！与此同时，在克孜勒最初遇到阿列娜等人时，不难感觉到他们对自己家乡交通等基础设施水平、城市建设等方面发展不快的普遍不满。其中很大一块，是对俄罗斯中央的不满，对其扶持、支持不够——"再等100年可能会通火车"。如何促进整个国家各个地区、民族地方的现代化、繁荣，的确是目前俄罗斯政府的首要任务。国际地位的提高，有赖于国富民安；民安的首要条件是温饱之上的小康，生活质量的提高）。这种理想主义的田园生活有什么不好吗？后现代主义在反思现代化的同时，似乎又有一些浪漫主义。问题是，当代人类现代化进程的不均等，在谈论与现代

化有关问题时，都应该与具体的国家、族群时空实际结合才有意义。就文
化、社会、环境论，早婚与人才成长、走出大山密林，地域广大、资源条
件好与基本的自给自足，交通不变、外界影响小与奋斗精神有关；信息闭
塞与传统生活的长久持续，这些因素对图瓦东部村落社会的影响不会在短
期消除。我所到过的图瓦东部这几个村落的某种发展不足是显而易见的，
而看起来很完美的田园生活含有的现代化话语环境中某种自生自灭状带给
人的担忧也是存在的。

三

俄罗斯民族状况及新时期的善治
——结合在图瓦地区的田野工作实践

讲座①提纲:

2011 年 10 月~2012 年 10 月,本人在俄罗斯莫斯科大学访学主要研究目标:俄罗斯民族状况及中俄环境与小民族生存比较研究。今天要谈三个问题。

第一,俄罗斯及俄罗斯民族概况。

第二,历史经验及当前民族状况、主要问题;发展是硬道理。

第三,2012 年 7 月底~8 月上中旬,在图瓦共和国城乡田野工作有关收获与反思:从图瓦历史看"民族";当前图瓦发展状况,社会心态;挫折感;国家稳定与民族共同发展;普京政府的发展规划(亚太、西方);认清现实,明智选择。

(一) 俄罗斯概况与民族

俄罗斯位于欧亚大陆北部,领土包括欧洲的东半部和亚洲的西部,

① 2011 年 10 月~2012 年 10 月笔者在莫斯科大学留学,笔者应中国驻俄罗斯大使馆文化处安排在 9 月开学之后给在莫斯科中国留学生作关于俄罗斯民族状况讲座。此份文稿为此讲座讲义。

国土面积位居世界第一，为 1706 万平方公里，占苏联面积的 76%（苏联国土面积 2240 万平方公里），边境线长达 6 万里，与 14 个国家接壤；人口 14800 万（一亿四千八百万），地多人少，土地资源十分丰富。俄罗斯是多民族国家，据 2002 年 10 月俄罗斯人口普查统计，俄罗斯共有 142 个民族，[①] 其中有 7 个民族（俄罗斯人、鞑靼人、乌克兰人、巴什基尔人、楚瓦什人、车臣人和亚美尼亚人）人口超过了 100 万。俄罗斯族是俄罗斯人口最多的民族，其人口数量占全国人口总数的 80%。由于民族众多，各民族间发展不平衡，俄罗斯也是民族问题复杂的国家。

一千多年宏伟壮观的俄罗斯国家历史，带给人类万千气象：从 9 世纪下半叶出现俄罗斯国家摇篮，千余年俄罗斯帝国统治，到 1922 年在原俄罗斯帝国的领土上建立起苏维埃社会主义共和国联盟；从 1991 年 12 月苏联解体，到俄罗斯联邦诞生。1999 年 12 月 31 日叶利钦宣布辞职，指定当时的总理普京为自己的接班人履行俄罗斯联邦总统一职。在 2000 年 3 月 26 日举行的总统选举中，普京当选为俄罗斯联邦总统。2004 年 3 月 14 日他再次当选，连任总统。继 2008 年"梅普组合"，2012 年产生"普梅组合"。因民族众多，俄罗斯也是民族问题复杂的国家。特别是从苏联时代开始，民族问题一直是政府绕不过去的问题。这与俄罗斯国情——历史——国家建构方式、地域、文化、行政组织方式、意识形态等因素有关。新时期俄罗斯政府为有效处理民族问题，进行了有益的探索和努力。

与民族状况有关的基本资料如下。

---

① 王利：《后苏联时期的俄罗斯民族政策研究》，中央民族大学博士学位论文，2011。

1. 主要民族[①]

表 1 主要民族和宗教

民 族	人口（千）	百分比（%）	主要信仰
俄罗斯族	115868.5	79.82	东正教
鞑靼族	5558.0	3.83	逊尼教
乌克兰族	2943.5	2.03	东正教、天主教、联合教派
巴什基尔族	1673.8	1.15	逊尼教
楚瓦什族	1637.2	1.13	东正教
车臣族	1361.0	0.94	逊尼教

---

① 俄罗斯境内的民族和族群（按语言系属分类）

印欧语系	俄罗斯人、乌克兰人、亚美尼亚人、白俄罗斯人、奥塞梯人、罗姆人、摩尔多瓦人、塔吉克人、希腊人、波兰人、立陶宛人、保加利亚人、拉脱维亚人、塔特人
高加索语系	车臣人、达尔金人、印古什人、列兹金人、格鲁吉亚人、拉克人、塔巴萨兰人、阿迪格人、阿巴扎人、鲁图尔人、阿古尔人、阿布哈兹人、查胡尔人、切尔克斯人
乌拉尔语系	摩德汶人、乌德穆尔特人、马里人、科米人、卡累利阿人、涅涅茨人、汉特人、爱沙尼亚人、曼西人、维普斯人、塞尔库普人、萨米人、牙纳桑人、埃内茨人
突厥语族	鞑靼人、巴什基尔人、楚瓦什人、哈萨克人、阿塞拜疆人、雅库特人、库梅克人、图瓦人、卡拉恰伊人、乌兹别克人、巴尔卡尔人、土耳其人、诺盖人、哈卡斯人、阿尔泰人、土库曼人、吉尔吉斯人、加告兹人、克里米亚鞑靼人
通古斯语族	鄂温克人、埃文人、那乃人、乌尔奇人、乌德盖人、鄂伦春族、涅吉达尔人、鄂罗克人
蒙古语族	布里亚特人、卡尔梅克人
楚科奇–堪察加语系	楚科奇人、科里亚克人、堪察加人
闪米特语族	高山犹太人、叙利亚人
爱斯基摩–阿留申语系	尤皮克人、阿留申人
其他语系	凯特人、尼夫赫人、朝鲜人、尤卡吉尔人

资料来源：互动百科网。

续表

民　族	人口（千）	百分比（%）	主要信仰
亚美尼亚族	1130.2	0.78	基督单性论教派、东正教
莫尔多瓦族	844.5	0.58	东正教
白俄罗斯族	814.7	0.56	东正教、天主教
阿瓦尔族	757.1	0.52	逊尼教
哈萨克族	655.1	0.45	逊尼教
乌德穆尔特族	636.9	0.44	东正教
阿塞拜疆族	621.5	0.43	逊尼教
马里族	604.8	0.42	东正教
德意志（日耳曼）族	597.1	0.41	新教、天主教
卡巴尔达族	520.1	0.36	逊尼教
奥塞梯族	514.9	0.35	东正教、逊尼教
达尔金族	510.2	0.35	逊尼教
犹太族	500.0	0.34	东正教、犹太教
布里亚特族	445.3	0.31	东正教、佛教、萨满教
雅库特族	444.0	0.31	东正教、萨满教
库梅克族	422.5	0.29	逊尼教
印古什族	411.8	0.28	逊尼教
列兹金族	411.6	0.28	逊尼教

资料来源：俄新网，2012 年 9 月 10 日。

2. 俄罗斯联邦行政区划

俄罗斯联邦行政区划有的按照民族地域原则构成，如共和国和自治区州；有的按照地域原则，如边疆区、州和直辖市。

全国共划分为七个联邦区：中央区、西北区、南部区、伏尔加沿岸区、乌拉尔区、西伯利亚区、远东区，各区均由联邦主体构成（联邦主体这一概念是 1993 年由俄罗斯联邦宪法引入司法体系的）。联邦区首脑为俄罗斯总统任命的全权代表。

现在俄罗斯共有 88 个联邦主体：21 个共和国、7 个边疆区、48 个州、2 个联邦直辖市、1 个自治州、9 个自治区。各主体一律平等，各有其不同的国家法律地位。

表 2 俄罗斯联邦主体

代码	联邦主体名称	首府	所属联邦区
80	阿加布里亚特自治区	阿金斯科耶	西伯利亚区
22	阿尔泰边疆区	巴尔瑙尔	西伯利亚区
28	阿穆尔州	布拉戈维申斯克	远东区
29	阿尔汉格尔斯克州	阿尔汉格尔斯克	西北区
30	阿斯特拉罕州	阿斯特拉罕	南部区
31	别尔哥罗德州	别尔哥罗德	中央区
32	布良斯克州	布良斯克	中央区
33	弗拉基米尔州	弗拉基米尔	中央区
34	伏尔加格勒州	伏尔加格勒	南部区
35	沃洛格达州	沃洛格达	西北区
36	沃罗涅日州	沃罗涅日	中央区
79	犹太自治州	比罗比詹	远东区
37	伊万诺沃州	伊万诺沃	中央区
38	伊尔库茨克州	伊尔库茨克	西伯利亚区
39	加里宁格勒州	加里宁格勒	西北区
40	卡卢加州	卡卢加	中央区
41	堪察加州	（堪察加）彼得罗巴甫洛夫斯克	远东区
42	克麦罗沃州	克麦罗沃	西伯利亚区
43	基洛夫州	基洛夫	伏尔加沿岸区
82	科里亚克自治区	帕拉纳	远东区
44	科斯特罗马州	科斯特罗马	中央区
23	克拉斯诺达尔边疆区	克拉斯诺达尔	南部区
24	克拉斯诺亚尔斯克边疆区	克拉斯诺亚尔斯克	西伯利亚区
45	库尔干州	库尔干	乌拉尔区
46	库尔斯克州	库尔斯克	中央区
47	列宁格勒州	圣彼得堡	西北区
48	利佩茨克州	利佩茨克	中央区
49	马加丹州	马加丹	远东区
77	莫斯科市	莫斯科	中央区
50	莫斯科州	莫斯科	中央区
51	摩尔曼斯克州	摩尔曼斯克	西北区
83	涅涅茨自治区	纳里扬马尔	西北区

续表

代码	联邦主体名称	首府	所属联邦区
52	下诺夫哥罗德州	下诺夫哥罗德	伏尔加沿岸区
53	诺夫哥罗德州	（大）诺夫哥罗德	西北区
54	新西伯利亚州	新西伯利亚	西伯利亚区
55	鄂木斯克州	鄂木斯克	西伯利亚区
56	奥伦堡州	奥伦堡	伏尔加沿岸区
57	奥廖尔州	奥廖尔	中央区
58	奔萨州	奔萨	伏尔加沿岸区
59	彼尔姆边疆区	彼尔姆	伏尔加沿岸区
25	滨海边疆区	符拉迪沃斯托克	远东区
60	普斯科夫州	普斯科夫	西北区
1	阿迪格共和国	迈科普	南部区
4	阿尔泰共和国	戈尔诺—阿尔泰斯克	西伯利亚区
2	巴什科尔托斯坦共和国	乌法	伏尔加沿岸区
3	布里亚特共和国	乌兰乌德	西伯利亚区
5	达吉斯坦共和国	马哈奇卡拉	南部区
6	印古什共和国	纳兹兰	南部区
7	卡巴尔达—巴尔卡尔共和国	纳尔奇克	南部区
8	卡尔梅克共和国	埃利斯塔	南部区
9	卡拉恰伊—切尔克斯共和国	切尔克斯克	南部区
10	卡雷利阿共和国	彼得罗扎沃茨克	西北区
11	科米共和国	瑟克特夫卡尔	西北区
12	马里埃尔共和国	约什卡尔奥拉	伏尔加沿岸区
13	莫尔多瓦共和国	萨兰斯克	伏尔加沿岸区
14	萨哈（雅库特）共和国	雅库茨克	远东区
15	北奥塞梯共和国	弗拉季高加索	南部区
16	鞑靼斯坦共和国	喀山	伏尔加沿岸区
17	图瓦共和国	克孜勒	西伯利亚区
18	乌德穆尔特共和国	伊热夫斯克	伏尔加沿岸区
19	哈卡斯共和国	阿巴坎	西伯利亚区
20	车臣共和国	格罗兹尼	南部区
21	楚瓦什共和国	切博克萨雷	伏尔加沿岸区
61	罗斯托夫州	顿河罗斯托夫	南部区

代码	联邦主体名称	首府	所属联邦区
62	梁赞州	梁赞	中央区
63	萨马拉州	萨马拉	伏尔加沿岸区
78	圣彼得堡市	圣彼得堡	西北区
64	萨拉托夫州	萨拉托夫	伏尔加沿岸区
65	萨哈林州	南萨哈林斯克	远东区
66	斯维尔德洛夫斯克州	叶卡捷琳堡	乌拉尔区
67	斯摩棱斯克州	斯摩棱斯克	中央区
26	斯塔夫罗波尔边疆区	斯塔夫罗波尔	南部区
84	泰梅尔（多尔干—涅涅茨）自治区	杜金卡	西伯利亚区
68	坦波夫州	坦波夫	中央区
69	特维尔州	特维尔	中央区
70	托木斯克州	托木斯克	西伯利亚区
71	图拉州	图拉	中央区
72	秋明州	秋明	乌拉尔区
73	乌里扬诺夫州	乌里扬诺夫斯克	伏尔加沿岸区
85	乌斯季奥尔登斯基—布里亚特自治区	乌斯季奥尔登斯基	西伯利亚区
27	哈巴罗夫斯克边疆区	哈巴罗夫斯克	远东区
86	汉特—曼西自治区	汉特－曼西斯克	乌拉尔区
74	车里雅宾斯克州	车里雅宾斯克	乌拉尔区
75	赤塔州	赤塔	西伯利亚区
87	楚科奇自治区	阿纳德尔	远东区
88	埃文基自治区	图腊	西伯利亚区
89	亚马尔—涅涅茨自治区	萨列哈尔德	乌拉尔区
76	雅罗斯拉夫州	雅罗斯拉夫尔	中央区

资料来源：俄新网，2012 年 9 月 10 日。

3. 各联邦主体的国家法律地位，以及联邦中央的行政关系

（1）共和国

所有联邦主体中，共和国拥有的国家法律地位最高。它一般按照民族地域原则构成，即共和国往往是某一民族的传统聚居地，如图瓦共和国，

是图瓦族的传统聚居地，居民 306600 人（2003 年），其中图瓦族人口近 20 万，占总人口的 70% 以上。而位于俄罗斯西伯利亚中南部、首府所在地城市为阿巴坎的哈卡斯共和国，人口 54 万多（2002 年），其中，哈卡斯族 67000 人，占 11.98%。哈卡斯语与俄语在当地具有法定地位。

俄联邦的共和国是民主单一制的法制国家，有自己的宪法，可以确定自己的官方语言，该语言在地方国家机构中与俄语并用。共和国甚至可以确立自己的国籍，但共和国国籍和联邦国籍同时并存，这只是俄罗斯联邦统一国籍的两个层次。共和国的法律体系除了自己的共和国宪法，还包括在其权限内颁布的各种法律、与俄罗斯联邦、其他联邦主体以及其他国家签订的条约和协议。因此，俄联邦的共和国拥有一定的国际主权，甚至有自己的外交部，但它们无权实行独立的对外政策。

共和国有权拥有自己的国徽、国旗和国歌，每个共和国有自己的首府。没有共和国的同意，其领土不得更改。共和国与俄罗斯联邦的关系建立在俄联邦宪法、联邦制条约和双方关于权责划分条约的基础上。

（2）自治州和自治区

这是俄国历史上形成的民族自治联邦形式，多按照民族地域原则构成，即自治区、自治州，往往存在一个或几个自治民族。如楚科奇自治区、埃文基自治区、亚马尔—涅涅茨自治区、阿加布里亚特自治区，楚科奇、埃文基、涅涅茨是民族称呼，布里亚特是俄罗斯境内蒙古族主要聚居区等。

当今俄罗斯联邦有 1 个自治州（犹太自治州）、9 个自治区（见表 2）。根据俄联邦宪法，它们与共和国、边疆区、州和联邦直辖市都是平等的联邦主体。

（3）边疆区、州、联邦直辖市

边疆区的国家法律地位与俄联邦所属州相同，只是在称谓上有着各自的历史渊源。90 年代在制定现在的宪法时产生了"联邦直辖市"的概念，以此取代以前的加盟共和国直辖市——莫斯科和圣彼得堡（1992 年前为列宁格勒）。1993 年宪法强化了它们的俄罗斯联邦主体地位。

边疆区、州或联邦直辖市的地位由俄联邦宪法和地区"章程"确定。

该章程相对于所有地方法律和规章有着最高法律效力。没有边疆区、州和直辖市的同意，其领土和行政疆界不得更改。

俄罗斯沿用了苏联时期主要按民族划分行政区域的办法，尽管苏联的解体证明这种行政区划存在很大的消极面，但这种局面已经形成，很难改变。因此，俄罗斯仍然保留了民族自治共和国、自治州、自治区的做法，在88个联邦主体中有21个是按民族划分的，仍以主体民族冠名。

同时，俄罗斯民族的杂居现象也很突出，在2720万人非俄罗斯族群中，只有970万人生活在民族自治区内。在民族自治区内，大多数冠名民族不占多数，有6个共和国——车臣、印古什、楚瓦什、图瓦、卡巴尔达—巴尔卡尔、北奥塞梯的主体民族占多数，9个共和国的主体民族人数不超过该共和国总人数的1/3。[1]

(二)"民族"何为？何以成为苏联解体导火索？

不难发现，不论是关注俄罗斯未来的人们，还是俄罗斯政府，在谈论、探索、制定、调整包括处理民族问题在内的国家发展战略和政策的时候，无不十分重视总结历史经验，希望在比较、分析中汲取新崛起与再繁荣的智慧。

在对待苏联解体问题上，俄罗斯人民，特别是精英阶层的心态比较复杂，有的认为可以在制度、政策上调整、改革，修修补补，而不至于解体[2]；也有的认为解体在所难免。"苏联体制的垮台有其内在逻辑，并不能归罪于哪个个人。"[3] "苏联解体木已成舟，由此出现了两大永恒的俄罗斯

---

[1] 参阅左凤荣《现今俄罗斯的民族问题与民族政策》，中国社会科学网，2011年3月8日14：49：23访问。

[2] 参阅尤里·普罗科菲耶夫（苏共莫斯科市委最后一任第一书记）《苏联解体：谁之罪？怎么办？》，中国社会科学网，2012年7月20日6：35：15访问。原文见《求是·红旗文稿》2012年7月19日。

[3] 俄罗斯总理梅德维杰夫语。见《麦德维杰夫与国际政治学家的对话》，《国外理论动态》2010年第11期，第105页。摘自金雁《苏联解体20年祭》，爱思想网，2011年5月5日10：48：07。

经典之问：'谁之罪？'和'怎么办？'"① 对此，可谓众说纷纭，见仁见智。

这些观点大致可分为以下几种类型。

1. 新中国成立初期，在民族理论确立和处理多民族国家民族事务的相关制度、政策的制定上，对苏联多有借鉴。1989 年中国改革开放，1992 年苏联解体，我国的民族研究在注意吸收西方经验的同时，也十分注意反思已经解体的苏联的经验教训。同时，这种研究，自然将目光投向目前俄罗斯联邦对待民族问题的理念以及民族政策取向。在这方面，已经有不少研究成果。

在对苏联历任领导人的民族思想、理论和实践进行梳理和分析后，一些具有代表性的观点认为，列宁继承和发展了马克思主义民族理论，并运用到俄国革命的实践中，建立了多民族的苏维埃社会主义联邦制共和国，奠定了苏联多民族社会主义国家的基础。斯大林继承和发展了马克思主义民族理论，促进了苏联多民族社会主义联邦制共和国的巩固与发展。但后来他的关于"民族问题在苏联已经基本解决了"的思想具有消极影响，以及在处理民族矛盾中的失误，对民族关系造成了危害，产生了民族隔阂的隐患。赫鲁晓夫、勃列日涅夫时期认为形成了新的历史共同体——苏联人民，对民族问题盲目乐观，没有给予足够重视；或对已经出现的属于人民内部矛盾的民族问题以极端民族主义对待，采取镇压方式，伤害了民族感情，埋下了民族分离的隐患。戈尔巴乔夫鼓吹"人道的民主的社会主义"，纵容民族问题的日益激荡和蔓延，最终成为苏联解体的导火索。而放弃苏共对国家的领导地位，苏联共产党联邦化、多党制是导致苏联解体的关键②。民族问题无疑一直困扰着苏联政府，并最终在苏联解体中扮演了重要角色。

① 尤里·普罗科菲耶夫（苏共莫斯科市委最后一任第一书记）：《苏联解体：谁之罪？怎么办？》，中国社会科学网，2012 年 7 月 20 日 6：35：15 访问。原文见《求是·红旗文稿》2012 年 7 月 19 日。

② 刘志昌：《"苏联演变与民族问题研究"结项报告会纪要》。2012 年 4 月 10 日上午，中国社会科学院马克思主义发展研究部政治与国际战略研究室尚伟副研究员做了题为"苏联演变与民族问题研究"的课题结项学术报告。中国社会科学网，2012 年 4 月 17 日 14：19：25。

2. 苏共莫斯科市委最后一任第一书记尤里·普罗科菲耶夫在文章《苏联解体：谁之罪？怎么办？》中谈道，"苏联解体并非一朝一夕的事，此前已经有为期数年的准备过程。倘若非得找出罪人，我想主要有如下三组毁灭者：苏联党政精英无力应对时代挑战，一些人甚至走上了背叛的道路；以美国为首的外部势力从自身政治和经济利益出发，目的是要摧毁苏联；包括苏联知识分子在内的人们，不清楚社会政治体制更替会造成何种后果、没有奋起捍卫国家免遭分裂"。就第三条，作者指出："大部分苏联百姓，尤其是大城市居民，对所发生的变化盲目跟从，其实根本不明白其本质，也意识不到后果会是什么。一些人为此感到欢欣鼓舞，还推波助澜。在中小城市和农村，大多数人则摆出漠不关心的姿态。当时的人们已经为生活所迫，无暇关注到戈尔巴乔夫和叶利钦之间的权力争斗及其危害。套用匈牙利经济学家雅诺什·科尔奈的话来讲：'人们对国家未来的社会体制完全无所谓，对他们而言，能够买到些香肠更为重要'。大家欢迎变革，在他们的头脑里认为，资本主义就是意味着在商店里应有尽有，而人们的福利仍然会像在社会主义制度下那样得到保障。但他们大错特错。苏联制度提供了最高水平的社会保障，赋予人们乐观主义精神，而这正是现今俄罗斯大多数公民所缺乏的。"[1] 此处反映、揭示出当时苏联的社会心态、社会情绪——作为苏联解体"谁之罪"之一的认识，这对多民族国家具有启示性；同时，这方面的问题，因比较"形而上"——无形、隐蔽——而容易被研究者忽略。启发在于：党和政府注意对社会心态、国民情绪加以体会，及时疏导、排解是至为重要的；知识分子——社会科学研究的超前性、预见性，社科研究能够涉及社会热点、焦点问题的能力，以及这种研究形成的氛围、舆论的扩散、营造，所具有的社会预警功能是极为必要的。看来，众多原因的积累，已经使当时苏联此方面问题非常严重。是否

---

① 尤里·普罗科菲耶夫（苏共莫斯科市委最后一任第一书记）：《苏联解体：谁之罪？怎么办？》，中国社会科学网，2012 年 7 月 20 日 6：35：15，原文见《求是·红旗文稿》2012 年 7 月 19 日。

因传统社会主义制度缺乏开放、民主作风，抑制了国民对世界变化——外部环境气象的关注热情以及必要的了解；封闭、思想禁锢－国民心态保守、对变化的敏感度低，以及可能的社会冷漠。目前我国民族理论界对"民族"等固有认识进行讨论，从这个意义上讲，有争论是件好事。民主、开放、透明，让人们在讨论中辨析、澄清事物。

3. 一些研究从民族政治学、民族社会学视角，就苏联建立（1922 年）前期斯大林提出"民族"概念的工具理性，以及后来伴生的实践进行深入阐述，对我们今天认识"民族""族群"现象，理解民族问题内幕，启发尤其巨大。众所周知，斯大林民族定义在我国颇具影响。"斯大林对民族的定义和民族理论，基本反映在他 1913 年发表的《马克思主义和民族问题》里。我认为当时斯大林之所以提出这样的'民族'概念并把它应用到沙俄国内的各群体，是在当时形势下的一种夺权策略。因为全俄国真正的产业工人阶级只有一百多万人，集中在莫斯科、彼得堡等西部大城市，俄国人口的主体是刚刚从农奴制下走出来的农民。1905 年俄国工人阶级试图在大城市如莫斯科组织起义，结果都失败了。多次失败后，革命党人开始改变斗争策略，提出要联合沙皇统治下的少数群体，称它们是'民族'并支持他们的民族独立，用这样的策略来分化和瓦解沙皇的统治。所以这时期提出的'民族'理论，很可能是一个夺权策略，而不是理解人类社会结构与演变规律的基础理论。当时沙皇俄国的社会矛盾非常激烈，具备了革命的前提，但是俄国工人阶级又非常弱小，不采取这样一种争取同盟军的策略，革命就会失败。列宁支持斯大林在民族方面的观点，但是明确指出'联邦制只是过渡阶段'。到后来苏联巩固后，斯大林却把民族联邦制固化和强化了。现在国内有些人在批评斯大林时，总说他是大俄罗斯主义，欺负弱小民族，所以使民族矛盾积累下来，并因此导致苏联解体。我觉得这种说法不全面。在斯大林执政期间'利益'受到损害的，实际上是那些人口较少、没有建立加盟共和国的民族，自 30 年代后，确实在行政权力、语言等方面把这些群体的地位弱化了……但是对待人口较大并建立加盟共和国的民族如乌克兰、格鲁吉亚、哈萨克等，这些民族在其加盟共和国内部的行政权力、优惠地位等是得到强化的。而对于这一方面，许多国内学者都忽视了。比如 1970

年的格鲁吉亚[1]，格鲁吉亚族占总人口的 67%，但格鲁吉亚族在大学生中超过 83%，干部中格鲁吉亚族的比例更高。1980 年摩尔达维亚人在摩尔多瓦共和国全部人口中所占比例不足三分之二，但他们的学生在最好大学（基什尼奥夫国立大学[2]）法学院和商学院中的比例至少为 80%。苏联时期对少数民族加大优惠和扩大权力的政策，其结果证明大大增强了各民族的民族意识和民族边界。现在国内有些学者认为，中国应当进一步强化民族区域自治，加大少数民族干部在各民族自治地区的比例和权力，加大对少数民族的各项优惠政策，认为这样少数民族就会更满意，国家就更具凝聚力。斯大林执政时期正是这样做的，只是对象不是所有民族，只是那些建立了加盟共和国的民族，同时中央政府对其他小民族的政策优惠力度确实降低了。我们对苏联的这段历史和在民族问题上的实践，一定要加深了解并进行反思，至少苏联在民族问题上的这些历史经验教训，中国一定要吸收。"[3] "民族"这一人类事物到底是什么？它具有怎样的性质和特点？

4. 有研究认为：跨苏联和俄罗斯两代的俄罗斯资深民族问题专家，在戈尔巴乔夫时代就是民族志研究所的副所长，剧变以后曾任叶利钦时代的俄罗斯国家民族事务委员会主席，在普京时代是俄罗斯民族学与人类学研究所所长，现在是俄罗斯科学院院士——季什科夫，他的作品《苏联及其解体后的族性、民族主义及冲突——炽热的头脑》（姜德顺译，中央民族大学出版社，2009），以一个知识分子的道德责任感，对后苏联族裔问题给予整体的、高屋建瓴的把握。金雁的文章从以下方面就季什科夫书中的

---

[1] 格鲁吉亚，苏联 15 个加盟共和国之一，其余为：俄罗斯、乌克兰、白俄罗斯、乌兹别克、哈萨克、阿塞拜疆、吉尔吉斯、塔吉克、土库曼、亚美尼亚、摩尔多瓦、立陶宛、爱沙尼亚、拉脱维亚。

[2] 基什尼奥夫国立大学，苏联加盟共和国摩尔达维亚苏维埃社会主义共和国国立大学，基什尼奥夫为该共和国首都，1991 年改名"基希讷乌"。

[3] 郑茜、牛志勇：《"'去政治化'和'文化化'的意思，就是要给少数民族更大的活动空间和更完整的公民权利！"——对话著名社会学家马戎教授》，《民族社会学研究通讯》2011 年第 97 期。

主要观点进行提炼和阐述①。

（1）苏联早期"实用至上"的民族政策的后果。苏联早期民族政策的设计此一时彼一时的差异很大，它完全是根据自身的实力调整的。十月革命前（1918 年前）处在反对派立场上的布尔什维克希望各个民族"越乱越好"，在内战阶段因为需要民族主义支持新政权，也唯恐各个民族不"独立"、唯恐非俄罗斯民族"缺乏民族自决权"。1918 年颁布的《俄罗斯联邦宪法》的特点就是不但同意自治，而且赋予自治很大的权力。等到布尔什维克自己变成了国家的主人，权力稳固下来，力量足够大了，"民族自决权"就成了从自己身上割肉，而这时就需要以稳定压倒一切来取代民族自治了。可以说苏俄早期的民族自决背后掩盖了太多的实用主义的考虑，但问题是它的"双重性质和矛盾特征的联邦制的荒谬开始让这个苏维埃政府为难"（第 59 页）②，这种实用主义的"仓促设计"为日后的苏联解体埋下了伏笔③。

---

① 金雁：《季什科夫：如何看苏联民族问题的历史与现状》，《东方早报》2009 年 12 月 29 日。

② 此处引文页码，系金雁教授引用季什科夫先生著作《苏联及其解体后的族性、民族主义及冲突——炽热的头脑》中文译本的页码。以下同。

③ 1924 年"苏维埃社会主义共和国联盟"成立，苏俄变成了"苏联"，俄、乌、白俄、南高联邦成为首批四个加盟共和国。苏联时期所谓的"自由民族的自由联盟基础上的各苏维埃民族共和国联盟"，实行的是一种在世界历史上十分独特的"集权一党制下的'自由国家联盟'"制度。根据十月革命后的民族自决原则，联盟宪法和共和国宪法均规定了自愿加盟、自由退出的原则，正如苏联国歌的歌词中唱的"伟大俄罗斯，永久缔联盟，独立共和国，自由结合成"。布尔什维克不但允许这首批的加盟共和国设有包括"外交部"在内的"中央"政府，还在国际社会张扬其形式上的"主权"，直至让乌克兰、白俄罗斯与俄罗斯都成为联合国的"创始成员国"。这样做是为了贪图其"一国占有三席位"的特权。但是这种"联盟"在全境实行一党制，而且党内高度集权统一，加盟共和国的党对联盟党中央而言完全是下级，没有任何自主性可言，并且也不存在反对党。执政党的集中统一便使联盟成员在法律上的自由退出权成为不可能行使的虚假权利。这种状况是以党国不分和党内集权为条件，一旦"党国"体制有变，联邦成员本来就合法的自由退出权便由虚转实，使"联盟"的解体变得难以避免。只要党内斗争失控导致党的分裂，哪怕是分裂成几个各自同样集权而丝毫也不"自由化"的党，国家的统一也就完了（金雁：《季什科夫：如何看苏联民族问题的历史与现状》，《东方早报》2009 年 12 月 29 日）。而苏联解体关键是共产党失去最高领导地位。

（2）斯大林时期的"苏联建国史给其人民留下了无数伤痛的记忆"。季什科夫认为，"苏联既是苏维埃各个族裔民族的摇篮，也是他们的牢笼"（第455页），"苏维埃斧头大规模建构民族工程，到处留下了的人为制造边界"的痕迹（第68页）。可以说斯大林时期民族居住地布局的调整力度之大在世界历史上是罕见的。① …… 虽然1964年和1967年分别给日耳曼人和鞑靼人恢复了名誉，认为给他们加上支持德国法西斯的罪名是毫无根据的，但是迁移后遗症的难题却无法抹平。后来这些民族返回家园的斗争成为苏联解体的导火索，也是如今族际关系紧张和族际冲突的主要原因。

（3）"强制同化"与"人为异化"。后斯大林时代，单一的发展战略和强迫接受来自中央意识形态宣传的总体框架并没有改变，大规模的民族迁移告一段落。此后的1960年至1980年，苏联政府都在为消化斯大林惩罚性的"民族大搬家"的"后遗症"绞尽脑汁。…… 此时民族政策的具体做法是，不尊重你的人权，却比较尊重你的"文化"，甚至可以大力扶植

---

① 从1919年开始有125万哥萨克人遭难，1931~1932年有200万库班人被流放，同时期又有200万哈萨克人饿死或者离开了他们的故土（第71~72页）。1926年全苏第一次人口统计共有195个民族，十月革命后少数民族地区都建立了地方自治政权，伏尔加河的日耳曼人建立自治共和国，北高加索的卡尔梅克人、车臣人、印古什人分别建立了本民族的自治共和国或自治州，克里米亚鞑靼人建立了自治共和国，不久他们就遭到了厄运。第一次的纯粹民族迁移是针对朝鲜人的，1935年有大批的远东朝鲜人迁移到哈萨克斯坦。苏德战争爆发后两个月，苏联最高苏维埃主席团通过了一个秘密决议，说这些民族当中有人通敌，斯大林认为这是"整个民族的集体背叛"，"根据战时的法令，必须对全体民族采取惩罚性措施"，把他们全体迁移到其他地区。这些民族有一个共同的称呼——"被惩罚民族"。1943年12月从高加索完全迁走卡拉恰伊人、卡尔梅克人，1944年2月迁走印古什人和车臣人，3月迁走巴尔喀人，5月克里米亚鞑靼人被迁走，6月克里米亚的希腊人被从自己的家园赶了出去，11月格鲁吉亚的梅斯赫特突厥人与赫姆辛人被迁移。到1953年斯大林逝世的时候，身份被划定为所谓的"特殊定居者"的迁移人数为2753356人，其中120万日耳曼人、31.6万车臣人、8.4万印古什人、16.5万鞑靼人、10万立陶宛人、8.1万卡尔梅克人、6.3万卡拉恰伊人、5.2万希腊人、5万梅斯赫特突厥人、4.5万摩尔达维亚人、4万列托人、2万爱沙尼亚人（第75页），这些数字还不包括被监禁和枪毙的人数，也不包括冻饿病死的死亡人数（金雁：《季什科夫：如何看苏联民族问题的历史与现状》，《东方早报》2009年12月29日）。

你的经济。苏联根据不同的政治需要，有时搞强制同化，有时却也搞人为的"异化"、夸大文化保护意识，有意识地搞一些大熊猫式的"稀有民族"。"文化歧视与文化再造并行"，文化特征成为被中央使用的战略武器，只要你在政治上听话，别的什么唱歌跳舞、传统民俗、年节礼仪乃至语言文字之类的"民族特色"不仅可以保留，而且往往还大力提倡，甚至人为地阻断自然融合，强化民族差异。政治上不许有异端，"文化"上却提倡有"特性"，一些"专业形式的文化得到支持和发展，甚至被炫耀"。但是排他的特性认同一旦形成就难以逆转，而缺乏人权导致的不满却不会因为"文化"的受保护而消失，"潜藏的隐性民族性"一旦有机可乘就会转化为显性的政治民族性、激进民族主义（第77页）。"民族"，有其内在运动规律，问题是怎样找到并加以尊重。如果它难免成为政府统治工具，也需要这个政府是"有文化、懂科学"的政府，即学会怎样妥善地因势利导，所谓"善治"，不至于在某个时刻，因"隐藏的隐性民族性"爆发使国家栽跟头。如目前谈"非遗"保护，那么怎样将"非遗"保护与尊重当事民族选择结合？不要阻断自然融合进程，人为强化民族差异，积累"潜藏的隐性民族性"？从苏联经验看，认识当前世界大局，从知识的角度，充分认识"民族"特性及运动规律，以开放、开明、协商姿态对待民族事务，提升政府科学决策能力，恐怕是大方向。

（三）痛并快乐着：调整、探索国家稳定、发展、各民族共同繁荣之路

作为苏联继承者，俄罗斯政府需要面对苏联留下的一切让人头疼的问题："随着社会制度改弦易辙，人民的道德准则被破坏。不管怎样说，共产主义理想毕竟体现的是人们数千年来对公正、互帮互助的美好追求。而如今这些理想与苏联一起消逝。目前，人们只留下一条路：任金钱牵着鼻子走"。而"要保住并开发横跨9个时区的广袤领土，仅靠目前的1.4亿人口是远远不够的，至少需要2亿~2.5亿人。而从人口现状来

看，即便形势在未来出现好转，这一数字在本世纪 100 年内也是注定无法实现的。"①

俄罗斯贫困问题依然严重。据研究：近年，俄罗斯人均收入增长势头强劲，但其社会两极分化和财富集中非但没能得到缓解，反而有扩大趋势。收入差距导致了社会分层。俄罗斯到目前为止所实施的各项改革，似乎只是在为最富裕的 20% 人口（第五阶层）谋福利：他们的平均收入从最低生活标准的 4.7 倍上升至 7.7 倍；第四阶层和第三阶层维持其财富状况不变；而对于收入状况最糟糕的第二阶层和第一阶层，他们的收入和生活标准反而降低了，半数以上的第一阶层平民生活在绝对贫困线之下。俄罗斯的两极分化要归咎于其市场经济转型。改革接踵而至，多数人无法在短时间内适应，少数成功适应改革的人们利用收入分配不平等扩充自己的财富。2008 年，约 0.7% 的人口掌握着 30% 的收入。② 学者利玛舍夫斯卡娅认为，社会经济改革导致了"两个俄罗斯"的产生：由于收入差距，人们的生活标准、消费习惯和行为方式呈现出两种截然不同的状态。③

有俄罗斯专家针对目前俄罗斯的社会发展问题，将俄社会划分为 10 个阶层。第一、二阶层占居民总数的 16% 左右，该阶层人群处于贫困线以下，是俄社会的最底层。第三、四阶层占居民总数的 52% 左右，是低保障阶层，受饥寒威胁。第五阶层到第十阶层占居民总数的近 30%，其中 25% 为中产阶层，剩下一部分是富人阶层，这部分人至少有 2 套住房、2～3 部汽车。专家同时指出：普京总统以 63% 的选票当选，高于第二候选人 50%，这是非常大的优势，但是其中也含有很多杂音、抗议、游行等。俄

---

① 尤里·普罗科菲耶夫（苏共莫斯科市委最后一任第一书记）：《苏联解体：谁之罪？怎么办？》，中国社会科学网，2012 年 7 月 20 日 6：35：15，原文见《求是·红旗文稿》2012 年 7 月 19 日。

② K. Goulin（工作单位：俄罗斯科学院区域社会经济发展研究所）：《俄罗斯区域发展不平衡与贫困状况》，笪钰婕编译。

③ K. Goulin（工作单位：俄罗斯科学院区域社会经济发展研究所）：《俄罗斯区域发展不平衡与贫困状况》，笪钰婕编译。

社会 52% 的人认为俄国是非民主国家，未来 6 年，社会繁荣对普京来说是个很大的挑战。①

俄罗斯政府从 1991 年以来就一直致力于恢复前任的威望，不只是在军事上、政治上，还包括经济上，都付出了沉重的代价。俄罗斯经济在近几年取得了显著的复苏。与经济快速增长相适应，俄罗斯人民生活水平逐渐好转，很多人都认为普京能带领俄罗斯重新赢得世界尊重，会重新成为世界强国。不过，近几年经济的快速发展并不意味着俄罗斯很快就能重新崛起，国际、国内种种制约因素牵制着俄罗斯的发展。

就民族问题而言，如前所述，俄罗斯不仅要承受苏联留下的负面遗产和消极影响，而且调整改革的任务也异常艰巨。如车臣危机②、苏联解体后长时间政局动荡、经济危机引发的包括远东多民族地区等许多联邦主体的地方分立倾向，使联邦中央和地方之间的关系出现了一系列新问题③。这些问题再次提醒当局，必须对民族问题的长期性、复杂性、重要性保持清醒认识，必须重视少数民族地区的经济社会发展，不断提高民族地区的人民生活水平和自我发展能力；必须正确处理中央集权与民族地区分权、国家统一与民族自治的关系，明确中央政府与民族自治地方之间的权利和

---

① 杨晶：《俄社会学家谈新普京时代社会政策走向》，2012 年 3 月 28 日，中国社会科学报在线。

② 车臣问题是"冷战"后始终困扰俄罗斯当局的一个重大民族问题，它不仅对国家的稳定和发展造成严重危害，而且迟滞了俄罗斯重新崛起的步伐。车臣危机由来已久、原因众多。然而，俄罗斯苏联在不同历史时期所实行的民族政策以及在处理民族问题和民族矛盾过程中所犯的错误是其中不可否认的重要因素。沙皇俄国推行大俄罗斯沙文主义殖民政策，对车臣人民长期实施残酷镇压和统治，在被征服为"臣民"的车臣人的心理上埋下了"民族仇恨"的种子。从斯大林执政后期直至勃列日涅夫时期，尽管苏联在民族问题的处理上有一定成绩，但由于对社会主义发展进程以及对民族问题存在一些错误认识，加上大俄罗斯民族主义传统的消极影响，苏联的民族政策出现重大失误。而车臣人无辜遭受的三次大规模迫害更是极大地伤害了车臣人的感情，为后来车臣问题的爆发埋下了祸根。戈尔巴乔夫时期推行的"公开化""民主化"实际上为早已对俄罗斯怀有强烈不满的车臣分离势力提供了机会。普京上台后吸取了以往的教训，采取强有力手段，对车臣极端分离主义势力予以遏制和打击，取得了明显成效。

③ 殷剑平：《对俄罗斯远东地区地方分立倾向的分析》，《东欧中亚研究》1997 年第 4 期。

义务关系；必须对危害国家主权、破坏领土完整的极端民族分离主义势力予以坚决遏制和打击，等等。

1. 20 世纪 90 年代以来，俄联邦政府在反思苏联民族政策的同时，探寻真正适合于俄联邦发展的治理民族国家的管理模式。有研究对此进行梳理，认为主要的调整包括以下几点。

第一，在继续实行民族区域自治的同时，取消了苏联时期提出的"民族自决权"，实施民族文化自治政策，对极端民族主义的行为予以坚决抵制。

如上所述，斯大林及以后的领导人，对民族的认识和处理一直存在问题，民族分离运动日渐高涨，并最终成为苏联解体的导火索。苏联解体后，民族分离主义思潮并没有彻底消退，俄罗斯政府吸取历史教训，借鉴别国经验，俄联邦政府在仍然保留苏联时期的民族区域自治制度前提下，将各自治共和国中的"自治"二字去掉，凸显俄罗斯联邦的区域性特征，取消了苏联时期提出的"民族自决权"制度规定，力求构建各联邦主体地位均等的联邦制。同时，1996 年颁布的《俄罗斯联邦民族政策纲领》成为俄罗斯联邦制定民族政策的法律基础。该法详细规定了俄罗斯联邦民族政策的原则、基本目标及任务，并保障了俄罗斯联邦境内少数民族的权利。

第二，生活在俄罗斯联邦境内的 142 个族群很多没有自己的自治实体，为了保护境内散居少数民族的权利，俄联邦政府实行了多元文化政策，即民族文化自治政策。在文化方面，赋予各民族自治权，即那些对保护自己民族文化有强烈愿望的俄罗斯公民，可以自发地成立民族文化自治组织。该组织成立后，必须遵照《俄罗斯联邦民族文化自治法》的相关规定举办活动，并会得到来自国家、地方及基金会各方面的资助。在俄联邦民族文化自治政策已基本成熟，这种自下而上的管理模式也得到了各个民族的认可，很多民族文化自治组织都为民族文化的保护与发展做出了重大贡献。

第三，近些年，极端民族主义势力的扩大严重威胁着俄联邦国家的社会稳定，2002 年政府颁布的《反极端行为法》，为抵制极端民族主义提供了法律依据。①

2. 远见、务实、贴近民意：新政府及首脑对民族问题的积极探索

正如外界评论的那样，2012 年普京当选总统、梅德韦杰夫接任总理，以及政府新班子的组成较为年轻化、较多自由主义色彩，体现出俄罗斯新政府着意于以一个具有远见、务实、贴近民意的新面貌出现于世，这意味着还是非常有可能为俄罗斯未来若干年的发展提供一个较为稳定的政治环境。② "远见、务实、贴近民意的新面貌"，这一点，也很好地体现在新政府、国家首脑对待民族、国家与民族等关系的理念，以及决策操作层面。如上所述，在宪法上取消民族自决原则——自由退盟原则后，"理论和政策上，突出历史上业已形成的统一国家原则，维护俄联邦统一主权；突出各民族的公民权利平等，主张人权和公民权高于民族权利"③，倡导对俄罗斯国家认同，以发展作为硬道理，以促进少数民族和民族地区经济社会发展，作为化解民族问题，促进国家和谐稳定、社会凝聚的根本出路④。

---

① 参见王利《后苏联时期的俄罗斯民族政策研究》，中央民族大学博士学位论文，2011。

② 冯绍雷：《俄远东、西伯利亚开发再认知》，《东方早报》2012 年 9 月 7 日。

③ 陈联璧：《俄罗斯民族关系理论和政策的变化》。"俄罗斯理论界和领导人总结苏联解体的教训，从俄罗斯联邦民族关系状况实际出发，认识到宣扬民族平等而实际上又很难做到各民族完全平等，这会激发少数民族的不满情绪，增强他们的独立自主意识。因此，俄罗斯领导人和理论界接受西方发达国家关于实现民族平等权利的理论观点，即主张人权和公民权高于民族权利，各民族平等体现为公民权利平等，国家宪法和其他立法上不突出民族平等和民族权利，以逐步淡化民族自我意识，从而有助于维护多民族国家统一。为此，在发布的《俄罗斯联邦条约》、《俄罗斯联邦国家民族政策构想》、《俄罗斯民族文化自治法》、《俄罗斯公民和睦协定》等有关民族关系问题的重要文献中，均没有阐明民族平等和民族权利的内容，只是在俄罗斯联邦宪法前言中笼统地提到，要在维护历史上业已形成的统一国家的前提下，遵循公认的民族平等原则，而宪法的正文也没有规定实现民族平等权利的条文。"《东欧中亚研究》1999 年第 1 期。

④ 关于"俄罗斯民族政策的基本原则和主要任务
俄罗斯民族政策的基本原则是：全体公民不分种族、民族、宗教信仰和操何种语言均享有人权和平等的公民权利；禁止按照社会、种族、民族、宗教信仰和语言特征限制公民权利；保持历史上业已形成的俄罗斯联邦国家的完整性；各联邦主体在与联邦国家权力机关的相应关系方面权利平等；根据俄联邦法律和国际法准则保障小民族的权利；每个公民有自由确定自己民族属性的权利；促进各民族语言文化的发展；和平解决（转下页注）

国家稳定、民族团结，是当今世界格局中较为牵动多民族国家神经的

(接上页注④)民族矛盾和冲突；禁止从事破坏国家安全，挑起社会、种族、民族和宗教方面隔阂的活动；保护境外俄罗斯公民的利益和权利，根据国际法准则支持他们保持和发展本民族语言文化和风俗传统，加强与祖国的联系。

实施民族政策的主要任务：

①完善联邦制是实现民族政策的首要任务。目前完善联邦制的最佳方案既不是致力于共和国'省份化'，也不是边疆区和州'共和国化'，而是从实际情况出发仍然坚持民族区域原则和行政地区原则相结合；要真正实现各联邦主体在联邦国家权力机关体系中权利平等的原则，为各联邦主体提供实现社会、经济、政治、科学文化发展的权利平等原则和同等条件；通过联邦立法、联邦中央与各联邦主体签订条约和协议的方式，将联邦中央与联邦主体的国家权力机关的组织原则和协作分权原则加以具体化；采取政治、经济和法律措施以保障国家扶持各个地区发展，鼓励发挥各个地区的经济积极性。

②在社会政治领域，通过发展和加强联邦关系的途径，逐步形成适合俄罗斯当前社会、经济和政治现实状况的国家体制，在法律、组织和物质上为保障各民族语言文化发展创造条件；防止发生族际冲突和与此有关的骚乱，坚决打击攻击性民族主义。

③在社会经济领域，按照国家制定的地区发展政策，国家要尽力拉平各联邦主体的社会经济发展的条件；在劳动力过剩地区实行就业计划，采取措施促进落后地区的经济发展，首先解决俄罗斯中部地区和北高加索地区的发展；促进各联邦主体的地区经济合作协会的发展，使它们成为协调族际利益和民族文化发展的积极因素。

④在精神文化领域，国家要促进俄罗斯精神文化统一思想、民族友谊和族际和谐思想的形成，培育和发展俄罗斯爱国主义情感，继承、发展和传播民族的历史和文化传统；把俄语作为全国性语言使用，并加强和完善其他民族普通学校教学工作；尊重民族传统、风俗和礼仪，支持宗教组织为和平的努力。

⑤在国际外交领域，俄联邦要促进原苏联地区各国在新的基础上发展政治、经济和精神文化领域重新一体化进程，在独联体国家 1994 年签订的保障少数民族权利公约基础上，与这些国家共同采取措施保障居住在其境内的外来民族共同体的权利和利益，实施保护少数民族的国际公约；与这些国家签订合作协议和条约，以解决跨界民族问题，包括实施特殊的过渡性调节办法；在这些国家之间制定和实行解决难民和被迫移民问题的机制，促进各国在预防与和平解决冲突方面进行合作。

实施民族政策的主要措施：成立各民族联合会，以便于组织国家权力机关与民族共同体对话，联合参加立法活动和调解民族纠纷和争端的过程；联邦中央和各联邦主体的国家权力机关应当使实施民族政策的目标与社会经济和文化发展的改革方向协调一致，使联邦中央与各联邦主体的社会发展规划协调一致，制定和实施这些发展规划要充分考虑民族政策；国家杜马要颁布关于民族自治区与它所在边疆区和州的关系法、关于改变俄联邦主体的宪法地位的程序法、关于实施'为被镇压民族平反法律'的法规等；提高俄联邦政府各部门在处理民族事务和联邦关系问题方面的作用；组织对族际发展 （转下页注）

事。正是在如何处理好这些问题上，各国政府难以逃脱地参与了旷日持久、方兴未艾的竞赛。这种竞赛，某种意义上是政府、首脑之间知识、反思能力、理性思维的比赛。而俄罗斯新政府及首脑为此做出的积极努力令人钦佩。

据资料，"2005 年 10 月，当时任总统的普京曾经委托俄联邦地区发展部制定新的俄罗斯联邦民族政策构想，在有关文化、教育、财政等部的协调配合下，也制定出了一个新的方案。新方案引人注目的是运用了'俄国民族'这一概念，这是在公民的意义上而不是种族意义上的民族概念。其核心内容是形成'俄罗斯民族的团结作用下形成统一的多民族社会'，目的是形成公民社会制度和将俄罗斯各族人民团结为统一的民族。但这一草案引起了自由主义媒体和俄罗斯民族地区政治家的不满，至今未获得通过"[①]；"2010 年 12 月 27 日，在俄联邦国务委员会与民族项目和人口政策的国家委员会召开的联席会议上，总结苏联时期民族政策经验，梅德韦杰夫总统和普京总理'都认为应该培养不同族群公民的国家认同感'"[②]。"普京指出：'如果有一种能代替过去不错做法的东西，那就是全俄爱国主义。……应该让每个人都为自己的国家感到自豪，要让他们知道，国家的成功取决于每个人的成功，反之亦然。'"[③]

2012 年 1 月，普京总统（当时任俄罗斯总理，2012 年 5 月当选俄罗斯总统）在他的文章《俄罗斯的民族问题》中"谈到了全球的移民现象，俄

(接上页注④)状况和危机局势的监控，及时向国家权力机关提出建议；制定和实施各联邦主体的民族发展和族际合作规划；为实施民族政策和为此通过地区发展规划，联邦政府在制定预算法案时，应列出专项开支条款"。见陈联璧《俄罗斯民族关系理论和政策的变化》，《东欧中亚研究》1999 年第 1 期。

① 左凤荣：《现今俄罗斯的民族问题与民族政策》，中国社会科学网，2011 年 3 月 8 日 14：49：23。

② 左凤荣：《现今俄罗斯的民族问题与民族政策》，中国社会科学网，2011 年 3 月 8 日 14：49：23。

③ 左凤荣：《现今俄罗斯的民族问题与民族政策》，中国社会科学网，2011 年 3 月 8 日 14：49：23。

罗斯作为多民族国家的内涵，以及解决俄罗斯民族问题的对策等"①。普京在文章中描述了全球性的民族发展趋势，强调尽管外在现象类似，但俄罗斯的情况是独特的，"我们的民族和移民问题同苏联解体直接相关，实质上，是由于18世纪基本形成的历史上的大俄罗斯的解体"，"各国处理民族问题不尽相同，各有其特点，但大体上可分为两种基本模式：融合模式和拼盘模式。通过近百年的历史证明，融合模式是解决民族和移民问题比较成功的方法，虽然其间由于促进民族融合一体、强调公民不分民族（种族）身份的权利和义务平等而难免会产生一些民族摩擦和民族冲突，但是能够有效地防止民族矛盾和民族冲突演变为民族分裂问题。而拼盘模式则是处理民族问题比较失败的理论，因其强调民族分界、民族身份、民族团体和地域多元主义而使社会泾渭分明、政治多元分野，无法促进民族融合一体而建构统一的国家，容易使民族矛盾冲突与地区矛盾冲突交织在一起，最终演化为国家分裂甚至民族战争。"② 在此，普京对各国处理民族问题策略"融合模式和拼盘模式"的归纳甚为重要。显然，融合模式是新时期普京、俄罗斯政府处理民族问题的基本理念。

正是从融合模式出发，取消了共和国"自治"权利，普京提出，绝不允许在俄罗斯建立地区或民族政党，也绝不允许政治人士依靠分裂主义和民族主义势力参加地方行政长官选举。他指出，建立地区和民族政党或者是变相的民族政党，尤其是在民族共和国，这是通往分离主义的直接途径。③

正是从融合模式出发，普京反对大城市出现单一民族组成的移民社区，2012年1月23日他在俄罗斯南方人民论坛上说，"当人们来到某个陌生地区，还是从国外来到异国他乡，甚至在国内迁移并居住在一起的时候，也更容易互相沟通，原因很明显。总的来说，这方面没有什么不好的。但是当这演变成单一民族组成的封闭社区的时候，对当地居民和那些

---

① 龙殇：《普京的反思：错误的民族政策是苏联解体的祸根》，新华网，2012年3月14日。

② 龙殇：《普京的反思：错误的民族政策是苏联解体的祸根》，新华网，2012年3月14日。

③ 龙殇：《普京的反思：错误的民族政策是苏联解体的祸根》，新华网，2012年3月14日。

生活在（单一民族社区）的民众来说都不好"。"在现代世界，当人们进入那种单一民族社区的时候，他们总是试图摆脱那里，因为它束缚、限制、不给人机会发展，也不给人机会获得教育和好工作。"①

正是从融合模式出发，俄罗斯政府加大了包括远东、西伯利亚等长期得不到快速发展的少数民族地区的现代化步伐。

在文章中，普京指出有人试图用瓦解苏联的方式瓦解俄罗斯，他认为：鼓吹建立俄罗斯族的单一民族国家有悖于俄罗斯国家1000多年的历史，"而且，这是消灭俄罗斯人民和俄罗斯国家的捷径"，"当开始喊'供养高加索够了'，那么，以后就不可避免会呼吁，'供养西伯利亚、远东、乌拉尔、伏尔加河沿岸、莫斯科郊区够了'。就是这种方式导致了苏联的解体"②。尊重历史，正视现实，善于总结、洞察、前瞻，在此，我们不难看到作为新一代政治家的远见卓识。

将民族工作列为政府首要任务，普京在文章中提出"建立负责民族发展和民族间关系的专门国家机构"的设想。"我认为，必须在联邦政府机关体系内建立专门机构，负责民族发展、民族和谐及民族间相互协作的问题。目前这些问题属于地区发展部管辖，排在当前首要任务之后，应该改变这种局面。"③

加快少数民族地区发展，缩小现代化水平差距，是有可能处理好民族问题的硬道理。近一时段，俄罗斯远东、西伯利亚开发、建设动向吸引了

---

① 俄新网 RUSNEWS. CN 基兹洛沃茨克 1 月 24 日电 俄罗斯总理普京认为，在大城市建立单一民族组成的移民社区是不正确的。俄新网，2012 年 1 月 24 日。

② 刘乾（俄新社观察员）：《普京谈民族问题：竞选口号还是可行政策》，俄新网，2012 年 1 月 25 日。

③ 龙殇：《普京的反思：错误的民族政策是苏联解体的祸根》，新华网，2012 年 3 月 14 日。据资料："俄罗斯曾设有联邦与民族事务部，但在 2001 年的政府组织改革中被撤销，民族事务划归地区发展部管辖。但地区发展部的主要精力放在地区经济发展事务上。因此，很多民族地区多次呼吁成立管理民族事务的专门机构。2011 年 8 月，成立了政府文化部下属的民族关系问题部。"（刘乾：《普京谈民族问题：竞选口号还是可行政策》，俄新网，2012 年 1 月 25 日）

世人的注意。

可以认为，除了国际地缘政治、国际斗争战略的考虑，促进国家各个地区，特别是边疆少数民族地区经济、社会繁荣、发展，遏制这些地区社会问题蔓延，平和人民心态，保证国家统一，这些均构成促使目前俄罗斯政府下定决心，将远东、西伯利亚开发提升到国家战略高度的重要动力。"2011 年以后，俄罗斯有关远东、西伯利亚重新开发的讨论，成为政界和媒体的热点问题，尤其是成为普京总统竞选期间和竞选之后国家战略构想中的一个重要问题。2012 年 7 月 6 ~ 7 日，中俄以及第三方专家在莫斯科举行第三次瓦尔代分会，以'走向大洋和俄罗斯的新全球化'为题，集中讨论有关俄罗斯转向亚太地区的战略，以及远东、西伯利亚重新开发问题。俄专家、学者认为，世界进入了一个'新全球化时代'。这一新时代的特点是以亚太地区在世界政治经济中意义的提升，以及在不久的将来，亚太在文化上将与欧洲—大西洋地区比肩而立为其主要特点的。俄罗斯的当务之急，是把握、运用这样的机会，发展自己。尽管俄罗斯有三分之二国土在亚洲，但基础设施落后、经济不发达，人口状况也不容乐观，问题已经非常严峻。这不仅根源于沙皇俄国、苏联时期以及苏联解体之后愈发显现的'欧洲中心主义'偏好，也源自俄罗斯政治精英尚未摆脱苏联时期的心态：将远东视为'前哨'，而将西伯利亚称为'后方'，从这一心态出发，而导致了将远东、西伯利亚封闭化、自给自足化的方针。二十年来，当地居民从未从现有政策和纲领中得到任何好处和希望，因此，就自然地用脚投票。"① 另据资料："俄罗斯远东联邦区占国土面积的 36%，但只有 630 万居民。从 1991 至 2010 年间，有 180 万人从这里迁往别的地区。在远东，平均每平方公里只有一个居民。而在相邻的中国东北，黑龙江、吉林和辽宁生活着 1.1 亿人，相当于每平方公里 170 人。"②

---

① 冯绍雷：《俄远东、西伯利亚开发再认知》，《东方早报》2012 年 9 月 7 日。

② 刘乾（俄新社观察员）：《展望远东：从遗忘之角到希望之地》，俄罗斯新闻网，2012 年 9 月 8 日。

俄罗斯远东和西伯利亚地区开发的首要问题在于基础设施建设。我2012 年 7 月底 8 月中旬看到的位于中西伯利亚的图瓦共和国首府克孜勒不通火车，当地居民出行主要依靠汽车，公路的路况、水准很一般。而在克孜勒，几年前建成的飞机场只有每周几次飞往克拉斯诺亚尔斯克的航班，并不方便。一直以来，人们去莫斯科等地还是在前日半夜坐出租车到阿巴坎，当地人们对此已经不再吃惊；哈卡斯共和国首府阿巴坎飞机场候机厅内卫生间之简陋，是我在国内所到过的飞机场从未见到过的。它使我联想起中国乡镇三四十年前的设备。从图瓦和哈卡斯这两个共和国首都城市面貌、基础设施状况等现代化水平看，的确不难感受这些地区的封闭和落后。

从各种迹象来看，政府已经下定决心，将远东、西伯利亚开发提升到国家战略的高度。2012 年 5 月 21 日成立的"俄罗斯联邦远东发展部"标志着俄罗斯针对远东地区的发展战略已正式提升至制度化管理范畴。俄罗斯政府已经制订了由总统负责的国家计划，面向东部地区投入 5700 亿美元，足见俄罗斯对东西伯利亚和远东地区的重视程度大有提升；2012 年 9 月 8 日，亚太经合组织（APEC）第二十次领导人非正式会议在俄罗斯符拉迪沃斯托克举行。俄罗斯作为此次 APEC 峰会的主办方，借此契机，向世界展示其力争融入亚太经济圈、着重开发远东地区的决心。[①] 2012 年 8 月，俄罗斯正式加入世贸组织，作为一个世界性大国，亦是世界第二军事强国，俄罗斯日益以开放、积极姿态介入国际社会。

关于远东、西伯利亚开放开发的必要性，俄方有不少深入的讨论。从民族关系、国家政治稳定计，远东、西伯利亚是俄罗斯少数民族聚居区，通过开发、开放，获得显著发展，满足当地各个民族改善生活条件、渴望社会现代化意愿，对于国家政治稳定、保证可持续性繁荣意义重大。目前多民族国家民族问题的关键，是各个民族都想获得与主流社会差距不大

---

① 曲文轶：《俄罗斯力推"东方新战略"及中国的应对》，《中国社会科学报》第 355 期，转引自"中国社会科学网" 2012 年 9 月 13 日。

的、比较满意的发展速度，以及在此过程中必然会涉及的自然资源利用、社会资源分配是否合理等所谓公平、平等问题。而作为中央政府，一是要把少数民族地区发展纳入国策高度；二是对发展中与民族关系有关联问题进行适当处理。

从上述情况看，俄罗斯调整、探索国家稳定、发展、各民族共同繁荣之路——"在路上"的情形，"总的说，俄罗斯民族关系理论和政策的调整和变化，是基本上符合当前俄罗斯的国情的"。同时，因诸多因素，"……特别是俄罗斯并没有解决苏联遗留下来的以民族区域自治为特征的联邦国家体制问题，联邦中央与各联邦主体之间关系也未调整好，许多民族矛盾和问题仅是暂时潜伏下来，今后一旦遇到适当气候就会爆发出来，民族矛盾仍然是影响俄罗斯政局稳定的一个重要因素"[1]。

（四）田野回望与思路接续：为期两周的图瓦调查

田野回望，在一个无论是这个国家地理的边缘，还是人文的政治、文化边缘，回望中央、核心，也就是说，在回顾和反思历史的同时，"从远处""在现场"获得一些有血有肉的冲击，回望中央、核心，在这种来回、往复中获得一些验证、启发和反思。"要读懂政治话语、文字背后的东西，行万里路是好办法，……只有通过广泛的社会观察、考察、调研，才能增强对社会现象的认识能力和对文献与理论的感悟与理解能力。"[2] 而在图瓦感受俄罗斯的民族世界，似乎的确可以感受到上述道理的滋润。

1. 图瓦共和国、图瓦族概述

俄罗斯联邦主体之一——图瓦共和国地处亚洲中部、中西伯利亚南部、叶尼塞河上游。其南部和东南部是蒙古国，东北部为俄罗斯联邦伊尔库茨克州，西北为哈卡斯共和国，东部为布里亚特共和国，西部为阿尔泰

---

① 陈联璧：《俄罗斯民族关系理论和政策的变化》，《东欧中亚研究》1999 年第 1 期。

② 房宁：《学者需读书，无字之书更重要》，中国社会科学网，2012 年 9 月 26 日。

边疆区，北部为克拉斯诺亚尔斯克边疆区。南北距离 420 公里，东西距离 630 公里。

图瓦共和国的面积为 23.63 万平方公里。行政区划上，图瓦共和国划分为 16 个区、1 个共和国直辖市、4 个区级市、3 个市镇、94 个村。图瓦共和国共有居民 306600 人（2003 年），主要民族包括图瓦族（77%）、俄罗斯族（20.1%），还有少量科米族和哈卡斯族。图瓦共和国的主要居民是图瓦人，他们主要信奉喇嘛教和萨满教。图瓦族分为两种类型，一种是山地、平原的畜牧业者（西部图瓦人）和高山森林中的狩鹿者（东部图瓦人）。他们按以前传统的方式生活：贩盐、游牧。

图瓦人，是中西伯利亚腹地、叶尼塞河流域的古老民族。叶尼塞河起源于蒙古国，朝北流向喀拉海，其流域包含了西伯利亚中部大部分地区。以色楞格河—安加拉河为源计算，全长 5539 公里，是世界第五长河。叶尼塞河有两条源流，一条是大叶尼塞河，起源于图瓦东萨彦岭；另一条是小叶尼塞河，起源于蒙古达尔哈丁盆地，两河于图瓦共和国首府克孜勒附近汇合后称叶尼塞河。叶尼塞河水利资源丰富，在干流上建有大型克拉斯诺亚尔斯克水电站和萨彦—舒申斯克水电站，河流是附近地区重要的水运干线，流域内富森林、煤炭、铁、铜、有色金属以及水产资源。两岸景色秀丽，主要港口有阿巴坎、叶尼塞斯克、伊加尔卡、杜金卡等。叶尼塞河约一半的水来自雪水，1/3 的水来自雨水，其余来自地下水。叶尼塞河流域大部地区覆盖着泰加林，南部以西伯利亚云杉、枞和雪松为主，往北以落叶松为主。在蒙古、外贝加尔和图瓦有干旱草原，与色楞格河流域最南端的半荒漠毗连。在流域远北地区，泰加林为苔原所取代。叶尼塞河流域居住着多个民族：俄罗斯人、埃文基人、图瓦人、乌克兰人、鞑靼人、哈卡斯人、雅库特人、涅涅茨人等。河流西源（大小叶尼塞河）附近农村地区以图瓦人为主，在图瓦首府城市克孜勒，有相当数量的俄罗斯人。经济活动北部以渔猎、驯鹿和毛皮、养殖为主，并有石墨、煤炭等采矿业，南部有加工业。

2. 与俄罗斯东部城市或与中国同类规模（中等城市）城市比图瓦共和

国首府克孜勒市，繁荣、发展水平不高；图瓦人，特别是知识分子阶层，民族发展、繁荣意愿很强烈。

（1）城市——克孜勒发展状况印象①

昨天傍晚在去那家餐馆吃饭的路上，阿列娜对我说：克孜勒不大吧（是看到街上房子旧的不少，没有给人很现代、很繁荣的冲击！但是只是从所看到的路段判断）？中央政府投资少，自己发展力量也不足。克孜勒到目前不通火车，而机场是有，但是只有通往克拉斯诺亚尔斯克的航班，并不是每天都有。要由此去莫斯科，要先到阿巴坎（哈卡斯共和国首府）。这里人们出行主要交通工具是汽车。看来，克孜勒人们出远门，一般要先到阿巴坎，到那里之后再坐火车或飞机。30日早晨一同前来图瓦实地调查的莫斯科大学民族学专业本科生谢廖沙在阿巴坎了解到，从阿巴坎到克孜勒，长途汽车要10个小时，打的5个小时（所谓"打的"，其实是小巴，不是小轿车。车后4个座位，分两排，前排一直坐3个人，很不舒服）。

一个印象，在我所到的俄罗斯中西伯利亚地区，的确能够感受到落后。近日有种体会，如果一个国家经济发展不能惠及各个地区，地区之间贫富差距明显，加之各地有自己历史记忆、当前传统文化功能依然，那么，就有可能与中央分庭抗礼、讲究交易了。（7月31日晚，又及）

7月30日傍晚我们抵达图瓦共和国首府克孜勒。克孜勒给人印象是流动人口不多，街上行人看起来多是此地居民，那种很安静也很自得其乐在这里生活的居民。谈不上现代化和繁荣，或许其最大的意义是政治属性和象征意义——这里是图瓦共和国的政治心脏，意味着一个族群的全部自尊与当代地位。后来到图瓦国家博物馆参观，此地、此族的特殊政治经历，的确有可能是具有典型意义的。而这种选择或面对选择的"难题"，是怎么发生的？

---

① 此部分括号中日期，系此段落在笔者图瓦田野工作笔记中所书写日期。笔者于2012年7月30日～8月13日，应图瓦国立大学阿列娜·阿列夫娜教授邀请赴图瓦共和国进行了为期两周的实地考察、调查和交流。其间，赴图瓦东北部、萨彦岭西坡之延伸、叶尼塞河蜿蜒流经的图瓦人历史悠久的社区——托金斯克区及区内四个村落进行了田野工作。

阿巴坎飞机场之简陋也是我前所未见的,无论是停机场还是候机大厅。机场厕所,还是那种中国 20 世纪 80 年代前后的样式,使我不由产生一种见到古董的审美情绪。这也是俄罗斯一个共和国的首府——阿巴坎共和国。看来,无论经济和社会发展规模如何,有时候,一个地方的政治符号的意义与经济、社会发达程度不是一回事。(7 月 30 日晚,于图瓦国立大学招待所二层一房间)

去托志途中谈起图瓦社会,拉丽沙老师——课题组主力成员之一——很郑重地问我,感觉图瓦发展怎样?好还是不好?我笑而未答。对此类提问,我一直持谨慎态度。可以感觉出来,她显然对自己家乡的现状不太满意。阿列娜在克孜勒也间接地表达出此意。(8 月 2 日)

在和 A 交谈中,我提起此处的交通问题,无火车、无直飞莫斯科等欧洲部分的飞机,人们出行主要靠汽车,而公路状况也一般。她迟疑,似不好妄加评论,后来还是说:再过一百年可能会有火车吧。本地、本族社会发展,交通等基础设施状况急需改善,看来也是图瓦知识阶层不愿意轻易谈起,却是藏在内心的隐痛、心病。这是我在国内少有发现的现象。在国内,民族地方的人们对中央、对地方政府的不满,或社会改革建议,谈起这些,似乎比较放松,顾虑不那么多。而图瓦人似乎内心有根弦一直没有放松,也就是说,在与俄罗斯中央的关系上,他们是很谨慎的。原因可能是:得罪不起,没有别的好办法。地方发展方方面面的条件有待具备,而俄罗斯中央支持力度仿佛不够大——图瓦共和国的现实。

无疑,俄罗斯联邦政府要赢得各个联邦主体、各族人民的拥戴,以至于对国家安定、团结的影响,国家长治久安,了解各个地方的发展实际,并拿出好办法加快边疆、国内各个民族地区的社会繁荣发展,提高人民收入,是当务之急,也是一个多民族国家永远不能疏忽的工作。(8 月 11 日)

(2) 所到图瓦东部地区农村人民生活状况

在图瓦共和国,习惯按生产类型将图瓦人分为两种:一种是山地、平原的畜牧业者(西部图瓦人),另一种是高山森林中的狩猎、驯鹿者(东部图瓦人)。我们课题组此次调查的地区属于高山森林中东部图瓦人,即位于萨彦岭西侧、靠近俄罗斯布里亚特共和国一侧的图瓦农村地区。所到四个村落行政属于托志区管辖（托志，有可能是西部狩猎、驯鹿图瓦人地区规模较大，并具有很强的政治力量、社会凝聚、文化辐射、经济技术信息等各种资源扩散作用的社区）。托志社区的规模，类似我比较熟悉的中国东北地区的乡镇。

从所到的四个村、一个区政府所在地社区、社会情况看，他们目前的生产方式是畜牧、饲养驯鹿、狩猎、捕鱼、采集等多种经营。根据自己利用一切机会——随课题组到家庭访谈老人时对访谈家庭生产方式迹象的观察，如是否有牲畜棚圈、庭院种植、养殖、机器、设备等状况，以及利用一些机会，如把家庭中其他成员请到另一间屋的询问，在村委会、村头和当地干部、村民的交流，以及根据村落、居民家中一切可能与生产、收入、支出有关的迹象，初步判断，上述生产方式在四个村可能各有侧重，并不一定样样具备。总的来看，没有经营种植粮食，各家有规模不大、经营一般的宅旁蔬菜地，饲养少量牛、马，也有一定的狩猎、捕鱼生产，完全没有大农业迹象——粮食作物种植、猪鸡饲养、饲料加工，等等。这主要由此地自然资源条件决定：以山、林、河流、湖泊为自然环境主旋律，少有成片的可以开辟为农田的土地。而这样的自然环境，在现代化大工业尚未进入之前，最适宜的谋生手段就是一定的大牲畜饲养、狩猎、捕鱼、采集。

具体而言，课题组所进入的四个村，一个区（托志）所在地社区，看到两个村有村集体的马厩、牛厩（根据规模判断，不像是个人家的马厩）。也看到少量的人家有自己的马棚或牛棚。没有看到羊和羊圈，也没有看到一只猪或鸡。在宜村看到一户院内有两三台大型机器，但不像是用来农耕，而与中国农村常见各种拖拉机、各种小型车辆不同，在图瓦所到村落街头，没有看到此类车辆。各个村落，少有马达声。在托志城，看到大小不等的车，都是供人出行，不是生产。

村民的主食是面包，早晨孩子或女人手里拿着从私人小商店里买的那种很大的长方形面包回家，是一景。在阿得勒·克日克村，我和阿勒沙娜去那家商店买过这种面包，20 卢布一个，似乎比莫斯科品种繁多的面包要贵，而质量却不能比。在莫斯科、摩尔曼斯克、图拉等地没有见到的是，这里人家里都自做一种奶茶——将牛奶加入与中国牧区人们食用的砖茶类似的茶熬制成的饮品。这是图瓦饮食结构上的文化特点，有其源远流长的历史、文化渊源。人们食品中似乎也不缺乏肉类，如在托志旅馆餐厅、在其他饭馆，但是不知道这些肉的来源渠道，因所在地没有肉猪、肉牛的饲养业。

退休职工，如学校教师有一定退休金，没有听说农民是否有退休金，或类似中国的最低生活保障制度。各个村每天都有可以远达克孜勒的个体经营的小巴车在跑运输。居民的住房看起来都不错，极少看到破旧不堪的房屋。那种很时尚的儿童车在所到的各个村已经很流行，手机很流行，只是除了托志城，其他四个村手机都"无服务"。电视每家大小都有一台，电磁炉几乎普及，款式很一致。在一些家庭，还看到笔记本电脑，一般都是年轻学生样的人在使用。比较起我所看到中国鄂伦春、赫哲族村落家庭，这些图瓦村民家居布置、衣着等要讲究一些。

（3）图瓦东部村落社会：某种发展不足、自生自灭状带给人的担忧

早婚、酒害、封闭（不通铁路、通信设施落后——有手机但信号不好——所到四村）、生产手段简单——以打猎、捕鱼、采集、驯鹿饲养为主，物质生活和文化、精神生活远远落后于现代社会，呈现出的某种发展过缓，某种外界干预过少，某种自生自灭状，无形中带给人深深担忧。

从到过的几个村落情况看，一些过于年轻的母亲，如丈夫在部队服役的那位 22 岁的少妇，有两个孩子：长子两岁，怀里抱的女儿四个月；那位在托志热情地帮我们找老人访谈、在外读大学的 23 岁的少妇，怀里抱着的女儿快一岁了。在村头、村街，常常能看到推着儿童车或怀里抱着孩子的少妇，看她们的样子自己不过才二十出头，有的拉着一个两三岁的，并怀着孕。阿得勒村我们房东的女儿看样子不过二十一二岁，孩子也已经快一岁了。给人一个感觉，这里至少女性结婚年龄比较小。由此判断，这里可能存在一定程度的辍学，又因生产方式落后，现代产业极为匮乏——没有

看到类似中国乡镇那样的乡村工业或各种类型的企业，以及随之配套的服务、餐饮、娱乐业等。在几个村，没有看到一家类似中国农村那样的发廊、小饭馆、歌厅，路上车辆也很少，手机没有信号，也很少听到人们谈论类似中国农村外出打工等话题，一派自然之声成为这里乡村的主旋律。交通、通信、人员流动等现代化程度过于低下，是影响这里人们"走出去"的最大因素。共和国首府克孜勒市不通火车，四年前建成的飞机场也只飞克拉斯诺亚尔斯克，而听雅格达老师讲，从那里飞莫斯科不方便，还不如从阿巴坎飞莫斯科（而我已经领教了从阿巴坎飞莫斯科的同样不便：因要在前一天半夜坐6小时的出租车急速先赶到阿巴坎，之后再等7个小时，于次日中午才能登上去莫斯科的飞机）。可以想见，如果辍学，尤其是女孩子，很有可能出路就是结婚生子。在托志阿勒沙娜博士遇到她在图瓦国立大学读本科时的一位女同学。这位女同学带着自己的女儿（八九岁）回父母家，她在某地担任学校教师。

……有时在一些村里，看到三三两两的老人在墙边坐着，孩子们在村路上玩耍，男人们对马、汽车有兴趣，年轻妇女们也很悠闲。偶有上级部门干部来检查或布置工作，估计村里会热闹一阵。这样很理想主义的田园生活有什么不好吗？面对现代化带来的一些困境，人们在反思现代化的同时，似乎又生出一些浪漫主义色彩。问题是，当代人类现代化进程的不均等，在谈论与现代化有关问题时，都应该与具体的国家、族群时空实际结合才有实际意义。就文化、社会、环境论，早婚与人才成长、走出大山密林，地域广大、资源条件好与基本的自给自足，交通不便、外界影响小与奋斗精神有关；信息闭塞、文化——传统生活的长久持续等因素对图瓦东部村落社会的影响不会在短期内消除。我所到过的图瓦东部这几个村落的某种发展不足是显而易见的，而看起来很完美的田园生活含有的在现时代、现代化话语环境中某种自生自灭状带给人的担忧也是存在的。

对本族"发展程度"的认识，族内阶层之间认识并不一致。因见识、个人所处社会环境、个人境遇、发展的比较对象等都存在不同。因此，如何理解、判定他们的感受，需要研究者自己下功夫。总之，与俄罗斯东部城市，如我去过的彼得扎沃特斯克、特维尔以及摩尔曼斯克市比，图瓦共和国的城市发展水平的确逊色。

2. 中国对图瓦社会影响很大——历史上的联系，现代交流——服装、开矿，历史、文化记忆——中国—蒙古人—成吉思汗——影响深入人心。

在和图瓦国立大学校长交流中，校长谈道：与中国大学的交流、合作不少，如与东北师范大学、沈阳大学、北京语言大学、清华大学等。今年（2012年），清华大学20人组成的团队来图瓦国立大学参观，图瓦国立大学组织最好的班到清华大学学习，到中国旅游；有4个图瓦国立大学的学生在内蒙古师范大学学习汉语。在图瓦国立大学东北历史系开设汉语课程（这一点，可能有现实需要。听来托志参加那达慕大会的龙兴企业那位人士介绍，在他所在企业就业的图瓦人有200多人。有的图瓦族人到中国学汉语，之后到他所在中国企业就业）。

校长谈道：中国对图瓦影响很大，所以与中国大学联系很多。如果有可能，可以考虑与内蒙古师范大学建立教学、科研关系（图瓦国立大学外办沙尤扎娜女士、托志某村那位会讲汉语的英语女教师，都曾到中国大学进修一年以上）。

图瓦老一辈对中国记忆很多，对近邻蒙古国、蒙古族了解也很多，就其与自己民族的关系，似乎有一套奇妙的解说。这是我在当地不断巩固、不断明确起来的认识。（2012年7月31日于图瓦共和国）

中国意象在此不难体会。那次托志那达慕大会获奖者得到的部分奖品来自中国——当地中国企业——龙兴（"龙信"，当地图瓦人如此称呼这家中国公司）公司赠送，公司两位管理者作为嘉宾被邀请到会并坐在主席台，及给摔跤获奖者颁奖。阿列娜、拉丽沙让我过去和坐在主席台的同胞认识，我过去和两位聊了一会儿。在异域边陲和同胞相见，的确有种莫名的深沉的亲切之感。彼此留下电话，说有事联系。据其中一位讲，自己来离托志社区不远处的中国公司工作4年，是福建一家公司在此公司前任拍卖中中标。目前公司共有员工千人，其中中国人700名，图瓦等族人300名。西伯利亚好的矿山都快被开完了，企业只能到这偏远的地方来干。许多图瓦人到中国学汉语，然后到矿上干活。开始时此地人不太欢迎中国人来开矿，现在好多了。从克孜勒来托志的公路都是中国矿企修的，矿里安装了手机接收系统，汽车到某地时车上人纷纷拿出手机打电话，说中国龙兴使这里能够打手机——手机有信号。况且还可以解决当地图瓦人工作、收入问题，促进了俄罗斯这个封闭地区的现代化进程，而人民普遍不拒绝生活的改善。以中国人的智慧，他们已经注意与当地社会、政府搞好关系，如出资资助托志那达慕大会，为中国、为中国企业在俄罗斯树立了良好形象。（8月4日中午）

3. 图瓦族的民族认同和国家认同；传统文化功能多在发挥作用，并大量吸收其他文化。

（1）如佛教、萨满教信仰，民族语言的普遍使用，传统狩猎、采集生计很大程度的延续等。衣、食、住、行，已经趋向世界化，其中掺杂了图瓦、俄罗斯、蒙古文化要素，语言借用不少俄罗斯语，但发音已改造为图瓦音调；"那达慕""苏木"蒙古语的借用；砖茶——类似中国内蒙古砖茶。

（2）初步体会，图瓦人的"我们是图瓦人"的民族意识、情感尚很浓厚，并深知本族历史——"故事"。昨日，阿列娜的母亲，在我们去她家接阿列娜时，对我说起图瓦过去与中国的关系，也谈到蒙古国，意思是图瓦—中国—蒙古国历史上存在关系。能够感受到图瓦知识分子阶层很深的民族意识。而普通百姓或许更关注实际生存，但是也许不尽然。俄罗斯政府普京的思路是对的——各民族地区经济发展、社会繁荣，是第一要务，事关国家稳定、可持续发展。（8月2日）

如同使鹿鄂温克族、鄂伦春族存在某种超常的艺术或思想天赋，图瓦族人也给我这种印象。后来在托志乡那达慕大会上，看到摔跤手入场、开始比赛前敬天敬地的仪式性动作，那种超然与自我抒发，洋溢出无限的思想和体力张力——无疑，这个族群，是充满力量和自我意识的群体。（8月2日）

图瓦国立大学有研究中心，专门研究图瓦语言、文化的继承、繁荣、发展问题。有一批图瓦知识分子从事图瓦历史、文化研究，他们在莫大等大学完成学业之后回到家乡，如图瓦国立大学校长、阿列娜、拉丽沙、雅格达、阿勒沙娜、阿内哈克，等等。

制度设计：联邦制，"图瓦共和国"与民族认同、民族意识。8 月 31 日下午无事。上午见校长后，在图瓦国立大学国际交流处沙尤扎娜女士办公室填好表格、复印好护照后，随她一起去移民局办理入境手续。见我有些不解，她解释说：省得在托志如果有警察查时遇到麻烦。——在同一个国家旅行也需要办理落地签，奇怪！后来明白，在俄罗斯，共和国一级的行政单位，入境需要办理签证或入境手续。这说明共和国与俄罗斯联邦国家的行政隶属关系，共和国的自治权要大于中国的民族区域自治地方。

（3）国家认同明确，希望本族获得高速发展。图瓦族与俄罗斯族历经百余年交往，在民间社会，图瓦文化与俄罗斯文化已经相互渗透，如通婚，在 70 岁左右人那里已经发生。"8 月 1 日，路况很差，吃午饭，又遇不小的雨，我们的车走了 9 个来小时才到托志，车到同车的祖孙家院大门口，奶奶有 60 来岁，出来迎接的是儿子和儿媳，儿媳金发碧眼，芳名柳芭；儿子有明显的图俄混血后代特征。仅从较能说明民族关系状况的异族通婚可以看出，图瓦人和俄罗斯人的交融已经很深。历史就是这样成就的，如果中国有人再谈图瓦现在也应该是中国的领土等，已经不合时宜，历史无法追悔与重来。"另外，饮食、语言、生活方式以至于一定的思维方式，也有明显吸收、借鉴。

在图瓦村落，有时会有一种幻觉，这里到底是哪里？是俄罗斯，还是其他地方？遇到俄罗斯族人，或在干部办公室看到俄罗斯国旗，或在村民家里看到俄罗斯总统普京骑马、迷彩服、墨镜很酷的那种日历，会明白：这里是俄罗斯。在图瓦国家博物馆，看到普京在图瓦考察时当地人与其握手的激动场面，还有伦敦奥运会某次俄罗斯选手表现优秀，阿勒沙娜博士等的欢喜雀跃：我们胜利了！——俄罗斯是图瓦人的祖国——这一点已经没有疑虑！与此同时，在克孜勒最初遇到阿列娜老师等人时，不难感觉到其对自己家乡交通、城市建设等方面发展不快的不满，其中很大一块是对俄罗斯中央的不满，对其扶持、支持不够的不满。如何促进整个国家各个地区、民族地方的现代化进程，的确是目前俄罗斯政府的首要任务。国际地位的提高，有赖于国富民安；民安的首要条件是温饱之上的小康，生活质量的提高。

4. "民族""族群"是什么？来自图瓦的启发

午饭后可能是阿列娜老师的安排，一名村中中年妇女领来一位老年妇女：77 岁（与历史老人访谈）。老人带着孙女（据阿列娜老师介绍，老人有几个孙子、孙女）。访谈进行到 1：30，录音、拍照、献茶、点心、中午剩的菜，老人都高兴地享用了。访谈结束，送老人一塑料袋礼物——那日我们几个匆匆装好的：是那种很一般的硬糖以及一些圆形的小点心（之后的几天，这种硬糖、零星可见的小巧克力，便成了陪伴我们的可爱之物——打点敖包、神树，人们之间分着吃。阿列娜老师自己也时不时放进嘴里一块。这种糖说不上好吃，和我熟悉的中国水果硬糖比，口感差远了），一瓶沃特加，老人很知足的样子。看到老人将那瓶酒放到怀里，我指给拉丽沙看。拉丽沙"很懂得"地笑了，并半郑重地对我说：不要把这些（老人与酒）写进文章（醒着的、敏感的民族尊严、自尊心）。2003 年9 月鄂伦春人何连山书记等人也不愿意填写我的问卷，哪怕我们之间已经成为"哥们儿"；1998 年 8 月阿玉兰局长的母亲（现已过世）很欣慰而特别高兴我是蒙古族人——因我随其女进家门后，老太太开口第一句：她是什么族？——民族、族、族群，这些至今说不清楚的人们共同体，就是如此表现着，自我认同、自我意识，是生命力极强的现实存在。（8 月 4 日）

昨天下午从阿巴坎赶往克孜勒一路低地山坡、以无垠草原为基础的景象，以及今天下午游玩所去的距离克孜勒城区二三十公里以外的大、小湖地貌、景观，均令人回想这一片曾经与中国历史多有瓜葛的唐努乌梁海地区。看着这一片经典的草原、低山地貌，很有些幻觉，想象着马群经过时泛起的尘烟、战马的嘶鸣，这一片有可能是当年成吉思汗策马扬鞭驰骋的草地……"一代天骄，成吉思汗，只识弯弓射大雕"——俱往矣！沧海桑田！面对这片地缘政治独特的地域，它最好地说明了何为生存，何为必须面对"历史"。可能，对百姓最好的尊重，就是尊重他们当下能够有一份安定、祥和的生活。（7月31日晚，于图瓦国立大学高级学生宿舍）

"同行的阿列娜老师的侄子阿拉特，这个18岁的大学生深沉内向，爱思考、颇有才气，后来几天他跟我学汉语，我建议我走后，他可以买学汉语的教材自学——类似阿勒沙娜博士买的那种。他谈起自己的学习规划：在图瓦国立大学读本科期间，会有一年时间去蒙古国的大学学习，可能类似交流、联合培养，他的专业是俄罗斯历史，他也希望有可能到莫大读书。后来几天，我们处得很好，我走的那天，他也一直陪到后半夜1点多我上车。图瓦人、图瓦族，这个国家归属问题一直伴随其民族演进甚至影响到今天人们意识的群体，自身无力独立建国，但对归属中国、俄罗斯，还是如同历史上曾经的飞地，是许多族群不曾面对和影响至今的困惑。我发现，对成吉思汗的历史记忆，成为建构目前图瓦人民族自信重要来源。图瓦国立大学管理人员雅格达女士昨天在船上问我对俄罗斯印象如何，内含的意思也包括对图瓦当前发展状况感觉怎样。她曾说自己叫成吉思汗·雅格达。在图瓦，关于成吉思汗，图瓦人意念中似乎有某种图像，某种感召，是能够体会出但说不明白的一种意识、思想流……"（8月9日）阿列娜老师访谈此户老太太，以及之前的访谈，都用的本族语言，尽管老人们也可能会讲俄语，但是肯定母语讲得好。

在村头和一位70多岁老奶奶交谈。她身休健康，还在劳动，信仰佛教。老人感觉生活还好，家里七八口人：儿子、自己的父母，读过几年书。老人不懂蒙古语，此地老人都不懂蒙古语，而对俄语都有很大程度的掌握，听得懂，也多会说，图瓦语掺杂俄语，是普遍现象。人们的祖国认同当然是俄罗斯联邦共和国，社会各种符号、表象都可以证明此。图瓦族与蒙古族历史上存在文化接触，这在现实中是存在一些痕迹的，问题是当事者对此已经没有意识，或有一些，说不清楚。如老人谈到近日托志乡那达慕大会，但不知道"那达慕"是蒙古语，等于说在语言这一块的连接已经接近中断。但是在每日都要享受的图瓦音乐、舞曲、歌曲（司机总是拉着我们在音乐中前行，是一大享受）中，一次忽然听到在内蒙古也很流行的歌曲《妈妈的恩情像高山大海》，记得是首蒙古国歌曲，但是车上图瓦同胞也非常熟悉，看得出非常喜爱，跟着哼唱。这有可能是图瓦离蒙古国近，音乐因地缘方便而流传，而音乐的旋律又在传达着文化、延续着某种历史记忆也难说。老人告知此地少有外国人来，只有俄罗斯人来。近日询问几位老人和年轻人，均回答此地少有外国人来。说明图瓦地区还很封闭，外部社会对他们还了解不多（8月9日）。

……这是图瓦共和国国家博物馆，的确办得很有品位。博物馆尊重历史，较真实地展出了图瓦历史的各种实物，观之令人顿生无限感慨。……满清、民国—中国、苏联、俄罗斯，在外部社会大潮变换中，这个人口不多、有自己传统祖居地的群体，其选择、抉择、摇摆等过程，的确生动致极，的确是何为"民族"与"自立"、"难以自立"与"选择"的生动样板。

在图瓦国家博物馆曾看到照片，文字说明是图瓦成吉思汗后裔——一位女子与图瓦要员在一起。成吉思汗在图瓦社会上下备受瞩目与推崇。雅格达女士昨天下午车停某处休息，就我对返程中可能存在的一些困难表现出的忧虑——陌生地、去阿巴坎等，她半开玩笑地对大家说：自己是成吉思汗，并比画着手脚，做担当、仗义状。无论如何，将一位有建树的本族历史人物或可能有关的历史人物，作为记忆及精神力量影响于当世，无疑是一种鼓舞今人介入当世、自信而奋斗的积极力量"（8月11日）。何为"民族"？人们无法割断历史——民族历史记忆，人们无法不在现实中生存——民族、文化适应。受国家、社会多种外部和内在因素影响的变化、变动中的人们共同体。

田野回望，突出感到，作为联邦主体——少数民族、民族地方政府，以及作为俄罗斯中央政府，都需要面对现实，持一种历史、现实、理性、客观的态度。那么，作为政府，应该怎样对待少数民族拥有权利和希望获得中央大力支持、高速发展的意愿？

有中国学者指出，"中华各族的共同历史和今天面对的国际形势，已经使汉、满、回、蒙古、藏、维吾尔等各族结合成一个'一荣俱荣，一损俱损'的利益共同体。所以，我们今天必须站在 13 亿人的共同立场上，考虑如何增强中华民族内部的团结，必须以这样的软实力来应对外部国际社会的严峻挑战"①。应该"站在全中国 13 亿人的立场上来思考中国的民族问题……把建国以来中国 56 个'民族'的民族问题发展历程与发展前景，放到人类社会现代化进程的全球视野里来进行思考。全球化在世界各地的推进过程，也是一个各国以'民族国家'为单元的相互之间的全面博弈过程，各国之间的博弈，包括经济、贸易、金融、资源、军事等硬实力，也包括文化、教育和各自掌控国内社会矛盾的软实力。"② 因此，在业已面对的外部环境、内部情况（就民族问题而言，类似具有解体前联邦主体独立能力的单位已经很少，可能他们目前的愿望是希望能够加大扶持、支持力度，使本地现代化速度加快面前；而中央对此要充分了解，认识这有可能是目前民族问题中的大问题——加快发展的要求），就中央而言，在充分尊重各种类型联邦主体宪法规定权限、以此处理与中央的隶属关系前提之下，最为关键的，是紧密围绕"发展是硬道理"这一关键，以国家社会团结、凝聚为核心，以提升国家整体的经济、社会发展，提升国际地位来凝聚国家社会。

而作为民族地方、联邦主体而言，在业已形成的局面之下，要认识到：本地本族的命运已经与俄罗斯国家共荣共毁。就图瓦知识分子以及一定民众阶层对发展不快的不满心态，作为已经与俄罗斯形成了"一荣俱荣，一损俱损"的利益共同体，应该建立一种眼光，即今天必须站在俄罗斯的共同立场上，把国家利益和民族地区发展"放到人类社会现代化进程的全球视野里来进行思考。'全球化'在世界各地的推进过程，也是一个各国以'民族国家'为单元的相互之间的全面博弈过程，各国之间的博

---

① 马戎：《要给少数民族更大的空间和更完整的权利》，《中国民族》2011 年第 9 期，第 4～12 页。
② 马戎：《要给少数民族更大的空间和更完整的权利》，《中国民族》2011 年第 9 期，第 4～12 页。

弈，包括经济、贸易、金融、资源、军事等硬实力，也包括文化、教育和各自掌控国内社会矛盾的软实力。"[①] 在分析本民族、本地区发展前途时，有必要反复认清一个事实，即离开了国家整体的发展和支持，任何一个联邦地方在经济、资源、人才方面都做不到自给式发展。

（2012 年 9 月 1 日开始，持续至 2012 年 9 月 27 日写作）

[①] 郑茜、牛志勇：《"'去政治化'和'文化化'的意思，就是要给少数民族更大的活动空间和更完整的公民权利！"——对话著名社会学家马戎教授》，《民族社会学研究通讯》2011 年第 97 期。

下　篇

文献资料与研究

现代文明背景中俄罗斯国家和民族认同形态

〔俄〕A. A. 尼基申科夫* 文，何群 译

过去的 1/4 个世纪，是我们国家的一个艰难时期。确立了数十年的世界观的崩溃，社会人口的老龄化，经济、政治层面因素，瓦解了强大的国家——苏联，以前作为同一国家的同胞，现在散落在不同的地缘政治空间，从而严重影响了生活中人们的相互交往和联系，并引发民族、种族仇恨意识。所有这些过程，触及和损害着俄罗斯联邦，并危及其生存。在这种情况下，俄罗斯公民社会受到不同意识形态的影响，并对其自我认同发生作用。问题在于——"什么是俄罗斯""我们是谁，俄罗斯人是谁"，得到的答案，令人吃惊的不一致。关于俄罗斯——共同体（国家，各族人民）问题，其中包括联邦内所有少数族裔共同构成的"多民族俄罗斯国家"问题，媒体讨论热烈，这使得以往帝国紧箍咒的禁锢现在有机会得以破除。近年来，因经济困难，民族热忱升温速度减缓，认为带有民族社会色彩的流血事件不完全是民族激进主义思想的发展的认识进入大众意识。讨论的热点和核心，不仅涉及俄罗斯政治（公民社会）和人口状况，而且

---

* 阿列克谢·阿列克谢耶维奇·尼基申科夫（А. А. Никишенков）（1949 年 3 月 12 日 ~ 2013 年 9 月 23 日），俄罗斯著名民族学、历史学家，历史学博士，莫斯科大学教授，莫斯科大学民族学教研室主任。

涉及历史、经济、文明进程、心理、种族和文化等。这与具有悠久传统的讨论方法具有同一性。总体来看，迄今俄罗斯的公众意识看起来像是多种话语并存，而就俄罗斯的性质及民族、国家状况，存在极其惊人的、彼此不同的见解。而每一种论点，对认识我国社会的某些图像，如了解各党派的组织和宣传、社会的运动和构成等，都具有价值。

那么，当今在社会—人文领域，就"认同"的类别、内容的认识是怎样的？对此，百科全书做了典范的解释："认同——客体在人们头脑中的反映，是理解实际存在意义的方法"。"认同"概念，在被心理学、哲学、社会学、美学等学科使用时具有多种意义，认同被理解为人作用于客观世界的方法（加里培林·Я. П）；认同说，仍然是理解现实意义的重要手段，其实际作用，同样在于调整人们的行为。在现代哲学和认知心理学中，认同被视为主客观作用的结果，历史的性质和特点，以及人与需要、动机、目标、情感的依赖关系（Б. Ф. 洛莫夫）；认同的一个鲜明特点——整体性，表现为多学科阐释的集合和构成的特征，使其能够作为一个整体的问题来判定和评论，即使缺乏实验数据，对其内容的认识可以在经验和知识的基础上完成。完整、清晰的关于"认同"的界定，可以替代冗长的叙述，将原因、理由与观点、解释相结合，廓清和确切概念，可以促进我们认识能力的提高。①

因形成于不同的社会环境，作为社会意识现象的俄罗斯国家和民族认同形态，是极其多样化的，超出了自身增长限度。这些环境的差别，对俄罗斯社会实际——内容和形式的认识、认识动机、认识方法的建立，有时甚至是极为重要的。相应的，针对这些思想的研究和批评的方法必然是不同的。比如，就俄罗斯政治、意识形态，如何创建（构造）一个有完全自觉目标、根据政治事业需要和现行因素改变而来的政治体制（政党、政府机构等）。相应的，对这些形态的反应应该是

---

① И. П. 弗里曼，"形态—文化研究"，《百科词典》第二卷；《俄罗斯政治百科全书》（РОССПЭН），2007，第 97～98 页。

同构的，即应提出同样建立在以正确理解、判断为前提的关于俄罗斯形态的不同思想和概念，然而，因存在适合谁的利益因素，所以，政治学家和其他专家应考虑作者研究目标的性质。俄罗斯的文学艺术和造型艺术作品，一如既往地享有发言权，它们表现出这个领域的美学原则或某种导向，以及创造者的个人喜好。通过艺术工作者和众多批评家、评论者反映出的这些形态，看起来仅仅像是个人审美解释的争辩。俄罗斯社会——人文科学所形成的意识形态，也拥有权威，它们成为某些学科和学校确立、创建的标准和准则，如通常普遍认为，应遵守所谓"标准的理想科学"（客观性、可验证性、实证的有效性）。而按照同一标准，应对这些意识形态给予反思与批评。

民族学视野之下俄罗斯国家和民族认同形态特性，及其社会意识现象，在我看来，主要包括以下几方面：民族学和它的类似学科——文化和社会人类学，一直以来便以文化研究为职业，关注与大众、"平民"文化、反思精英文化有关的问题（尽管目前这一学科极大地拓宽了自己的研究题目）。这种情形必然导致其特别强调对集体无意识这一心理——观念的注意。这种心理——观念，存在于大众意识，通常被称为"心态"。换句话说，俄罗斯国家和民族认同形态，可能会被民族学解释为"集体意识"（涂尔干）①，"心理——原始意象"（荣格，伊利亚德）②，"神话题材"（克劳德·列维·施特劳斯）③，即将客观实际因素称为"神话"。这一术语在广泛使用中存在过多歧异，促使我对其进行论述和澄清。我认为，对这·问题的理解，可以分享我们学科中一些代表性观点。为便捷起见，我采用阿列克谢·费达洛维奇·洛谢夫的表述，他在自己的著作《神话的辩证法》（1930）中完成了对这一现象研究的·场革命。于是，神话——并非虚构、臆造，"它有自身的逻辑，即首先总的辩证法，它是属于一般存在和认识、

① 参见涂尔干《关于社会分工》奥德萨，1900。

② 参见《伊利亚德神化研究》中，1996。

③ 参见克劳德·列维·施特劳斯《结构人类学》，1985。

意识的必要范畴"[1]；神话，不仅是"理想的存在，而是对物质—真实现实的感觉和创造"[2]；"神话，不是科学、理论，而是一个生动的主体与客体相互交往、联系，出自自身特性而非外部推动，具有纯粹的传奇般的真实性、确定性以及基本规律和结构的事物"[3]；"神话不是富于诗意的产品，而是在人的领域，经由直觉和本能的彼此协调一致，专注于构建单一的、抽象—专设的事物，在那里，它们结合成为一个不可分割的有机统一体"[4]。如果我们接受所有这些假设，就有可能确切地表述特有的、与民族学理论和方法有关的讨论主题。第一，存在于当今世界的俄罗斯国家和民族认同形态，具有一定的神话色彩，具有某种隐藏的、表现为集体无意识的原因特点，对它们的观察、分析，始终应视其为"路上行人的"意见，如此，政治家、思想家、学者才有可能合理地构建这一形态。第二，作为神话的俄罗斯国家和民族认同形态——其观念系统内总是潜藏着一定程度的"二元对立"（克劳德·列维·斯特劳斯）[5]，而事实上具有更为复杂的对抗意义（《多声部》，《杂拌糖》M. M. 巴赫金）[6]。特别是，无论在哪一个社会环境之下，就俄罗斯国家和民族认同形态的研究，难免会纷纷落入"好—坏"两种概念框架。对此需要引起高度注意，如果只关注这些政党中的某一政党，会导致片面的现象分析。

长期以来，民族学一直从事人类文化差异研究。文化差异的结构，由构成民族文化的不同单位所体现——社区、地区、国家、民族、文明（具

---

① A. Ф. 洛谢夫：《神话的辩证法》；A. Ф. 洛谢夫：《哲学、神话、文化文集》，莫斯科，1991，第 25 页。

② A. Ф. 洛谢夫：《神话的辩证法》；A. Ф. 洛谢夫：《哲学、神话、文化文集》，莫斯科，1991，第 27 页。

③ A. Ф. 洛谢夫：《神话的辩证法》；A. Ф. 洛谢夫：《哲学、神话、文化文集》，莫斯科，1991，第 40 页。

④ A. Ф. 洛谢夫：《神话的辩证法》；A. Ф. 洛谢夫：《哲学、神话、文化文集》，莫斯科，1991，第 73 页。

⑤ 参见克劳德·列维·斯特劳斯《结构人类学》。

⑥ 参见 M. M. 巴赫金《陀思妥耶夫斯基的创作问题》，莫斯科，1994。

有历史—民族风俗、文化特点的单位），已经发展出很多跨文化研究的方法。比如，理论民族学家——注重在不同文化世界界限内对文化意义的解释。在心理—精神层面，这些界限表现出的公式为"我们—他们"，意味着生活方式价值观的区别，"我们"和"他们"的特有价值，"我们"和"另外人群的"特征、形态的不同。这种研究过程，这种对话、交流方法，是民族学家所特有的。换句话说，这里所指的是，这是确定、鉴别世界现实和国情，以及自我认同或文化、社会认同的基本过程。

鉴于上述讨论，我想提出以"论俄罗斯国家和民族认同形态"为主题的观点和解释。其探讨包括，因长期受制于意识形态影响，惯常所采用的公式或惯用的语句为"东方—西方"，或"欧洲—非欧洲"。这里的问题是，有众多研究随意地回答"是西方或者是东方意味着什么"，而现在讨论的话题是"俄罗斯适用于这种两分法的地方在哪里"。问题的来源，众所周知，始于启蒙时期的思想家（M. Ж. A. H. 孔德、Ш. Л. 孟德斯鸠、A. 弗格森和其他人）界定了"文明"的范畴，在当时（甚或现在）被作为绝无仅有的理论来使用，它只和西欧最高、最完美的社会制度存在相互关联。[1] 西方、欧洲、文明范畴，自被想象出以来，不管怎样，是生硬而僵化的，如果这不是同义词的话。就西方、文明和欧洲（及欧洲化）能否相提并论，包括俄罗斯在内的遍布世界各地的学者的讨论，很快超二百年。这种比较意味着评价的等级标准，世界被认为由自由王国——人道主义、平等、进步（西方）和专制王国——压迫、落后（东方）所组成。这种模式，一再被欧洲本身的学者所批评，它明显不符合历史事实。有关论述见诸"文化相对论"学说——M. 赫斯科维茨[2]、文明比较研究——O. 斯宾格勒[3]、汤因

---

[1]　参见二月文明《话语演化和群体观念》，《二月战斗历史》，莫斯科，1991，第 255~256 页。

[2]　参见 M. 赫斯科维茨《对文化相对主义的一些进一步评论》，《美国人类学家》，1958，第 60 卷，第 2 页。

[3]　O. 斯宾格勒：《欧洲的日落》，《世界历史形态论文集》，莫斯科，1993。

比①、А. Л. 克罗伯②和其他学者的研究。到目前为止，它仍以惊人的方式渗透于公众意识。巴勒斯坦裔学者、美国文化研究者爱德华·旺地·萨义德，成为颇具神话意味的"西方—东方"论最激进的一位批评者，他的著作《东方文化研究》③ 含有大量与东方、东方各国有关的从启蒙运动时期到目前欧洲学者的著作、思想分析。在萨义德看来，不存在丧失理由的结论。这些著作，无论其严谨的比较尺度，还是作者的善意和才能，从整体上建立起一个统一的东方形象，如一面镜子，借助于此，可以确立和揭示欧洲，证明、证实和强化自我，巩固自己在"另一种"事物上的控制权力。超过二百年的欧洲（西方化）力量的作用，"东方学家"的认识方法具有不言而喻的真理性，并带有强制性、理所当然的特点及特有的神圣的目标。在这里，符合科学要求的属性和真正科学的立场，其真实性遭到质疑，因为在现代欧洲文明中，科学知识遭受着权力的严格束缚（福柯）④。Э. 萨义德书中鼓舞人心的思想，摧毁了观念中损害东西方之间联系的精神、心理障碍（Ж. 德里达）⑤。东方形态的"东方学"，在涉及面很广的论断中，讨论东方文化的身份和独特性，以及在没有外部帮助之下进步和发展能力。然而，在不顾书的作者萨义德意愿情况下，将东、西方之间精神对抗更加严厉的论点纳入书的贡献，这使作者感到遗憾，这再次证明关于编造神话的结构性无意识论点，在朝向理智地评论、批评方面，它们有其不易使人觉察的自身逻辑。

萨义德的一些论断，与历史资料存在关联，与欧洲和俄罗斯之间跨文明间边界问题存在关联。有关这个边界，欧洲观念认为是在 19 世纪最后确定。这通常适合萨义德的评述——他们后天形成的某种显而易见的形态，完全渗透于欧洲大众意识之中。例如，著名的科尤斯基侯爵在

---

① 汤因比：《历史研究》，莫斯科，1991。

② А. Л. 克罗伯：《文化形态的演化》，《文化的本质文选》，莫斯科，2004。

③ 爱德华·旺地·萨义德：《东方西方概念》，圣彼得堡，2006。

④ 参见福柯《权力真相：知识、权力和性》，莫斯科，1996。

⑤ 德里达：《论文字学》，莫斯科，2000。

1839 年之前曾抵达俄罗斯，就俄罗斯，他从一个德国酒馆老板口中得到了意想不到的说法，并劝阻他去俄罗斯："你知道俄罗斯真的好不？——科尤斯基问他。——不知道。然而我了解俄罗斯人，他们有许多人路过吕贝克（德国城市——译者注），按照这些旅客的面部表情，我可以判断他们的国家……，他们有两副不同的面孔……，离开俄罗斯的，他们愉快、心满意足……；而同样的人，返回俄罗斯的，成为闷闷不乐的样子……。一个国家，人民怀着那样的喜悦离开和带着那样的不情愿返回，不能是一个令人高兴的国家。"①

专业人士很了解科尤斯基给予俄罗斯的评价：当来到喀琅施塔得（俄罗斯城市，是建造在从芬兰湾浮出的科特林岛上的要塞城市，东距圣彼得堡 29 公里——译者注）第一次见到俄罗斯人时，他觉得"人们的面貌、气质似乎是特别的，是与自己没有相近之处的种族"②；"像这样在上帝面前过失如此严重，并注定要灭亡的人，生活在俄罗斯的有 6000 万"③；就卡拉姆辛（1766 - 1826，俄国作家，历史学家——译者注）和俄罗斯历史，他第一次开诚布公地讲，"如果要了解俄罗斯的全部，可能细心的读者会从这位好谄媚的历史学家的书中得到线索，这位好谄媚的历史学家因此而声名狼藉。因为他的好谄媚，所以读者对与这位历史学家有关系的外国人怀有极大的不信任，他们将可能憎恨他，并请求皇帝下令禁止阅读俄罗斯所有历史学家的著作"④。事实上，选择更有表现力的就东—西方之间存在不可克服的边界的荒谬说法是困难的，虽然外国人中针对俄罗斯的类似判断有可能可以列举出很多。这将严重地误导他们走向针对俄罗斯的一些"充满恶意的阴谋的"理论。众所周知，思想上形成谁是"受委屈者，受害方"的想法，比一个阴谋的理论更具有危害性，否认其在历史上以及到目前的存在，也是不可能的。更重要的是，在我看来，要注意到一个事

---

① 屈斯蒂纳侯爵：《俄国尼古拉耶夫州》，莫斯科，1990，第 32 页。
② 屈斯蒂纳侯爵：《俄国尼古拉耶夫州》，莫斯科，1990，第 44 页。
③ 屈斯蒂纳侯爵：《俄国尼古拉耶夫州》，莫斯科，1990，第 45 页。
④ 屈斯蒂纳侯爵：《俄国尼古拉耶夫州》，莫斯科，1990，第 50 页。

实，即对具有神话色彩的"东—西方"边界问题的负面评价，有其充分的有形、可触摸、物质性的根据，不是固定地繁盛于最初的世纪。现代欧洲文明形成于19世纪初工业革命实际成果之上，这使其成为现当代世界历史上无可非议的领导者，它有充分的现实政治、经济和其他利益原因，及至少在殖民地、新殖民主义、全球化中得以实现的真实可能性，并与所谓的向"东"扩张存在联系。

类似上述负面影响的消除，是一些专家的紧迫任务，但是，要解决实质为因权利或地位不平等形成的对抗问题，不可能取决于人道主义者的论战。它体现在实际的政治、经济、文化方面，对立双方的科学合作。其中，"弱"的一方应相应地充分回应"强"的一方的挑战，即找到有效的互相配合、协同的方式和手段，按照需要创建、成为合作伙伴。在这个意义上，"西方"之于"东方"，不仅是一个威胁，也是排除、战胜这一威胁的源泉。所幸的是，在东亚和俄罗斯，一般的欧洲意象，其中包括负面的刻板印象，总是倾向于正面的、积极的。这种建设性性质，准许其回应不同的社会需要，尤其是西方社会与世界各个地区现实的相互关系（不是神话），不可能仅仅限于政治和经济的扩张。对俄罗斯各个领域繁荣发展、所取得成就在欧洲引起的热烈反应，没必要举出众所周知的事实；同样，有很多例证（在历史上和当代），"某一个"或"某些"，时常获得过于夸大、积极、正面的性质。例如，16世纪在米哈罗娜·利特维娜的论著中，波兰国王的秘书和伟大的立陶宛公爵西斯蒙德奥古斯特二世，将"鞑靼人、立陶宛人和莫斯科人的风俗"与欧洲的刻板印象，对俄罗斯直言不讳并不十分符合实际的看法和判断，以及对这个国家某些状况的独特的洞察——"莫斯科人要克制酗酒，这是个有各种手艺高超的著名工匠的城市"[1] 并列地谈论；或者就伊凡雷帝时期不寻常的、完美的、温和的司法制度——"除首都法官之外，莫斯科没有一个官员可以惩处人，即使是被

---

① 米哈罗娜·利特维娜：《鞑靼人、立陶宛人和莫斯科维京人的风俗》，莫斯科，1994，第77页。

定罪的罪犯,不仅在首都,而且适用所有农村、城市被定罪的人们"①。这些看似离奇夸张、胡乱形成的说法,在对待俄罗斯的态度上不是那么友好,作为一种特殊的来自立陶宛大公国的一系列评论,评论发出者成为"善良的"作家是必需的。在现代和历史变更中,Ж. Ж. 卢梭和 Д. 狄德罗"高尚的野蛮人"② 概念得到广泛传播和论证。他们的"高尚的野蛮人"形象,没有任何实质性的、现实的基础,它被设计出来,与欧洲资本原始积累时期令人厌恶的东西形成鲜明对照。应该认为,对于西方来说,东方已从极端专制的、死气沉沉的世界,间歇性地转变成了明智的、社会和谐和友善的世界。这不是因欧洲更好地认识了非欧洲文化而产生,而是对类似目前首要的欧洲文明危机的反思。对此,能够起典范作用、极具影响力的,是一战后期 O. 斯宾格勒的研究成果《西方的衰落》、A. 汤因比的《历史研究》等。在这些论述中,在与其他文明的价值相比较中,西方文明的价值被评论、批评,使其失去了独一无二、最完美的地位。这是寻找替代欧洲价值观的探索之一,类似对血腥战争、革命、经济危机等问题提出质疑。顺便指出,这一时期,在欧洲,在伟大作家维克夫的作品《金子》和《银子》中,以及在 20~30 岁俄国流亡者中,对俄罗斯和俄罗斯文化的积极兴趣明显上升。在西欧,主要诸如学识渊博的工程师、天才的艺术家、作家和哲学家群体,形成了对俄罗斯的刻板印象。

欧洲的"东方—西方"神话,具有"不切实际的客观性"特点③,作为一种现实,在欧洲以外地区社会文化进程中,扮演了文化程度很高的阶层辨识、有权支配"东方"国家的角色。这一涉及世界观方面的问题,在俄罗斯具有特别的形态。18 世纪末期,伴随知识分子阶层的出现,民族、国家的自我反思具有戏剧性的解构化特点。俄罗斯民族国家认同状况,在俄罗斯内部,在很大程度上取决于西方含有神话色彩的"东方—西方"概

---

① 米哈罗娜·利特维娜:《鞑靼人、立陶宛人和莫斯科维京人的风俗》,莫斯科,1994,第89页。

② 卢梭:《论人类不平等的起源和基础》,《社会契约论》,莫斯科,1998。

③ Э. В. 伊林柯夫:《理想的课题》,《哲学问题》,1979,第6~7页。

念，知识精英分为西欧派（自由—民主派）和斯拉夫派（本土派、民粹主义者）。如果看看俄罗斯民族国家认同形态的演变——帝国时期、苏联和后苏联时期历史，那么可以发现这个形态所呈现的非一体化趋势。这个过程糅合了内部和外部的因素。外部（西方）神话的力量，失败的"世界警察"神话，压迫爱好和平的欧洲人民（尤其是 1848 年之后发生的镇压波兰起义）和本国非俄罗斯民族（特别是高加索战争期间）；里根政府的"邪恶帝国"论持续至 20 世纪末。在俄罗斯内部，形成了一个社会主义激进派神话——"俄罗斯——人民的监狱"神话，认可、准许边疆地区伊麦列京人（居住在格鲁吉亚西部地区的部落——译者注）的民族解放斗争，顺便提及，他们还不是民族，但是处于民族形成过程之中；苏联"社会主义"神话，使联邦及自治共和国（如果没有民族精英建立国家）获得了"自决直到完全分离"的权利，鼓舞了少数民族追求现实政治中民族地区干部地方化目标。所有这一切，事实上创造了俄罗斯新形象，解体成为以民族、族名为主体的地缘政治单位。

在外部调整和内部整合时期，苏联精英就国家、民族问题的议论奇妙而独出心裁。在这种局势纷乱、难以判定、辨明的情况之下，俄罗斯苏维埃联邦社会主义共和国激进民主力量（西方派）和充满激进民族主义精神的俄罗斯本土力量，大部分脱离苏联，注定了"伟大俄罗斯"——苏联的衰变。它刺激了俄罗斯文化与"欧洲"波罗的海地区摩尔多瓦、乌克兰、白俄罗斯和格鲁吉亚、亚美尼亚基本文明不相容的国家的建立。在 80 年代末的民族问题专题研讨会上，我不止一次参会听到合乎科学规范、高水平的、来自这些共和国并对此篇论文有益的学术观点，并且，这些论述几乎总是与某些仿佛不言自明的假设相排斥，客观存在的事实（从科学角度看无懈可击的、有说服力的），也得出了这些仿佛不言自明的假设并非必要的结论。我曾在国家东方艺术博物馆看到很有代表性的、有趣味的事情，一位格鲁吉亚中年妇女当她发现博物馆展览材料中写在格鲁吉亚艺术前面的献词："格鲁吉亚——不属于东方，它自古以来属于欧洲文明！"后，愤怒地大声嚷嚷。

"东方—西方"神话认可所谓苏联—俄罗斯联邦东部区域民族的离心倾向，但已和如下说法——"我们属于俄罗斯东方文明，和文化没有任何关系"——迥然不同，虽然在改革和改革后期神话学家——妄想狂有时表现出了最出人意料的样子。在阿尔泰人、雅库特人、巴尔基什人中，新的精神生活是多么令人不解，成为雅利安人古老的神话故事。例如，20 世纪 90 年代中期在乌法（俄罗斯城市，巴什基尔自治共和国首府，位于乌拉尔山西南侧——译者注）出版的书《大本豪》中，把巴什基尔人看成是古代雅利安人真正后人，直接牵连到这个民族与英国人的关系（本豪——不过是伦敦大本钟的原型）。类似这种情况，弄清楚最主要的大众感觉、意识不无道理。

俄罗斯是否存在具有向心力潜能的意识形态？它们确实存在，但是它们的作用目前不高。可以说，社会意识和社会心态状况，一旦充满"俄罗斯是一个不可分割的整体"的帝国思想，认为其有"君主独裁、东正教、人民性"方面的价值，是苏联空想家"苏联人民新的历史共同体"的替代物，组成具有"社会主义内容和民族形式"特点的国家，这在本质上仍停留于空想。

不过，作为研究现实问题的方法，俄罗斯革命哲学在国外被发展，这方面有许多例证。革命的悲惨教训，被赋予新的含义——一个伟大国家内部演化出敌对阵营后的衰变，在此过程中，包括民族、民族主义者很明显的离心倾向，提出了俄罗斯国家体制与其成员国的历史关系问题。对此，И. А. 伊利娜的观点具有代表性。她写道："国家，作为一个人们紧密结合、行为和文化统一的国家，不是同属于一个统一的教堂，而是包括不同宗教信仰的人，不同教派和不同的教堂。……俄罗斯国家运行，各种宗教信仰和教派的几乎所有的俄罗斯人民投入了其中。"[1]

在伊利娜看来，18～19 世纪的俄罗斯"帝国行为具有了这样的深度、

---

① 伊万·亚历山德罗维奇·伊利娜：《我们的任务：俄罗斯民族主义危险性及课题》，《俄罗斯的历史命运和未来——1948 年至 1954 年论文集》，莫斯科，1992，第 288 页。

广度和适应性，所有的俄罗斯人民都可以找到自己的祖居地，这成为引导和激发创造力的源泉；这种新的行为的产生、创立，根源于俄罗斯国家世俗的自由的文化（知识、技术、道德、法制、政府和经济）……和最后——俄罗斯国家理念的成熟和表达，引导和带动俄罗斯穿越历史时空。"① 在此，应注意词汇使用时的时间特性——"俄罗斯"和"俄罗斯"概念曾是同一词，不同于现在称呼的俄罗斯为大俄罗斯。

重要的是，И. А. 伊利娜强调国家自我认识上的集体无意识性质——"人们本能地、自然地和潜移默化地习惯他们周边的生存条件，包括自然环境、本国和邻国的文化、本民族的日常生活。然而，宗教的爱国主义本质几乎总是超出他们意识的边缘。当时在国家生活中，人们内心有的是不合理的、事实上不确定的、模糊不清的、趋向于消退并失去了内在动力的热情，而到目前还没有适当的转机（在和平、生活安宁的时期），并突然活跃起盲目和自相矛盾的激情……"②。按照伊利娜的说法，一个团结、统一的国家，人们"……交流时有重大意义的和诚恳的话语是'我们'。类似'我们'这样的称呼，不能人为地、随意地或蓄意地创造。它可遇而不可求，可以梦想却难以拥有。它可能会自然、自发地出现，那样在人的内心兴盛起来，在那里非理性地绽放，赢得和充满人们的心灵。然而，在承认这种'非理性'的爱国意识时，在理解时要注意阐明、在含义上辨别偶然性、无序或者难以觉察到的违法违规"③。

在 И. А. 伊利娜看来，俄罗斯国家和俄罗斯民族主义，是超越民族的现象，俄罗斯人民历史以来形成了一种共生关系，这种充满爱国主义精神的民族"共生"关系一般定义为："我是罗马人，同时是高卢人"，"我是

---

① 伊万·亚历山德罗维奇·伊利娜：《我们的任务：俄罗斯民族主义危险性及课题》，《俄罗斯的历史命运和未来——1948 年至 1954 年论文集》，莫斯科，1992，第 289 页。

② 伊万·亚历山德罗维奇·伊利娜：《我们的任务：俄罗斯民族主义危险性及课题》，《俄罗斯的历史命运和未来——1948 年至 1954 年论文集》，莫斯科，1992，第 172 – 173 页。

③ 伊万·亚历山德罗维奇·伊利娜：《我们的任务：俄罗斯民族主义危险性及课题》，《俄罗斯的历史命运和未来——1948 年至 1954 年论文集》，莫斯科，1992，第 187 页。

瑞士人，并且是洛迪人"，"我是法国人，同时是摩尔人"，"我是俄罗斯人，并且是卡尔梅克人……"①，"对于这样一个民族（俄罗斯）——那里，另一件事情没有完成，在那里，它的人民开始关注权利，这种关注的热情还没有达到终结，只是精神状态到了必要的程度。各民族都拥有本民族精神生活的不可剥夺的自然权利，它有时常常可能超出独立主权国家的边界；每个民族都捍卫自己独特的精神—文化，权利"②。

近二三十年，20世纪以来，尝试固有精神财富以完美表现形式的努力，取得了辉煌成就，证明了俄罗斯—苏联文明的特殊地位。一批有才华的科学家，如 Н. С. 特鲁别茨科伊、П. Н. 萨维茨基、Г. В. 维尔纳茨基、Г. В. 弗洛罗夫斯基、Л. П. 卡尔萨温的学术贡献，以及 Д. П. 斯维亚托波尔克、米尔斯基等人——没有谁称自己是欧亚混血人——出版了一系列历史理论、政治学科研成果，其中展现的俄罗斯面貌占有独特地位，不包含赫赫有名的"东方—西方"划分一般性定义内容。俄罗斯——它不是西方（罗马—日耳曼文明）和东方（亚洲）文明，俄罗斯（欧亚）文明的独特性在于，它是存在许多世纪的斯拉夫人和芬兰—乌戈尔语、波罗的海、突厥和其他民族创造性合作的结果。两百年来由彼得一世贯彻、生根的西欧优势的影响，于从前某一时期引起有机、统一、全民整体文化的恶性分裂，最终摆脱了自相残杀的内战和'可憎的俄罗斯布尔什维克的罪恶'统治"③。1917年的革命，与其说实现了一小撮马克思主义者的（西方派—激进分子）严酷预谋，然而具有人民性、民族特点的众多暴动、反叛引起社会的长期失常，成为其中的罪魁祸首。俄罗斯摆脱困境的可能性道路，在道德、精神层面，要在爱和团结的理想逐步复苏的基础上，克服布尔什维克主义。这中间，俄罗斯官方教会几乎完全失去了创造精神，但是其深层的民族意识还没有减弱（所谓"日常生活的自白"）。

---

① И. А. 伊利娜：《现代沙文主义和好战的帝国主义》。

② 伊万·亚历山德罗维奇·伊利娜：《我们的任务：俄罗斯民族主义危险性及课题》，《俄罗斯的历史命运和未来——1948年至1954年论文集》，莫斯科，1992，第214~215页。

③ П. Н. 萨维茨基：《欧亚交融》，《欧亚学报》1925年第4期，柏林，第22页。

近 20 年来，就俄罗斯欧亚实际交融过程历史理论的探讨，没有得到任何坚实和详细的研究方法，这种探索方兴未艾，虽然在某些方面是怪诞的、乌托邦式的材料堆砌。在俄罗斯苏联时期，弄清研究上述问题意义的想法彻底被禁止；而在苏联解体后的俄罗斯，就上述问题的研究，需要注意防止自由民主党与民族、民族主义者之间在社会意识上产生激烈的两极分化。由此，欧亚文化融合理念，呈现出推进政治对手之间妥协与和解策略目标。

在 Л. Н. 古米列夫的著作《最后的欧亚交融》中，欧亚交融问题得到专门阐述。他写道"一般地说，称我为欧亚混血人，我不拒绝……。我同意关于欧亚交融问题历史和方法论的基本结论"[1]。就欧亚融合发展的核心论题，Л. Н. 古米列夫断言，"重要的原则是，我认为，我们所有的人、俄罗斯各族人民，要理解，我们不是西方，也不是东方，而仅仅是俄罗斯，作为一般的多元、超级民族共同体，如果试图概括地把握其本质属性、联系和关系，那么，俄罗斯，她是母亲，是她的人民的真正的家"[2]。现有臭名昭著的俄罗斯东—西方神话主张者宣称"营造充满爱国主义精神力量的空气是必需的。其中一个重要阻碍，是现时针对俄罗斯的敌视态度，它基于一个十足的谎言，让我们回忆起鞑靼的统治。我从根本上反对这一观点，它来自、产生于西方……"[3]。

Л. Н. 古米列夫的著作，其卓越的文采、大胆独到的思想，引起俄罗斯知识界一些代表人物的关注，在确立俄罗斯团结、统一、不可分离性历史观念方面，目前获得很大声誉。然而，其论证显示出某些神秘、伪科学色彩，一些地方对历史的曲解，类似古米廖夫（1886 - 1921，俄国诗人——译者注）在民族学上的外行表现。

总体而论，以往就俄罗斯历史理论遗产、就建立完整的俄罗斯和俄罗斯民族国家认同形态的科学探索，获得令人信服的深入推进，成为相对范

---

① Л. Н. 古米列夫：《黑色神话：朋友和敌人的大草原》，莫斯科，1994，第 352 页。

② Л. Н. 古米列夫：《黑色神话：朋友和敌人的大草原》，莫斯科，1994，第 297 页。

③ Л. Н. 古米列夫：《黑色神话：朋友和敌人的大草原》，莫斯科，1994，第 297 页。

围较小、很少涉及并影响我国大众意识的知识精英阶层的精神财富。无论如何，广大俄罗斯人民长期交流、合作，使不同民族、种族、宗教信仰的人同属于一个人们共同体，客观上形成在生活方式、价值观念、稳定的组织关系和人际网络的联系、不可分离性。但是，俄罗斯的团结、统一，依然存在遗憾，还没有得到清晰、准确的认识和定论。换句话说，俄罗斯人感到自己的一致性、共同性，但不打算轻易确信本国在这方面不存在问题。目前，许多政治家承认，这是接近现实的重要课题。现代俄罗斯联邦政治上的决心和目标是加强多民族国家的统一。俗话说，扔石头、颐指气使的时代已经结束，收石头、着手应对、寻求结论的时代到来了。不同学科的专家学者在为理解、鉴别整个俄罗斯的根本问题而努力。该领域领先者可以认为是 B. A. 季什科夫，近年来他在演说、专著中，多次就俄罗斯社会整体文化的历史渊源、现实状况展开论证，并就民族社会融合历史理论、发展趋势提出自己的认识。他认为：“每个成熟的国家，其国家建设都建立在努力克服特有的宗教、种族、民族、部落、语言、地方—区域差别的一些阻碍的公民意识基础之上。国家为了自身安全和统一完整，通过各种机构、制度（从各种象征和权利到意识形态、教育、文化、体育）表达民族、人民—国家统一、一致理念，即培养、使公民形成高度归属感、忠诚的国家认同……，这也可以称之为公民政治或国家民族主义。事实上，世界上的国家主要为民族国家：族称上（在英国有英国人、苏格兰人、爱尔兰人、威尔上人），民族、种族共同体上（如西班牙加泰罗马业人或加拿大魁北克人），凡此构成公民国家（如英国、比利时、加拿大），在某些特殊状况下，如果人们失去对民族国家的完全认同，以孤立、分离主义倾向为形式的民族民族主义，便成为人口、居民构成复杂的国家的主要挑战之一。”[1]

依照 B. A. 季什科夫的看法，俄罗斯民族社会的性质，无论是俄罗斯帝国，还是苏联，与相应时期的西欧国家没有原则上的不同：“实际上，

---

[1] B. A. 季什科夫：《多样性下的团结、统一》，奥伦堡，2008，第 175～176 页。

苏联人民是俄罗斯人民历史的延续，那种共性一直存在、延伸，而苏联作为多民族国家如同其他大国，为国际法和国际社会所承认和尊重"。① 他不为就这一观点的批评所动，为学界某些政治上的"双重否定"倾向而遗憾，"就苏联社会的解释，其主要不足之处——就是其特殊性和社会混乱引发政治体制及整个社会意识形态、行为规范、价值观失调这一论点"。② 他不会没有根据地认为政治失误会使国际标准的法律失效得以巩固，"尽管出于各种原因，国家——'多民族国家'（И. А. 伊利娜的说法）包括以民族名义、脱离实际死守某种教条主义的'民族问题'教条主义者"。③

的确，当时一些倾向使 B. А. 季什科夫担忧，从民族、国家存亡计，迫使其将俄罗斯社会与"民族、国家"术语建立密切联系，在俄罗斯构成中引入、凸显"民族共同体"概念。毋庸置疑（我本人钦佩 B. А. 季什科夫的说法），因在苏联时期"民族、国家"术语在自治共和国政治文化、大众意识中建立起所谓"以民族命名、标题化的民族社会"具有合理性的认识，并受国际浪潮影响，不由自主地把社会引向了激烈冲突（"我们使国家失去国际地位！"）。显然，瓦列里·阿列克山得洛维奇意识到这些危险——他热衷于宣传"俄罗斯—民族国家"④ 思想。顺便说一句，在某种程度上，这与当代国外现实实际相符。

在 B. А. 季什科夫的概念中，对"民族—国家"最好的理解，首先在于具有公民意义，同时包含各自的文化及社会心理学意义的成分。这一认识与"民族主义"概念相关，那些被放大的成分一般容易被苏联时期和十月革命前的俄罗斯社会思潮所利用（见 И. А. 伊利娜《民族主义喜好民族精神并且是民族名义的精神特性》）。⑤ 这些看法在现今俄罗斯政治领导施政方针中有所表现，尤其是作为弗拉基米尔·普京总统的观点、立场，他

---

① B. А. 季什科夫：《多样性下的团结、统一》，奥伦堡，2008，第 175 ~ 176 页。

② B. А. 季什科夫：《多样性下的团结、统一》，奥伦堡，2008，第 7 页。

③ B. А. 季什科夫：《多样性下的团结、统一》，奥伦堡，2008，第 177 页。

④ B. А. 季什科夫：《多样性下的团结、统一》，奥伦堡，2008，第 174 页。

⑤ И. А. 伊利娜：《精神改革途径文集》，第一卷（共十卷），莫斯科，1993，第 196 页。

在 2007 年 6 月 12 日的讲话中谈道："由历史和至高无上的神所安排，在我国辽阔的领土上，生活着代表不同宗教和文化的民族，但我们是一个民族，一个国家"。一些当代理论家注意到，普京的这一认识："……在很大程度上，奠定了俄罗斯民族政策的基本依据。"①

---

① B. A. 季什科夫：《多样性下的团结、统一》，奥伦堡，2008，第 183 页。

布里亚特精神传统中的"东—西"对话典范

——多尔吉·邦扎罗夫*学术及社会活动

〔俄〕A. A. 尼基申科夫**文,周红梅***译

本文着重分析了恢复布里亚特民族文化意识形态的主要问题之一,即重新思考"东西方"问题,寻找同时客观存在于布里亚特意识及社会实践中的两种对立的价值体系中的民族同一性。从一方面来说,这是中亚文化的价值观,它体现于中亚古代历史、宗教、语言、文字中,该价值观将布

---

* "多尔吉·班扎罗夫 1822 年生于布里亚特贝加尔省栖榻河流域,其父班查尔·布尔古努娃是哈萨克农民。多扎罗夫是非常博学的人,他的部分作品:《黑教或称蒙古人的萨满教》《蒙古的来历》《关于维吾尔》。1855 年 2 月末多扎罗夫这名博学人士因突发发状况过世。虽然多扎罗夫在人间只生活 33 年,但是他在科学领域留下了光辉一笔。著名蒙古学者西斯提那说:"多扎罗夫的作品……进一步提高了蒙古研究的科学发展",尼克拉索夫称班扎罗夫是"很难遇到的人",历史研究者沙托夫高度评价多扎罗夫的科学研究贡献,称其可以与俄罗斯著名学者 M. B. 罗蒙诺索夫相提并论。见乌云毕力格编译(蒙文)《黑教或称蒙古人的萨满教》(〔俄〕多尔吉·多扎罗夫著,内蒙古出版集团,2013 年 8 月出版)中《多尔吉·邦扎罗夫传》,第 125 页。应我邀请,内蒙古师范大学 2014 级人类学专业硕士研究生巴雅斯呼楞同学将此译成中文。

** A. A. 尼基申科夫教授(А. А. Никишенков)(1949 年 3 月 12 日~2013 年 9 月 23 日),俄罗斯著名民族学、历史学家,历史学博士,莫斯科大学教授。生前为莫斯科大学民族学教研室主任。

*** 西北民族大学外国语学院教授,俄语教研室主任。

里亚特人同蒙藏、印度、中国及欧亚草原联系在一起；从另一方面来说，它也是同布里亚特300多年来和平共融的俄罗斯文化（或者可以说欧洲文化）和国家体制。就该问题的争辩经常会以从前的"民族英雄"（如成吉思汗、神话中的格萨尔、藏族喇嘛阿格旺多杰，著名医生 П. 巴德玛耶夫，俄罗斯皇家大学教授 Б. 巴拉季英、Ц. 扎姆查朗诺，Г. 茨比克夫等）作为佐证。而在类似"历史"争论中，Д. 邦扎罗夫的作用不可小觑。

Д. 邦扎罗夫在世界东方学研究中的卓越成就早为科学界公认。他关于中亚哲学和历史方面的著作已列入科学基金会，至今仍具有科学生命力。Д. 邦扎罗夫的著作至今仍在被不断肯定、发展，同时也备受科学争议。但以今天的观点而言，Д. 邦扎罗夫的一生及其社会活动的意义不应该只归结于科研层次。

Д. 邦扎罗夫在布里亚特人的精神层面及物质层面早已成为独特的民族象征，布里亚特国立大学、很多街道和建筑物都以他的名字命名。Д. 邦扎罗夫被称为新布里亚特文化原创时代的"文化英雄"（民俗学家们对于他的民间轶事耳熟能详）。Д. 邦扎罗夫为布里亚特文化的民族新形式的存在树立了典范，并成为最优秀的民族知识分子。

Д. 邦扎罗夫的一生始终在思考着众多矛盾，这些矛盾不仅影响着其个人命运，同时也决定着布里亚特人民所处的历史形势。布里亚特民族当时被划归为外族人之列，该民族没有权利进入到国家的中学及大学学习。Д. 邦扎罗大是第一位破例者，这不仅源于他的天分、意志及勤奋，更重要的是当时俄罗斯社会中存在有悖于国家法定的等级隔阂一些因素发挥了作用。

首先，Д. 邦扎罗夫的祖先包括他本人在内的一些布里亚特人在当时被归为了哥萨克人，由此缓和了文化歧视。

其次，在官僚风盛行的俄罗斯，却拥有着一批具有远见卓识对抗法律条文的文人墨客。著名的俄罗斯蒙古东方学学者 О. М. 高瓦列夫斯基和他的朋友，第二任色楞金斯克草原杜马领袖 Н. 瓦姆彼洛夫共同做了一件当时不可能实现的事情：1835年4名布里亚特男孩成为历史上第一批喀山中学学生，而 Д. 邦扎罗夫随后就读于喀山大学，并成为该校副博士。

再次，也可以解释为决定了以上两点的最重要的因素，则是 19 世纪俄罗斯积极的东方政策。该政策不仅促成了中国清朝边境的哥萨克布里亚特骑兵团的出现，确定了外贝加尔湖地区佛教的特殊地位，同时也使得以彼得堡和喀山为中心的俄罗斯东方学形成并迅速发展。

Д. 邦扎罗夫不可避免地处在了矛盾和实现人生机遇的十字路口。逐渐，他的生活道路客观上为布里亚特群体所接受，他们将此作为解决基本世界观问题的民族学中所称的范本。这种模式包含了"东西方"立场中的选择态度："我在这二者间的位置在哪里？""对于我来说，我们是谁？他们是谁？"具体说，这种态度当时具有，或者在某方面现在仍具有以下体现：有关教育形式倾向性的问题：选择欧洲（俄罗斯）形式还是佛教形式；同俄罗斯政府的关系问题：从广义和崇高意义层面将俄罗斯作为自己的国家和群体而效劳还是仅仅是道义层面的中立；有关传统中亚文化的意义及价值问题：以欧洲教育观立场（唯理论、进步主义、客观主义）理解文化，还是以内在的自给自足和自我评价的观点理解文化。

Д. 邦扎罗夫在教育领域中的定位并不是单一的，他将欧洲科学的基本原理同东方科学的基本原理相结合，其中包括蒙古语语言学、语文学、历史及宗教学。

自 Д. 邦扎罗夫开始，布里亚特社会逐渐形成了稳定的欧洲式教育传统取向，但东方学专业在这种教育传统中仍占有很高的地位。

Д. 邦扎罗夫对待俄罗斯国家和社会的态度是完全确定的。作为哥萨克的儿子，他从出生起就被注册为国家职员，并以东西伯利亚省长特别任命的九级文官的身份走完其一生。

布里亚特人民同俄罗斯国家之间的历史关系是中亚大国间利益相争的复杂的地缘政治进程中的正确选择。可以说，拥护俄罗斯并不仅仅有类似于 Д. 邦扎罗夫这样的群体，也包括在文化、教育、任职等方面同俄罗斯并不具有直接关系的人们。比如，藏族佛教首领阿格旺多杰就认为在清政府和大英帝国的不可遏制的殖民地扩张背景下，俄罗斯是其独特宗教及文化的可靠担保者，阿格旺多杰作为藏区的大臣及使节终身从事于有关加强藏族地区、蒙古、布里亚特、卡尔梅克同俄罗斯之间的联系方面的工作。

Д. 邦扎罗夫对于中亚文化的意义及价值问题的阐述极具其独特观点。在阅读他的著作时，不难发现其著作中的文体及修辞的两种意图：其一，我们称之为"科学教育"的意图，该意图在其著作中更为明显，因为该意图反映出当时欧洲科学领域中的主要认知标准；其二，我们称之为"阐述"意图，该意图并不是很明显，这也表明 Д. 邦扎罗夫对所研究的现象的更为复杂态度。今天东方民族知识界对于欧洲东方学有很多指责，这些指责并不完全只针对俄罗斯东方学者，特别是东方民族代表人物。他们的观点似乎以均衡比较文化现象为前提，防止一些无稽之谈单方面占据优势，比如"东方极乐世界"和"欧洲理智及人道天堂"的荒诞说法等。

不过，这些荒诞言论偶尔会发自民族知识界，尤其在民族文化出现危机时更甚。在大部分布里亚特人对政治及世界观持有漠然态度的背景之下，布里亚特知识界日益增长的偏激情绪影响了他们对于融入俄罗斯一体中的布里亚特民族文化的研究兴趣。而且，今天布里亚特共和国民族文化振兴过程表明，当进程中出现抵触，甚至偶尔不正常时，尽管布里亚特知识界在对于欧洲（俄罗斯）和东方的价值观的关系问题上持有不稳定的态度，但这种不稳定态度确是经过深思熟虑的，可见，这样的态度是符合布里亚特传统的，并且该态度根源正是来自多尔吉·邦扎罗夫。

图瓦人与自然相关的仪式和风俗

〔俄〕阿列娜·瓦列里耶夫娜·阿伊真* 文，臧颖** 译

每个民族在与自然环境及非自然环境相处的过程中，经过漫长的历史发展逐渐形成一些典型特征。图瓦共和国的原住居民，在适应自然环境的历史过程中逐渐形成了许多独特的传统与风俗。

图瓦人的典型特征是对自然无比崇敬，甚至将其神化。对自然的敬意表现在各种古老的仪式、风俗习惯及传统中，同时在民俗文化中也充分体现出来。世世代代形成的传统和习惯得到很好的继承和发展。

图瓦人认为，人类四周的万物充满灵性。人作为一个"现实存在"将自身与大自然进行比较，用此方式通过周围世界来解释自身，也通过自己来解释周围世界。图瓦人深信，如果人类伤害了大自然，自身也会遭受重大损失。缘于这些观念，图瓦人从不滥伐森林，滥杀野兽和滥捕鱼虾。在向大自然索取生存所需之前会举行各种仪式，祈求得到大自然的原谅。

在许多民间宗教观念中河流、山川、树木、太阳、火、大地、月亮、天空、水等都被视为神奇宇宙的化身。人类希望与这些客体达成某种联系和沟通，为此举行各种祭祀仪式。人们相信，只有获得它们的帮助才能保

* 图瓦国立大学公共历史与考古教研室副教授，历史学副博士。

** 中央民族大学民族学博士，俄罗斯民族问题研究学者，翻译俄罗斯知名学者有关成果多种。

持种族的延续和平安。这种对周围世界的认知和理解奠定了完整的祭祀体系的基础并使其形成和发展，其实质就是对自然的崇敬和崇拜。下面试举几类。

图瓦民族神圣的土地自古就存在。图瓦人作为独立的民族由若干氏族共同组成，每一个氏族拥有自己神圣的领域。氏族领域在人与自然的关系中至关重要。每一个氏族通过"敖沃"崇拜和"阿尔扎那"（音译）崇拜来表达对本氏族神圣土地的敬仰和热爱。

"敖沃"崇拜或森林崇拜

"敖沃"（овоо）（音译），蒙古语为"敖包"（обоо）。敖沃崇拜在图瓦人传统祭祀体系中具有重要的地位，在该仪式中整个图瓦大地成为被神圣化的客体。

早期的敖沃崇拜出现在古代图瓦人的生活中并直接与祭祀某个地方"家神"的风俗有关。人们去森林采摘果实或狩猎回来，会把一些东西留在那个地方以示对当地神灵的感谢，并撕开布条做成带子系在树上或是把石头投放在一个固定的地方。

随着畜牧业的发展，敖沃崇拜发生一些变化。放牧成果的好坏完全取决于自然的恩泽，为了顺利熬过冬季艰难的时光，在放牧地，牧人就把敖沃建在高地上来表达对当地诸神的感谢，同时也便于照看畜群。艰苦的冬季结束后，为了祈求土地更加丰饶，每个氏族都会举行敖沃祭祀仪式。

敖沃崇拜发展的下一个阶段与农业相关。为了获得好收成人们就在自己的耕地附近建起敖沃以示对土地神灵的感谢。①

渐渐地敖沃崇拜成为每年必须举行的祭祀仪式，以感谢当地神灵给氏族带来幸福祥和的生活及丰硕的农业收成。这个仪式提高了庇护神灵的威望，增强了氏族成员的信心并丰富了他们的生活。敖沃崇拜实际上也起到调节氏族内部关系的作用，同时决定了氏族成员对他们拥有土地所持的

---

① *Даржа　В. К.* Традиционное мировоззрение тувинцев номадов / В. К. Даржаа，Кызыл，2007，С. 45.

态度。

敖沃祭祀通常在夏季举行，由萨满决定敖沃的搭建地及朝向。全体氏族成员在规定的时间聚集起来，准备丰盛的美食摆放在敖沃旁，以此表示对本地神灵的感谢，同时举行祭祀仪式。整个祭祀仪式由当地最具声望和法力的萨满主持。随着佛教在图瓦的发展，敖沃祭祀仪式可以由萨满主持，也可以由喇嘛主持。"达科尔森林"仪式只能由最高宗教级别的喇嘛主持。

敖沃通常建在山旁，这座山便被宣布为圣山。对圣山自然资源的利用有特别的规定，不允许任何形式的采伐和狩猎，只有个别氏族的萨满和诺颜才有权爬到圣山的山顶。圣山成为现代自然保护区的原型。

各类祭祀仪式均需要神职人员主持。现在，举行祭祀主要是萨满师，他们是阳界与阴界的媒介，主持完成仪式上的重要仪规。过去，图瓦人通常请萨满师主持祭祀仪式，现在则由喇嘛来完成。

蒙古科布多省的图瓦人请萨满和喇嘛来主持祭祀仪式。2012 年 6 月图瓦国立大学公共历史与考古教研室的师生在历史学副博士、副教授阿伊真（即本文作者——译者注）的带领下，针对蒙古科布多省图瓦人的物质文化及精神文化问题进行了一次田野民族学考察，在考察中记录下了这点。[1]考察队员在几个居民点进行了调查，包括霍夫特城和保留着图瓦人夏季驻地的查干艾力克这个地方。在近两周时间里，参与调查的学生对当地居民进行了访谈，收集了大量一手资料。访谈者塔斯〔93 岁，来自顿卡克（Донгак）部族〕说，敖沃祭祀由喇嘛和萨满主持，如果萨满法力不强，那么就由喇嘛替代。

2010 年 7 月至 8 月，我们在蒙古国北部的库苏古尔省进行了民族学考察，得出这样结论：萨满教在当地至今仍然具有重要地位，并且在图瓦人的宗教观中起主导作用。许多访谈者也对这一事实进行了佐证。比如，访

---

[1] *Айыжы, Е. В.* Тувинцы Кобдосского аймака Монголии / Е. В. Айыжы, Кызыл, 2007, С. 67.

谈者呼拉尔·卡尔丹〔1945 年生于捷吉特（地名），65 岁，来自萨扬部族（Соян），妈妈是巴累克契部族人，爸爸是萨扬部族人〕说，他们大部分信奉萨满教，如果家里发生什么事或是有需要的时候就请萨满师来做法。比如某人生病了就举行某种特定的仪式来祛病。

2012 年 9 月至 10 月我们到访中国新疆维吾尔自治区并进行田野民族学考察，获得许多关于图瓦人的精神文化方面的信息和资料。考察队学生记录下，中国的图瓦人〔科克－蒙查克人（кок－мончак）〕举行祭祀仪式通常邀请佛教僧侣来主持。这个现象不禁让我们产生疑问，为什么由喇嘛主持而不是萨满师。

我们来看一下蒙古库苏古尔省举行"沙达尔王亲古扎文"（音译）敖沃祭祀中的敬太阳仪式。太阳是温暖与光明的源泉，图瓦人一大早便开始举行敬太阳仪式。当太阳冉冉升起，人们开始向太阳鞠躬，祈祷并诵读祈祷文。无论大人还是孩子，双手张开朝向太阳，借此方式与大自然沟通，祈求家庭平安，收成丰硕。学者何新亮（音译）和 M. B. 蒙古什研究发现：在吃第一顿早餐前，图瓦人一定要举行敬太阳仪式。此外，阿尔泰乌梁海人（科克－蒙查克人）相信太阳是神圣和珍贵的，不许朝太阳大声喊叫或哭泣。日食是不祥的征兆，人们为此深感不安和恐惧。他们认为，天上有一个恶魔在与太阳争斗，因此才会发生日食现象。日食发生时人们停下一切活动，有些人拿起狩猎武器，装上火药朝太阳阴暗方向射去；有些人则敲打着铜铁器，不停呼唤孩子；女人要剪下一缕头发扔进火堆，这些举动一直持续到日食消失为止。

这些行为动作缘于他们对太阳的无比崇敬，但同时也表现出对自然现象的无知。通过田野调查我们得知，现在，上述仪式已经不存在了，而是举行洒神水仪式。具体是：每天早晨起来，人们先烧好一壶奶茶倒到茶碗或其他器皿里，然后走出帐篷，朝太阳和天空喷洒茶水并祈祷，祈请太阳赐予他们幸福、健康、快乐与温暖。"Хурмусту бурган, Алтай Тээдис!"（"呼尔姆斯图布尔干，阿尔泰台吉斯!"）（音译）在场的人都要祈祷，过后把茶水倒进炉火中。

　　图瓦人另一个比较流行的仪式是敬天，具体表现是供养天神，为此需要准备蓝色的小马驹。图瓦人相信天父是宇宙之神，他赐予人们所需的一切：幸福、健康、快乐、富裕的生活、丰硕的收成、丰厚的猎物和鱼虾、肥壮牲畜的等等。① 他们向天空鞠躬并念如下祈祷文：

Когерген кок дээрим

Кокурген кок дээрим

Хамык тынныг чувени чаяаткан Хан делегей !

（音译）

卡根尔根科克得里姆

卡古尔根科克得里姆

哈梅克腾内克丘文尼查雅阿特坎汗捷列盖！

　　访谈者古朱克〔62 岁，出生于中国境内的霍姆（地名），克孜勒－萨扬部族人〕说，这个仪式的含义是祈请天神在夏季干旱时节赐予丰富的雨水。仪式不同之处是，蒙古国图瓦人使用蓝色哈达，象征着天空"腾格里"的色彩，中国和俄罗斯的图瓦人在位于神山的神树和灌木丛上系各种颜色的哈达和查拉玛（音译）。

　　直到现在，中国和蒙古国的图瓦人还保留着敬月亮的宗教仪式，一天祈祷三次。通过访谈者我们得知，男人和女人祈祷的时间不同。据访谈者沙冈（坦德部族人）说，女人在满月时做祈祷，男人在新月时做祈祷。俄罗斯图瓦人现在已经不举行这个仪式了，只有较少的一些老年人还保留着这个传统。而在突厥－蒙古民族文化中"敖沃"崇拜，即祭拜"敖沃"，蒙古语为"敖包"，是一种最重要和最普遍的祭祀。许多学者都热心于研究敖沃崇拜现象，如 Е. Г. 卡卡洛夫、К. М. 捷拉西莫娃、Н. Л. 茹科夫斯卡娅、В. П. 契亚科诺娃等。敖沃被人们视为各位山神、水神和天神共同居住的神圣之地。祭拜敖沃最初只是一种敬土地的仪式，后来敖沃才被人

---

① Айыжы, Е. В. Тувинцы Кобдосского аймака Монголии / Е. В. Айыжы, Кызыл, 2007, С. 75.

们公认为诸神居住的地方。敖沃有几种类型。一种是用各种石头和平板石堆成石堆，然后用细木杆和干树枝搭成圆锥形的窝棚，再把系上彩色带子（查拉玛）的细木杆插进去。细木杆插进地里象征着某个氏族对这块土地的权利。一种敖沃是用树木建成的。这类敖沃通常建在湖边、赫姆和捷尔吉里两河交汇处，或是建在大森林中，它们的主要意义和功用是和天界建立沟通和联系。这类敖沃象征着生命之源（水）及氏族的统一，也象征着某一氏族对这块土地的权利。此外，用树木建成的敖沃也是氏族的象征，氏族是一个可能消失，也可能发生变化的群落。因此，这一类型的敖沃都是用旧材料——树木建成。第三种敖沃是用石头建成的，通常设立在山口并具边境界标的功用。

图瓦共和国政府直属的图瓦人文研究院手稿特藏部珍藏着伊尔库茨克州国家档案馆的一些资料，[①] 该州 1911 年起被叫作 "乌梁海边区"[②]。1911 年 K. И. 伊万努什金组织了一次科学考察并收集了这些资料，资料中引起我们兴趣的是对乌梁海人（图瓦人）的边界描述的内容。

用敖沃作为边界标志是这样记载的："第 8 个界标查干诺尔敖包位于海昆山脉的西侧。它连接了三个边界，即宫－苏普萨丹多布边界、杰尔宾特大公宫－鲁普萨边界和乌梁海边界。从此到下一个界标，边界线向北穿过一个斜坡延伸至 3 公里。总长度为 40 公里。边界线从界标莫赫萨林敖包朝这一方向延伸 26 公里。"[③]

在 П. Б. 巴尔丹让波夫所著的《图瓦编年史》第 卷（1960 年）中推断，敖沃是边界的标志。书中记述："1869 年建起敖包（敖沃）用以划清由将军、乌里雅苏台海北安倍（音译）及俄罗斯官员联合管辖的乌梁海牧区边界。"这份资料是从蒙古语翻译过来。从上述可见，很大可能是，最早由图瓦人建立的敖沃划定了边界，于是敖沃便自然而然成为相邻领地之

---

①　ЦГА Ф. 1，Оп. 1，Дело № 103，л. 6.

②　ЦГА Ф. 1，Оп. 1，Дело № 103，л. 62.

③　*Айыжы*，*Е. В.* Тувинцы Кобдосского аймака Монголии / Е. В. Айыжы. - Кызыл，2007，С. 45.

间的标志。也就是说，为了不混淆领地，用敖沃标志出整个边界。学者
H. Л. 茹科夫斯卡娅经过一系列研究后也非常支持这一观点。[1]

大多数突厥－蒙古民族都将敖沃建在高地上，比如贝森林山、蒙古森
林山、阿克巴什腾格山、克孜勒森林山、唐努乌拉山、海拉坎山、哈卡斯
山、霍姆山、库鲁萨克尔山、库鲁萨尔山、恰尔山等地。个别情况下将敖
沃建立在人烟稀少的地方，不让人轻易看到的地方，总之都建立在氏族领
地内。

敖沃具有多重含义。中国境内的图瓦人在高地上选择一块特殊位置来
建造敖沃。访谈者告诉我们："建造敖沃要非常谨慎，需要考虑祖先踏上
这片领土最初定居的地方。弄清这一点后就从祖先最初驻足定居的地方开
始建造敖沃。"另一位访谈者，阿克－萨扬部族的古佐克说："敖沃要建在
显眼的地方，四周开阔，不遮挡当地神灵的视线。要选择美丽的地方，但
是一定要在高地上。比如'哈纳斯'敖沃就建立在高地上，前面是湖泊，
两面朝向巍峨的群山。"[2]

中国的图瓦人与母族（图瓦共和国的图瓦人）及蒙古图瓦人建造的敖
沃有一定差别。为了使神圣的敖沃不受到玷污和亵渎，他们会建起一个
"假"敖沃。这样，任何人都可以走近这座敖沃并祭拜，而真正的敖沃修
建在离这座假敖沃不远的山后面。比如，在霍姆这个地方就有假敖沃。

参观敖沃有一些禁忌需要注意。在敖沃周围不能又笑又唱。建造敖沃
时，里面要摆上用木头做成的家畜造型。此外，把系在绵羊脖子上做标记
的绳子穿在一根根细绳上，然后绑在细木杆上以祈求家畜平安。人们相
信，这样会保佑人们和他们的家畜远离灾难。系上查拉玛则意味着此地是
神圣之地。每年人们都会举办敬敖沃的仪式，春夏两季是最好的时节，到

---

① Жуковская, Н Л. Категории и символика традиционной культуры монголов /
Н. Л. Жуковская // АН СССР Ордена Дружбы народов институт этнографии
им. Н. Н. Миклухо－Маклая. － М.，1988，С. 87.

② Айыжы, Е. В. Тувинцы Кобдосского аймака Монголии / Е. В. Айыжы，Кызыл，2007，
С. 8.

处充满生机。时至今日，敖沃祭祀是一个全民节日，它在联合人心方面起着很重要的作用。这个仪式在图瓦人的生活中也起着很重要的作用。仪式由萨满和喇嘛主持，仪式中年长者的话语及美好祝愿被看得非常重要，因为他们知道如何举行这场重要的仪式。仪式宗教部分的主要仪规由受邀的喇嘛和萨满主持，主要为供奉当地诸位神灵，为他们奉上祭品，祈请平安健康。

中国的图瓦人在敖沃祭祀中有一些不同之处。氏族首领和元老不能主持仪式，而由敖沃的守护者来主持。每个不同的地方都有一个专人负责主持敖沃祭祀，同时也负责这个地方的事务，每年均由他来主持祭祀仪式。在神职人员开始诵读经文之前，敖沃的守护者要讲话，说一些美好的愿望，然后仪式开始。

敖沃建立在自古以来被认定为神圣的地方。在神圣的大地之下是神山的领域（整个山体包括山脚），或是整个神圣的水域（湖泊）。氏族的土地及生长着萨满树的药泉都被认为是神圣之地。圣地是举行宗教仪式的地方。而为了划分并明确自己拥有的土地，图瓦人往往以敖沃作为标志和分界线。①

学者 В. П. 契亚科诺娃认为，敖沃崇拜具有氏族部落性质，因为每个氏族都会搭建敖沃来表明自己的领土，表示这块土地归他们所有，同时也表示这块土地是宗教中心，是祭祀和供养神灵的地方。对每一个人来讲故乡的土地是神圣的地方，他们的生命之根源于此，这里居住着庇护氏族的神灵。

每个国家都有一些氏族发源地，每年都会举行纪念仪式。在中国境内图瓦人在其祖先的土地上建筑敖沃，形成一些氏族的发源地。目前，关于中国是否存在图瓦人的氏族敖沃一直存在争议。来自坦德部族的访

---

① Аракчаа, Л. К., Абаев, Н. В., Фельдман, В. Р. （2005）Экологическая культура народов Центральной Азии к контексте палеоантропологических исследований （на материалах археологических памятников Тувы）, Кызыл, С. 98.

谈者沙冈说："现在哈纳斯一些氏族还保留着自己的敖沃，但是已经很少了，不知道为什么也不再祭祀了。以前很多，每个氏族每年都会举行祭祀活动，现在没了，也不再建敖沃了。比如，现在在卡拉苏科还保留着克孜勒－萨扬部族的敖沃，位置离哈纳斯不远，1个小时车程就能到那里，不知道为什么不再祭祀了"。[①]

克孜勒－萨扬部族的访谈者贝捷基（56岁，出生于哈纳斯）也说："现在还保留一些氏族敖沃。在科克奥尔加（地名）有卡拉－萨尔部族的敖沃。这个敖沃是1931年由塞斯卡克·梅林建立的，建成后他去了蒙古。许多卡拉－萨尔部族的人都走了，现在留在这里的卡拉－萨尔部族人还在祭祀敖沃。"

从另一位访谈者那儿我们获得的信息是，在哈纳斯、霍姆和阿克哈瓦（地名，音译）根本没有氏族发祥地，只有图瓦人（科克－蒙查克人）作为同一个民族拥有的并且共同祭拜的敖沃。考察中我们在哈纳斯、霍姆、阿克哈瓦、汗达盖腾（地名，音译）等地都发现了敖沃并记录下来。这些敖沃外形巨大并以所处地方的名字命名。由此可见，图瓦人的自然崇拜是其神学仪式综合体系中一个重要的因素。[②]

图瓦人的宗教神话观念将世界划分为两个平等的范畴——人间与天界。自然崇拜的作用在于它使人类与宇宙的力量，包括与星体之间建立起沟通和联系。由于国家政策的干预和影响，图瓦人的自然崇拜发生了许多变化，其中一些元素消失了，对一些圣地的祭祀和崇拜曾经一度中断。

时至今日，一些祭祀仪式得到恢复并逐渐盛行起来。现在，尽管在祭祀仪式上和敖沃祭祀方面存在一些差异，图瓦人仍然保留着对自然的崇拜。差异之处包括如何搭建敖沃，如何系查拉玛和哈达，也包括中国的图

---

① Аракчаа, Л. К., Абаев, Н. В., Фельдман, В. Р. (2005) Экологическая культура народов Центральной Азии к контексте палеоантропологических исследований (на материалах археологических памятников Тувы), С. 93.

② Айыжы, Е. В. Тувинцы Кобдоского аймака Монголии / Е. В. Айыжы. – Кызыл, 2007, С. 10.

瓦人不是请喇嘛或萨满主持祭祀，而是指定某个特定的人来主持等。

我们在考察中对许多当地人进行了访谈，收集的资料都印证了这个观点。通过考察得知，对氏族宗教圣地的祭拜，以及对建在人烟罕至地方的氏族敖沃的祭祀逐渐被人们淡忘了。通过对诸多民族文化传统的研究使我们进一步了解每个民族在敖沃祭祀上的独特之处，以及每个民族对自然环境的观念及对自身在环境中地位的认识。[①]

学者 В. Я. 布塔纳耶夫认为，在许多哈卡斯氏族部落山上祭拜各类庇护神灵不建石堆，而是种植白桦树。[②]同时，也有证据支持另一观点，为了祭拜当地神灵在山隘堆砌石堆，时至今日，这种形式的敖包崇拜无论是在哈卡斯人中，还是在阿尔泰人和图瓦人中都不盛行了。在许多年长的哈卡斯人记忆中还保留着对山隘的特殊情感，因为很久以来，在牲畜转场时他们都要穿过这些山隘抵达森林深处的狩猎地点或别的地方。为了祭拜神灵他们用石头在隘口堆砌成敖包作为祭台。每次穿过山隘的时候，哈卡斯人都会往石堆上扔石块，如果石堆旁边长着树，他们就会在树上系上彩带"查拉玛"并往敖包上洒酸奶汁，同时唱歌祈祷，赞美山隘的神灵，祈祷路途平安。

В. Я. 布塔纳耶夫在研究中写道："如果一个人第一次经过山隘，他一定要在敖包竖起来的木杆上系上圣洁的彩带'查拉玛'，否则他的生命将不长久。在敖包周围不允许唱和笑。如果人们随身带酒，那么就绕着石堆顺时针走三圈，然后把酒洒在敖包上。晚上不许上山。"

在学者 Н. 佩斯托夫采集的资料中也有关于哈卡斯人敖包崇拜方面的信息。种种语言资料都充分证明过去哈卡斯人存在敖包崇拜观。哈卡斯语把建有神圣石堆的山叫作"敖巴累克－皮尔（обаалыг пил）"（音译）。[③]

[①] Абаев，Н. В.，Герасимова，К. М.，Железнов，А. И.，Коновалов，П. Б. и др. Экологические традиции в культуре народов Центральной Азии，Новосибирск，1992，С. 53.

[②] *Бутанаев В Я*. Бурханизм тюрков Саяно－Алтая，Абакан，2003，С. 64.

[③] *Бутанаев В Я*. Хакасско－русский историко－этнографический словарь，Абакан，1999，С. 151.

学者 Н. Ф. 卡塔诺夫也记录了许多关于从前哈卡斯人用牲畜祭祀敖包的事实。从民间采集的资料来看，敖包的出现与"吉尔吉斯帝国"时代密切相关，由此哈卡斯人也把这些石堆叫作"吉尔吉斯之石"（хыргыс тастары）。[①]

年长的哈卡斯人讲述了这样一个故事，说："一位可汗率兵曾经在这里过夜。第二天天不亮可汗就起来了。他走到一口大锅旁边，锅里煮着供士兵吃的血肠。可汗想看看血肠是否煮好了，于是他用剑尖捅了一下血肠。血肠破了一个洞，一股热血喷到可汗的喉咙上。他突然感到一下刺痛，无意中用剑刺伤了自己的喉咙，就这样他杀死了自己。于是，士兵们按照传统把可汗和他的马一起埋葬了，然后用石头为他堆砌成坟墓，这样就形成了'敖包'。从此以后，每一位经过此地的人都要往石堆上扔树枝或石块，以此来纪念这位可汗。"从这份资料中我们可以看出，与"敖包"相关的观念和想象在不断演化，从敖包自然崇拜演变为对传说中祖先的崇拜。尽管有一些变化，敖包崇拜最初的内涵仍然延续至今。

哈卡斯人用"敖包"这个词不仅仅指代祭拜神灵的石堆，而且也指代一些高大的古墓和直立的巨石。种种资料都显示，为圣山崇拜、祖先崇拜，更主要的是生殖崇拜建立起的直立巨石与石头雕像"伊奈 - 塔斯"（Иней - тас）之间存在一定联系。学者 Н. Ф. 卡塔诺夫对伊奈 - 塔斯进行研究并写道："关于石婆，米努辛斯克鞑靼人说她们是一些蒙古族老妇人，因为犯下种种罪过变成了石头。我曾在乌鲁克赫玛谷地、博什凯姆齐克谷地和阿巴坎谷地见过这类蒙古风格的石婆。蒙古人、乌梁海人和米努辛斯克鞑靼人把她们视为祖先进行崇拜，并用奶油和酸奶油涂抹石婆的嘴唇。"[②]

神树崇拜

图瓦人对神树的崇拜也比较普遍。

---

① *Бутанаев В Я* Бурханизм тюрков Саяно - Алтая，Абакан，2003，С. 67.

② Бутанаев. В. Я. Культ богини Умай у хакасов. // Этнография народов Сибири，Новосибирск，1984，С. 98.

　　19 世纪末至 20 世纪初许多到过图瓦的旅行者发现，一路上到处都能看到用各种颜色的碎布料——查拉玛装饰的树。在圣树的枝桠上挂上彩色的布条是一种独特的祭祀方式，砍伐这种树是绝对禁止的。

　　下面分别论述几类圣树。

　　第一类是一些生长在山隘上的树，从远处很容易看得见。按照古老的传统，每一位行者一定要在这棵树下停留并且祭拜，对当地的神灵表达敬意，祈请得到神灵的帮助和支持。

　　第二类是一些生长在水泉或沟渠附近的树。很久以来，水泉和沟渠就被视为神圣的地方。它们可以使人精神振奋，并赐予人神奇的力量。因此，水泉和沟渠附近的树木也被视为神圣和不可侵犯的。

　　第三类是称为"哈姆雅什"（音译）或"哈姆腾特"（音译）的"萨满树"，这种树的显著特征就是它的形状独特，枝叶繁茂，像杨树和落叶松结为一体的树种。另一个必不可少的条件是，这种树要朝向太阳，只有萨满才能断定是不是萨满树。总之，萨满树的枝桠是不允许折断的，这种树旁边的灌木丛和其他树木也不允许砍伐。人无论站立还是坐着都不许背朝萨满树，也不许把马拴在树上。下大雨时也不许躲在树下。行者如果遇到了萨满树要停下来，把查拉玛系在树枝上并供奉祭品。①

　　蒙古民族对树的崇拜非常盛行，在不同的自然地区人们敬不同的树：生活在戈壁滩的人敬梭梭和榆树；山地居民敬柳树、山杨和桦树；林地居民敬桦树、柞树和落叶松。② 对树的崇拜在卫拉特人的信仰中也占据很重要的地位。对不同树种、灌木丛和草本植物的崇敬作为一种传统延续至今。各种表现不同的风俗和信仰都与对自然的崇敬相关。③

---

①　Аракчаа Л. К. Экологические традиции тувинского народа и их ресурсооберегающее значение // Устойчивое развитие малых народов Центральной Азии и степные экосистемы - М: Слово, 1897, С. 79.

②　Лхагвасурен Э. Традиционные верования ойтат - монголов (конец XIX - начало XX в. - Улан - Удэ: БНЦ СО РАН, 2012, С. 43.

③　Там же: С. 50.

在蒙古各民族的宗教观中，具有宗教意义的树木也具有非凡的特性，比如它们能够保护人们免于灾难、不幸和疾病。因此，蒙古人会从这些树上砍下一小块戴在胸前做护身符。蒙古人的传统中不许毁坏树木，不许对圣树大不敬，否则招致灾祸。

白桦树在蒙古民族和突厥民族中受到很高的敬重。在阿尔泰地区也把此树视为神树。南部阿尔泰人在白桦树上挂上"达普玛"（音译）以示对当地神灵的敬重。他们相信，白桦树的枝桠会保佑他们免于灾祸。蒙古牧人都会随身携带用白桦树做成的短鞭，它会保佑牧人免受各种灾难和不幸。用白桦树可做成结实的树桩"巴卡那"（音译）来搭建帐篷，白桦树根可做成各种餐具。

蒙古民族和突厥民族长久以来就坚信白桦树具有一种不同寻常的特性——能避免闪电的伤害。因此，为了保护免受雷电破坏，便产生许多与白桦树有关的风俗和行为方式，其中就包括用白桦树树桩搭建帐篷的传统。

为了不受雷击，蒙古人用白桦树做帐篷桩子，把"扎克"（音译）挂在墙上，把尖刺状的"哈尔卡那"（音译）放在门旁，这样，魔鬼就不会钻进帐篷。①

阿尔泰人把白桦树的枝桠放在帐篷中的一角。打雷的时候就把白桦树枝放在炉子上，他们相信，这样就会使房屋免受雷击。②

阿尔泰乌梁海人从不砍伐白桦树，把这视为禁忌并解释说，阿尔泰的萨布达克（音译）很喜爱白桦树。如果冬天砍伐白桦树，那么春天到来之

① *Дьяконова В П* Религиозные представления алтайцев и тувинцев о природе и человеке // Природа и человек в религиозных представлениях народов Сибири и Севера（вторая половина XIX - начало XX в.），Л.，1976，С. 56.

② *Чанчибаева Л В*. Религиозные пережитки у алтайцев и вопросы атеистической работы（по современным этнографическим данным）: дисс. канд. ист. наук，Л.，1978，С. 99.

前，白桦树就会流出像鲜血一样的汁液。人们从不轻易触碰白桦树，认为白桦树与其他树种不同，它刚直不阿，不向邪恶妥协。①

蒙古民族对带有尖刺的树木和灌木丛非常敬重，认为它们能保护自己的住居，阻止恶魔进来。

还有一种传说认为，柳树、白桦树、刺柏和一种长在阿尔泰山上，叫作"万森波鲁"（音译）的小花具有神奇的力量，也常被人们用来治疗肝病。

孤零零的树，形状奇特的树和生长在泉边的树特别受到蒙古人的喜爱和尊敬。人们喜爱在针叶树种，如落叶松、松树、雪松，甚至是榆树和山杨上装饰彩带，不许砍伐这些树木，因为这些树都有自己的神灵。不能坐在孤零的树下，更不可以靠近它。

动物崇拜

图瓦人对生态保护的传统也反映在他们对待动物的态度上。图瓦多神教对狩猎有严格的规定和限制。对如下行为严令禁止。

禁止破坏土拨鼠、老鼠、跳鼠、獾、旱獭的洞并往洞里灌水、投毒，因为这些动物的行为可以预示地震等灾害。

禁止杀害花鼠，传说它可以预报雷雨和大风，并且是地上所有动物的保护者。

禁止春秋两季打鱼。聚集着大量鱼儿的水底深坑被视为神圣的地方。被冰块阻隔住和卡住的鱼儿要放回河道里。

禁止猎杀怀孕的动物，也不许打扰它们"休息"，要从它们旁边绕过。

禁止惊动和捣毁鸟巢。禁止扑杀老鹰和成对出入的鸟类，如天鹅、鹤和锦鸡等。锦鸡红、黄色的羽毛让人们联想起喇嘛的服饰。人们特别敬重布谷鸟，认为它象征着繁荣和兴旺。它为夏天歌唱，带给牧区丰硕的收获，给孩子们带来欢乐。

禁止捕猎毛色发白的动物，禁止猎杀白色、黑色和红色的狼及老山羊。

---

① *Ганболд М.* Из традиционных охотничьих верований у алтайских урянхайцев // Тезисы доклады IV междунар. научн. конферен, Томск, 1999, C. 28.

人们相信，毛色发白的动物会带来幸福。狼身上的颜色具有特殊意义。

禁止猎杀无意中闯入人类居住地的动物。不能阻挡和放跑被狼追赶的动物。

许多生态传统和风俗在游牧民族生活中具有特殊意义。生态传统首先是游牧传统，是对生存环境的积极适应，也是生物资源、水资源和土地资源合理使用的传统习惯。

古代从事农耕的人们在不同的生态环境中生产生活，同周围自然环境和谐相处。而牧民则根据四季的变化，在氏族所属的不同牧场放牧、转场。放牧活动是牧民适应生态系统方面的一个特例。牧民积极保护并恢复牧场植被和水源，这样，放牧并没有给生存环境带来灾难。在漫长岁月中形成的放牧规则是一个良性的调节系统。

狩猎方面对自然资源的保护体现在不断更换狩猎区域，同时神山和神泉也成为狩猎时的天然保护屏障。氏族领地上的神山成为天然的被保护的区域。今天，这些地方成为珍稀动植物物种保护区。图瓦共和国丰富的动植物物种反映出图瓦人对待自然环境传统的保护观念。

我们祖先对自然的崇拜不仅仅表现在一些祭祀仪式上，也表现在对下一代自然保护观念的培养上。在每一个家庭里，老一辈悉心把传统观念传递给孩子们，培养他们正确的生态观（道德准则），使他们和大自然建立起联系和沟通。

关于帐篷也有很多禁忌。对妇女的禁忌是：如果男客人、年长者，或是丈夫家年长的亲属坐在客房中，则禁止妇女从帐篷中主人一侧穿过去走进客房。如果必须进入客房，则妇女只能从炉灶那边走过去，不能从坐在客位的人和炉灶中间穿过，要从他们的后面过去。不允许妇女踩踏男人的东西，特别是男人的武器，否则男人在狩猎时会一无所获。直到现在，一些年长的妇女一直遵守这些禁忌。

在帐篷中不许吹哨子。图瓦人非常不喜欢吹哨子的人，他们认为，哨音会给亲人，比如儿子和兄弟招来灾难。[1]

---

① Аракчаа Л. К. История экологического воспитания, Кызыл, 2004, С. 145.

蒙古人认为，祭祀仪式后把献祭的牲畜赠送他人、出售或是用于交换其他物品都是一种罪恶的行为。图瓦人也有这种观念，他们认为，献祭用的牲畜"埃腾克（ыдык）"（音译）主宰着人们的平安与收获。

图瓦人在保护植物方面也有许多禁忌。不许随意伐木和采摘植物。砍伐木材有特定的时间。只有在树叶凋零后及传统民族节日"沙卡"（音译）节举行之前可以砍伐。

阿尔泰乌梁海人把柳树叫作"布拉"（音译），禁止用手触碰河边白色的柳树，甚至凋落的树枝也不许拿。柳树通常用来搭建敖包，在柳树上系上哈达。[①]

图瓦人对水非常崇敬，因此在保护水资源方面也有许多禁忌。不许把帐篷搭建在离水源很近的地方。不许在河里洗澡，不许往河里扔脏东西。严厉禁止污染河流和湖泊，不能用不干净的器皿打水，不许在河里洗衣服和洗脸。还有其他一些禁忌，如不许把牛奶和血液滴落到水里，不许往河里倾倒任何排泄物，也不许在河里杀死陆地上的动物，不许在河边争吵。蒙古人相信，如果弄脏河水，水神就会发怒并让各种疾病泛滥成灾。蒙古人保留着在水塘和水泉旁边用石头搭建敖包的传统，在敖包旁举行祭拜水神的仪式，仪式结束后一段时间内禁止从这个水塘里捕鱼。

卫拉特蒙古人在保护动物方面也有很多禁忌。比如，不许毁坏鸟巢，不许打死无害的小动物，如蝴蝶、麻雀、青蛙等。狩猎时不要折磨动物，不要把它们弄得遍体鳞伤。禁止大量捕杀猎物，禁止使用挖坑、捣毁动物休眠穴的方式狩猎。不许往坑洞里灌水，不许闷死动物，不许放置兽夹子和投毒，这些方式会造成大量动物死亡。当野生动物数量达到最大程度的秋冬季可以狩猎，动物繁殖期禁止狩猎。

蒙古人和图瓦人对火非常崇敬。禁止往火里扔脏东西和垃圾，特别是

① Дьяконова В. П. Религиозные представления алтайцев и тувинцев о природе и человеке // Природа и человек в религиозных представлениях народов Сибири и Севера（вторая половина XIX – начало XX в.），Л.，1976，С. 65.

头发。他们认为，如果激怒了阿拉赫－布尔甘（音译）就会给家人和孩子招来不幸，如果火神安详，那么家庭也会吉祥如意。

所有这些禁忌和原则都是图瓦人和蒙古人道德标准的组成部分。中亚民族的生态文化与当今世界占主流的消费心理形成鲜明的对比。这部分的禁忌文化体现了该群体认知世界的方法，也体现了他们主要的世界观、传统观、价值观及长期形成并发展起来的思想体系。

我们可以得出这样的结论，图瓦人和蒙古人将人类自身视为自然界的一部分，他们有节制地消费自然，仅仅从大自然获取当前必需的生活资源。人类抱着过度消费自然资源的观念是非常可怕的，也是行不通的。

四

俄罗斯民族学发展历程[*]

〔俄〕A. A. 尼基申科夫

杨老师（中央民族大学民族学社会学学院院长杨圣敏教授）：今年我们非常荣幸地请到了俄罗斯著名的民族学家、历史学家，莫斯科大学民族学教研室主任阿列克谢·阿列克谢耶维奇·尼基什科夫教授。我们觉得苏维埃学派主要有三个特点：第一，重视历史的角度；第二，重视细致的民族志调查和描述；第三，它和中国的学者的共同之处，都以马克思主义作我们理论的指导。

尼基申科夫（俄罗斯莫斯科大学历史系教授，民族学教研室主任）：

今天这个报告是为了给大家呈现俄罗斯民族学发展的脉络，俄罗斯民族学所面临问题和困难，以及当今学者比较感兴趣的问题。

（一）俄罗斯民族学发展历程

俄罗斯民族学作为一个独立学科，1845 年起始于建立在俄罗斯帝国皇家协会下设的一个民族学组，当时该民族学组研究的范围包括俄罗斯和周

---

* 2010 年 5 月，应中央民族大学社会学民族学学院邀请，俄罗斯著名的民族学家、历史学家，莫斯科大学民族学教研室主任阿列克谢·阿列克谢耶维奇·尼基什科夫教授给该院全体师生做此学术报告。本报告摘自：中央民族大学民族学社会学学院《民族学与社会学学院学术通讯》2010 年第 3 期。

边国家的一些民族。在 18 世纪时，俄罗斯很多著名的学者，俄罗斯"历史学之父"塔基舍夫，曾经撰写了丰富的民族志资料，如《俄罗斯历史》。民族学作为一个独立学科，产生于 19 世纪中叶，这个时期在西方也形成了民族学的学科建设。在俄罗斯民族学学科中，从 19 世纪 70 年代起占优势的是进化论，进化论是建立在实证主义世界观的基础上，主要通过"起源""遗存""从野蛮经过蛮荒过渡到文明的单线发展"等来理解文化以及文化的现象。这个思想在俄罗斯民族学界获得一些学者的认可和支持，如《民族志及文化的比较笔记》一书，还有科瓦列夫斯基。

下面我将用更多的笔触来描述一个人——阿努卿，他也是进化论学派的创建者，在历史地理系下设了民族学教研室，应该说他是俄罗斯民族学创建的先驱。因为阿努卿奠定了将体质人类学、考古学和民族学综合运用于研究人及其文化的理论基础。在俄罗斯民族学发展中，还有这样一个群体，他们是值得我们关注的，这就是俄罗斯的政治流放犯，他们也对俄罗斯民族学的发展做出了重要贡献。在俄国，因为某些政治分歧，比如十二月党人以及流放到西伯利亚地区的很多政治犯人，他们都是受过高等教育的，在流放地从事了大量民族学研究，对当地少数民族也进行了大量研究。如施坦伯格曾经利用自己流放的 8 年时间在萨哈林岛研究尼夫赫人，还有鲍格拉斯，他曾经在 19 世纪 90 年代研究楚克奇人和克里亚人。

1917 年伟大的十月社会主义革命结束以后，苏联民族学一直到 20 世纪 20～30 年代，其理论发展都是在进化论指导下发展起来的。科研机构：首先是成立于 1917 年的俄罗斯及周边国家居民部落组成的研究委员会；成立于 1918 年、在原拉扎列夫东方语言学校专业基础上成立的莫斯科拉扎列夫前亚学院的民族学历史哲学系；1919 年成立了彼德格勒地理学院下设的民族学系；1925 年成立的莫斯科大学民族学系，下设四个教研室。俄罗斯在历史上也曾有过一段黑暗的日子，1929 年由于政治高压，民族学很多理论方法的建设都停滞下来。1929 年之后，开始对具有资本主义性质的学科进行攻击，民族学的很多研究都转向马克思主义的研究轨道，这样的政治环境导致很多学者被迫离开科研工作，而且很多学者甚至受到了迫害。民族学学科论题也变得非常狭窄，缩减到只对原始社会的经济结构以及古代遗存进行研究，对古代遗存的研究，是为了通过对学科的研究，让人们对过去的遗存进行斗争。1930 年，莫斯科国立大学的民族学系就停止了工作。到 1932 年，当局关闭了列宁格勒大学的民族学部。到 30 年代末期，这个情况获得了很大好转，在列宁格勒大学和莫斯科大学的民族学教研室重新恢复，苏联科学院的民族学研究所也开始重新建立。从 30 年代中期到 60 年代，叫苏维埃民族学，它虽然受到政治影响，遭受了一些损失，但仍然获得了巨大成就。如 18 卷本的著作《世界诸民族》，是 1954～1966 年编写的。

在 60 年代，苏联的民族学进入了新的时期，这个时期是赫鲁晓夫执政时期，很多意识形态方面的禁锢就被解除了；到 60 年代末期，有很多关于民族的话题就可以重新被提起和被研究。比如民族共同体，它作为人群聚合的一个特殊类型，还有"民族"概念，都是被人们共同关注的。像大家比较了解的史禄国，他曾经到过中国，在哈尔滨和上海都生活过，对北方满－通古斯族进行过研究。应该说，民族学理论的研究一直持续到 20 世纪七八十年代。到 80 年代"民族学"这个论题就被俄罗斯的民族学者和西方的"民族性"理论结合起来进行研究。到 80 年代末有很多学者进行批评性研究，其中一位著名学者是基什科夫，他在 80 年代末领导了俄罗斯科学院民族学人类学研究所的工作，撰写《民族学的安魂曲》一书。

（二）俄罗斯民族学研究面临的问题

1. 民族共同体的实质

第一个问题，民族共同体的实质问题，还有民族共同体在政治过程中的地位和作用。俄国学者的观点是民族共同体客观存在，不取决于一个人的自我意识，因此它是一个客观性的东西。这个客观存在的物体有自己存在的规律，这种规律性既是发展的规律性，也是功能的规律性。像所有自然科学领域的规律一样，如果是一个有规律性的事物，它对所有事物都是有规律的。对于民族学来说，要先对这种规律进行研究，再形成一个完整的体系。在苏联解体之前,西方的民族学界倡导的更多是结构主义,认为人对自己的认知更强烈一些。西方强调人更有主动性和主体性,人对某一事物的认知占有更重要的位置;但是俄罗斯的民族学理论,强调客观性的东西是不以人的意志为转移,如果是客观的东西,则一定是存在的。当然,俄罗斯的流派和西方的流派所坚持的理论是有各自源流的。俄罗斯学派所坚持的是,民族共同体的产生是不以人的意志为转移的,是原生性的根基性的,是很少变化的。西方的结构主义者对这种客观性的理论观点是持反对意见的。现在不仅仅是俄罗斯的民族学界与西方有分歧,西方学派之间也存在很多分歧。我自己所持的观点是,认为民族共同体是客观存在的。我不同意的是,有些人完全通过自己的想象来设计自己的看法和理论,我更倾向于客观的观点。现在世界民族学界的观点是各异的,甚至是对立冲突的。

2. "民族"与"族群"

"民族"与"族群"的区别,也一直被争论。俄罗斯和欧洲的民族学,在这两个概念的理解上截然相反:西方学者所持的观点是,二者是完全对立的概念。我认为民族是在国家层面上人们的聚合体,族群是从文化、生活、起源等角度上的人类聚合体。这不是一个简单的问题,它和理论、政治也有很大关系。历史上有这样一个例子,印度的民族领袖甘地,在印度的社会环境下,"民族"所倡导的含义是反"族群"的。当时甘地所倡导的观点是号召民众来反对当时的殖民统治。虽然一个社会存在两个族群,实际上一个族群去反对另一个族群。现在俄罗斯民族学学科的研究已经远远超出了学术研究的范围。苏联解体之后,民族主义情绪就已经出现并高涨,出现了很多民族方面的问题。现在出现了一个倡导主权的思潮——民族自治权。比如在俄罗斯有很多民族自治共和国,在苏联解体之后,它们更加强调共和国独立的民族性,但并不是所有的自治共和国都这样主张,只有一些财政收入比较好的共和国才会提出这样的主张。作为一个民族学研究者,我也从自己的角度,给这些民族自治共和国提出一些建议,并不是所有普通的民众都会支持占主导地位的官方的建议。我有这样一个观点，在学术界，如果谁把"民族"和"族群"混为一谈的话，这种行为可能会激发一些民族分离的情绪产生。

杨圣敏（主持人）：尼基申科夫教授讲了两方面的问题。第一，回顾了俄罗斯民族学的发展历程，1848 年，在沙俄时期，莫斯科的一些学者和流放的一些学者发展了俄罗斯的民族学。1917 年以后俄罗斯民族学有很大发展，到 1929 年开始批判，因为民族学是从西方传来的学科，到 1939 年开始恢复，20 世纪 60 年代发展到鼎盛时期。如果我们回忆其背景，应该是斯大林逝世后，赫鲁晓夫统治的自由化时期，当时我们批判的苏联修正主义，认为苏联变坏了，可是那时是它们民族学发展的鼎盛时期。他也给我们介绍了苏联分裂后，现在俄罗斯民族学的基本情况：一部分还是沿着传统的方法来做研究，也有一部分开始跟西方的国外学者接轨，更多地介绍西方学者的理论和方法。

第二，他讲了"民族"是什么。这是最近二三十年国际民族学、人类学和政治学非常关心的焦点问题，就此学界在国际上开了各种研讨会，讨论最多的就是这个问题，或者与这个问题有关。尼基申科夫教授说现在国际学界主要有两种观点：一种认为民族是主观认同，另一种认为民族是客观存在。他认为对民族的研究，应该更严肃地形成一个理论体系，他认为西方学者更多地强调民族的主观认同，而俄罗斯学者则更多地强调民族是一种客观存在。因为双方有各自的学术传统。俄罗斯学者继承了苏维埃学派的传统，斯大林认为民族是一个客观存在，并提出了"民族"存在四要素，我们也是这样来认识民族的——共同的语言、共同的经济基础、共同的地域、共同的文化意识等。这些都是其客观性。俄罗斯学者更多继承了这种客观存在的观点。而西方学者认为民族是主观的，主观上认为"我们"是同一个民族，但客观上却未必，客观上的特点是可以变化的。尼教授认为西方学者的观点是凭空想象的，证据不足，所以，现在莫斯科大学的学者多数还是主张民族是一种客观存在，但有一些年轻学者接受西方结构主义的方法和理论来分析民族的本质。还有一些学者坚持实证的方法，坚持从客观上来分析民族。这是对民族本质的讨论。

第三，尼基申科夫教授谈论了俄罗斯民族问题的讨论与政治的关系。现在俄罗斯有很多的加盟共和国，原来苏联只有一个民族概念，但是现在有两个概念，这两个概念是不同的。"民族"概念有政治性，是一个客观存在，有政治理论的背景；"族群"是一个小一点的概念，这两个概念不能混淆。但是苏联现在有一些加盟共和国，经济稍微强一些后，就想把这两个概念混淆，提出民族国家。西欧的理论是一个民族一个国家。但这样的结构会造成国家的分裂，这是尼基申科夫教授的观点，"民族"和"族群"是两个不同的概念，不要将其混为一谈，这是他刚才讲演的主要内容。

提问和回答

杨老师：在 20 世纪二三十年代，除了批判民族学是资产阶级学派，像社会学、人类学、政治学这样的学科在俄罗斯是什么情况？俄罗斯的社会学是什么时候恢复的？

尼老师：比如说社会学，确实在当时也受到了冲击，被完全撤掉了。替代社会学的学科是历史唯物主义，心理学也是完全被撤掉了。这段时期可以说是俄罗斯历史上的"文化大革命"，很多精神的东西被撤销了。但是随后，生活又回到正轨。

20 世纪 60 年代，俄罗斯社会学的恢复是以 1966 年在明斯克举行的第一届全俄社会学大会为标志的，会后出版了两卷本的社会学文集。实际上社会学的欧美学派的著作从 1918 年开始已经在翻译了，但 60 年代时社会学还不被提倡，所以在悄悄发展着。

杨老师（主持人）：苏联的民族学史对我们很有启发。我们有着相似的经历。1949 年后，我们的社会学被当成资产阶级学科被撤销，而用马克思主义代替社会学。而俄罗斯的民族学在 1929 年被撤销，在 1939 年恢复。其中的一个原因是当时战争快要爆发了，斯大林要加紧对各族进行研究，更好地控制社会。当然这只是一种解释。我觉得社会学的恢复对我们特别受启发。苏联在建立社会主义政权后，社会学就被取消了，在 20 世纪 60 年代末开始恢复，1966 年正式恢复，建立社会学会，这是一个里程碑性的年代。中共和苏共的分歧是从 1959 年开始的，我们论战了三年，三年后不再论战，而是将苏联定性——苏联不是社会主义，是修正主义，我们才是社会主义。那个时候，我们认为苏联就更坚定地走修正主义了。但 1960 年，他们就将社会学恢复了，这是苏联政治形势变化的一个点。其实在那之后，我们更原教旨主义了。1966 年，我们进行了"文化大革命"，而苏联又往前更进了一步，将社会学大力恢复了。这对我们看中国自己的形势、学术研究与政治的关系，都是有启发的。

尼基申科夫教授今天给我们做了一个非常重要的演讲，在短时间内把俄罗斯民族学历史发展进程非常清楚地勾勒给了我们。另外，他讲述了民族到底是什么？是一个主观存在还是一个客观认同？他把俄罗斯目前学界的主流观点也告诉我们了。

（记录/整理：乔小河）

五

苏联解体后图瓦共和国内的民族关系[*]

〔俄〕斯蒂凡·苏利万[**] 文，刘能 译，马戎 校

摘　要：本文从苏联解体后各加盟共和国和自治共和国寻求独立的角度出发，来探讨南西伯利亚地区图瓦自治共和国（Autonomous Republic of Tuva）内的民族关系。文章的主旨在于考察图瓦共和国经济上对俄国的依赖同建立在一种非俄罗斯的（non‐Russian）或反俄罗斯的（anti‐Russian）自我意识之上的文化—政治自决（self‐determination）之间的冲突关系。由于这一领域最新研究的缺如，因此，文章第一部分仅仅提供了一些基本数据以及俄—图关系的历史概貌，即殖民化（colonization）、苏维埃化（Sovietization）和苏联解体后的民族关系紧张状况（ethnic tensions）。有鉴于此，本文将按以下几部分来分析最近民族关系的动力机制（dynamics）：俄罗斯传媒的煽动性报道、当地政府的政策、来自蒙古的影响和佛教徒的宗教复兴主义（revivalism）、酗酒和青少年犯罪，以及经济因素和

---

[*] 本文原载于 *Ethnic and Racial Studies* 杂志 1995 年总第 18 卷第 1 期，第 64～88 页。翻译并在本书中出版得到了美国版权所有者 International Thomson Publishing Services 的同意，在此致谢（译者注）。本文摘自马戎编《西方民族社会学的理论与方法》，天津人民出版社，1987。

[**] 俄国和西伯利亚事务研究员，牛津大学圣·安东尼学院。

民族主义运动。尽管最初是想对一个默默无闻的偏远地区的民族关系做一种描述性的，然而又是系统性的评述，文章同时也注意到了那些已经分化形成的主导民族集团（dominant ethnic groups）这样一个当地特定的社会因素。最后，文章认为，考虑到图瓦共和国在财政预算上对俄罗斯的极大依赖和民族关系所蕴含的不稳定性对投资者信心的影响，因此，完全的独立自主，无论是在经济上还是政治上，都不是短期内可以实现的目标。

关键词：俄罗斯 西伯利亚 图瓦 蒙古 民族关系

引 论

苏联各加盟共和国和自治共和国对主权的寻求，一方面显示了一个自然的自决过程，而另一方面，看来也已经引发了相当程度的民族紧张关系。这种紧张的根源在于少数俄罗斯人（minority Russian population）的权利同在一个独特的非俄罗斯的自我意识之上建立的共和制主权国家这一基础之间的冲突。对于在乌克兰、哈萨克斯坦和波罗的海国家的少数派俄罗斯人的权利，特别是关于语言、投票权和公民权的法律，已经有了很多著述。然而，尽管西伯利亚地区各自治共和国中的民族和经济分化，以及殖民者和被殖民者、当地人和俄罗斯人之间的区别是如此显著，它们仍然很少受到外界的注意。这种忽略的一个很简单的原因是资料的短缺和收集资料的具体困难。本文接下来试图通过对图瓦，俄罗斯联邦在南西伯利亚边陲地区的一个自治共和国的考察，来部分地改变这种研究中的区域不平衡状况。

图瓦（Tuva）是苏联最年轻的自治共和国，坐落在叶尼塞河上游的两大山脉——北面是萨彦斯克山，南面是唐努乌拉山——之间，正好是亚洲大陆版图的地理中心。这个偏远的共和国很少有人造访：公路条件很差，没有铁路交通线，连苏联民用航空总局（Aeroflot）去年也取消了直飞莫斯科的航班。然而，仍然有来往于图瓦和克拉斯诺亚尔斯克、伊尔库茨克以及其他西伯利亚城市的地区性航班。图瓦共和国南面和蒙古国接壤，北面是哈卡斯（Khakass）自治省和克拉斯诺亚尔斯克（Krasnoyarsk）地区，西接戈尔诺—阿尔泰（Gorno - Altai）自治省，东联布里亚特（Buryat）自治共和国，总面积为17万平方公里，和希腊相差无几，全部人口中的大多数集中居住在首都，即位于共和国中部的克孜勒（Kyzyl）市。

图瓦人通常被看作西伯利亚突厥人（Siberia Turkic）的一部分，然而，和外蒙古广泛的文化和历史联系在某种程度上搞混了他们的民族认同感。有些分析家认为，俄国和苏维埃时期的历史记载故意地忽视图瓦和蒙古的紧密联系，并以此作为俄国对这一地区提出主权要求的根据（鲁本，1975，第153～154页；阿拉塔卢，1992，第882页），而事实上，上叶尼塞盆地的居民们在历史上受到了包括突厥—吉尔吉斯人（Turkic Kirgiz）、蒙古—奥拉特人（Mongot Oirat）以及俄罗斯人——大多是哥萨克雇佣兵和沙皇的行政官员——在内的多重影响。作为16世纪以来各方竞相争逐的领土上的居民——图瓦人，又被称作"乌梁海"（Uryankhai）（在蒙古语中，意为"土著居民"），同时从突厥—吉尔吉斯人和蒙古—奥拉特人那里获取了文化的和遗传基因的特征。一般说来，"突厥的"特征包括语言学和基因的相似性，相应的，也包括突厥形式的萨满教（Shamanism）的信仰。来自蒙古的传承（heritage）则表现为相同的游牧生活方式，同西部蒙古人、奥拉特人的种族联系，以及喇嘛教的盛行。喇嘛教从南部（蒙古）传入，并且和早已存在的萨满教实践活动互相融合在一起。更突出的是，在20世纪20年代图瓦名义上的短暂独立时期的一段时间里，蒙古语是政府、媒体和精英人物最喜欢用的语言（马恩黑—哈尔文，1931，第126页）。

图瓦共分为15个行政区，其中的6个（乌杜格—凯姆斯基、塔丁斯基、皮—凯姆斯基、托津斯基、卡阿—凯姆斯基、克孜勒斯基即首都地区）是图瓦人和俄罗斯人杂居的地区。图瓦的总人口，根据1989年的人口普查数据，为30.9万人。据官方统计，图瓦境内总共有13个民族，其中大约10万人（约占32%）为俄罗斯人，其余人口的64%为图瓦人，另外4%为其他民族。根据俄国国家统计委员会1990年的数据，在俄联邦所有的自治共和国中，主导民族占总人口的比重上升到67%，总人口也增至

35 万人。相应的，图瓦主导民族的比重也升至所有自治共和国的首位。在过去十年里，官方记录显示人口增长了 23%，主要归功于医疗保健水平的提高和定居条件的改善。如果不是因为它们在自治共和国政府寻求针对俄罗斯的独立进程中所具有的政治意义，这些人口统计数据本身并没有十分重要的意义。况且，在裁定历史争端中俄国向中国提出对这一地区的领土要求时，人口政治学早就扮演着重要的角色。尽管一开始图瓦是中国（清朝）的领土，俄罗斯人，以及后来的苏联人，都通过让人们注意到图瓦境内大量的俄罗斯人口这一事实来作为他们把这一个地区合并入自己版图的有力证据。然而值得强调的是，直到苏维埃时期，才有不到 1.7 万名俄罗斯人居住在图瓦，其中的大部分是 1944 年以后作为专业技术人员和劳工到达的。

关于人口的城乡分布划分如下（1989 年人口普查；阿那衣丹，1992）。①总人口：47% 为农村人口；53% 为城市人口。②其中图瓦人：30% 居住在城市，70% 居住在农村。城市人口的绝大部分聚居在首都克孜勒，最新数据显示它共有 8 万人口，按官方的统计，其中 70% 为俄罗斯人，30% 为图瓦人——但是这些数据容易受季节变化的影响。每到入夏时节，整个首都随处可见来自农村的短期移民，其中许多都是孩童，给人一种这个城市到处都是图瓦人的错觉。此外，从 1989 年以后，原先的图瓦人和俄罗斯人 2∶1 的比例随着近年来俄罗斯人持续外迁而逐渐向有利于图瓦人的方向逐年增高。然而，根据政府提供的数据，自从 1990 年民族紧张关系到达最高点之后，俄罗斯人外迁的趋势开始缓减下来。1990～1992 年成年俄罗斯人（16 岁及以上）迁入图瓦的各项数据如表所示。

年　份	到达	离开	净迁入
1990	1850	8456	−6423
1991	1631	3669	−2338
1992（1～6 月）	577	1258	−708

历史概要

在俄罗斯人到来之前的几个世纪里，上叶尼塞河盆地处在突厥—吉尔吉斯人和蒙古—奥拉特部族的轮流统治之下。他们向当地居民，或"乌梁海人"（Urianchai），征收贡赋。直到 18 世纪，这块土地才成为俄罗斯和中国相互竞争的帝国式领土要求的争夺对象。然而，到 18 世纪末 19 世纪初，俄罗斯农业殖民者、冒险家和矿工持续稳定的流入，已经为沙皇统治创下了初步的基础。那个时候，图瓦正是满清王朝统治下的一个遥远的省份，后来从 1757 年开始直接管辖这一地区。由于满清政府颁令禁止在这一地区永久性定居拓荒活动，并且由于戈壁沙漠（Gobi desert）造成的地理上的分隔，这一地区从未成为中国拓荒者的理想目的地。与此同时，俄罗斯人很早就认识到图瓦可开采的自然资源的价值：20 世纪 30 年代建立了金矿，20 世纪 90 年代开发了石棉矿。到 1910 年共有 2000 多名俄罗斯人生活在这块人口稀少的土地上，却不见有永久性的中国移民点（鲁本，1975，第 158 页）。总而言之，沙皇政府通过其在俄罗斯移民当中的代表直接执行它的政策这一办法，在确定对图瓦的控制方面，比试图通过图瓦本地和蒙古的代理人来管理图瓦的中国政府更为有效。1860 年的《中俄北京条约》在俄罗斯人不建立定居点的前提下赋予俄罗斯商人在乌梁海（图瓦）当地居民中从事贸易的权利。在 1881 年的新订条约中，清政府又被迫允许俄罗斯人在图瓦建立永久性定居点。此外，当时的一些报告认为清政府对图瓦地区的重要性认识不够，只把它当作一个无足轻重的穷乡僻壤。

1911 年外蒙古从中国分离之后不久，图瓦就试图寻求独立，此时俄国革命尚未开始。由于担心蒙古把图瓦并入它刚刚建立的国家之中，或担心这块土地自己单独寻求独立，沙皇政府很快就在 1914 年宣布图瓦为它的保护国。这种保护国地位一直持续到 1918 年图瓦宣布独立为止。把图瓦并入俄国势力圈是对蒙古施加相当外交压力的结果，因为俄罗斯帝国在历史上并不对萨彦斯克山脉以东以南的土地拥有主权，而图瓦正好坐落在萨彦斯克山南麓。因此，沙皇政府的部长会议拟定了一个"和平渗透"的政策，主要内容是谋求俄罗斯人对图瓦地区的逐步移民（佛莱斯特，1951，第102~106页）。内战之后，图瓦发现自己具有双重的政治身份。一方面，受布尔什维主义激励的俄罗斯人改变了自己的立法策略（constitutional coup），组成了一个自治劳动殖民地（labour colony），即 Russkaya Samoupravlayushcheisya Trudovaya Koloniya（RSTK）。它声言自己对俄罗斯联邦（RSFSR）的忠诚，并授权莫斯科处理对外事务。另一方面，图瓦的政治精英也成立了自己的国家——唐努和图瓦人民共和国（Tannu - Tuva People's Republic）。1924 年 7 月，俄国、蒙古和图瓦举行了一次三方会谈，在保证当地俄罗斯人经济利益的条件下，最后达成承认这个年轻国家的协议。独立之后，图瓦就开始把握机会，以使自己从文化上和政治上脱离俄国，转向蒙古。字母表由俄文改为拉丁文的；取名也蒙古化了；蒙古语成了政府的官方用语，与此同时，苏联军队被催促着撤离。此外，佛教的扩散也得到政府的赞许。

然而到了 1929 年，斯大林的民族政策出台了。这是一个剧烈的苏维埃化的时期，同其他非俄罗斯共和国一样，是由当地共产党和那些改变信仰的当地领导人来执行的。在图瓦，当地领导人是索尔恰克·图加（Solchak Toka），他于 1929 年上台，带头推进苏维埃化运动。随之而来的对佛教的残暴压制造成了随后三年内这个国家宗教传统的彻底毁灭。喇嘛的数目从 1928 年的 4813 名减少到 1932 年的 15 名，28 座开展活动的寺院中的 27 座化为一片废墟。为了管理好这个共和国的"现代化"进程，相当多的俄国活动家和技术专家来到图瓦，他们的不断涌入影响了具有政治敏感性的人口平衡，而从前莫斯科正是靠了它来作为自己对图瓦地区拥有主权的理由。

30 年代初期和中期，图瓦经历了快速斯大林化的一系列过程并做出了相关的反应，这种斯大林化已经破坏了传统图瓦社会的主要支柱：部落领主制、游牧式的畜牧业生活和喇嘛教。阿拉塔卢写道："1932~1938 年在图瓦发生的一切可以顺理成章地被看作对社会主义的坚决反对"（阿拉塔卢，1992，第885~886页）。首先，1932年5月俄罗斯人的自治劳动殖民地（RSTK）被取消了，随后把当地的俄国人（尽管他们没有公民权）并入图瓦的合法体系中。当然，他们可以通过公民委员会来代表他们，并被允许在苏维埃式教学大纲基础上继续他们的教育体系。这些看起来不会引起太多问题，而实际上，特别是从当时剧烈的集体化观点来看，仍然存在不少来自俄国的对建立更大的当地自治机构的支持。当时苏维埃俄国的许多其他部分都受到集体化的影响。其次，图瓦人民革命党完成了意识形态的大转变，开始把图瓦看作"一个新型的资产阶级民主国家"，并要求共产党服从政府而不是反对。再次，在1933~1934年，图瓦建立了自己独立的金融体系并发行了自己的通货单位——阿克莎（the aksha）——和俄国货币一起流通使用。复次，政府于1935年从俄国人手里收回了当地的金矿。最后，政府开始提倡文化复兴，导致一些寺庙的重新开放和对喇嘛的培养。这一时期还建立了图瓦国家剧院。

但是无论图瓦在30年代初、中期取得了多少政治上的胜利，到了1937年，一切重又退回原处。苏联秘密警察对人民革命党进行反击。到1944年10月11日，图瓦正式成为苏联的一员。如同在波罗的海国家发生的一样，合并是以最高苏维埃对加盟申请的批准这样一种形式出现的。因此，"批准"文件，即《关于接受图瓦人民共和国加入苏联》的法律文本，声称这一合并是图瓦人民依照自己的权利在自决基础上做出的：

> 苏维埃共和国联盟最高苏维埃主席团，考虑到图瓦人民共和国劳动者小呼拉尔加入苏联的请求，决定如下：为满足图瓦人民共和国劳动者小呼拉尔的请求，兹接受图瓦人民共和国成为苏联的一员（鲁本，1975，第146页）。

到此为止，上述的总体性追溯主要介绍涉及近期民族紧张关系的背景知识，而"二战"以后的图瓦共和国历史则可用"俄国移民涌入图瓦"来作为概括。总的来说，图瓦共出现了三次大的移民高潮。"二战"前的那一次主要包括布尔什维克革命家、国际主义者。而"二战"后的第一次移民高潮带来的却是劳动力大队（Komsomolski stroiki）、罪犯、教师和技术工人。最后一次移民潮主要由 70 年代末 80 年代初为推进地区发展计划而到来的技术工人组成。然而，除了在农业和采掘业方面的一些初步发展以及在教育基本设施建设方面取得的重大进展，图瓦仍然是勃列日涅夫时期大规模建设西伯利亚的投资规划中的一个边缘目标。路途遥远，人口稀少，缺乏战略性矿产资源且交通不畅，这些使得图瓦对增强苏维埃的经济实力所做的贡献甚少。

Perestroika 和后苏维埃时期的发展

同其他加盟共和国和自治共和国一样，在 80 年代末和 90 年代初的动荡的重建时期，图瓦经历了民族自我意识的高涨以及目的在于排斥居住在领土内的俄罗斯人的犯罪和暴力的增加。如果说民族主义的复兴在某种程度上是当地居民在苏维埃统治时期所受压抑的挫折感的反应，那么对于能否把在 1990 年夏季达到高峰的年轻团伙反俄罗斯人的暴力行为归于民族主义的复兴，则不是十分清楚。

事实在于，民族意识的复兴和民族对抗的升级首先是在社会领域而非政治领域发展起来的。由于苏维埃时期这一地区的俄罗斯化来得很迟，而且从来就不很深入，因此在向莫斯科争取更大程度的自治权时，俄罗斯居民和图瓦本地人的利益很少能够统一在一起。这种一致性的缺乏在民族关系上产生了两个重要影响。首先，当地的俄罗斯居民大多是"二战"后迁来的，因此并未很深地扎根于当地文化之中，他们即使再迁走，也不会失去多少。其次，考虑到民族主义的进程主要由非俄罗斯的民族阵营所领导，因此，很少有俄罗斯人愿意赞成成立独立的图瓦共和国。与鞑靼斯坦共和国——它要求经济上更大自主权的呼声得到了部分俄罗斯裔居民的支持，并希望借此担负较低的联邦税并分享更大份额的当地财富——不同，图瓦境内的俄罗斯人作为少数派饱尝被排挤之苦，很少能对争取自治权的辩论过程产生什么影响。此外，考虑到俄罗斯文化对这一地区相对较弱的影响，可以说民族主义的复兴主要是针对俄罗斯人所主导的苏维埃化

（Sovietization）的反抗而不是俄罗斯化（Russification）本身。在居民几乎清一色全是图瓦农民的共和国西部地区，图瓦语一直是母语，而俄语的使用远远落在其后。不像其他自治共和国，比如鞑靼斯坦（它在1552年遭伊凡雷帝入侵）或萨哈—雅库特地区（它在1632年成为俄国的殖民地）那样，图瓦从来没有过与俄国合并或遭俄国殖民统治几个世纪的经历。由于历史上长期以来从未受东正教、沙皇官僚体制以及俄罗斯语言、文化和革命理想的深远影响，从而使得图瓦的民族主义运动主要关注苏维埃时期经济方面的不公平，也就是说，着眼于当时的农牧业的集体化进程，以及政治、文化上的压制所造成的对民族传统的破坏。

民族关系的当前状况

苏维埃时期遗留下来的使目前民族关系日益恶化的主要问题在于俄罗斯人在经济发展中获得不断增多的特权，而开发自然资源得到的财富，图瓦人却只能分配到其中较小的份额。其他问题仅仅是由不发达和农村青年的异化所带来的。另外，农村人口中较高的生育率——主要归功于医疗保健的提高——加剧了农村地区的失业问题，同时也增加了农村向城市的移民数量，从而造成社会紧张的加剧和首都克孜勒地区的住房紧缺。这反过来导致了近年来相当程度的犯罪、青年帮伙、酗酒以及吸毒现象的增多。

媒体

上述所列现象本身都很成问题，然而合在一起它们却促成了一些人所谓的反俄罗斯情绪的高涨。然而，按照当地政府的说法和我本人的观察，新闻媒体应对这种趋势的出现负相当的责任。因此，在使用"反俄罗斯"这个术语时需要小心谨慎。它已经成为莫斯科媒体和其他保守的俄罗斯势力最喜欢用的术语。他们把任何一个非俄罗斯的（non - Russian）民族主义复兴都看成是对他们的自身利益和安全的威胁。当地人和俄罗斯人在浴池里的一次争吵这样一个孤立的事件，很容易会被夸张成为民族冲突，或反俄罗斯情绪，或是狂热的以驱逐俄罗斯人为目标的民族复兴势力之威胁的征兆。这种媒介导向的歪曲显然忽略了数目众多的发生在尚未获得选举权的年轻图瓦人之间的争斗，以及图瓦人和俄罗斯人和平相处的事实。这样说并不是要低估图瓦民族主义分子（他们中的一部分确实是遵纪守法的）的不满情绪，但是媒介所散步的恐怖言论确实营造了一种不安全的气氛，并鼓动了俄罗斯人的外迁。

大约 4 年前引起图瓦全国上下注意的一个突发事件就是直接由这样的争吵引发的。1990 年 5 月中旬在一个名叫柯乌—阿克西（Khovu - Aksy）的村子里的迪斯科舞厅所发生的俄罗斯人"公众秩序志愿者"组织和图瓦青年们之间的那场冲突引发了大帮图瓦青年的一次小规模闹事，他们破坏财物，威吓当地居民，并同警察发生纠纷。冲突很快蔓延到其他俄罗斯人和图瓦人混住的小镇，如伊林卡（Il'yinka）和埃勒盖斯特（Elegest）。不少俄罗斯人的房子被烧，孤身俄罗斯人被打伤。来自俄国内务部的特种部队开始派驻图瓦，从而使全国的媒体把相当的注意力转向这场冲突。这些冲突以及其他看得到的威胁和紧张气氛的后果，造成了 1996 年头六个月内大约 3000 名俄罗斯裔工作人员——大部分是工程师、教师和医生——离去，而且在接下来的六个月里，这种外流现象愈加明显。尽管大多数的莫斯科媒体和那些西方观察家们倾向于把这场冲突看作反俄罗斯情绪的高涨（萨基娜，1990；希希，1990），阿拉塔卢却指出对事件的报道存在严重失实。他引取俄国最主要的日报《Izvestiya》1990 年 7 月 4 日的一则报道来作为例子。该报道说近几个月来有 88 名俄罗斯人在图瓦被害。然而到 9 月，另一份报纸《Sovietskaya Rossiya》却证实，在所有的 88 人的数字中，60 个被害者是遭图瓦人杀害的图瓦人，而其中只有 7 人是俄罗斯人（阿拉塔卢，1990，第 890 页）。这些歪曲，无论是否有意，很显然已经给民族关系营造了一种不健康的氛围，并促使许多俄罗斯人逃离图瓦。

总而言之，媒体在 1990 年春夏时节对这场突发事件的报道提醒我们，改善民族紧张关系的努力不仅要关注那些作为讨论框架的实质性的法律和政治问题，而且也要关注该地区内外民众对冲突的普遍看法。各主要媒体对事件的报道方式对冲突本身的发展起着相当大的作用。当然，这种影响并不总是消极的。比如，媒体对当地政府对冲突所持的过分消极的反应的指责（萨基娜，1990）可能促使政府当局承诺寻求解决方案。因此，尽管自闹事发生之时和后来，当局一直坚持认为紧张的事实根源不是来自民族间的对抗关系，而是由于青少年越轨和失业的缘故，图瓦总统谢里希－奥拉·奥尔扎克（Sherig－oola Oorzhak）还是在 1992 年 6 月任命了一个民族关系和国内事务顾问，来制订一个缓和俄罗斯人与图瓦人关系的方案。

政府的民族政策

由于图瓦政府坚信民族关系紧张在相当程度上受到了外界媒体的煽风点火，因此他们在设计解决这一问题的长期政策上面临重重困难。他们感到，问题的解决极大地依赖于其他因素，比如农村地区的不发达、糟糕的教育体系、酗酒，以及社会不发达所带来的其他副产品。尽管如此，政府还是承认，问题部分地与图瓦民族主义者有关：他们在这个时候不切实际地要求独立，加剧了民族关系的紧张。

考虑到潜在的关于独立的全民公决可能增加民族摩擦，就像 1992 年 3 月在鞑靼斯坦所发生的那样，一些人开始关心设立负责民族事务的总统顾问机构，这就是弗拉基米尔·巴拉迪诺维奇·巴嘎依—乌尔（Vladimir Ba-radinovich Bagai－ool）和他的工作小组。然而，尽管这个办公室以严正的态度和旺盛的精力投入工作，他们仍远未能制订出一个处理问题的具体计划。他们关于稳固民族关系的建议往往十分笼统。在巴嘎依—乌尔的办公室为奥尔扎克总统准备的一份报告中（莫雷洛夫，1992），他们提出了如下的建议。

（1）增加总统民族关系和国内事务顾问办公室的工作人员。

（2）制订加强民族关系的实质性框架。

（3）准备以调查为基础的各类报告，宣扬用人道主义价值观保卫民族利益这样一种观点。

（4）寻求关于政治斗争不脱离人权和宪法、法律规范的框架的保证。

（5）邀请包括联合国及俄国组织的代表在内的观察员来监督图瓦境内的自治进程。

很显然，第一项建议是最为关键的。正如前面已经提到的，政府关于民族关系的政策最近掌握在巴嘎依—乌尔先生——一个从前在首都的克孜勒教育学院讲授马列主义政治理论的教师——手上。他起先是市议会的议员，1992 年夏初受命担任现职。现年四十五六岁的巴嘎依—乌尔在莫斯科接受他的教育，能够读、说德文。他的学术成果主要是关于民族传统和青年教育方面的。最近，他增添了一名助手，N. 莫雷洛夫（N. Mollerov），一个在伊尔库茨克大学获得博士学位的俄罗斯裔历史学家。他的主要任务是为总统办公室提供研究报告和撰写政策文件。要增加总统顾问办公室除人力资源之外的其他可动用资源并不是一件易事。由于在苏联体制内从来就没有关于民族关系的科研和教学工作，因为隐含的假设认为不存在民族矛盾——因此，在克孜勒找不到处理这方面问题的专家。在当地科学院语言、文学和历史研究所内，目前仅有一名社会学家在用较基础的分析方法研究这个问题。唯一令人振奋的可能会带来更多好处的一个办法，就是与被同样问题困扰的相邻的自治共和国交换各自的看法和解决方案。图瓦已经和邻国布里亚特自治共和国一起加入了一项计划，主要内容包括总统顾问和有关部长之间的互访，共同讨论解决他们面临的民族问题的各项提案。就在作者离开图瓦之前，巴嘎依—乌尔前往乌兰—乌德（Ulan - Ude），做了一次类似的访问。

然而，对图瓦政府来说，与对经济形势的担忧，关于宪法的争论，和它在联邦内部与俄罗斯的关系相比，民族关系问题只具有第二位的重要性。此外，图瓦政府还试图重新划分政区，来重建自己对地方的行政管理。因为在 1992 年 9 月，地方政府的令人困惑的平行的双重结构导致了决策过程和改革计划实施的复杂性。问题出在选举产生的当地官员和总统任命的官员共同享有地区和村级市政委员会的权力。这个问题，在奥尔扎克总统仿效叶利钦任命一套由忠诚的、具有改革意识的行政官员组成的行政网络来制衡阴魂不散的党的机器时，显得更为突出。在我访问的一个名叫弗拉基米尔（Vladimir）的村子里，一位在过去的 40 年里一直担任当地共产党委员会领导职务的老年妇女仍然掌握权力。地区市政会（regional council – Raisoviet），也是在一个前共产党员色雷达尔（Seredar）领导之下。弗拉基米尔村就是在这个设立于 Sarykhser 的市议会的管辖之内。色雷达尔在 1989～1990 年的变动迫使他下台之前是这个地区的行政长官。一年后，人民要他重返政坛。这就是他所讲述的故事。

无论对外界还是对莫斯科来说，前共产党官员在行政机构中依然存在这一事实，被看作政治倒退的标志。实际上，在农村地区的基础组织中，这些领导人受到人民的合法支持和拥戴。同样，在农村地区很少发生把共产党员列入黑名单这样的事，或发生针对他们的政治迫害。当地共产党领导者依旧掌权，只因为他们是当地人民最信赖的人。但是这些保守的领导人对改革和发生在意识形态领域的急剧变化持漠不关心的态度，尽管这种变革现在已经席卷了俄国各地，并以较温和的规模向克孜勒袭来。同样很清楚的是，在两个平行的决策体制得到统一控制之前，不能指望发起什么有效的改革行动。

由于关于独立的争论已经减少，而且这种争论也比其他自治共和国如鞑靼斯坦、萨哈—雅库特、切克尼亚或阿巴哈兹亚来得温和并不彻底。可想而知，图瓦的民族紧张关系将一直存在下去。此外，还有其他一系列的因素对潜在的民族冲突以及人们对它的看法产生影响。这些因素可以分解为如下几类：和蒙古的关系、佛教（复兴）、酒类消费和青年问题，以及经济和民族主义运动。

来自蒙古的影响

当我和克孜勒的一些知识分子交谈时，在图瓦与蒙古的共同文化特征这个问题上，得到了许多答案，这些答案反映出图瓦人对他们的民族背景所持的复杂态度。除了共同的脸部特征和共享的历史，以及相似的传统式游牧生活方式（尤其是在西部）之外，对图瓦的民族精英来说，蒙古还为他们提供了传统文化的精神。德国旅行家奥托·马恩黑—海尔文（Otto Maenchen – Helfen）在他的《图瓦行纪》（*Reise in Asiatische Tuva*）一书中也提到了图瓦和蒙古共同的文化传承（heritage）：

人们会说图瓦人向他们的邻居蒙古人表达友谊是十分自然的，两者在文化上是紧密相连的。几个世纪以来，图瓦就是蒙古的领土；图瓦人从未想过从蒙古分离出来。两个国家具有相同的宗教，相同类型的经济。图瓦的官方语言曾经是，现在仍然是蒙古语。因此，当外国的统治（一开始是中国，然后是沙皇俄国）崩溃之后，图瓦人把自己看作蒙古的一部分以及蒙古人把图瓦当作他们的一个省份是一点也不奇怪的。（1931，第18页）

蒙古所提供给图瓦的共同的文化遗产以作为俄罗斯文化的替代物，在十月革命以后的历史中具有隐含的政治意味。20世纪20年代中期，共和国的第一任总理唐代（Donduk）就是用如下谦卑的话语表达了这种关系："图瓦人民在文化方面是弱小的、不发达的和落后的。这就是它为什么必须和蒙古联合起来的原因"（引自科拉兹，1954，第164页）。图瓦在独立后迅速倒向蒙古这一事实曾引起了苏俄国内的极大关注，并施加外交压力来阻挠这一靠拢。然而70年以后，图瓦对它的南部邻国变得越来越势利。由于图瓦所经历的现代化程度（尽管既粗糙规模又小）要比蒙古（尤其是在两国接壤的西部蒙古）高，因此，一些图瓦人开始更倾向于和他们的发展程度较高并同是突厥后裔的中亚同族结盟。他们认为蒙古是一个比他们还穷得多的国家，因此，应该是蒙古向他们学习而不是相反。此外，两国在南部边境还存在尚未解决的领土争端。图瓦人同时还指责蒙古人越过边境购物，把村庄商店里的稀缺商品抢购一空，并且偷走牛群、干草和劈柴。

尽管存在这些矛盾，蒙古仍然是图瓦在寻求独立的进程中可以借用的、用以抵制俄国影响的力量来源。在给俄国政府民族委员会主席瓦雷里·铁斯科夫（Valerii Tishkov）的一份正式照会中，图瓦副总统梅尔尼科夫（Meil'nikov）强调，在蒙古境内设立一个领事馆这一事宜，需要俄国外交部的合作和支持。尽管莫斯科对类似迹象并不看重，图瓦仍然继续发展和蒙古的关系。高级代表团被派往乌兰巴托，正式协议接连不断地签署，小规模的经济合作也开始起动。尽管相对于俄国，蒙古只是一个贫穷的"大哥"，但种族—文化的相似性不容忽视，因此，图瓦将会进一步发展同蒙古的联系，虽然只是保持在一种谨慎和适中的程度上。

对蒙古来说，它并不特别愿意在图瓦独立问题上和俄国发生摩擦。蒙古外交家建议图瓦不要将他们的外交政策放在非常优先的地位上。由于蒙古既贫穷又孤立，而且在历史上一直夹在中国和俄国之间，因此他们甚至并不热心于对图瓦的独立地位做出象征性的认同姿态。它承认图瓦是俄罗斯联邦的一部分，因而无意涉足。然而，蒙古却追求同相邻的布里亚特共和国保持更为积极的关系，因为它比图瓦具有更多的蒙古血统，且和蒙古首都乌兰巴托有着更好的交通和通讯联系。

佛教的复兴

尽管对俄国经济依赖的现实使图瓦的完全独立只能是一个相当遥远的前景，然而国家支持的佛教复兴仍然可被视作新的国家意识的一种清晰表示。这方面最富意义的事件是 1992 年 9 月达赖喇嘛的来访。在欢迎达赖的致辞里，奥尔扎克总统对佛教和它在图瓦的复兴给予了官方的认可：

> 我们对您（达赖喇嘛）接受我们的邀请，为激发图瓦人民恢复和发扬他们祖先的忠诚，前来访问，并为他们赐福，为他们祈祷等这一切表示深切的谢意。我们的人民早就盼望您的来访，并把它当作一个历史性的难忘的事件（引自安图夫耶娃和莫斯卡连科，1992）。

在访问期间，达赖喇嘛参观了 23 座建于 20 世纪初的佛教寺庙的其中几个。他还奉献了一面图瓦国旗，这面国旗将飞扬在共和国最高峰蒙干—塔依嘎峰的山顶上。除了这些象征性姿态，达赖喇嘛还提出了许多旨在支持佛教复兴的具体建议。1992 年 9 月 22 日签署的《文化和宗教合作协议》里，主要的动议包括：将提供恢复佛教寺庙（huress and datsans）所需的必要资助；免费为图瓦佛教徒提供全套寺庙用的金银器皿和宗教文献；帮助培训职司人员；协助图瓦信徒去印度和西藏朝圣；将派遣三名法师前来演示宗教仪式并传授藏医的原理；帮助建立（喇嘛的）清修见习制度（在图瓦政府提供全部费用的条件下）。

在协议上签字的有图瓦总统 D. 奥尔扎克、图瓦最高苏维埃主席 R. A. 毕切尔戴（R. A. Bichelday）、达赖喇嘛，以及他的首席助手卡尔占特先生（Mr. Kalzant）。达赖喇嘛对图瓦邀请的接受成了图瓦政府内外巨大自豪感的源泉。更值得注意的是，激进派民族主义分子并没有过多地为政治目的而渲染达赖喇嘛的造访。由于对佛教复兴的政治化处理将会导致排斥俄罗斯人并加剧他们在一种异文化中的客属地位，因此毫无疑问将会对民族关系起离间作用。

然而看起来，尽管受到政府的大力支持，宗教意识的苏醒至今仍然还停留在无足轻重的文化生活的领域。事实上，在苏维埃时期多年来无神论统治和宗教压制下，大众关于佛教的记忆变得如此微弱，以至于它的复兴不得不先由科学院和佛教协会来发动一场跳跃式的提高。当地佛教协会从 1990 年开始出版喇嘛教文献，1991 年出版了自己的宗教杂志《埃勒格》（Erege，意为《玫瑰经》）。当公众的兴趣看来更多地受时尚（fashion）而不是信仰（faith）的影响时，政府对佛教复兴就持有一种很实际的兴趣，即希望佛教所信奉的纪律和禁欲主义能够帮助共和国年轻人从犯罪、酗酒和吸毒的泥潭中拔出来。巴嘎依—乌尔特别表达了这样一种希望，即达赖喇嘛的来访，即使是在象征性的意义上，能够对政府所发起的同近年来"道德退化"现象做斗争的努力起到鼓舞和推动作用（巴嘎依—乌尔采访记，1992）。然而，他也表示，佛教的复兴不应该同政府的政治议程过分紧密地联系在一起。例如，他提到总统对达赖喇嘛的邀请将损及图瓦同中国之间本来就很薄弱的贸易来往——达赖喇嘛由于他在西藏问题上的立场被中国政府宣布为不受欢迎的人。然而，看来这件事到现在为止还没有引起中国的反应，而且同政府所期望的一样，一些报告指出，在达赖喇嘛访问期间，共和国内的罪犯大幅度地下降（安图夫耶娃和莫斯卡连科，1992）。

与那些被认为是由中亚伊斯兰复兴主义所引起的民族紧张关系不同，

图瓦的佛教复兴并没有排斥当地俄罗斯人到那样的程度。这一方面归因于佛教复兴的温和与适度，另一方面在于佛教的宗教本质。事实上，与其他非俄罗斯共和国——在那里，传统宗教的复兴至少在莫斯科眼里是被视作对当地俄罗斯人的威胁，比如中亚和北高加索地区的伊斯兰教——不同，大多数在图瓦的俄罗斯人不是对佛教漠不关心，就是对它的复兴只表示轻微的不安。

酗酒、青少年越轨和犯罪

酗酒和吸毒与种族暴力之间的关系虽然并非直接相关但却十分重要。尽管对不同种族的酒精消费量以及酗酒和暴力之间的关系，或者更笼统一些，酗酒和社会分隔之间的关系，已经有了许多的研究文献，却很少有什么研究来深入地测定群体性物质滥用（substance abuse）行为在挑起针对特定民族群体的歧视性暴力活动方面所造成的影响程度。喝着香蕉啤酒的卢旺达胡图族人挥舞宽刃刀的狂热以及嚼卡特（qat，一种致幻毒品）的索马里民兵的尚武倾向可以作为例证。在这两个例子中，毒品成了把对特定民族群体的怨恨转化成暴力行为甚至大屠杀的中介。在图瓦青年——他们一般被看作由种族原因引发的暴力行为和大肆破坏公物行为的肇事者——并非如此极端的例子中，谷物制成的高度烧酒的唾手可得和父母管教的缺乏，使他们敢于把目标对准那些在他们看来造成了他们痛苦的人，在这个例子中，即俄罗斯人。对壮胆或其他心理学因素的过分强调，仅仅在某种程度上表明它们只不过是其他更为根本的深刻原因的表面现象而已。无聊、低的受教育水平和琐屑的工作驱使他们酗酒并继而威吓俄罗斯人，但是这些动因只不过是贫困，或照民族主义者的说法，是俄罗斯帝国主义经济恶果所引致的表面症状而已。

图瓦政府很清楚地认识到国内酗酒问题的严重性。克孜勒市市长，医生佐亚·撒特（Zoya Sut）认为由于酗酒，图瓦民族的基因密码已经无可挽救地被破坏掉了。奥尔扎克总统更进一步大声疾呼，认为如果不能在接下来的三十年至四十年里找到根治这一社会灾难的良药，图瓦作为一个民族将面临灭亡的境地（安图夫耶娃和莫斯卡连科，1992）。虽说很难判断上述言论准确与否，常规的酒精消费量确实对图瓦的低社会（人文）发展水平和高居俄联邦首位的婴儿死亡率具有不可推卸的责任（德敏，1992）。事实上，简陋荒凉的自然条件，酷寒，陈旧的家居，以及酒吧、咖啡厅或任何一种有意义的闲暇设施的缺乏，共同形成了一种环境氛围，这种氛围驱使人们，尤其是年轻人，饮酒过度。

在一定程度上，这些问题必须放在整个俄罗斯社会走势的背景中来看。自从苏联解体以来，80 年代中期安德罗波夫—戈尔巴乔夫发动的反酗酒运动的积极成果再也没能持续下去。到 1992 年，俄境内的人均酒精消费量达到并超过了 1984 年的水平，更值得注意的是，醉态下的犯案率从 1986 年的 24.3% 增至 1992 年的 39.9%（内姆特索夫，1993）。此外，青少年死亡率以极快的速度递增，这直接导源于酗酒和吸毒。不但按照西方的标准来看，整个俄罗斯的酒类消费模式都是不正常的，更令人触目惊心的是高消费量和低质量酒类与营养不良的同时并存，这种并存使俄国比那些仅有高酒精消费量的国家，比如法国和德国，存在更严重的健康问题。这种情况在图瓦和其他西伯利亚的共和国如雅库特共和国尤其严重，它们与其他地区迥然不同的地方在于喝酒者不但年轻，而且酒量极大。

至于大帮醉醺醺的年轻地痞流氓的出现，可用许多因素来解释。但最主要的，它是那种旨在在设施极差的寄宿学校里重新安置和抚养牧区牧民们的孩子这样一种国家政策的副产品。那些孩子，从小就离开家庭和传统的社区来到职业学校，以后又逐步被吸引到首都克孜勒这个人满为患的几乎没有任何正常娱乐活动的城市。这帮成天喝醉了的，既缺乏教养又目无法纪的年轻人在克孜勒到处惹是生非。他们平日聚集在城里可数的几家饭店的餐厅里，这些地方由于他们惹事的缘故已经很少有人光顾了。经常有警察和穿黑制服的 OMON（内务部军队）在这些饭店巡逻。这些主要由俄罗斯人组成的军人在受到挑逗时会变得很好斗，这反过来又给这帮年轻人中的反俄情绪升温。

然而，必须强调指出，图瓦居民自己也感觉受到了这些青年人的威胁。尽管这些年轻人更喜欢把俄罗斯人当作虐待对象，但是在挑选侵害目标方面，总体上来说并没有特别的偏好。正因如此，关于激进的民族主义分子痛揍当地俄罗斯居民的指责在一定程度上是被误导的。这些青年人并无自己的政治立场，对图瓦人和俄罗斯人都一样地要威胁挑衅。正如跟我谈话的一个当地学者所指出的那样：

> 所有那些认为俄罗斯人是由于好斗的激进分子的缘故而离开的说法都不符合事实。许多图瓦人也一样愿意离开，但他们并没有机缘。俄罗斯人可以去投奔克拉斯诺亚尔斯克（图瓦北面的一个俄国城市）或其他地方的亲戚，但我们却无处可去。

从首都普通商店的货架可以看出，这个国家最受欢迎且极易获取的酒类是"斯伯尔特"（spirt，意思是"喷涌而出"）或者叫玉米酒。要么，人们还可发现伏特加和干邑白兰地（cognac），但是其他种类的酒就很少见了。因此，几乎不可能有适度的社会性饮酒的存在。斯伯尔特酒烈性极强，饮后容易产生幻觉，并导致无责任行为的发生。图瓦人喝这种酒跟喝伏特加一样，喝的量又多，往往不要下酒菜，尽管在家里喝时，有时会吃点东西。斯伯尔特酒的大量供应和其他低度酒如啤酒、红酒的稀缺合在一起成为青少年酗酒问题的一个关键因素。然而到目前为止，政府看来把反酗酒运动的中心放在法律强化上而不是放在减少酒的消费量，或者引入一个购酒的年龄限制上。在形成一个组织更为严密的供应体系（在这个体系中，酒类只能由有执照的分销商经销，而不是在报亭里，或从市场的卡车后座上就可以买到）之前，这一类的细致政策很难得到执行。尽管"烈性酒"的非法供应是整个俄罗斯都面临的问题，但在图瓦，它更是加剧了早已很深的社会和经济病态，并使暴力、犯罪、精神折磨、高婴儿死亡率和低劳动生产力的恶性循环持续不断地运行下去。而这一切恰恰是图瓦这样一个不发达的地区所无法承担的。

最终看来，我们很难判断图瓦境内的物质滥用（substance abuse）是否对民族紧张关系产生作用。但十分清楚的是，这个问题在十分广泛的范围内严重影响了图瓦人的生活。更何况，对民族主义者来说，这个问题又提出了那个人们已经相当熟悉的论断，即酒是俄国殖民统治者为了征服当地人民而引入的。对于这个论断的支持者——无论知识分子，还是工人——来说，这产生了对当地俄罗斯居民的厌憎。然而，无论这个论断在过去的岁月里可能反映了某种程度的真实性，但是在图瓦人自我统治的时代里它很难找到支持自己的证据。很显然，共和国仍然大大地依赖俄国的援助，并且有理由认为这些援助——包括对开采矿产资源的投资和制成消费品的供应——的结构是受俄国人的利益来支配的，但是把（酗酒的）责任推在殖民统治所遗留下来的长期后果上显然是对问题的回避。政府在处理这一问题上所遇到的挫折，可能最清楚地反映在它转而对用佛教来复兴传统的家庭价值观并约束这个国家的青年所抱有的这一含混不清的期望中。

经济和民族关系

发展中国家经济形势和民族团结之间的关系并不是关于发展问题的传统思路所特别关注的课题。一般所称的"依附理论"（dependency theories），大多数都关心援助国的经济兴趣和接受国被迫违背自己的意愿所做出的政策选择之间的关系。亚洲和非洲的非殖民化（decolonization）的经验告诉我们，很少有什么能被应用于非俄罗斯的自治共和国中的俄罗斯居民这种情况。这部分是由于传统的殖民地中仅有一小撮宗主国出身的领导精英，他们在殖民地的管理体系崩溃之后，可以从容地返回他们的祖国。

对在图瓦的俄罗斯人来说，许多人是在18、19世纪以商人、农民和遭迫害的"信昔者"（Old Believers）信徒的身份，以及在赫鲁晓夫时期为开发西伯利亚而发起的"东进运动"（eastwardho）中作为矿工和建筑工人迁来图瓦的，因此图瓦是他们的第二家园。尽管有人会把它们叫作殖民者，但这些俄罗斯人实际上是为了寻求新的经济机遇而离乡背井的中下阶级的移民。图瓦对俄国的经济依赖如何影响图瓦人对当地俄罗斯人的态度很难用科学的确定性来估算。然而,至少可以做如下总结。

在图瓦对俄国的财政依赖和它在民族主义政治原则上寻求更大的独立权的努力之间,看来存在一种动态的关系(dynamic link)。停止援助或能源和日用消费品的运送这一类经济讹诈的威胁成了莫斯科在民族运动风起云涌之际用来确保各地区俄罗斯少数派利益的撒手锏。这种制约手段——它建立在俄罗斯为图瓦提供93%财政预算的资助这一简单事实之上——由此便对图瓦政府近期来在民族主义者更为激进的要求面前采取一种温和立场的态度起着重要作用。结果,在类似语言法、公民权和根据不同民族背景制定的财产权这些事项上,没有引起像在波罗的海国家所发生的那种矛盾和冲突。政府没有颁布反俄罗斯人的歧视性立法这样一种讨价还价的能力,即使它有权选择这样做。因此,尽管一些民族主义者对政府的立场感到不耐烦,这种做法仍然是近期条件下最审慎和实用的选择。

的确,政府希望大幅度削减令它极不舒服的对俄罗斯的严重的财政依赖,但却不能仅靠拒绝援助来达到这个目标,因为这样将给共和国的经济造成灾难。事实上,他们更愿意劝说俄国逐步地重构援助结构以增强当地的工业基础。本地工业主要是指对图瓦多年来一直以粗加工形式提供的皮革和羊毛产品进行加工并缝制成品。规模最大的钴矿,也是图瓦少有的几个工矿企业之一,图瓦钴业公司(Tuvakobalt)仍然控制在俄国人手中,但是早在1990年就由于俄罗斯技术工人的大批离去而使产量逐步下降。这种情况再加上来自环境方面的考虑,同样影响了位于阿克—德乌拉(Ak‐Dovurak)的石棉选炼厂的产量。尽管图瓦政府提供了一些合作意向来鼓励俄国投资,总统也为减轻对俄国的财政依赖设定了即使不是不现实的也是雄心勃勃的发展目标,但大多数分析专家仍然对图瓦为走自己的路而愿意做出必要牺牲这样一种政治愿望持怀疑态度。正如安图夫耶娃和莫斯卡连科(1992)用稍带讥讽的口吻写道:

　　尽管俄国希望通过准许图瓦拥有自己的出口权来削减（对图瓦的）援助，每一个图瓦人，无论他是俄联邦的忠实公民，还是独立的热情拥护者，都喜欢这种由俄国负担的生活（life at Russia's expense）。这就是为什么所有围绕图瓦独立问题的讨论都仅仅是空谈的原因所在。

　　经济和民族关系之间的第二种联系是俄罗斯裔技术工人的外迁，这在前面已经提及了。就像在波罗的海国家所看到的那样，对于俄罗斯人的离去，再没有比"真是一大解脱"（good riddance）这种心态更能描述图瓦人的感受。但是尽管暗地里存在不少对俄罗斯人的流行的怨恨，政府还是承认俄罗斯人的离去已经对采掘业、社会服务业如医疗和教育以及其他大量雇用俄罗斯人的行业造成了不利影响。正如巴嘎依—乌尔（1992）在议会报纸 Sodeistvie 采访他时所表露的：

　　　　民族关系的进一步恶化将强化俄罗斯人从共和国外流的趋势，而这是我们的经济所不愿看到的……我们必须客观地看待问题。因此，总统和他的顾问班子将以不在（民族关系）这个问题上挑起争端这种原则来展开工作。

　　如上所提到的，巴嘎依—乌尔和其他政府官员感到俄罗斯的大众媒介应对鼓动俄罗斯人的离去负一部分责任。他们认为，报纸仅仅强调了民族关系中的消极因素，尤其对激进派图瓦人对政府政策的影响估计过高。然而，尽管政府希望留住俄罗斯人，它同时也希望能发展用于训练自己当地的专家骨干所需的各类设施。除了努力争取重构经济援助的结构，图瓦政府最近还向莫斯科请求帮助，以支持他们关于建立新的科学中心和其他培训设施的项目。

　　俄罗斯人外迁对图瓦经济中的城市就业部分造成的冲击最为明显。在我对卡—凯米斯基（Kaa - Khemiskii）农业区俄图杂居的村庄的访问中发现，尽管俄罗斯人的离开并不是值得庆幸的事，但它只对主要由畜牧业、渔业、小农场构成并由克孜勒提供制成品的当地经济产生极微小的影响。然而，当地的某位村长仍然认为俄罗斯人的离去是很不幸的事，因为它使得本来就由于年轻人都去了城市而劳动力不足的村子人口更加稀少了。村长还否认俄罗斯人的离开和民族关系紧张有关，她认为迁出的主要是一些夫妇，在他们的孩子离家去工作之后，或去北方（指俄国其他地区）的大学上学之后，他们才迁走的。据作者自己的观察，俄罗斯人和图瓦人在杂居的农村地区看来一起生活、相处得十分和谐。这并不是把艰苦的条件理想化，而只不过是强调这两个民族共同生活在一个贫穷而又偏远的相对和平的环境里。大多数的公路路面没有铺上石子，商店里的货架上商品稀少，只能见到很少的几辆汽车，甚至看不到什么 20 世纪后期生活的标志。图瓦人和俄罗斯人的生活相差无几。但是，如果他们愿意的话，俄罗斯人还可有机会在位于北方的经济稍微景气一点的俄国克拉斯诺亚尔斯克地区找到工作。正如有位名叫阿采—乌尔（Achai - Ool）的村长所说，"如果不是由于存在语言困难，许多图瓦人也会离开家乡。人们开始变得无法容忍这样的生活"（引自 A. 波格达诺夫斯基，1990）。

尽管从日常生活方面来看，普通图瓦人认为他们的生活水准和当地俄罗斯居民相差无几，政府仍旧不愿意过快地对农业和不动产业实行私有化，主要是害怕境外的俄罗斯人前来大批量地购置各种财产。到目前为止，国会和总统对是否引入那种现在在俄国欧洲部分已经很普遍的改革方案十分谨慎。比如，到 1992 年秋天，政府正在讨论的唯一真正的私有化进程，是允许出售用于建 dachas（夏天用的小棚屋）的小块地皮。在国营农场，已经成立了由两三个村子组成的私营分场（private sub - units），允许拥有牲畜和农机具，只是土地仍然算是从国家租用的。相应的，私营农民比他们的集体农庄的同行们日子要好过一些。他们的主要不满集中在牲口数量的不足和得不到良好的用于放牧的草场上，而不是土地的归属权。然而，政府官员对于（老百姓加在他们头上的）办事拖沓和抗拒变革的指责还是很在乎。

实际上，有些人（比如巴嘎依—乌尔）试图推翻这种看法，认为必须坚持渐进的民族主义策略。这种方案坚决反对私人拥有土地，或在拥有土地之后进行交换这样一种违反图瓦的当地传统的做法。这种公共的、古老的传统现在可能已经削弱了，但仍旧为不赞同私有化的官员们提供了一个方便的亲民族主义的论据。由于俄罗斯人没有图瓦人的这种顾虑，他们自然更赞成土地和房产的私有化。

激进民族主义分子和分离主义者

1992 年夏天在当地进行的一次关于民族问题的调查中，55% 的俄罗斯被访者把民族关系中最近出现的紧张归罪于"民族自我中心主义"（national egoism），其余的俄罗斯人则认为问题的症结在于"领导层的不负责任"和"人们的社会性不满"（阿那衣丹，1992）。在俄罗斯居民和较温和的政府官员眼里，"民族自我中心主义"的主要代表是"人民阵线"（Popular Front）和"自由图瓦"党（Khostug Tuva）。"人民阵线"成立于 1990年 2 月一次由 258 个图瓦人、31 个俄罗斯人和 6 个布里亚特人参加的大会，其政治原则是实行文化革新和发动一场把图瓦由自治共和国（autonomous republic）提升到完整的加盟共和国（full‐union republic）的战役。同雅库特和鞑靼斯坦这些自治共和国一样，图瓦试图获取它的新地位并因而和其他加盟共和国一样获得分离权和独立的国家主权的努力来得太迟了。当俄国极不情愿地接受了几个加盟共和国从由它占主导地位的苏联中分离出去这个事实之后，它对剩下的自治共和国的控制，已经不出所料地加强了，以反对任何企图分裂的要求。尽管在所有自治共和国当中，图瓦拥有最高比率的本地人口，大多数国内外的分析家们还是认为图瓦对俄罗斯的经济依赖超出了它为分离而持的人口学理由。另一个民族主义政党，"自由图瓦"也看到了这种困难。

"自由图瓦"成立于 1992 年 4 月，并于同年 6 月在司法部（Ministry of Justice）注册，成为正式的政党。它目前由斯拉瓦·索尔查克（Slava Solchak）领导，他同时还拥有半官方的职位，负责监督对新闻出版的审查。他的办公室位于中央报业大厦（Central Dom Pressy）。这个政党的基金主要来源于捐款和基层的农村支持者（他们在农忙时不得不暂停活动）所交纳的党费。他们还得到了当地知识界成员的支持。尽管最初成立之时,"自由图瓦"的政治议程主要以使图瓦重返战前地位,参与国际社会,并成为一个完全独立的共和国为中心目标,现在它已经修改了这个雄心勃勃的计划,换之以更切实际的目标。它对举行关于独立的全民公决的企盼,长期以来一直受到政府的打击,因为政府不愿意支持这种在他们看来会引发民族关系紧张的行为。此外,索尔查克也被迫承认,即使全民公决投票通过赞成独立,图瓦也没有能力去实行决议(从俄罗斯)分离出来。由此,他修正了自己的立场,把更大程度的经济自主当作政治独立的先决条件。政府认为这是"自由图瓦"朝正确的方向迈出了一步,但仍然不够。正如巴嘎依—乌尔在1992年的一次采访中指出:

> 起先他们想要政治独立,然后才是经济独立。现在他们把它掉了个位置,这就对了。我们也认为必须先从经济独立开始。问题在于,"自由图瓦"本身并没有自己的经济纲领。

在我对索尔查克的采访中,他承认他的党没有经济纲领,但他更愿意列举"自由图瓦"的其他目标。在意识到关于独立的全民公决的重要性已经降低之后,索尔查克指出,目前的首要工作是提高图瓦人民的社会福利水平,加强他们的政治意识。此外,必须发动一场针对腐败、新闻检查、犯罪和酗酒的积极的运动。他同意推迟讨论全民公决的问题,直到政治形势明朗为止。然而,他更坦率地认为需要一种更保守的改革政策,并且附和政府关于公开发售土地将导致俄罗斯人的更进一步剥削这样一种担忧。

民族主义政党领导层给人的总体印象是他们聪颖、目标明确,但在如何看待图瓦目前所处的经济现实上有点幼稚。他们显然希望,一旦图瓦把它对俄国的财政依赖削减到一半,则政治独立的合法性将得到加强并广泛流传开来。然而,到目前为止,民族主义政党的主要角色是批评政府在莫斯科面前所持的温和顺从的立场,并把包括佛教在内的文化复兴政治化。他们的政治基础并非十分广阔,而且它们的影响力也可能已被外界分析家们夸大了(例如,希希,1990)。

结　论

在目前这种情况下，无论是以单方面宣布的形式，还是以全民公决的形式，"分离"看来并非图瓦可以选择的对自己有利的政策。即使单方面宣布独立，正如在北高加索的车臣（Chechniya）共和国所发生的那样，不但不会有什么实质性效果，还会招来俄罗斯保守主义者的大怒。结果将是俄罗斯大幅度削减它的早已大大超支的财政援助。图瓦既没有石油资源和丰富的农产品，也没有那些到目前为止尽力使杜达耶夫（Dudaev）和车臣免于负债的有美元的百万富翁们（他们在财政上支持杜达耶夫）。此外，图瓦既没有稀有金属，也没有萨哈—雅库特地区和鞑靼斯坦那样的工业基础。相对来说，图瓦并不能为外国投资者提供什么，并且，由于它和蒙古如此相似的自然条件，许多外国投资者宁愿看重一个独立国家所带来的安全感，也不愿冒风险在一个连合法的司法权都尚不清楚的自治共和国里投资。最后，即使有人提出发展上叶尼塞河盆地生态旅游的可能性，也由于目前饭店、宾馆和交通设施的严重缺乏，旅游项目仅仅局限在低花销的远足和假日的骑马郊游上。在这种不如意的条件下，对分离主义者来说，要想消除掉政府目前所持的实用主义政策的影响，并且还要努力证明更激进地追求完全独立和国家主权是有理由的，将是一场相当艰巨的挑战。

同时，很显然图瓦将形成自己独立的政治和文化认同，并且将特别向鞑靼斯坦和萨哈—雅库特寻求各种发展模式和如何与俄国进行权力转让磋商的讨价还价战略。1994年2月俄国和鞑靼斯坦签署的双边条约被看作（俄罗斯）和其他自治共和国协商达成一个合适的联邦协议的有用先例而受到了双方温和派的欢迎。车臣将很有可能是第二个这样做的自治共和国。然后接下来的就是巴什柯图斯坦（Bashkortostan）、图瓦、萨哈—雅库特，可能还有加里宁格勒（Kaliningrad）。尽管对这些协议是否符合宪法仍然有争议——最为根本的就是，如果俄罗斯不承认这些自治共和国的独立，它为什么还要同它们签订双边协议呢——这些协议在处理核心的经济问题，比如矿产资源的出口配额、税收的提留以及联邦援助的分配方面却十分有用。另外，各自治共和国国内的民族主义分子离他们的最终目标，即完全独立和得到国际法的认可，还存在很长一段距离。尤其对于像萨哈—雅库特和鞑靼斯坦那样并没有广阔领土的共和国来说，这种雄心壮志看来日益不现实了。更何况，各自治共和国内要求独立的呼声的垄断地位已经受到了俄联邦内部各地区明确要求更大程度的"非集权化"（decen-tralization）等各种附加的呼声的冲击。这种争论，现在已经扩大并包容了更大范围内的关于俄联邦构架内各地区的问题，有发展到湮没或淡化各自治共和国更受民族主义引导的独立要求的势头。

在这一阶段，图瓦有实力同莫斯科讨价还价的首先是在地理和人口领域，而不是经济领域。在与蒙古接壤的边境地区，几乎清一色的图瓦居民和新型民族自我意识的存在，使它具有一个闹分离的共和国所应该具有的某些特征。然而，既没有大批散居国外的侨民提供财政援助，也没有一个地区性资助国提供资金——比如，芬兰资助爱沙尼亚，土耳其资助中亚国家这两个例子——在最近几年里，图瓦不可能过于咄咄逼人地强调它的独立要求。此外，叶利钦总统于 1994 年 5 月任命尼古拉·叶果洛夫（Nikolai Yegorov），一个哥萨克人，接替民主派改革人士塞尔格·萨哈拉（Sergei Shakhrai）出任关键的民族部部长一职，预示了俄政府对基于民族主义的分裂活动不再容忍。总体来说，苏联解体后不久出现的那种流行的认为新的国徽、国歌和货币将从形式和内容两方面创造出独立气氛的说法，已经在经济现实面前失去了它的诱惑力。这并不是暗示说，新的以联邦协议为基础的统一阶段仅仅是莫斯科重建统治并恢复中央控制这样一件简单的事情。同样重要的是各自治共和国在发展为保持民族—文化特色而进行的长期游说，以及在联邦框架内争取对自然资源的公正管辖权这样一些事情上进行合作。然而，如果各自治共和国在它们艰难地追求扎根在神话般的单一种族的过去之中的争取独立的道路上发生分裂的话，这一切将不可能实现。

致 谢

为写这篇文章而进行的旅行研究得到了国际预警组织（International A-lert）的资助，当时我正担任这一组织实施的"前苏联"（FSU）计划的执行官员。国际预警组织是总部设在伦敦的专门研究如何缓和地区冲突和民族冲突的非政府组织。FSU 方案是在俄罗斯政府民族委员会前任主席、莫斯科民族学和人类学研究所所长瓦雷里·铁斯科夫博士（Dn. Valerii Tishk-ov）的帮助下提出来的。作者尤其感谢图瓦语言、文学和历史研究所（所长 U. L. Aranchyn［U. L. 阿兰金］、Drs. M. Mongush［Drs. M. 蒙古什］和 Z. 阿那衣丹［Z. Anaidan］）；总统民族和国内事务顾问，V. B. 巴嘎依——乌尔先生和他的助手 N. 莫雷洛夫；以及"自由图瓦"领导人斯拉瓦·索尔查克和维克多·蒙古什（Viktor Mongush）。我对卡罗琳·哈姆弗雷（Caroline Humphrey）对文章未定稿提出的有益评价表示特别的谢意。

参考文献

阿拉塔卢，托马斯（Alatalu, Toomas）1992：《图瓦：重新醒来的国家》，《苏维埃研究》（*Soviet Studies*），第 44 卷第 5 期，第 881～895 页。

阿那衣丹，祖伊（Anaidan, Zoe）1992：《关于种族态度的未发表的调查报告》，克孜勒，克孜勒语言、文学和历史研究所。

安图夫耶娃，N. 和莫斯卡连科，N.（Antufyeva, N. and Moskalenkc, N.）1992：《图瓦共和国：政治领域的平静》，载《欧亚冲突巡视》（由莫斯科全景信息集团为伦敦国际预警组织提供的试验性研究之文集）。

巴嘎依—乌尔，V. B.（Bagai - Ool, V. B.）1992："Situatsiia trevogi nevyzyvaet"，Sodeistvie, no. 13（23）1992 年 9 月 1 日，采访。

波格达诺夫斯基，A.（Bogdanovskiy, A.）1990："Trevogi Tuvyi"，Izvestiya, 1990 年 7 月 3 日。

达尼连科，V.（Danilenko, V.）1993："Obostrltas' obstanovka v Tuve"，Izvestiya, 1993 年 8 月 3 日，第 2 页。

丹明，A.（Demin, A.）- 'Mladencheskaia smertnost' v Rossiiskoi Federatiiza 10 mesiatsev 1992 goda", Izvestiya, 1992 年 1 月 11 日，第 2 页。

《俄罗斯自治地区各民族资料汇编》（来源于 1989 年人口普查）1991：《最新俄罗斯出版文摘》（Current Digest of the Soviet Press），1991 年 6 月 26 日。

佛莱特斯，乔治（Friters, George）1951：《外蒙古和它的国际地位》（Outer Mongolia and its International Position），伦敦：乔治，阿伦和安文出版社。

科拉兹，沃尔特（Kolarz, walter）1954：《苏联远东地区的人民》，伦敦：乔治·菲利浦父子公司。

马恩黑—哈尔文，奥托（Maenchen – Helfen, Otto）1931：《图瓦游记》，柏林：弗拉克·德·布赫·克莱斯出版社。

莫雷洛夫，N.（Mollerov, N.）1992："Vyborochnye svedeniia kharakterizuiushchie vnutripoliticheskuiu situatsiiu v respublike Tuva"，总统民族和国内事务顾问办公室秘书处准备的内部文件，1992 年 8 月。

内姆普索夫，亚历山大（Nemptsov, Alexandr）1993："Piut mnogie v Rossii"? Izvestiya, 1993 年 9 月 4 日，第 15 页。

鲁本，罗伯特（Rupen, Robert）1975：《兼并图瓦》，《对共产主义占领的解剖》（The Anatomy of Communist Takeovers），T. T. 哈蒙德（T. T. Hammond）（主编），纽黑文：康涅狄格，耶鲁大学出版社。

萨基娜，玛丽娜（Shakina, Marina）1990：《图瓦的暴力行为》，《新时代》杂志，第 35 卷，第 30 ~ 32 页。

希希，安（Sheehy, Anne）1990：《俄罗斯人成为种族暴力的目标》，《无线自由报道》，1992 年 9 月 14 日。

六

记录有关图瓦资料摘抄汇编

1. 〔苏〕P. 卡鲍著，辽宁大学外语系俄语专业七二级工农兵学员译，翻译教研室校：《图瓦历史与经济概述》，商务印书馆，1976。

图瓦即唐努乌梁海，在今蒙古人民共和国的西北，原为我国领土。汉时为坚昆部属地；唐时为黠戛斯（哈卡斯），以其地为坚昆都督府，隶属燕然都护府；元时为吉利吉斯（吉尔吉斯）地；明以后为乌梁海部落所居，境内有唐努山，因之称唐努乌梁海；清时于 1727 年与俄国签订了《中俄布连斯奇界约》，规定以萨彦岭为界，唐努乌梁海地区为中国领土，归乌里雅苏台定边左将军管辖；民国时曾设置唐努乌梁海参赞，统辖其地。1914 年，沙俄强行侵占唐努乌梁海，中国于 1919 年收复。1921 年，唐努乌梁海宣布"独立"，中国历届政府从未予以承认。1944 年，苏联将该地并入俄罗斯联邦。目前，唐努乌梁海已成为俄罗斯苏维埃联邦下属的图瓦自治共和国。

本书出版于 1934 年，全书分为两部。现在翻译出版的是第一部，主要内容为图瓦的自然条件和社会经济制度、乌梁海民族的形成、沙俄帝国主义在政治、经济上对唐努乌梁海地区的侵略和乌梁海地区沦为沙俄殖民地的历史过程等。

本书作者在叙述图瓦历史时，肯定了"图瓦是中国的一个遥远边区"，乌梁海人的古代祖先"哈卡斯人的国家是中国的附属国"。18 世纪中叶，清朝为了加强对乌梁海地区的统治，在该地区建立了比较完善的军事行政组织，"将原有王公封地改成军事单位'旗'，这些部落的王公都服从《中国理藩院则例》……规定的法律"，一些重大案件"都要在乌里雅苏台进行审理"。乌梁海地区的"总管在乌里雅苏台和北京为了巩固官位，获得赏赐（顶珠、黄马褂、封号等等）而进行大量贿赂"。因此，"在图瓦的发展上反映了中国社会制度的特点——满族封建主义的中央集权制"。

在18世纪前，乌梁海人是在叶尼塞河上游的米努辛斯克草原从事游牧的，作者揭露说，"在俄国人进逼下，大批撤离米努辛斯克"，"他们想要不遭洗劫和奴役，只有一种办法，那就是迁徙到萨彦岭以南，他们从前曾经居住过的地方去"。这就是乌梁海人历史上的18世纪初的大迁徙，乌梁海人从此就在萨彦岭南定居下来了。在19世纪中叶清朝政府经过鸦片战争、英法联军入侵后，力量大为削弱，帝国主义列强乘机加紧对中国的侵略、掠夺和压迫。沙俄帝国主义在侵占了我国东北、西北大片领土后，它的侵略魔爪就伸进了唐努乌梁海地区。作者针对沙俄的扩张侵略政策指出，当时俄国"除满洲之外，可以对中国施加压力的地区就是乌梁海"，采取"把俄国人不声不响地塞满乌梁海地区，以不经许可的方式占有这块土地"。"从1913年起，俄国政府在乌梁海边区设置了两个新代表：一个管政治，另一个管经济"，他们从政治上威逼各旗总管"申请"加入俄国国籍，从经济上则进行残酷掠夺，使乌梁海地区的劳动人民处于日益破产的境地。沙俄的行政官员"通过向图瓦统治者进行'说服'和劝告……以便公开地、直接地吞并图瓦"。同时，还编造了许多神话，说什么索约特人愿意当俄国臣民，服从"'白沙皇'管辖"。而且为了侵占我国一大片领土，在伊尔库次克的一次会议上竟不顾一切，公然提出"把我国地图上的边界移到唐努山脉"。沙皇政府采取的种种阴谋手段，"是为了能给这种占领披上一件'自愿的'、和平并入俄国的外衣"，"在光天化日之下公开地掠夺一块属于中国的领土"。

沙皇俄国在乌梁海地区推行的是"俄国军事封建帝国主义的殖民政策"，他们掠夺、压迫的强盗行径与"侵占和欺诈"的手段，遭到了当地人民的激烈反抗。作者指出，图瓦人民不怕残酷报复，多次采取以"暴力反对暴力"的手段，"消灭和杀死那些最凶恶、最贪婪的剥削者"，"抢劫俄国商站"，"萨拉吉克旗和托锦旗仍不承认俄国的保护"，他们又"开始同中国人洽谈重归中国的问题"，"吉尔吉斯人部落不仅本身奋起反抗俄国人的统治，而且还号召其他部落不要屈服"。当时北京的报纸对沙俄侵略我国的扩张政策也进行了抗议。（出版说明）

第一章　图瓦的自然条件

地理位置。地形。矿藏。气候。上叶尼塞盆地：发展农业的自然条件。森林。图瓦地区的基本类型。

这本研究图瓦的著作，其历史与经济部分之所以从叙述自然条件、从描写地理环境所借以形成的各种不同因素及其相互关系谈起，是因为我力图以这样一种开头来实现马克思的如下教导："任何历史描写，都应以这些自然基础及其在历史发展过程中由于人的活动而引起的变更为根据。"①我认为，对于所谓"地理因素"这个问题的理解，马克思主义同一切假马克思主义或者公开的资产阶级主张之间的真正分水岭，……它们的区别，是对地理环境与社会运动内部规律在历史发展中的相互关系的不同理解。

这种差别，可以用最简洁的方式概括如下："地理因素"派主张，社会运动基础是地理环境特点，并企图根据这些特点来说明该社会的历史发展过程；另一派则认为，历史的真正动力是社会原因，而不是自然地理原因。

只有研究按照自己内部规律发展的社会制度，才能理解社会制度与地理环境之间那种现实的相互关系。人变革自然界的过程，是在一定的社会形式之内并借助于这种社会形式进行的，而这类变革则根源于社会制度，因而也根源于阶级社会，根源于"各阶级的生活状况和生活条件不同"②（列宁）。社会阶级斗争反映着阶级社会经济结构的运动规律。只有根据马

① 未注明出处，按词面翻译。——译者注
② 未注明出处，按词面翻译。——译者注

克思列宁主义来理解历史过程，才能对地理环境与社会生产制度之间的互相关系获得正确的理解。

上述论点应用于图瓦具有以下两层意义：首先，它从根本上排除了以自然条件不利和自然资源贫乏来解释这个国家的落后及其历史发展条件恶劣的那种可能性；其次，它确证了这样一条原理，即十月革命以后在图瓦面前展现出来的发展经济与文化的新的远景，绝不会受到自然条件方面的阻碍。对图瓦自然条件进行系统缜密的研究，必然会发现非常广泛的生产潜力和极其丰富的自然资源，这些生产潜力和自然资源迄今为止一直没有发挥作用，只有在阿拉特①共和国规模后才加以利用。

图瓦人民共和国差不多是在亚洲大陆的中心，地处叶尼塞河上游，其纬度在 50 度与 54 度之间，因此，图瓦南部与萨拉托夫、沃罗涅什、库尔斯克、契尔尼哥夫等城市处于相同的纬度。

图瓦的面积约有十五万平方公里（按整数计算）② 从西到东最大长度为七百四十五公里，从北到南为三百八十公里。

图瓦这快地方，就其边界而言，大体上像一只尖端朝西的梨子。

地处叶尼塞河流域上游的图瓦，是一个盆地，周围群山环绕，北面是东、西萨彦岭，南面是唐努山。上叶尼塞河盆地属于从里海到鄂霍茨克海横贯亚洲的东亚高原的一部分。确切地说，它是东亚高原的偏低部分，是西伯利亚洼地向蒙古高原过渡的一个阶地。图瓦最低部分海拔为 505 米，

---

① 俄文为 арат（蒙古语），指平民、劳动者，牧奴，牧民。——译者注
② 上叶尼塞河盆地各个地区的面积如下：

1. 贝克木河流域	47340 平方公里
2. 哈克木河流域	46650 平方公里
3. 乌鲁克木河流域（从贝克木河与哈克木河汇合处到图瓦边境一段）	48510 平方公里
4. 特斯河流域（图瓦境内一段）	7450 平方公里

（摘抄件第 85 号）第 1 部分第 51 号，科斯京著，1922，藏于米努辛斯克博物馆。
某些文章说是 175000 平方公里，我不知道该数字是怎么得来的。

而距图瓦北部山地约 50 公里的西伯利亚洼地海拔高度却只有 274 米。① 如果说从西伯利亚平原往南到蒙古高原第一阶梯是萨彦岭的话，那么第二阶梯便是唐努山了。唐努山是北冰洋与蒙古被封闭的盆地之间的分水岭。

被萨彦岭和唐努山两条边境山脉围绕的图瓦盆地，又被这两大山脉的各条支脉所切割。西萨彦岭，特别是东萨彦岭，全是原始森林地带。东、西萨彦岭要比南面的唐努山高得多。唐努山的山口，比萨彦岭的山口较容易通过，而且山口数量也较多。因此，从南边到图瓦盆地去，比从北边去要容易些。图瓦位于亚洲中心，因此远离海洋。按直线距离计算，离图瓦最近的海是东海海湾，但却被蒙古和中国隔断。叶尼塞河虽把图瓦同北冰洋连接起来，可是，它从发源地起，要经过 3786 公里才能注入北冰洋。

图瓦好象是被装进了石头袋子里那样封闭着的。但是，使图瓦同世界各个文化中心隔绝的，使它在历史上一直处于落后、无所作为地位的，并不是难于通过的崇山峻岭，不是无边无际的草地，也不是晒得炙热的沙漠。地理位置，这不仅仅是一个自然地理概念，而且也是一个历史概念。它随着社会历史情况的变化而变化。（第 9～11 页）

……

山峦和沙漠依然如故，还是几十年几百年前的老样子，图瓦也仍然位于亚洲的中心并远离海洋交通干线，但是，不断啃啮的"历史田鼠"② 却把中国的博格德皇帝和俄国沙皇的宝座给彻底破坏了。这两个巨大帝国被革命风暴摧毁后，于是图瓦周围的社会历史情况便发生了急剧变化。现在，图瓦南面是蒙古人民共和国，西面和北面是苏联的厄鲁特自治省、哈卡斯自治省和布里亚特蒙古苏维埃社会主义自治共和国，这些地区的经济面貌和社会面貌都在迅速地改变着。此外，再过几年，规模宏大的米努辛斯克－阿巴根工业枢纽（乌拉尔－库兹巴斯联合企业东方分公司）即将在

---

① 卡卢泽斯：《神秘的蒙古》，1914 年版，第 104 页

② 这个比喻出自莎士比亚剧本《哈姆雷特》。黑格尔曾用来象征其"世界精神"。无产阶级革命导师马克思在《路易·波拿巴的雾月十八日》中使用这个比喻来代表世界革命进程，俄国革命民主主义者赫尔芩也曾在这个意义上使用过这个比喻。——译者注

紧靠图瓦的地区建立起来，该企业必将成为东方经济高涨与社会主义发展的强大杠杆。处于偏僻、孤独的死胡同里的图瓦，业已感受到苏联社会主义建设的强大影响。

图瓦，如上所述，是一个宽广的盆地，四周群山环绕。西伯利亚两条河流——鄂毕河和叶尼塞河上游的分水岭赛留格木山是图瓦的西部边界①。

赛留格木山在图瓦的西南边境上绕过楚立什曼河河源地区，同唐努山西部余脉结合，形成一个山结，有些山峰终年积雪。赛留格木山由此向西延伸，然后在克木奇克河左支流阿拉什河河源地区拐成锐角，向东伸延50公里，再朝北去，直到与萨彦岭山脉西端的塔斯克尔山②相接。赛留格木山的整个山脉宛如一堵高耸的石墙，仅在个别地方有可以通行的山口。这些山口的位置也很高（察布产山口海拔3182米，喀拉塔尔瑟罕山口海拔2441米，苏尔山口海拔2407米），两侧都是很陡峭的山坡。从西面即从厄鲁特自治省到山口去的路，比从图瓦到山口去的路更难走。

萨彦岭由彼此很不同的两个部分组成，西部叫西萨彦岭，东部叫东萨彦岭。格林威治子午线东经96°为萨彦岭东西两翼的分界线。

无论从东萨彦岭的年代比较古老而言，还是从其岩石的性质来说，都可以有根据认为，萨彦岭山脉的两翼是两个山脉，它们是在比较晚的地质时期结合在一起的。

西萨彦岭从低山脉塔斯克尔开始，首先向东延伸，在罕腾吉尔河（叶尼塞河左支流）一带拐向东南，然后再向东去，直到与叶尼塞河相遇。叶尼塞河穿过西萨彦岭，形成一道深谷，那里两岸陡峭，几乎到处都是悬崖

---

① 格鲁姆·格尔日麦洛认为，赛留格木是一个地理学集合词，指由赛留格木山与察布产山两个山脉所连接成的一个整体。他认为赛留格木山脉在珠卢库尔湖以东形成一个山结便终止了，因此，这个山脉仅仅北端进入现在的图瓦境内（见格鲁姆－格尔日麦洛：《西蒙古与乌梁海边区》第1卷，第70～71页）。我主张仍把这个山脉称为赛留格木山，军事地形测绘团出版的40俄里地形图上，对这个山脉也是这样命名的。察布产山脉只是赛留格山脉的北翼。

② 塔斯克尔——秃山之意。

绝壁，只有很少几个地方的河面上才看不到这种悬崖绝壁。① 这条峡谷称为博穆克木奇克②。西萨彦岭在叶尼塞河右岸上的这一部分，朝东北方向继续延伸，在快到北纬 54 度的地方同东萨彦岭会合。

西萨彦岭，西起塔斯克尔山，东至与东萨彦岭会合的地方，时高时低，蜿蜒起伏，形成了一些由北往南的山口（沙宾达巴山口海拔 2100 米，库尔图什宾山口海拔 1850 米，等等）。

从前，从克木奇克河谷经米努辛斯克赶牲畜的牧人，都是通过沙宾达巴山口的。

峰巅浑圆而不险峻的这条边界山脉，并无特殊的名称。下山的路比上山的路陡。一出山口，道路分成两叉：左边的路经过干燥的草原通往图兰村；右边的路直奔光秃秃的丘陵，通往尤克河上游俄国人的庄园。从图兰往下到乌尤克村的路全被踏得很平坦，可以走马车。

再往东，在昔斯提克木河的河源地区，山脉再度降低，这里是越过西萨彦岭的另一方便山口。萨彦岭的这段地势稍低地带有一条小路，叫阿梅耳小路，或叫昔斯提克木小路，这条小路在阿梅耳河谷与昔斯提克河河谷之间。

东萨彦岭，在我们的地图上称为额尔吉克塔尔嘎克山，是从萨彦岭两翼形成的山结起由西北往东南方向延伸。东西萨彦岭相接的地方是岩石重叠的高山，有些山的高度达到了雪线，有些山则超出了雪线。山北坡是雪原和冰川。格鲁姆－格尔日麦洛认为，此处山脉高达 3000 米。

东萨彦岭是厚岩层山脉，有些地方岩层厚度达到 60 公里以上，在很长一段距离上没有突出的高峰，深邃的河谷纵横交错。基于这一点，某些研究家认为：东萨彦岭是界乎典型山脉与平坦分水岭（例如雅布洛诺夫山脉或乌拉尔山脉）之间的一种中间类型山脉。③ 农学家什瓦尔茨于 19 世纪 50

---

① 格鲁姆－格尔日麦洛所著前引书，第 1 卷，第 90 页。

② 博穆——亚洲把高山构成的河岸称为博穆。

③ 格鲁姆－格尔日麦洛所著前引书，第 1 卷，第 100 页。

年代首先登上该山进行观察，其结论是："萨彦岭的这一段丝毫不像山脉，它仅仅是一块没有突出高点的山地而已。"但是，山脉的西部还有一些秃山，其高度甚至超过 2800 米[1]。

东萨彦岭的一些山口，相对来说，都很高（穆斯塔格山口海拔 2104米，蒙郭尔山口海拔 1973 米，腾格斯山口海拔 2116 米），上下坡度很陡，很难走，其中有几处山口，路上有很多沼泽、石块和大量倒下的枯树。南坡上的森林和草甸，其海拔比北坡上的高得多。例如森林线的上线，南坡上是 2211 米高，北坡上是 2013 米高；再如灌木林的最高线，南坡上是2470 米高，北坡上 2372 米高。

图瓦盆地，南面是以叶尼塞河流域与乌布沙泊[2]水系之间的分水岭唐努山为屏障。唐努山的西端，经由低山脉萨干－西包塔同前面已经提到的赛留格木山结合在一起，其东部边缘（96°子午线以东）则与往西北方向延伸的岩石重叠的三格连山脉相接。

这样，唐努山西起巴尔雷克河（克木奇克河支流）上游，东至埃尔津戈拉河（特斯河支流）上游，全长 427 公里，象一道十分单调的高墙，北坡更陡，山脊平展，生长着草和灌木；山上还有一些宛如人工安上去的岩石重叠的山峰（秃山），其相对高度从 90 米到 152 米不等。[3] 唐努山的宽度不一致。例如，绍尔戈纳尔河与塔尔嘎雷克河中间一段的宽度，却达到75 公里以上。

唐努山脉主要是沉积岩：砂岩、石灰岩和板岩，说明这条山脉原来是古代海底的一部分。构成这座山的易碎岩石，在大气和水的作用下，业已分化成一些山群。

虽然唐努山南北两坡都有树林，但还没有形成大密林，这些树林生长在草甸和草原中，像一个个岛屿。[4] 唐努山没有终年积雪的高峰。在这条

---

[1] 坦菲里耶夫教授：《俄国地理》第 2 卷第 2 册，第 155 页。

[2] Упса－нор 现名乌布苏湖。——译者注

[3] 格鲁姆－格尔日麦洛所著前引书，第 1 卷，第 16、110 页。

[4] 格鲁姆－格尔日麦洛所著前引书，第 1 卷，第 114 页。

山脉的所有山口中，最容易通过的是哈马尔山口，车辆、骆驼商队和马帮早就在这里通行。唐努山在这里的高度大大降低，山口的海拔高度只有1409米。这个山口，从乌鲁克木河河谷起，经过比尤连河（哈克木河左支流）上游，到蒙古境内的乌里雅苏台为止。

其他几个山口虽然都很高（如无名山口海拔2161米，三格连山、巴音塔格内山口海拔2080米，库普列山口海拔2360米，浑杜尔贡山口海拔2131米），但骑马和驮队都能通行，这就使整个唐努山脉都很容易通过了。

唐努山以东的上叶尼塞盆地南部边缘，是由许多山脉组成，其中有阿赞霍鲁姆山、三格连山、汗泰加山、乌兰泰加山、霍尔格勒萨尔德山、巴音山。这些山脉迄今还很少被人们研究过，其中有些山脉，旅行家们尽管从远处看到过，但还未经攀登。然而现有的文献都说：这些山很高（海拔2400米，甚至更高些），山脊呈齿状，山势险峻，山口高而陡，山坡岩石重叠。这些山脉从东南方向把上叶尼塞盆地包围起来。

位于萨彦岭和唐努山之间的上叶尼塞盆地，被这两大山脉的支脉分割成若干部分，这两大山脉是上叶尼塞河各支流之间的分水岭。

有人说，贝克木河、乌鲁克木河和克木奇克河河谷以北的山脉，都属于萨彦岭山系和赛留格木山系[①]。即使我们把这种划分图瓦山脉的见解作为可靠的东西来接受，也还遗漏了贝克木河与哈克木河之间的一段山脉，这段山脉属于哪个山系的问题尚未有人论及。盆地东部最大的一些山，是在哈木沙拉河河谷与贝克木河河谷之间，以及贝克木河河谷与哈克木河河谷之间，并在这两个地方都占有很大的面积。

在贝克木河与哈克木河汇合处以西，唐努山与萨彦岭相距颇近，这两大山脉的一些支脉在一些地方把乌鲁克木河河谷挤成了峡谷。再往西，在克木奇克河河源地区，有一些新的大山群，它们在这里构成了一个结构很

---

① 这是著名学者修斯的见解。他的观点曾被格鲁姆－格尔日麦洛引用过。见《西蒙古与乌梁海边区》第1卷，第109页（爱德华·修斯［1831－1914］是奥地利地质学家。——译者注）。

复杂的山地①。

除了山，还可以见到一些地势起伏均匀和平坦的地方，但是，具有水平面的平原却为数不多。

在贝克木河、哈克木河以及它们的各支流河谷，可以见到一些具有水平面的平原，在这些地方，河流附近没有分水支脉，形成了一些往往有好几公里宽的广阔阶地。贝克木河各支流塔普萨河、乌尤克河、图兰河和昔斯提克木河河谷的情形尤其如此。在乌鲁克木盆地，特别是在该河左岸，大面积的平地较多，尽管这些向南延伸的平坦的或微向乌鲁克木河倾斜的平原有些地方布满了不高的小石岗。离唐努山越近，这些不高的小石岗便越来越连成一道道山岭。宽广平坦的山谷，在山岭与山岭之间继续延伸，缓缓上升，越往南越高②。

在克木奇克河中部流域最西面的盆地，平原较多。克木奇克河中游河谷的地形与乌鲁克木河河谷十分相似③。（第12~17页）

……

图瓦盆地各种矿藏都十分丰富，这些矿藏可以作为国家经济发展的牢固基础。

金矿在图瓦各地区都有所发现。勘探最详细的金矿地区，是图瓦的中部盆地。从20世纪70年代起就已在这个地区开采金矿了，由于要在萨彦岭南坡开采更富的金砂矿藏，已经着手继续往南勘查新矿。

图瓦居民对铜的开采和冶炼，从远古时代就已开始了。出土的铜制的器具与兵器，就证明了这一点。在克木奇克河和查丹两河一些支流发现了一些史前时期开采过的铜矿遗迹。这样的遗迹，在恰库利河流域和唐努山④南坡，也发现了多处。

克木奇克河全部流域和乌鲁克木河流域部分支流河谷，铁矿的蕴藏量

---

① 格鲁姆-格尔日麦洛所著前引书，第1卷，第100页。
② П. 克雷洛夫：《乌梁海地区旅行记》，第25页。
③ 格鲁姆-格尔日麦洛所著前引书，第234页。
④ 原文在Танну-ола前有代表河的缩写字母Р.，疑为хр.（山脉）之误。——译者注

极为丰富。

非金属矿藏中，煤炭对国家发展工业的意义最大。在乌鲁克木河和贝克木河流域，从别格列达河到巴彦河的近一百公里的地段上，以及在哈克木河注入贝克木河的地方和距离塔普萨河口三公里的地方，煤炭产量是著名的。伊尔别克河和埃列格斯河河谷也发现了煤层很厚的煤矿。根据现有的不十分确切的资料可以断定，煤炭质量好，煤层也达到了开采所需要的厚度①。已发现的煤，其质量不亚于无烟煤。煤炭已露出了地面，所以并无开采技术上的困难。

在唐努山的南坡有多处云母矿。

唐努山南坡的塔尔嘎雷克河流域，岩盐蕴藏量很大；这里有一座盐山，叫斯图塔格山，全都是优质盐。位于乌鲁克木河以南高山草原的卡登湖和斯图湖，出产湖盐。

此外，考察过该地区的人还提到许多矿藏，如石棉、铱、石墨、大理石、菱镁矿、宝石等。

该地矿泉颇多：在哈克木河河谷，在哈木沙拉河流域以及发源于唐努山的各条河流的上游，都有碳酸矿泉、温水矿湖和硫黄温泉。

但是，必须说明，各种矿藏的产地有一大部分尚未有人研究，谁也没有加以描述。迄今为止，得到开发的有金矿、盐矿、菱镁矿和某些矿泉，其中盐矿、镁矿的开发规模很小，矿泉的利用方法是原始的。

如果系统地进行研究，毫无疑问，将会发现迄今未被发现的许多矿藏。②

就其自然资源而言，图瓦是一个名副其实的未来之国。（第18～20页）

对于图瓦的气候条件，要加以比较准确的描述，是办不到的，因为可

---

① 奥勃鲁切夫：《唐努图瓦共和国的自然资源》，载《新东方》1926年第13～14期，第268页。

② 奥勃鲁切夫所著前引书，第269页。

供这种描述作依据的资料十分贫乏。对这个地方，过去没有进行过长期的气象观测，最完整的气象资料也不过 4 年的时间。在这么短的时期内观测所得的资料，只是一些统计表，如气温、降雨降雪日数、降水量、云量、有风日数、最高气温与最低气温等统计表。这些统计表，在农学家图尔恰尼诺夫的报告中都引用了。下面的叙述，主要也是以他的这一著作为依据的。

同苏联欧洲部分处于同样纬度（北纬 50°～53°）的地带——大约从东部的萨拉托夫到西部的契尔尼哥夫——相比较，一般来说，图瓦的气候要严酷得多，冬夏两季的气温差别异常悬殊。

造成这种情况的原因是：第一，图瓦盆地底部的海拔高度为 520～850 米；第二，同上述苏联欧洲部分那个地带的东端即萨拉托夫相比较，图瓦西部大约偏东 45°。

但是，仅仅知道这个国家的经纬度位置，还不足以了解其气候条件的分布情况。图瓦的面积虽然比较小，可是地形上的一些特点，却使它在气候方面，甚至跟相邻最近的西伯利亚和蒙古相比，都大不相同。

图瓦的气候可以说是大陆性气候，其表现是：年均气温低，昼夜气温差和年气温差大，平均降水量少。然而，图瓦不同地区的气候条件，彼此差别也很悬殊。因为这个地区的气候条件在植被上表现得最为明显，所以气候差别表现为从很近似极地苔原带的高山苔原向几乎全由旱生植物组成的草原植物逐步过渡[1]。（第 20～21 页）

……

只要看一看图瓦地图，也就可以找到图瓦气候条件多样性的原因了。图瓦盆地，北边是萨彦岭的潮湿地带，南面是干旱的蒙古沙漠。另外，地貌的多样性，也是其气候条件变化剧烈的原因之一。这些共同的原因，一方面告诉我们，为什么北部、东北部同南部、西南部之间的气候差别那么大；另一方面也告诉我们，为什么山区和低地虽处于同一纬度上而其气候

---

[1] 格鲁姆－格尔日麦洛所著前引书，第 1 卷，第 409 页。

却不一样。

首先，弄清楚图瓦四周山脉对图瓦气候条件的影响，是很重要的。

研究图瓦的学者罗杰维奇写道："假如没有唐努山的话，图瓦就跟南面的蒙古沙漠连成一片了。反过来看北面，在西萨彦岭降低的地方（在叶尼塞河以东），气候相应就变得比较严酷，而在西萨彦岭升高的地方，例如在克木奇克河河谷，气候就温暖干燥些。总的说来，在乌梁海，还是北风和西北风多于干燥的南风，因而给这个国家带来了足够的降水量；多水的叶尼塞河正是从这个地方发源的。"[1]

但是，北风不仅带来了水分，也带来了严寒。同时，在北半球，阳光对南面山坡的照晒强度要高。由此可以理解，为什么南北两面山坡的植物会大不相同：北坡覆盖着原始森林，而南坡却长满了草原植物。图瓦和所有山国都具备的这一特点，在畜牧业游牧经济对这些山坡的利用上，也反映出来了。

沿着叶尼塞河河谷及其各支流的方向，从上游开始观察，便可看到图瓦气候按照它的上述地势特点逐渐变化的情形，因为图瓦盆地底部就是沿着这个方向逐渐降低的。（第21~22页）

......

气候差异这一点，不仅为研究家们观察到，而且居民也经常考虑。例如，在西部的阿克苏河支流河谷，甚至在1428米高的地方，仍可见到耕地；但是，中部（麦日格伊河两岸）的耕地最高不超过1233米。再往东，在哈克木河流域靠赫列勃尼科沃村的地方，耕地的绝对高度却只达到1020米。耕地的高度之所以如此明显地自然降低，不外是由于植物生长长期从西往东越来越短的缘故。但是，东部夏季降水丰沛而且天气暖和，这就使多数易于经受短时间低温的草本植物，在这里长得惊人地高大。这种象"铺垫"一样茂密的草地上，草长得特别高，甚至人骑在马上都露不出头来。

---

[1] 罗杰维奇：《乌梁海边区及其居民》，第144页。

　　图瓦中部的植物生长期平均为 139 天，在图瓦附近的西伯利亚和北蒙古一些地区，植物生长期却更长一些。这里的大多数农作物，例如春小麦、春裸麦、燕麦、豌豆、黍、大麻的生长期，通常需要 140 天，其中有些作物所需的生长期恰与该地所能提供的最多天数相等，另一些作物则只需要 112 ~ 126 天。

　　关于图瓦各地区植物生长长期的资料，需要通过在共和国各地进行系统的气象观测来加以检验，因为有根据认为，这个国家可能有的最高温度和最低温度还是未知数。但是，即使这种观测能够扩大植物生长期，这也决不会削弱选择早熟谷物品种问题的重要意义。在蒙古地势高的地区（例如塔尔巴哈台、科布多、乌里雅苏台等省）培植出来的谷物品种具有特殊的意义，这些谷物的特点是成熟得快，不怕温度的急剧升降。……

　　图瓦中部和西部地区拥有大量未经开垦的土地资源，但是，这完全不是说东部地区发展农业的问题就可以不考虑了。相反，东部地区的林业与矿产资源的丰富，渔业与狩猎业的发展，以及水力资源的利用，无疑都会向共和国提出如何往东部地区推广农作物的课题。像托锦这类地区，其农业发展的前景，是同在寒带发展农业的可能性问题的最新研究成果密切相连的。我国植物栽培研究所在全苏各地进行的试验已经表明：大体上可以把北极圈的纬度看作现代早熟谷物能够成熟的极限。我国的试验以及全世界的试验都表明，大多数蔬菜作物，包括马铃薯在内，实际上都可以无止境地向北移植。蔬菜、直块根、块茎类作物与饲草，可以移植到欧亚大陆最北部边缘，远达冻土带深处。相应品种的选择是会起巨大作用的。必须选择生长期短与需要热量少的品种。有许多植物，越往北种植，生长得越快，成熟期可以大大提前。瓦维洛夫院士说，有几种大麦和其他一些谷物，在北部地区播种后 60 ~ 70 天就能成熟[1]秋耕可能是延长植物生长期的很重要因素。伊尔库茨克气象站的观测结果表明：热进入土壤所需要的时

---

　　①　瓦维洛夫院士：《北方农业问题》，《苏联科学院十一月学术会议论文集》，第 254 ~ 255 页。

间，在有植被的地方比在无植被的秋耕地上要长一倍到两倍。保留地面上的植被会使热进入土壤的时间推迟一个多月。

在东部各地区，限制农业发展的因素，可能不是严寒，而是沼泽地，必须采取排水措施来根治沼泽地。通过排水工程，可在现已适于作牧场和草地的广阔地区之外增加大量新的土地面积。

但是，选择适宜种子以加速植物成长并对土壤加以相应的改良，如果这对图瓦两大区域都有重大意义的话，那么在东部和西部的那些草原地区，迫于气候条件，却要把灌溉工作摆在首位。因为，在这些地区，农田面积的扩大是同建设灌溉设施密切相关的，而建设灌溉设施的前提则是拥有灌溉农田与草地用的丰富水源。

叶尼塞河的水量能否满足农业不断发展和畜牧业进行改造的需要呢？根据罗杰维奇工程师的测量结果，在克孜尔 - 霍拉伊（贝克木河与哈克木河汇流处）一带，河水每秒钟平均流量为：

贝克木河	719.9 立方米
哈克木河	452.3 立方米
共计	1172.2 立方米

从需要灌溉的土地面积来看，该河的水量是足够使用的。共和国的用水是有保证的，在彻底改造游牧经济的道路上，用水问题不可能成为一个"关隘"。当然，引水灌溉会遇到巨大的困难，并且要花费大量的资金。

乌尤克河和图兰河河谷以及哈克木河下游河谷，即哈克木河形成一连串河滨阶地和沼泽地的地方（埃列格斯河、沙戈纳尔河和恰库利河流域以及乌鲁克木河右支流奎鲁克木河、伊利克木河和埃尔别克河流域），这些地方的肥沃土地，老早就使俄国殖民主义者垂涎三尺了。移民，特别是在移民运动由俄国政府行政组织领导以后，恰恰是到上述这些土质肥沃、土地资源用之不尽取之不竭的地区安家落户。在移民过程中，对这些土地进行了强占，并有步骤地把土著居民从这些最适于从事农业的区域排挤出去。（第33~36页）

森林是图瓦共和国的基本自然财富之一。图瓦的森林大部分由落叶松组成,其次是云杉和雪松,红松与桦树为数不多。

根据克雷洛夫和希什金的观测结果,森林面积可能大致如下:

落叶松林	3366440 公顷
雪 松 林	2907380 公顷
火烧迹地	1568455 公顷
共计	7842275 公顷

* 原文 лиственный(阔叶树的),从上下文看,应是 лиственничный(落叶松的)。——译者

根据林业技师鲍利亚克维奇对图瓦一个地区进行测量所得的数据,各类森林所占百分比如下:

落叶松林	61.8
雪松林	15.7
红松林	5.1
云杉林和冷杉林	4.8
火烧迹地	12.6
	100.0

鲍利亚克维奇在提出这些数据时补充说,在他没有考察的一些更大的森林里,雪松所占的比例要大得多。总之,落叶松是主要品种,雪松次之,红松居第三位。

上述各类森林中,对图瓦经济价值最大的一种是雪松林。靠食雪松籽生存的松鼠所提供的灰鼠皮,是图瓦毛皮业的大宗产品,而图瓦森林中毛皮最贵重的动物黑貂的生存与繁殖条件,也同松鼠的存在有着密切的联系。但是,为了阐明同森林关系密切的一切行业的发展前景,必须把跟森林直接发生关系的林业摆在特殊的位置上。从林业角度来看,雪松同样居于重要地位,因为它不但可供国内需要,而且可以出口。但采伐雪松却相当困难,因为这种树生长在很高的地方,一般不低于1500米,只在某些河谷才降低到800米的地方。

在图瓦，由于游牧居民已经部分地向定居过渡以及由于工业建设等需要，住宅建设必然会迅速发展，因此国内将大量需要森林工业的产品。

划分各种类型的地区，首先是以地形为基础。地形则是在地球硬壳、水和空气层彼此结合与相互作用的影响下形成的。"地球的三个外壳（即气体壳、液体壳和固体壳）和从太阳那里得到的力量，在各种可能的结合中互相接触，创造出地球的生命，这里的'生命'一词是在广义上使用的，指的是地球的化学的、物理的和有机的过程。"① 这些因素，无论单独还是结合在一起，对于地球表面形状的形成来说，都有重大的意义。地球表面形状又能影响到灌溉的性质、气候的分布，同时也会影响到植物群落的分布。

植被是同地形一起决定一个地区类型的第二个因素。格鲁姆·格尔日麦洛曾经恰如其分地援引亚历山大·洪波尔特的意见说，决定地理景观面貌的东西，与其说是地表的凸凹不平和山脉性质（这些山脉的形态，在各个地区是经常重复出现的），不如说是覆盖着这些山脉的植被。② 我们不接受这样极端的观点，但必须承认，每一地区的"面貌"都是在植物因素参与下形成的，这些植物因素好象把自己的一幅复杂的图画覆盖在地表形状构成的不规则的、五光十色的图案上。这样，地理景观就是地形同植被在空间内互相结合的产物。

因此，在我们的叙述中，描述图瓦境内的植物群落时，总要联系到对地区基本类型的描述。

但是，在进行这种描述之前，必须先说明图瓦分成若干不同类型地区的根据是什么的问题。

地表形状是划分地区类型的基础。图瓦盆地，从地形角度来看，可以分成三个部分：第一，东部山地，即贝克木河流域和哈克木河流域，但不包括这两河的下游；第二，中部谷地－平原区，即乌鲁克木河和克木奇克

---

① В. П. 谢苗诺夫·天山斯基：《区域与国家》，第111页。

② 格鲁姆·格尔日麦洛所著前引书，第426页。

河流域的位于这两河河谷与唐努山之间的地区；第三，图瓦盆地西部与西南部山地，即克木奇克河河源地区以及该河一些左支流流域。唐努山南坡向汗呼赫山脉延伸中间横贯着特斯河河谷的地区，是一个特殊的区域。

就植被而言，上叶尼塞盆地是从西伯利亚沼泽森林到蒙古无水草原的一个过渡地带。"湿润的森林地带，逐渐让位于比较干燥的、中亚特征表现得越来越明显的地区。植物越来越少，森林多半生长于丘陵北坡，并且就连河谷也很象草原，河谷甚至逐渐延伸到山坡上，山坡同样具有十足的南方色彩。"①

由此可见，根据地形，或按植被特点来划分图瓦地区的类型，其分界线基本上是相同的。东部山地也就是森林，开阔的低地上是草原植物，而高原上是高山苔藓。

中部平原基本上是辽阔的干燥草原。

西部与西南部山区又是森林地带，但与图瓦盆地东半部相比，却有某些特点。翻过唐努山，朝特斯河的方向继续往南去，我们便很容易地看到植被急剧变化的情形：植被越来越强烈地显露出蒙古草原和蒙古半荒漠带所特有的色彩。

（一）上叶尼塞盆地东部地区，如上所述，包括贝克木河、哈克木河及其各支流流域的广阔地带，不包括这两条河流的下游地区。从地形和植被的性质来看，可以把博穆克木奇克以东的整个萨彦岭山原，都划入这个区域。

这个地区的主要植物是针叶林，由于气候比较严酷，萨彦岭针叶林的上限从西往东逐渐降低。萨彦岭大密林区，同阿尔泰山东北部的"密林区"有许多共同之处。针叶林多半是由雪松、冷杉和云杉组成。针叶林以下，就出现了白桦，在河谷里占优势的是阔叶林②，阔叶林象风景如画的一些公园一样，扩展到很远的地方。阔叶林的特点是，在又稀又粗的大树

---

① 卡鲁泽斯所著前引书，第 110～111 页。

② 原文是 лиственница 落叶松，但从下文看，这里应是阔叶林。——译者注

之间的空地上长满了密草。因此，阔叶林带同时也就是草甸[1]。贝克木河流域（东经94°以东）的针叶林带都是一些难以通行的针叶林密林，林中有沼泽地，有被暴风吹折的树，地上覆盖着青苔。因此，贝克木河与哈克木河的河源地区，它的特点是具有野生的高山密林。哈克木河上游地区，由于山岭都被河流冲成峡谷，所以驮载商队在有些地方根本无法通行。这些山岭长满混交林，到处是碎石滩、枯树、沼泽和纵横交错的溪流，所以图瓦这一地区的交通异常困难。

在森林地带，从高处展目眺望，但见一片浩瀚林海，无边无际，伸向四面八方，偶尔由密林深处露出河流与湖泊的闪光。有些地方，在密林包围之中，呈现出一片绿油油的牧场，野鹿就在这些草地上吃草。唯有冬季，当密林中积雪很深的时候，野鹿才不得不跑到无雪的光山秃岭上去生活。

无数清澈透明、没有流径的小湖泊，证明这里有过冰川作用并标志出远古冰川退走的路线。大小湖泊和沼泽星罗棋布，有些地方排成长串，一些河流及其支流（伊苏格河、哈木沙拉河上游等）从中穿过，图瓦的这块地方成了名副其实的"湖泊之乡"。图瓦的一些大面积的湖泊，如诺彦湖、托锦湖、台里湖等，位于群山环绕的图瓦盆地的深底。这些大湖泊，对于牧民来说，是很有吸引力的地方，他们冬季把畜群从高山上赶到这里来过冬，支起帐篷在湖畔居住。

景观随着地势的升高而变化。萨彦岭台地的一般景色是：一片带小草丘的平原，上面长满了地衣、青苔和柳树丛，到处都是巨砾，而在巨砾之间，有许多死水坑，还有在同严酷的自然界搏斗中被摧毁了的树木的残骸。[2]

这就是高山苔原带的情景。高山苔原所以产生在台地，是由于这里便于积水。各河系之间的分水岭，有些地方是真正的沼泽地带，在那里，稀

---

[1]　罗杰维奇：《乌梁海边区及其居民》，载《俄国地理学会通报》。

[2]　来赫耶夫：《西北蒙古与乌梁海地区之行报告》，第160页。

软的泥土跟石块、树根交织在一起。夏季，这种密林泥泞地带蚋蝇成群，犹如片片乌云，跟着人和牲畜，把人畜紧紧包围起来，根据蚋蝇形成的乌云，可以很容易地找到驮载商队的踪迹。[1]

大密林区以下，树木逐渐变稀，茂密的草甸开始居于主要地位。在贝克木河流域，景观的特征是草甸和森林的结合、丘陵和平原的结合：洒满阳光的茂密的绿色草甸，点缀着一些浓荫如盖的落叶松小松林；成千上万个渔产丰富的大小湖泊，波平如镜；成千上万条大小河流，纵横交错；群山披着森林，山顶有光秃秃的险峰，俨如一道岩石屏障环峙在盆地的四周。[2]

再往下去，便开始出现草原杂草了，同时在开阔的丘陵南坡上，植被还具有强烈的草原特点。[3] 这些丘陵上植被稀少，不能形成接连不断的生草。

贝克木河中游地区的森林与草原交错情形如下：朝北的南岸，茂密地覆盖着密林，北岸也覆盖着森林。不过，在每一支流注入贝克木河的地方，森林都出现一段间隔，森林间断的地方是狭长的楔形草甸。这些林隙地非常适宜于移民的。草原本身也已经具有真正的南方特点了。甚至在贝克木河上游一些地区还可见到一些处于无林化、干燥化过程中的地方。著名的托拉克木草原就是阿扎斯河[4]流域下游的这类草原之一。这里蔓延着干燥的长满草的小丘和落叶松小树林，好像是跟周围潮湿的无树丘陵相对峙。

上述地区内各种自然条件的结合，向我们说明了为什么较多的图瓦人正是居住在这些开阔的草原上。这里降雪不多，所以牲畜不难找到饲料。在短暂的夏季，牛群散放到河流两旁繁茂的牧场上，羊群和马群则散放在附近的丘陵上。冬季，这里居民就更多了，因为那些在山区过游牧生活的

① 卡卢泽斯所著前引书，第 152 页。
② 卡卢泽斯所著前引书，第 152 页。
③ П. 克雷洛夫：《乌梁海地区旅行记》，第 66 页。
④ 阿扎斯河从托锦湖流出之后称为托拉克木河。

图瓦人这时要赶着畜群到这里来过冬。

这个覆盖着森林的山区，是人们经营的牲畜头数最多的一个地区。大陆性气候，多山，多林，广袤的森林面积，草原草甸、长满浆果灌木丛的沼泽，草原台地，流水和高峻的悬崖——所有这些及其多样的生活条件，不仅对各种动物的繁殖，而且对毛皮质量，特别对毛皮花色和绒毛，都有良好的影响。

这里繁殖品种珍贵的黑貂、狐狸、猞猁、水獭、白鼬、狼獾。在人迹罕至的大密林中有熊和长着枝形角的驼鹿。对狩猎业具有重大意义的动物，是松鼠。松鼠的"收成"取决于雪松籽的收成。雪松籽歉收会使松鼠向其他地区转移。图瓦盆地盛产雪松，雪松生长在各种不同高度的地方。因此，雪松籽歉收是罕见的事情。

这里大量繁殖关东马鹿，或称大角鹿，其鹿角（鹿茸）是珍贵的东西。

捕捉关东马鹿的方法之一，是利用草春雪盖的特点。在早春季节，由于阳光的温暖与早晨的严寒交替发生作用，使雪地表面出现一层薄冰，或称雪面冰凌，可是，这一层硬壳下面的雪，却仍然能够经久保持蓬松。雪上面完全经得住滑雪板的人，冰凌又有助于猎人加快滑雪速度，但是，这层硬壳毕竟还很薄，经不住野兽在上面奔跑。关东马鹿在雪上奔跑时，四蹄把冰凌踏出一个个深洞，腿被冰凌划破了皮，流出血来，很快就会痛得筋疲力竭，等它倒在雪地上的时候，猎人就叫将它捉住。[①]

萨彦岭有大量野生白鹿，但是猎捕白鹿却很难。家养的鹿，是托锦旗牧民经济中的基本财富。他们的游牧生活也是离不开鹿的。每到夏季，居民为了给家养的鹿寻找最适宜的牧场，就到地势更高的地方去，把鹿群赶到最冷的地方去，赶到高山峻岭即"塔斯克尔山"上去。萨彦鹿比北方麅高大得多，重得多。贝克木河上游地区，由于有些地方土质软，草被稀

---

① 斯科别耶夫：《乌梁海边区的狩猎业及其特点》，载《北亚》，1925 年第 5 ~ 6 期，第 118 页。对照谢罗舍夫斯基：《雅库特人》，第 30 页。

少，不适于使用马匹驮载东西，因此在这些地区，鹿就成了最适宜的交通工具了。托锦人秋季骑鹿去打猎，从过冬的地方往过夏的地方搬家，也都靠鹿。鹿为养鹿人提供鹿奶，鹿奶是养鹿人夏季的主要饮食。[①]

贝克木河及其各支流上游的大量排水湖，是适于鱼类排卵的地方。贝克木河上游各河流与湖泊的鱼类繁多，有 9～10 种不同的品种，其中有折乐鱼、茴鱼、细鳞鱼、白鲑、山鳕鱼、狗鱼等。

大密林中成为狩猎对象的野禽有：雪鸡、黑琴鸡和榛鸡。

（二）上叶尼塞盆地中部地区，包括乌鲁克木河与克木奇克河河谷和乌鲁克木河与唐努山之间的地区。这是一个最大的，也是最有价值的盆地。这个盆地的草原，从乌京斯克山梁到克木奇克山脉，长 200 公里，从唐努山到萨彦岭，宽 100～150 公里。[②] 这里的地形和植被，使人感到离蒙古荒漠已经不远了。

乌鲁克木河的河漫滩，[③] 北面是一些高山，山上完全没有森林，有些高山一直延伸到河岸。

南面是多石而光秃的低山丘陵同平坦的或稍微倾斜的草原交替。从哈克木河河口起，100 公里长的河谷有两层阶地。上层阶地的草原具有荒漠特色："有的地方是多碎石土，有的地方是碱土地带，还有的地方宛如森林，有的地方长满羽毛草、蒿子、猪毛菜等；也有些地方被太阳晒得焦干。除了富饶的沃野，还可见到具有半荒漠性质的地方"[④]

贝克木河流域下游（乌京斯克急滩以下）和哈克木河流域也应划入这个地区，因为这里是向盆地中部过渡的中间地带。植被沿着山地越来越稀薄。很少见到松树。在丘陵上，落叶松差不多是唯一的树木，而且仅仅生长在北坡。南坡是光秃秃的，从丘陵脊背上极目望去，是一行行密密层层

---

① 奥斯特罗夫斯基赫：《以养鹿为生的图瓦人》，载《北亚》1927 年第 5～6 期，第 83～84 页。

② 罗杰维奇：《乌梁海边区及其居民》，载《俄国地理学会通报》，第 133 页。

③ 河谷在春汛时被淹没的部分，叫作河漫滩。

④ 罗杰维奇所著前引书，第 134 页。

的落叶松树，树木沿北坡逐渐下降。

由此往南，在河谷上升到超过汛期水位的地方，河谷两侧是蒿草原，连续不断，波浪起伏，伸向远方。

旅行家卡卢泽斯沿贝克木河流域来到此地以后，曾经用这样一句话来表述自己的印象：“过了令人难以忍受的潮湿密林之后，我们在这里呼吸到了开阔地带清爽而干燥的空气。”①

这里的主要色调是浅灰色，这是由于野蒿占优势的缘故。有的地方，多半是在丘陵的斜坡上，可以见到一些细弱的锦鸡儿灌丛。在下层阶地上，特别是在低洼沼泽地上，可以见到比较浓厚而鲜艳的绿色。滩林②两旁的植被与北部淹水草甸相似。茂密的柳树林丛，主要是含香树胶的杨树林丛，呈窄条状，紧贴河岸蜿蜒伸展。这一块块杨树林给河流增添了美丽景色。

乌鲁克木河河漫滩，有的地方宽达数十公里，有的地方只是一条狭长的杨树林荫道。埃列格斯河口以下，高山向乌鲁克木河河谷靠近，有些地方逼近河岸，有些地方两岸悬崖峭壁把河水夹在中间（如奥图格－塔希和海拉坎）。在上层荒原阶地上，即在能够从注入乌鲁克木河的各支流取水灌溉的地方，可以见到图瓦人的农田，地里种着稗子、大麦与小麦。这些禾苗葱绿的农田，同周围光秃秃的草原，形成了鲜明的对照。“但是，有时缺水，譬如在河川干涸的季节。这时，农田就显得可怜：土地勉强掘松了一些，碎石颇多，稗苗稀疏，又矮又细，露出一块一块缺苗的空地。上一年摞荒的耕地，同周围的草原很少差别，只有从前的灌溉渠留下的干涸水沟以及生长得比较茂密的野蒿与天蓟菾花，能够说明这里过去是熟地。”③乌鲁克木河河谷以南，是一些岩石重叠的小山冈，这些小山冈好象长在草原的地面上似的，而在小山冈之间，则是一些地势平坦的或者微微

---

① 卢卡泽斯所著前引书，第189页。
② 滩林是指河谷两边的森林－草原地带和草原地带的狭长阔叶林带（在中亚称为图盖林）。
③ 克雷洛夫所著前引书，第23页。

朝乌鲁克木河倾斜的贫瘠草原。丛山之间的浅沟，有些地方被河流切割成峡谷，这些河流把那里的小盆地灌满了水，形成一些池塘，然后便逐渐消失于草原中（例如绍拉河）。

往前去，小山冈便连接成一条条不高的长冈，再往前去，就出现了群山，开始时山还不高，在山和山联结起来以后，变得陡峭，而夹在丛山中间的那些小的草原河谷则越来越窄。这些山脉的南坡完全是光秃秃的，北坡一般都长满了落叶松，开始所能见到的还是单棵的，往前才有一小片一小片的，然而这些小片松林却没有连成大片森林。

丛山之间有一些河流流到下游注入乌鲁克木河，如埃列格斯河、塔尔嘎雷克河、恰库利河，这些小河流两侧的边缘地带都长满了由落叶松与柳树组成的河滩林。在河岸边缘的阶地上，在潮湿洼地上，可以见到一些小草甸，这些草甸上长满了茂密青葱的禾本科生草和一些林间杂草。

在近 1300 米高的地方，有时会遇到长满羽毛草和各种草原杂草的黑土地段。有的地方还可以见到一些咸水湖和淡水湖。

往西去，恰库利河河谷与查丹河河谷之间的分水岭上，是一片荒芜不毛、几乎无水的草原，草原上横贯着唐努山的一些支脉并长满了一片片的落叶松小树林。这个草原上，很久以前就铺设了一条很好的石头大道，这条大道的碎石路堤和板石路面，至今还保存着。据传说，这条大道是成吉思汗时铺设的，可能是古代从这里经过的一条热闹的商路的遗迹。

克木奇克河谷的草原，虽然中间有一些山岭，但总的说来，其面积仍然长达（沿河流）75 公里，宽达 60 公里。克木奇克河河谷处于丛山峻岭之中，是全图瓦最热的地方。

克木奇克河河谷是一块高地，南面是比它干燥的蒙古高原，北接阿巴根草原，这里丘陵与河谷纵横交错，气温较为稳定，降水量比较适中。[①]

这个地区全是宽达 14～16 公里的平原（例如巴尔雷克河附近，或者

---

① 卢卡泽斯所著前引书，第 199 页。

阿拉什河河口对面），只是有些地方缩小为仅有 1～3 平方公里的河边沼泽地。① 环绕右岸平原的那些山岭，多少可以攀登并把畜群赶过去的；但是，克木奇克河左岸平原边缘上的那些山岭却很陡峭，几乎是悬崖绝壁，只有沿着一些小河流的狭窄河谷才可以攀登。② "克木奇克到处是美景，但是格外富有诗意的，还是这两岸群山耸立、河水冲刷着悬崖峭壁的地方。"③

在草原向外伸展的地方，在地势比河床高出约六俄丈的阶地上，是杂有卵石的砂质黏土，有些地方是黑土。采用人工灌溉可以获得好收成，否则植物就不爱生长。④

克木奇克盆地最适宜于人们生活的地方，是查丹河谷中部。这个宽阔的河谷，灌溉渠纵横交错，整个是一片大牧场，在这里，图瓦人的毡包支在高大的落叶松的浓荫下，马群和羊群散放在绿色的草甸上。

下克木奇克河上的群山覆盖着被太阳晒枯了的植被，悬崖峭壁很多，是山羊、麝和狍子最喜爱的处所，在大密林里可以遇到狗熊。草原上，旱獭、跳鼠、狼比较多；野猪为数不多，藏身于湖泊附近。草原上有无数的雷鸟和大鸨。

（三）上叶尼塞盆地西部地区，即克木奇克河上游，是一个山区，其特点与上叶尼塞盆地东部地区十分相似。⑤

在克木奇克河流域，山上的针叶林多半是落叶松，落叶松常常形成一些稀疏的小树林，小树林与小树林之间的原野上长满了各种灌木丛和多汁的青草。落叶松中往往还混杂一些冷杉、雪松和云杉。阔叶树的数量微不足道，通常混杂于针叶树中。但在河谷地带阔叶树（杨树等）却占多数。林带以上是一些矮树丛、北极桦树群落和柳树林形成的过渡地带。再往上

---

① 河边沼泽地指平原紧靠河边被河水淹没的那部分狭窄低洼地带。
② 鲍利亚克维奇：《乌梁海的森林（根据 1915 年考察资料）》，载《俄国地理学会西伯利亚分会通报》，第 3 卷，第 3 册。
③ 格鲁姆·格尔日麦洛所著前引书，第 234 页。
④ 格鲁姆·格尔日麦洛所著前引书，第 235 页。
⑤ 卡卢泽斯所著前引书，第 109 页。

就是高山草原和高山草甸，高山草原和高山草甸常常互相交错。高山草原植被主要是艾蒿，这些艾蒿越往下越多。在2300～2500米高的地方，这类野草组成的大片生草便不见了，取代它的是苔藓地衣，上面点缀着一块块光秃秃的砂质碎石土壤。再往上去，便进入草木不生的岩石世界了。[1]

（四）唐努山脉以南地区包括唐努山南坡和特斯河中游地区，形成广阔的乌布沙泊盆地的阶地。

唐努山巍巍耸立，宛如一堵高墙，形成了上叶尼塞盆地与特斯河盆地的一条重要分界线。唐努山南坡几乎完全是光秃的，北坡为森林覆盖。"然而唐努山的森林跟萨彦岭森林不同。这里，甚至最低的地方都长满了落叶松丛林，还有少量的云杉，不过，云杉越往上越少，接着就出现了雪松，雪松越来越多，到森林的最上限，雪松的数量甚至超过了落叶松。这里的森林比较容易通过，林中完全没有沼泽，只有少数倒树往往成为我们前进的障碍。"[2]

就是这个旅行家（卡卢泽斯）在描述从山口看到的景色时写道："我们前面的景色，恰与西伯利亚风光形成对照，是色调清淡的蒙古草原和高原，这个地方阳光充足、气候干燥而具有一种神秘性，凡此种种给人一种强烈的印象。"

特斯河流经其底部的那个盆地，只有一部分属于图瓦共和国。

唐努山的南面是缓坡，由于南风和大气作用的影响，山的轮廓已变得平坦。唐努山南坡的下山道路，与北坡截然不同，显得宽而微斜，为特斯河各支流峡谷所分割，这些支流两岸的树木（杨、柳、桦树和落叶松）在灰色草原植被衬托下，宛如一条条绿带。

从唐努山发源的许多小河流，只有少数几条能够流到特斯河。林带在特斯河附近终止，接着，小湖泊星罗棋布的草泽地带便开始了，这些沼泽湖泊中芦苇丛生，牛虻、蚊子多得惊人。这一带地方，要到秋季才有居民

---

[1]　格鲁姆·格尔日麦洛所著前引书，第447、449页。
[2]　卡卢泽斯所著前引书，第201页。

来放牧，而在夏天却总是空当荡荡的。这里，有些地方牧场长得很好，可做牲畜的冬季饲料。特斯河两边的沼泽地带并不是到处都一般宽，从乌布沙泊起，越往东越窄，呈楔形。①

"这一地区，多半是泥质的致密土壤，如果修筑灌溉渠，使向四面八方分布的水的径流得到保证的话，那么这块土地便可全部变成头等草甸，因为这里有足够的温度，也可有足够的水分，所以牧草能够长得好。"②

草原上纵横交错着朝不同方向去的畜群留下的一排排蹄痕，有的深而重叠，有的不深，这是经常鱼贯而行的马或骆驼在地表面留下的痕迹。特斯河在宽阔的河谷中流过，河两面是深绿色带状滩林，滩林由黑林③和落叶松组成。从特斯河往南，布满土丘的广阔沙质草原一直延伸到边界上的汗呼赫山山麓。有些地方可以见到淡水湖和苦咸水湖，其中有一些大的湖泊。无水的地方寸草不生，仅仅在一些洼坑底部才能见到稀疏的草本植被和灌木植被。汗呼赫山脉是由一些山峦连成的窄而高的长岭。由于山坡短而且很陡，山上聚集的水分别汇成一些大小溪流，从山上流下来，当流到山麓附近的荒漠时，便被干燥的土壤吞没了。④

在特斯河以南地区，居民夏季赶着畜群会集于淡水湖（杜鲁湖）边，可是，即使在湖畔，人和牲畜照样要遭受炙热的折磨。牲畜几乎整天要站在湖水中，不能吃饲料，只有在太阳落山以后才能开始放牧。（第 36～49 页）

2. **邱永君文：《俄罗斯境内的图瓦人与唐努乌梁海》，摘自中国社会科学院民族学人类学网，2007 年 8 月 14 日。**

图瓦人（Tuvas），或译作土瓦人，自称"特瓦人"（Tyiva），是当今俄罗斯图瓦共和国的主体民族，也是俄罗斯境内蒙古人的一支。中国史籍称之为"都波人"、"萨彦乌梁海人"、"唐努乌梁海人"等。国外（主要

---

① 图尔恰尼诺夫：《关于 1916 年乌梁海边区的报告》，第 17 页。
② 图尔恰尼诺夫：《关于 1916 年乌梁海边区的报告》，第 18 页。
③ Чернолесье，阔叶林的发间称呼。——译者注
④ 鲍利亚克维奇所著前引书，第 65 页。

是俄国）旧称"索约特人"（Сойоты，源自 Сойон，萨彦人之意）、"唐努图瓦人"等。

图瓦人分布的地域，在清代及以前曾长期隶属于中国版图，当时称之为"唐努乌梁海"。作为一个边疆特殊区域，由乌里雅苏台将军管辖。其地位与同属的科布多和喀尔喀蒙古四部相并列。

考图瓦人之族源，主要有二。一为铁勒－突厥，一为是鲜卑－蒙古。就族名而论，图瓦无疑与都播（都波）有较深渊源。都播是九姓铁勒最北的一部之一，大致分布于今贝加尔湖之西南、叶尼塞河上游一带。此地曾是古突厥人南迁之前之摇篮，公元 2 世纪，匈奴日渐衰微，鲜卑乘机大举进据漠北，遂与留居其地的匈奴－丁零余部逐渐混血融合。其中拓跋鲜卑迁徙最远，其足迹遍及漠北北部和西部，对当地影响颇巨。其对都播部落之影响则更为显著，学界普遍认为，"都播"之名就与"拓跋"有关，至少其形成与鲜卑加入之因素息息相关。后突厥兴起，都播役属于突厥，因其原本就是铁勒之一部，又远处僻地，故而属于重回故主。语言学家通过研究发现，图瓦语保留了诸多古代突厥语的特点，应与此不无关系。

图瓦的另一个源头当与乌梁海有关。"乌梁海"是清代译法，元、明时多译作"兀良哈"。兀良哈乃蒙古之一部，猛将速不台即出自该部，速不台之子兀良哈台更是蒙元帝国得力干将，曾西征欧洲，南灭大理，其功业昭然，史有明载。兀良哈在蒙古形成之前以"斡良该"或"愠良改"之名居于漠北之极北部，即今贝加尔湖以东以北、鄂嫩河上游一带。而考其源头，可追至隋唐时之"骨力干"。骨力干是九姓铁勒最北一部，位于都播之东北，距当时京城长安最远，因此在史书中留下了浓重一笔。其实，蒙古作为一新兴民族，虽以东胡系统之室韦诸部为主体，但其壮大过程中降伏兼并诸如兀良哈、克烈部、乃蛮部等原属铁勒－突厥系统之部落，亦在情理之中。而有趣的是，对于图瓦人而言，都播和骨力干真可谓"殊途而同归"也。

当今时日，图瓦共和国是一个多民族混居的区域，共有大约 30 万人口，其中图瓦族人约占 76%。另有约 2 万图瓦人分布在蒙古国境内；此外，在中国新疆的阿勒泰地区仍居住着一部分操图瓦语的居民，其民族成分是蒙古族，人数有数千人。由于历史原因，图瓦人多信喇嘛教，但萨满教作为原始信仰，仍保持着较为广泛的影响；也有少数人已改信东正教。俄罗斯和蒙古国的图瓦人使用基里尔字母拼写的文字，而在中国的图瓦人无文字，通用哈萨克语文或蒙古语文。

图瓦人所居住的唐努乌梁海地区，处于蒙古国西北部，北靠萨彦岭，南抵唐努山，是位于两山之间的狭长地带，总面积约 17 万平方公里。可分为三个部分："俄罗斯联邦图瓦共和国"，图瓦共和国以西直属俄罗斯的部分地区，以及蒙古"库苏古尔省"。但由于后两部分已面目全非，因此，通常所指的唐努乌梁海地区实质上是俄罗斯联邦图瓦共和国。

考察历史，唐努乌梁海纳入中国版图为时久矣。早在汉代时，就有汉民族活动的记载。唐代为都播地，归安北都护府管辖。北宋时属黠嘎斯地，南宋时属西辽政权，称谦谦州。元朝时属岭北行省，称益兰州。明代属蒙古瓦剌部（当时的兀良哈部还远在石勒喀河流域）。清代改称为唐努乌梁海，为外蒙古扎萨克图汗辖地。根据 1727 年《布连斯奇条约》规定，中俄在此以萨彦岭为界。清政府在此地设置 5 旗 46 佐领，归乌里雅苏台将军管辖。

自 17 世纪起，沙俄一直对包括唐努乌梁海的蒙古地区垂涎三尺，但由于清王朝的强大，直到 19 世纪中叶，其野心一直未能得逞。作为边界条约的一部分，《布连斯奇条约》基本上是在平等基础上签订，它规定了中俄中段边界的走向。1840 年鸦片战争爆发后，清朝国势日微，沙俄便乘人之危，变本加厉地蚕食中国。1860 年，由于中国在第二次鸦片战争中的失败，沙俄以"调停有功"为名，强迫清朝签订不平等的《中俄北京条约》，清政府不但被迫承认了《中俄瑷珲条约》，而且将乌苏里江以东中俄"共管"之地全部吞并。根据《中俄北京条约》第二款，沙俄莫名其妙地提出要勘分中俄西北边界事宜。1864 年 10 月 7 日，沙俄强迫中国签订《中俄勘分西北界约记》，通过欺骗、恫吓、武力占领等手段，侵占中国西北新疆和外蒙古地区领土达44万平方千米。根据这个条约，沙俄侵占了西北定边左副将军所属乌梁海10佐领及科布多所属阿尔泰淖尔乌梁海二旗，这就是前已述及的"图瓦共和国以西直属俄罗斯的部分地区"之由来。以后两国签订的《科布多界约》和《乌里雅苏台界约》，进一步肯定了沙俄对这些地区的侵占。

沙俄对唐努乌梁海的第二次侵略和吞并出现在1911～1944年。此前，沙俄就以探险、采矿为名，对唐努乌梁海进行殖民和经济渗透。大批俄国移民涌入，并逐步对当地土著居民进行驱逐甚至屠杀。1911年辛亥革命爆发，长期受到沙俄威逼利诱的外蒙古王公乘机宣布"独立"，自立"大蒙古国"，并意欲统辖包括唐努乌梁海的整个外蒙古地区。但沙俄却将唐努乌梁海排除在"大蒙古国"之外，声称沙俄在唐努乌梁海有特殊利益，必须对该地区进行直接控制。这样，外蒙古王公在脱离中国的活动中，竟于不自觉中又失去了这17万平方公里的中国领土。

1916年，俄国忙于"一战"，自顾不暇，中国北洋政府决定由乌里雅苏台佐领专员兼管唐努乌梁海事务，恢复对该地区行使主权。1918～1919年，中国政府派兵驱逐了盘踞在唐努乌梁海地区的沙俄残匪余部，重新将唐努乌梁海纳入中国版图。但1920年，白匪、苏俄军队相继涌入该地，唐努乌梁海从此落入苏俄之手。1921年，"图瓦人民共和国"成立。中国政府不予承认。至1941年，苏联未通知中国，指令"图瓦人民共和国"参加苏德战争。1944年10月，"图瓦人民共和国"苏维埃通过决议，"加入"苏联，改名"图瓦苏维埃社会主义自治共和国"。苏联解体后的1992年，"图瓦苏维埃社会主义自治共和国"通过"主权宣言"，宣布该国为主权国家，并更名为"图瓦共和国"。由于俄罗斯联邦最终并未解体，该国最终仍为俄罗斯联邦成员之一，称为"俄罗斯联邦图瓦共和国"。

当今蒙古国的"库苏古尔省"，也是唐努乌梁海之一部分。由于该地蒙古居民居多，《苏蒙边界条约》将该地划归了蒙古。随着外蒙古独立，该地最终脱离了中国，成为独立的蒙古国之一省。

3. 《图瓦：没有俄国人》，作者：〔俄〕格·尼·瓦奇纳泽。摘自〔俄〕格·尼·瓦奇纳泽著 孙润玉等译《俄罗斯》，新华出版社，1993。（作者系俄罗斯科学院社会科学研究所研究员。作者在前言中指出："抛弃了苏联、共产主义和'冷战'，俄罗斯开始了裁减军备、消减军队、军转民和私有化。本书从俄国几十个经济地区、共和国、民族区和有影响的政治势力的利益的角度来观察俄国的未来。了解一下俄罗斯的省份大有裨益，它会给你带来许多意想不到的收获"）

这个共和国今天与蒙古接壤，面积超过丹麦、荷兰、比利时和瑞士四国面积的总和。崇山峻岭与高山草地，广阔的草原与原始森林，山间河流与湖泊——这便是乌梁海地区，它在 1914 年被置于俄罗斯帝国的保护之下。

图瓦本地人清楚地记得，1921 年至 1944 年它曾是一个独立国家。当然受苏联保护的图瓦共和国，在 30 年代的镇压过程中完全失去了它的封建上层，而在第二次世界大战中又失去男性居民的精华。新的灾难于 50 年代降临。苏维埃政权为了缩小传统经济——游牧和农耕，强行建立集体农庄和 60 所寄宿学校，每所可容纳 500 名孩子。在这些学校长大成人的图瓦人既不适应农村生活，又不会工业生产。

逐水草而居的牧民失去了年青一代，青年在俄国学校里忘掉了本民族的语言。牧民失去了哺育他们的大自然，它被蕴藏极为丰富的乌鲁格赫姆煤矿、霍武阿克瑟市与阿克多武拉克市企业的废弃物污染。克里姆林宫政权极力发展它需要的燃料动力基地，而在修建萨彦水电站的过程中，水库淹没了图瓦盆地的富饶草场。

亚洲的地理中心位于图瓦首府克孜勒市。这在 20 万图瓦人眼里成为重要的这种象征，它向图瓦共和国其他 10 万居民指出实际的力量配置。图瓦人从封建主义过渡到社会主义之后，没有忘记俄国人的全部"恩典"，并于 1991 年在本地搞起了第二个纳格尔诺－卡拉巴赫。成千的俄国专家匆匆携眷前往靠近图瓦的克拉斯诺亚尔斯克边疆区的地区定居。结果在图瓦，几乎所有的大工厂停产，失业和犯罪大大增加，共和国负债好几十亿卢布。

1992 年 3 月选出了图瓦共和国总统。图瓦共和国曾是图瓦自治共和国，而从 1990 年 10 月起到 1991 年 12 月苏联以及共产主义瓦解为止称图瓦社会主义共和国。

"图瓦人"这个概念直到 20 世纪才出现，因为图瓦各种族分别起源于操突厥语、蒙古语、萨莫耶德语和克特语的先人。但突厥语种族与突厥语占主导地位。图瓦人与哈卡斯人和阿尔泰人有密切的血缘关系。一部分以养鹿为主的图瓦人，即托贾人，移居伊尔库茨克州，在当地被称为托法拉尔人。1755 ~ 1911 年图瓦受中国大清王朝统治。中国革命后得到解脱，当时蒙古也获得独立，而图瓦人却愿臣服俄国。

古图瓦处于各种文化的交会点，而每种文化都在岩书上留下痕迹，其中有公元前 8 ~ 7 世纪的印度婆罗门音节文字。今天的图瓦人懂得佛教和藏医，会采集珍贵药用植物和药材（从雪松果到十分宝贵的天然生物刺激食髓），他们还繁殖牦牛。

只是僧侣和佛塔没有了，还在第二次世界大战以前就被彻底消灭。1991 年，在民族冲突后一万名俄国工程师、教员、医生、兽医离去。流行病开始肆虐：牲口的布鲁士杆菌病发病率比俄国高 90 倍，3 个月里 10400 头牦牛中就有 1025 头死于瘟疫，因为没有人给牲口接种疫苗。从 20 年代以来，俄国就没有流行过瘟疫。于是 1991 ~ 1992 年冬天莫斯科来人，不是兽医，而是军事化的掩埋队，队员乘坐直升机，将牦牛尸体运往专门的掩埋地。他们还应乌兰巴托当局的请求，飞往蒙古的边境牧场，从那里运走图瓦牦牛的尸体。

1992 年图瓦青年犯罪之严重令人吃惊，这是对生活大大恶化、人们看不到前途的反应。刀、链条、螺丝刀、斧子成了本地人同图瓦的 8 万俄国人打交道的手段。本地青年在别人教唆下对俄国人采取行动。刑事犯罪、抢劫、纵火是"对斯大林主义的报复"。这样就造成一种印象，对俄国人的迫害"从历史角度说是有道理的"。结果俄国人纷纷离去，而图瓦人从社会主义退回到石器时代。

……

这里出生率高，加上经济危机和失业的影响，便有一个不容忽视的、危害社会的懒汉阶层在克孜勒形成。他们是年轻的酒鬼和吸毒者。

莫斯科渐渐停止补贴，于是图瓦的领导更多地指靠同克拉斯诺亚尔斯克或者新西伯利亚的联系，不很重视与莫斯科的联系。莫斯科不能支配各共和国、各州的经济资源与天然资源，将自动给与图瓦这样的行政单位事实上的完全独立。那时图瓦的情况显然不会比今天糟。西伯利亚人会来帮忙（自然不是无偿的），图瓦和区域经济联盟的其他成员已经同西伯利亚人签订了"西伯利亚协定"。来自蒙古的近亲，中华人民共和国、日本与朝鲜的商人和企业家也将提供援助。

1992 年 9 月图瓦议会通过了共和国的新国旗、国徽，来共和国作短暂访问的世界佛教徒领袖，西藏的达赖喇嘛 14 世还在挤满人群的克孜勒中央广场为之祝圣。新国徽，甚至它的细部，非常像图瓦人民共和国这个战前独立国家的国徽。（第 154～157 页）

4.《中国铁建中土集团与俄罗斯图瓦能源工业有限公司签署合作备忘录》，人民网，2015 年 5 月 11 日。

人民网莫斯科 5 月 11 日电　莫斯科时间 5 月 8 日，在中国国家主席习近平和俄罗斯总统普京的共同见证下，中国铁建中土集团副总经理周天想与俄罗斯图瓦能源工业有限公司总经理鲁斯兰在克里姆林宫签署了《关于俄图瓦埃列格斯特 - 克孜勒 - 库那金罗铁路及远东港口项目合作谅解备忘录》。

根据该合作备忘录，双方将在三个项目上开展合作：埃列格斯特 - 克孜勒 - 库那金罗 410 公里铁路项目，从克孜勒到中国的铁路项目和俄远东港口项目。中国铁建中土集团将作为项目 EPC 承包商，与图瓦能源工业有限公司共同推动上述三个项目的实施。

俄罗斯是"一带一路"沿线重要国家，埃列格斯特 - 克孜勒 - 库那金罗铁路将连接俄罗斯图瓦共和国与西伯利亚大铁路，将图瓦地区丰富的资源与俄罗斯远东港口相连接，同时该铁路继续向北将连接俄罗斯北极地区油气产区和港口，向南将与蒙古和中国连接。

（原标题：中国铁建中土集团与俄罗斯图瓦能源工业有限公司签署合作备忘录）

5.《攻坚克难保施工 图瓦项目展风采：黑龙江紫金龙兴矿业有限公司俄罗斯图瓦工程施工记》，记者：杜学博，中国八冶建设集团有限公司网站，2010 年 8 月 11 日。

黑龙江紫金龙兴矿业有限公司俄罗斯图瓦克孜尔－塔什特克多金属矿土建及安装工程是集团公司承建的一项重点国外工程。该工程造价约 2 亿元人民币，是紫金公司走向国际化、进行第二次创业的标志性工程，年处理矿石 100 万吨。

承接该工程后，集团公司领导高度重视，派出强有力的项目管理班子，成立了兵强马壮的项目指挥部，由京津分公司、矿山工程公司、安装宁夏分公司共同承担施工任务。仅用了 2 个多月，就完成了签订合同、办理护照、国内物资采购等准备工作，第一批管理及施工人员共 160 名进驻施工现场。

该工程位于俄罗斯远东地区，经济落后、物资匮乏、自然条件恶劣，自 6 月 12 日开工后，给工程的正常施工带来诸多困难。材料采购周期长。在俄罗斯境内需要 2 个月之久，国内采购需 3 个月之久，为此，指挥部委派专业技术人员加强与甲方物资供应部门的沟通联系，多城市同步采购，保证了施工材料的及时供给。

材料及设备运输困难。进入矿区的道路崎岖不平，仅 102 公里的矿区道路，行程需 9 小时且重车不能行驶。为打通物资供应通道，矿山工程公司调配精兵强将，调动大型设备 16 台，用一个月时间在荒野的山谷里打通了物资供应的生命线，使行程缩短为 6 小时。

图纸不及时到位也是制约工程施工的一个重要因素。为保证图纸尽快到位，集团公司设计院委派 2 名结构工程师协助俄罗斯设计院，在甲乙双方的共同努力下，克服语言不通等困难，加班加点，加快了设计进程，现尾矿坝图纸已到位。

铁军展风采，诚信赢信誉。业主又将土方量约30万方的场地平整工程交于矿山公司施工，面对3m多深的冻土层，矿山公司精心组织，24小时不间断作业，7月底平基工作已完成，为土建及安装的正常施工打下了坚实的基础。

目前，土建、安装正在积极配合业主完善大量设施；集中搅拌站、安装加工制作场已基本完成；国内采购的机械设备已全部到位；尾矿坝已开始表皮剥离，进入正常施工阶段。

6.《俄媒：马云有意参与俄图瓦共和国铁路建设项目》，参考消息网，2015年8月7日。

俄媒称，阿里巴巴集团董事局主席马云有意参与俄罗斯图瓦共和国铁路建设项目。这一消息是俄罗斯联邦委员会议员奥克萨娜·别洛孔在接受卫星新闻社采访时透露的。

据俄罗斯卫星新闻网8月6日报道，早些时候，图瓦共和国政府新闻处发布消息说，马云抵达图瓦与当地青年人见面。至于马云在图瓦停留时间以及是否有商业会晤的安排，图瓦政府官员没有透露消息。

别洛孔说，马云的到访将持续数日。

她说：这是马云第二次访问图瓦。此次是正式访问。此外，马云还打算出席"欧亚智力之金论坛"。

别洛孔还说，马云对图瓦共和国修建铁路项目非常感兴趣。

今年5月，图瓦电力工业集团公司与中国土木工程集团有限公司签署了修建埃列格斯特-克孜勒-库拉吉诺铁路及远东港口项目的合作谅解备忘录。

这一整套铁路建设投资计划包括四个项目：一是发展埃列格斯特煤矿，二是修建埃列格斯特-克孜勒-库拉吉诺铁路，三是瓦尼诺海港，四是在图瓦境内修建发电站。

别洛孔说：我们不打算现在讲，马云将投资实施项目。这份备忘录还不算是合同。马云对图瓦以及这个项目都感兴趣，因为修建的铁路将连接中国。

她说，中国整体上对与图瓦共和国实施商业项目感兴趣。

她说：图瓦共和国拥有丰富的自然资源。中国紫金矿业集团股份有限公司（Zijin Mining Group Co.，LTD）旗下的俄罗斯图瓦龙兴公司成功在图瓦地区开展业务。该公司开采铝矿并向中国出口。现在是使用汽车运输。因此中国希望修建一条铁路线。

7.《中国驻俄大使表示今年仍将是中俄关系继续深入发展的重要一年》，中国社会科学网，2017 年 4 月 19 日，作者：胡晓光

新华社莫斯科 4 月 18 日电（记者胡晓光）中国驻俄罗斯大使李辉 18 日表示，2017 年仍将是中俄全面战略协作伙伴关系继续深入发展的重要一年，两国关系发展中将有许多亮点。

李辉在接受俄罗斯访华媒体记者团采访时说，近年来，在两国元首的战略引领下，中俄全面战略协作伙伴关系始终保持高水平运行，高层交往更加频繁、务实合作稳步推进、人文交流蓬勃发展，政府间、民间各领域交流机制运行良好，两国友好发展的社会和民意基础不断巩固，积极成果日益惠及两国和两国人民。

他说，2017 年仍将是中俄全面战略协作伙伴关系继续深入发展的重要一年。首先，双方高层交往仍是各界关注的焦点，也是推动两国关系发展的重要动力。中国国家领导人将相继访俄并出席双边和多边交流机制下的多场重要活动，俄罗斯总统普京将应邀来华出席"一带一路"国际合作高峰论坛和金砖国家领导人第九次会晤，中俄总理第二十二次定期会晤也将在华举行。

其次，中俄经贸合作正加快实现从规模速度型向质量效益型的转变。农产品、油气设备等日益成为两国经贸领域新的合作增长点，中俄跨境电商发展迅猛，已占俄跨境电商贸易总额的 50% 以上。

再次，在"一带一路"建设和欧亚经济联盟建设对接合作的大背景下，两国有关部门抓紧时间落实，相关企业积极参与其中，双方在能源、航空、航天、基础设施等领域的战略性大项目合作有望在今年取得更多进展，使双方战略互信的基础更加牢固。

最后，今年是"中俄媒体交流年"收官之年，两国新闻媒体抓住这一难得机遇，将继续通过举办论坛、交流互访、联合采访等形式，深挖创新合作潜力，拓展交流合作渠道，深化战略合作内涵，为推动中俄关系深入健康发展、促进两国发展战略对接、增进两国人民相互了解和友谊发挥自身独特的作用。

8. **《拯救驯鹿》，中央电视台，《记录》频道，2017 年 5 月 22 日首播，笔者根据该节目整理成文**（"拯救驯鹿"——讲述者，是俄罗斯图瓦托志地区饲养驯鹿的牧民，她叫斯维特兰娜，也是我在 2012 年 8 月 1 日随图瓦国立大学阿列娜教授课题组去托志地区进行实地调查时认识的朋友。2014 年 7 月底，我们有幸在中国根河市近郊敖鲁古雅鄂温克民族乡重逢，她代表俄罗斯图瓦饲养驯鹿者前来参加世界驯鹿养殖者大会。）

这里是俄罗斯图瓦共和国，我叫斯维特兰娜，独自与驯鹿生活在一起。如今驯鹿是稀有动物，自从我丈夫去世后，它们就成为我生活的全部。

驯鹿对我们来说是一种神圣的动物。它们在我小的时候曾栖息在针叶林各处，驯鹿是我们的财富，更是我们的骄傲。可是，在现代化进程中，驯鹿饲养业却日渐凋零。我和丈夫一直梦想着看到驯鹿群在针叶林里繁衍兴盛，我希望有一天能梦想成真。

冬季寒风凛冽，万物萧条，人们一般都会在山脚下生活。不过，我们已经在针叶林里搭建了一个小木屋。这里不仅避风，还比较容易收集木材。

去年，我丈夫遭到意外去世了。这件事，让我险些放弃饲养驯鹿。这是我第一次独自与驯鹿过冬。

清晨 5 点，驯鹿们早已等在门口。猎犬们也不例外，它们大声地叫着，似乎驱走对黑夜的恐惧。木屋虽然简陋，可这里有驯鹿和我做伴。将近零下 30° 的低温，让这里变得与世隔绝。我在寒冷与孤独中守护着自己的梦想。我知道自己为什么要在这里生存下来，也知道生存的方法和技巧，不过很多人说这种生活根本不适合女人。他们说得没错，可我喜欢这种生活，而且我别无选择，驯鹿们离不开我，我也离不开它们。

我从小生长在一个牧民家庭。从 6 岁开始，父母就把我送到学校学习，我只有暑假才能和驯鹿相伴。我喜欢它们的气味和叫声，尤其喜欢小驯鹿，我今天所有的知识，都来自那个时期的学习。我每天早晨做的第一件事就是为驯鹿补充盐分。它们虽然有厚厚的毛皮遮挡寒气，可是依旧需要矿物质来增强御寒能力，盐对驯鹿来说是必不可少的重要物质。在这些驯鹿身上，我其实别无所求，只希望它们健康、强壮。这是佳琳娜，它原本是一只迷路的野生小驯鹿，后来被我收养，所以在我眼中，它显得格外特别。

无线电是我与外界联系的唯一方式，每天中午，我会定时与外界联系。如果某一天我没有联系，就会有人来看我是否遇到了危险。今天，我请了帮手，想让他们帮忙捕捉一只野生雄性驯鹿，它在四周频繁出没，侵扰了我的驯鹿群，让雌性驯鹿们惶惶不安，所以，我只能除掉它，

随着社会经济的发展，驯鹿饲养业每况愈下，许多驯鹿回归山林，牧民们空有一身本领却失去了用武之地。我的坚守也是为了那些牧民，为了证明驯鹿业重新成为牧民们的骄傲。

我很怕水，我丈夫就是在冰雪消融时被冰冷的河水吞噬的。可是我别无选择，每天早上我不得不到河边打水，因为小木屋里没有自来水。我的丈夫溺水时，驯鹿群走散了，许多驯鹿丢掉了性命，我只追回了大约三十只驯鹿。

今天，我请来的帮手们开始展开围捕行动。我选择了远远回避。其实我内心很同情那只雄性驯鹿，也明白它会誓死抵抗，有两次我曾近距离注视过它，它一脸警惕，似乎随时准备发动攻击。这次的捕猎行动相当危险，帮手们需要把驯鹿吸引到树边的陷阱，并注意避开鹿角。如果被鹿角击中，他们很可能会丧命。与人类一样，野生动物为了生存也会顽强抵抗。可是在意识到别无选择，所有的挣扎都是徒劳后，它们就会放弃。

夜幕降临后，我的主要任务是取暖。不过今晚我还有一项任务，莫斯科每年都会举行一次农展会，今年我想申请参加，来宣传我的驯鹿饲养计划。如果能够获准参加，我将提议恢复这里的驯鹿饲养业。我和丈夫喜欢

与驯鹿群朝夕相伴的生活。这种生活方式缘于爱，即是出于对自然的爱，也是出于对放牧的爱。

新的一天开始了，一切依旧，却又有所不同。我要集合驯鹿群，为我离开的这段时间做好准备。而驯鹿庆典活动也将召开。这是我和丈夫联合其他牧民发起的一年一度的大型集会，活动为期三天。今年，俄罗斯图瓦共和国领导人答应出席活动。对我而言，不管是领导人的光临还是参加在莫斯科的农展会，这些都是获得政府拨款的良好开端。

我该启程了。我回来的时候，这片林海将迎来春天，所有的雌性驯鹿也将进入繁殖季节。这对整个驯鹿群来说，是个关键时刻。在我外出的这段时间，弟弟尼古莱会来到这里帮忙照顾鹿群。我相信弟弟，他很了解驯鹿，只不过没有我那么喜欢驯鹿。与此同时，我将驯鹿赶到一起，好方便弟弟清点数量和照顾它们。虽然这次我只离开三天。我还准备了野生驯鹿肉美餐，尼古莱和他的妻子看到这样的营养大餐，肯定会很高兴。我很高兴纳其恩开车来接我，能在冰天雪地中开车的人寥寥无几。今年冬季的天气异常恶劣，我猜想雌性驯鹿们不会在初春时节产仔。这些雌性驯鹿有一项特别的天赋：如果冬季太冷或者食物太少，它们可以把孕期延长几天甚至几个星期。

这次旅行路途遥远，我们大约要驱车十几个小时，才能赶到举行活动的托拉赫姆村。我出发时弟弟还没到，希望他不要来得太晚。我是看着纳其恩长大的，他会给我介绍很多城市的消息。我知道，他是想让我忘记驯鹿。经过第一个村庄时，我往莫斯科寄了一封信。在这里，杂货店就是邮局，唯一需要的，就是邮递员来取信，不过在冬季，具体的取信日期很难确定。在路的尽头，托拉赫姆村远远在望。

这里仍旧和去年一样，时间还早，可现场已是人头攒动。平时，我们的娱乐活动非常少见，但这里载歌载舞的表演吸引了很多人，又或者他们是奔着领导人来的。作为活动的联合创始人，我有幸上前迎接领导人，他的出席对整个地区未来发展有着重要影响。领导人的演讲令人振奋，他很高兴我们能坚持传统，并表示能够重新看到驯鹿饲养业的回归，他对我们现在的成绩表示祝贺。我真希望我的丈夫也能听到。如果一切顺利，在今年春天这些雌性驯鹿就能产下健康的小驯鹿，明年我会带来最棒的驯鹿，让公众和官员一睹它们的风采。由于领导人提到了驯鹿饲养业所面临的竞争，我借此机会介绍了我们的难处、工作条件和饲养计划。

驯鹿比赛也很常见，表弟也带了驯鹿参赛，他的驯鹿相当抢眼，不过表弟太重了，很难获胜。人们喜欢观看驯鹿赛跑，野生驯鹿奔跑时速能够达到 60 公里左右。驯鹿在野外依靠速度制胜，才能逃离狼群和熊的追捕，但它们很容易疲惫。表弟的驯鹿输了比赛，不过重在参与。

我在回家途中会经过一棵祈祷树。据说人们的祈祷会一直传到上天的神灵那里。我为了驯鹿群的健康而祈祷，也希望莫斯科方面能听到我内心的期盼，让牧民们回归放牧业。

山林中早已春光明媚，可令人奇怪的是天空中却下起了雨夹雪。碰到这种天气，纳其恩的汽车无法到达木屋，消融的积雪，导致山路泥泞。不过，走回去并不可怕，我就算走上几天都没问题。当我到家时，针叶林已经被浓浓的春意笼罩了。在这样的时节，我的驯鹿们很快就会开始繁殖。我迫不及待地想回到它们身边。尼古莱和他的妻子改变了放牧地点，他们觉得在冰雪消融的这段时期里，驯鹿在森林里会更安全。雨雪天气很快就会过去，然后我们就可以迎接小驯鹿的诞生。繁殖时间最多持续十天，小驯鹿会在这段时间相继出生。有尼古莱在，我感觉安心很多。27 只雌性驯鹿即将生产，如果一切顺利，我的驯鹿数量将会翻倍。而只要达到一百只左右，我就能实现营利。

这是今年诞生的第一只幼仔，我给它起名"希望"。驯鹿妈妈不停地舔拭，以防止它的毛发结冻。同时，驯鹿妈妈狼吞虎咽地吃着胎盘，这能刺激它分泌乳汁。小驯鹿"希望"将在两个小时内站起来，然后，第一次去吸食母乳。小驯鹿很快站立起来了。在短短三天中它就能跟随驯鹿妈妈的步伐，甚至可以穿越河流。我试图帮它们找到驯鹿妈妈的乳头，通常情况下，我喜欢让它们顺其自然。不过，野生驯鹿的幼仔在出生第一个月内存活率却仅有 1/4，而能够平安活到一岁的小驯鹿最多只有百分之五十左右。我希望我的这些小驯鹿都能存活下来，就算需要像当初对待佳琳娜那样给它们喂奶，我也愿意。我把种鹿移到一旁，它的鹿角还在，所以我并不想冒险。春天，雄性驯鹿的鹿角就会脱落，因为它们不再需要鹿角到积雪和树皮下面觅食了。

短短几个小时，小驯鹿们相继出生，分身乏术的我根本无从确认这只小驯鹿的妈妈。我故意逗弄它，让它带我找到了它的驯鹿妈妈。驯鹿幼仔要跟随驯鹿妈妈生活一年左右，等到来年，驯鹿妈妈有了新宝宝，它就会被迫离开。

驯鹿的驯化是个漫长的过程，从它们出生的第一天就开始。我们把这个过程称为"渗透"。小驯鹿越早接触并习惯人类，它们就会变得越温顺。驯鹿和人类的关系密不可分。有时，即使严冬已经过去，三春季的植物嫩芽仍无法给驯鹿妈妈提供充足的营养，从而导致奶水不足。这时，驯鹿妈妈的鹿角就会脱落，以平衡母乳中的含钙量。驯鹿们拥有很强的环境适应能力。

今天虽然是漫长的一天，但有十二只健康的幼仔平安降生。今晚，我们能睡个好觉了。在晚上我们不必过分担心，因为雌性驯鹿大都会在白天产仔。可是佳琳娜依然没有动静，如果它今年还不能产仔，我知道弟弟会怎么说，牧民们把这种情况称为"负担"。不过，它还有时间，毕竟到目前为止，还有大约十五只雌性驯鹿没有产仔。

第二天一早，我就赶来查看佳琳娜的情况，我已经等了几个小时了。它开始分娩了。今天是个重要的日子，我总算又了结了一桩心愿。我们给这些新生的小驯鹿们准备套索，只有限制它们的自由，才能避免它们和驯鹿妈妈们向北迁移，也只有这样，才能拯救小驯鹿和那些尚未产仔的雌性驯鹿。小图瓦显得充满活力，佳琳娜大声呼唤着，好让小图瓦能够识别妈妈的声音。驯鹿母子依靠叫声和气味识别彼此，驯鹿妈妈在摩擦小驯鹿身体时将自己的气味蹭到小驯鹿身上。小图瓦的外部特征很明显，额头的白色标记，这让它显得与众不同。

接下来的几天，迟迟没有动静的雌性驯鹿们将继续产仔，等我再次回来时，我们将带领它们开始向北迁移的旅程。在此之前，驯鹿妈妈和幼仔们还有充足的时间了解彼此，强健身体，并为长途跋涉做好准备。我和弟弟约定，如果我回来的时间短，他就自己先带领驯鹿群转移牧场，驯鹿妈妈和宝宝们都需要新鲜植被，而我可以到北方和他们会合。我对驯鹿的夏季游牧路线熟认于心，这从我童年开始就深刻印在了我的脑海里。虽然我即将开始一次长途旅行，但我感觉很轻松。在我身后，新生的小驯鹿们，为整个驯鹿群的壮大带来了希望。莫斯科远在数千公里之外，我和驯鹿群迁移的路线正好背道而驰。饲养驯鹿并不只要每天照顾它们，还要做好相应的宣传。我最小的女儿达莎就住在莫斯科，她替我安排了一切，包括制作宣传我的工作和驯鹿群的小册子。她熟悉这座城市，也知道农展会的举办地。我有四个孩子，可是每到冬季，我最想念的就是小女儿达莎。她决心做一名兽医，我用微薄的收入供她读书。

农展会人声鼎沸，让我有些紧张。还好，这里有我熟悉的一些牧民。在颁奖时刻，我很荣幸获得"毅力奖"。我说出了自己的愿望，我再次提到我的家乡，一个我们想极力挽救驯鹿放牧传统的地区。这个奖，不是给我个人的，我希望能激励下一代。我女儿能住在莫斯科很幸运，她父亲在开始跟我养殖驯鹿前，一直都生活在这个城市。除了获奖，我还听到了一个天大的好消息：达莎决定回去跟我一起过暑假，她想跟家人一起追随驯鹿的季节性迁移。我很高兴她这样一个年轻的女孩能对驯鹿产生兴趣。站在祈祷树前，我向达莎展示了我和丈夫当初对驯鹿群许下的愿望。这次我不祈祷，而是感谢神灵，让女儿陪伴在我身边。

现在，大地万物终于摆脱了冰雪的禁锢，我们的旅途变得更加顺利，应该很快就能追上尼古莱。此时，他应该已经动身向北迁移了。这些牧场地处偏远，人迹罕至，只有驯鹿和牧民们自己知道这里几乎没有直达的道路。驯鹿们需要新鲜空气，需要远离蚊子和寄生虫的侵扰。根据达莎在学校里学过的知识，苍蝇会将卵产在驯鹿的鼻子里。我弟弟即将搭好夏天里第一个落脚的帐篷，他是这方面的专家。现在，懂得搭建这种游牧民族专用帐篷的人，已经寥寥无几。今天，达莎的表现让我感到欣慰，她想做兽医，这对我们来说是件好事。有时我会想，如果做兽医是她的愿望，那她很可能会继承我的事业。

　　我外出这段时间，生活依旧和往常一样继续着。小驯鹿们已经渐渐长大，而我也会有种奇妙的感觉，好像它们都认识我，而我也认识它们。每次看着女儿，我都会想起自己的童年，幼时的经历让我深深喜爱上了驯鹿。在这些小孩子身上，我看到了儿时的自己，他们每到暑假，就会和驯鹿生活在一起，并将会和我们一样慢慢熟悉驯鹿。他们坐在驯鹿背上，就像是经验丰富的骑手，他们知道如何给驯鹿喂食，如何照顾驯鹿群，他们的父亲甚至开始教他们如何追踪和捕猎野生驯鹿。这里是达莎的出生地，我们的祖先就是在这片山谷里创造了驯鹿饲养业。据说，驯鹿的驯化历史可以追溯到公元前 1000 年。山谷南面就是蒙古国，那里盛产马匹，成吉思汗曾经率领铁骑征服世界。不过这里却是北方牧民的家园，马匹无法忍受这里的寒冬，是驯鹿让牧民们得以根植于这片土地。

　　夏季，驯鹿妈妈们咀嚼着这些富含维生素、矿物质的嫩芽。我早就知道，这些嫩芽富含营养，但我不知道的是，驯鹿食用这种植物后，奶水中的营养成分会是牛奶的 4 倍左右。小驯鹿大概每 20 分钟就要吃一次奶。一个月前，它们刚出生时的体重只有六七公斤，如今它们大都已经长到了 18 公斤。放牧驯鹿是一项技术活，并非人人都能胜任，达莎的确很有天赋。

　　我的侄子打猎归来了。大自然懂得馈赠，也会毫不留情地夺取。生活其实也会如此，既有美好和甜蜜，也有痛苦和磨难。今晚，我们可以美餐一顿了。我以为达莎要从头学起，我却发现她懂得很多。她把我们的家族经验和自己从兽医学院学到的科学知识有效融合到了一起。结合我的经验，加上她所学到的科学知识，达莎完全有可能成为新型牧民。不过，我不想勉强她。

　　这是我们在这个牧场的最后一餐，全家人无论老幼全都在场。明天黎明时分，我们将离开这座山谷寻找新的牧场，我们唯一要做的，就是规划好驯鹿的游牧路线，为它们寻找最鲜嫩、肥美的牧草。牧草在哪里，哪里就是我们新的放牧点。时间就在这美好的夏夜中缓慢流逝。

　　早上，我们穿过广阔无沿的草原前往下一个宿营地。我和弟弟、侄子以及侄子的儿子们都已经率先过去查看了。一路走来，沿途上没有道路，没有房屋，也没有电线杆，只有那一尘不染的高远天空，还有那漫山遍野的益然绿意。这里的一切，仿佛都在遵守着各自的生命节奏，它们让这片天地显得那么与众不同。看着前行的队伍，仿佛间我就像回到了人类文明的开端，而踏上先辈走过的路线，也让我感到开心不已。我们就这样走了10公里、20公里、50公里，周围的景色随着队伍前进的脚步不断变化。在迁移的过程中，我们并没有固定的放牧地点，正如我们无法预见那些未知的旅途，两天、四天，甚至一个星期，我们都在跟随驯鹿指引的方向不断前进。我很享受这种顺其自然、不受约束的状态。驯鹿们凭借本能，追赶肥美的牧场；而我们，也可以回归游牧生活。这是夏季给我们的最珍贵的礼物！

　　在找到新的放牧点后，达莎和我侄子会返回去，将驯鹿群带过来。在等待他们的这段时间，我和尼古莱一边布置好帐篷，一边聊着未来。这个早上，生活似乎变得纯粹而又简单。此时此刻，我想到了我的丈夫。我们的梦想似乎即将成为现实。可是，再好的梦想，如果没有人实现，也只是空想。今天，达莎骑着驯鹿走在前面引导队伍前行。

后　记

　　俄罗斯作为历史悠久、横跨欧亚大陆、地理面积居世界之首、文化多样性特色浓郁的政治、军事、文化强国，历经苏联解体、动荡、调整一直到现今相对尘埃落定，以及普京总统等国家领袖带给这个古老而有故事的国度的荣耀和魅力，其在世界的地位和影响力有增无减。无疑，俄罗斯之旅，是我人生中最重要的经历之一，堪称值得纪念的刻骨铭心之旅。

　　美国当代人类学家玛乔丽·肖斯塔克在她的著作《重访妮萨》中断言："不管生活在什么样的社会中，人类所做的挣扎都是相似的。"近二十年与兴安岭地区鄂伦春族、使鹿鄂温克人的接触，其跌宕起伏的命运令人深为感慨，其狩猎、驯鹿文化的强大魅力，特别是其在现代化冲击中表现出的自强不息不能不令人动容。这似乎鼓荡起不少外来研究者的原始冲动，愿意为这些弱小民族赢得当下更好的生存以及可以预期的美好未来鼓与呼。这也昭示着人类演化至今，各种文化尽管很"挣扎"，但生存空间并不狭窄。与这些民族老百姓的多年来往，或另一种文化优势的浸润、渗透，不知何时似乎也内化、强大了自己的内心。拂去层层矫饰和空洞，逃脱细碎的浮躁与蝇营狗苟，登高望远；更在于理解早年鄂伦春猎人提炼出的生活常理——"男人不怕山高，女人不怕活细"，在"挣扎"中，在读书中，在猎民真诚的笑容中，一次次相信，人类心性中是存在真、善、美的。

　　海外人类学带给人的历练、磨炼及感受，远非语言所能胜任。其对当事者构成的挑战，或"挣扎"，是方方面面的。应该承认的是，在俄一年，自己没有一天不处于观察、思考之中，没有一天想虚度，总希望利用宝贵的海外学习机会，投之以真挚热情与情感，感受俄罗斯，体会这里的人民的实际生活，努力完成学习计划。如此，留下一些记载这种感受、体会、学习的文字与科研成果。一直到回国已近两年之时，也就是2014年10月22日，我终于找回某种情绪和心境，遂与我一向信任与敬重的社会科学文献出版社联系，谈自己计划将在俄罗斯留学期间形成的文字整理成书出版的想法。由此，从2015年暑假至今，时间整整过去了三年。整理、修改、校订书稿，成为串联、贯穿我三年以来生活的美丽丝带。除了需要完成常规的教学、科研等工作，可以说，自己的全部心思，都在这本书上。为了这本书，我选择放弃许多，在此，也恳请得到朋友们的原谅和同情。

一个事实是，本书得以付梓，得到诸多老师、朋友的真诚而得力的帮助，以至于此刻深感无法用语言将这些帮助的内容、细节表述清楚，无论书名之推敲、翻译之辛苦，还是书名、目录、"前言"英文翻译、校订。在这里，请允许我向其表示最衷心的感谢：杨圣敏（中央民族大学教授）、邸永君（中国社会科学院民族学与人类学研究所研究员）、包茂红（北京大学历史系教授）、周云水（嘉应学院客家研究院研究员）、梁胜兴（泰国玛希隆大学博士）、陈林（山东菏泽外国语学校教师）。

衷心感谢应邀帮助翻译俄罗斯学者论文并在我期待的时间内完成译文的才华横溢、侠骨柔肠的臧颖博士，以及在俄期间我的同学、同甘共苦的伙伴周红梅老师。

衷心感谢给予我很大照顾和信任的图瓦国立大学阿列娜·瓦列里耶夫娜·阿伊真老师，感谢课题组的拉丽沙、"成吉思汗"、阿勒沙娜、谢廖沙、阿拉特等朋友，非常怀念我们在一起的美好时光；衷心感谢托志司机一家——每当汽车启动，我总能听到那悠扬的图瓦歌曲，还有我们在阿得勒村房东的父母，感谢他们驾驶自家电气发动机与有时需要人工划桨并用、大致可载七八个人的船，行进四小时余沿叶尼塞河逆流而上，当抵达目的地大家在北岸登陆时，竟然惊喜地看到棕熊的脚印，而不远处就是有猎人骑马矫健身姿闪过的小村。

　　在此，我要特别向赞成、推动本人此书问世的前社科文献出版社编辑于占杰先生致以由衷的谢意；特别向给与我最大包容、以及令我深为敬佩的敬业精神、专业功底使此书得以趋向完善的本书责任编辑周志静女士致以由衷的谢意；特别向社科文献出版社宋月华老师、此书美编等共同成就了这本书的社科文献出版社领导和同仁表示衷心的谢意。

　　现在，当这本凝结着不少人帮助与厚爱的书终于要问世的时候，我再一次感觉到心中那种痛的撞击——无限怀念和感谢我在莫斯科大学期间的合作导师 A. A. 尼基申科夫尼教授。"我们常常会感叹'岁月易逝，光阴如梭'，但其中的真义并不是每一次感叹之际都会真切体会的"（周晓红"译后记"，见〔美〕玛格丽特·米德著，周晓红、李姚军、刘婧译：《萨摩亚人的成年——为西方文明所作的原始人类的青年心理研究》，商务印书馆，2008）。当我 2014 年从 A. A. 尼基申科夫尼教授的博士生阿勒沙娜那里得知其敬爱的导师已因病离开这个世界的时候，我感受到岁月易逝，也体会到生命无常，或更准确地说，这种"无常"，为什么总是与意外、遗憾、痛心相伴。A. A. 尼基申科夫尼教授让我见识了一位我心目中像样的学者的风范。可以说，没有他的学术想象、远见和设计，引荐我与图瓦同行认识，促成我中西伯利亚图瓦之行，那将会是怎样的缺憾。要知道，在国外能够有机会深入异文化中的异文化——"边疆少数民族地区"，其学术意义无疑巨大。

　　需要指出的是，尽管本书主要来自笔者实地观察、体验，具有第一手资料价值，然而，因本人才疏学浅及其他局限，尚存一些不足，敬祈读者予以指正。

何　群

2018 年 9 月 5 日

图书在版编目（CIP）数据

我看俄罗斯：一位女人类学者的亲历与思考／何群
著．--北京：社会科学文献出版社，2018.9
ISBN 978 - 7 - 5201 - 1565 - 0

Ⅰ.①我…　Ⅱ.①何…　Ⅲ.①民族学－研究－俄罗斯
Ⅳ.①C955.512.1

中国版本图书馆 CIP 数据核字（2017）第 250283 号

我看俄罗斯
——一位女人类学者的亲历与思考

著　　者／何　群

出 版 人／谢寿光
项目统筹／宋月华　周志静
责任编辑／周志静

出　　版／社会科学文献出版社·人文分社（010）59367215
　　　　　地址：北京市北三环中路甲 29 号院华龙大厦　邮编：100029
　　　　　网址：www.ssap.com.cn
发　　行／市场营销中心（010）59367081　59367018
印　　装／三河市尚艺印装有限公司

规　　格／开　本：787mm × 1092mm　1/16
　　　　　印　张：27.75　字　数：411 千字
版　　次／2018 年 9 月第 1 版　2018 年 9 月第 1 次印刷
书　　号／ISBN 978 - 7 - 5201 - 1565 - 0
定　　价／168.00 元

本书如有印装质量问题，请与读者服务中心（010 - 59367028）联系